# 《红十字运动研究》2014年卷

红十字运动研究中心　上海市嘉定区红十字会　编

池子华　张丽萍　汪丽萍　主编

合肥工业大学出版社

**图书在版编目(CIP)数据**

《红十字运动研究》2014年卷/池子华，张丽萍，汪丽萍主编．—合肥：合肥工业大学出版社，2014.3

（红十字文化丛书）

ISBN 978-7-5650-1711-7

Ⅰ.①红…　Ⅱ.①池…②张…③汪…　Ⅲ.①红十字会—研究　Ⅳ.①C913.7

中国版本图书馆CIP数据核字（2014）第030329号

**《红十字运动研究》2014年卷**

池子华　张丽萍　汪丽萍　主编

| | |
|---|---|
| **责任编辑** | 章　建 |
| **出版发行** | 合肥工业大学出版社 |
| **地　　址** | （230009）合肥市屯溪路193号 |
| **网　　址** | www.hfutpress.com.cn |
| **电　　话** | 总　编　室：0551—62903038<br>市场营销部：0551—62903198 |
| **开　　本** | 710毫米×1010毫米　1/16 |
| **印　　张** | 22 |
| **字　　数** | 371千字 |
| **版　　次** | 2014年3月第1版 |
| **印　　次** | 2014年3月第1次印刷 |
| **印　　刷** | 合肥现代印务有限公司 |
| **书　　号** | ISBN 978-7-5650-1711-7 |
| **定　　价** | 50.00元 |

# 《红十字文化丛书》编辑委员会

# 卷 首 语

有人说，世界上有三大国际性组织，即联合国、奥委会和红十字会。对联合国、奥委会，可谓妇孺皆知，而对红十字会，知其详者，恐怕百无一二成。这与研究状况的滞后不无关系。有鉴于此，我们编辑出版《红十字运动研究》（年卷），为有志于研究红十字运动的海内外学者、业余爱好者以及各级红会组织、红十字志愿者提供一个相互沟通、交流的平台，并希望通过这一载体推动中国乃至国际红十字运动研究的深入，为弘扬人道主义、构建和谐社会尽绵薄之力。

《红十字运动研究》（年卷）分：

**理论园地**：重在探索红十字运动发展规律、红十字会如何参与社会保障事业以及红十字事业自身发展等重大理论问题。

**历史研究**：力求再现不同时期中国红十字运动和国际红十字运动的历史场景，各国红十字运动的历史及其比较研究，为红十字事业的可持续发展提供有益借鉴。

**百家争鸣**：不同观点，不同学术流派，相互切磋，百花齐放，百家争鸣，有助于学术研究的繁荣。

**工作交流**：为各级红十字组织交流工作经验，使研究工作与现实需要真正对接起来。红十字运动与红十字运动研究相互促进，相得益彰。

**观察思考**：介绍国际及各国红十字运动的最新动态，以广见闻。

**图书评论**：展示红十字运动研究的最新成果，使读者能够及时了解学术研究动态。对“过期”书刊，也将择要介绍。

**文献资料**：选登具有重要参考价值的文献资料、各级红十字会的珍藏史料，为研究提供便利条件。以期资源“共享”。

**杂文随笔**：与红十字运动有关的杂文、随笔。

**他山之石**：有关研究红十字运动的专论，论域相近或对红十字运动研究有所启发的论文。

竭诚欢迎海内外专家学者、各级红会组织、红十字志愿者踊跃赐稿，我们会根据投稿情况，随时增设新栏目。

**池子华**

# 总　　序

150 年前，高举人道主义旗帜，旨在促进人类持久和平的红十字运动在欧洲兴起并迅速走向世界。一百多年来，红十字会为世界和平与发展做出的巨大贡献有目共睹，因而日益受到世界各国、各地区的欢迎，已发展成为与联合国、奥委会并称的世界三大国际组织之一。究其原因，乃其所奉行的七项基本原则——也是红十字文化的内核——涵盖了世界上各种不同文化的共同点，能为文化和制度不同的国家所接受，故而具有强大的生命力。

100 年前，红十字运动东渐登陆中国。在其中国化的发展过程中，红十字会不断吸取中国传统文化的精髓，茁壮成长，逐步形成了“人道、博爱、奉献”的文化内涵，并成为中华文化的瑰宝之一。

百余年来，红十字运动在波澜壮阔的实践中积累了丰富的经验，也留下了许多教训。经验与教训需要上升为理论，也只有理论才能更好地指导红十字事业持续、健康发展。学界、业界对此都进行了持续的关注。

2005 年 12 月 7 日，苏州大学社会学院与苏州市红十字会携手合作，成立全国首家红十字运动研究中心，旨在通过学界和业界的联合，推动和加强红十字运动的理论研究，探究红十字运动中国化的过程与特色，凝练红十字文化价值，探求红十字运动在构建国家软实力和促进中华民族伟大复兴中的地位与作用。同年 12 月 9 日，中国红十字会总会也提出，“确定一批研究课题，组织专家学者开展对国际红十字运动及中国红十字运动的深入研究”①。由此，学界、业界共同开展了对红十字运动

① 中国红十字会总会：《关于加强和改进宣传工作的意见》，红总字〔2005〕19 号。

的学术研究与理论探讨。

多年来，红十字运动研究中心除通过专业网站（http://www.hszyj.net）发布和交流学界、业界动态外，已出版研究成果二十余部；帮助一些地方红十字会建立与高校的合作，搭建平台，共同开展研究；举办了首届红十字运动与慈善文化国际学术研讨会；培养了一批专门研究红十字运动的生力军；积累了大量的学术资料。中心主要研究人员还借助在各地讲学的机会，传播重视红十字运动研究的理念。正是在红十字运动研究中心的引领之下，红十字运动研究在中华大地上呈现出生机勃勃的发展态势，并取得了丰硕的成果，“新红学”① 呼之欲出。仅以2011 年为例，各地以纪念辛亥革命100 周年为契机，纷纷整理、编辑出版了地方红会百年史；有的红会还与高校合作组建相关研究中心，等等②，通过这些方式，有力地推动了红十字运动研究向更深更广的方向发展。

当今世界正处于大发展大变革大调整时期，多极化、经济全球化深入发展，科学技术日新月异，各种思想文化交流、交融、交锋更加频繁，文化在综合国力竞争中的地位和作用更加凸显。2011 年 10 月 18 日，党的十七届六中全会通过的《中共中央关于深化文化体制改革推动社会主义文化大发展大繁荣若干重大问题的决定》，提出要推动社会主义文化大发展大繁荣。11 月 7 日，教育部发布了《高等学校哲学社会科学繁荣计划（2011—2020 年）》，旨在大力提升高等学校人才培养、科学研究、社会服务、文化传承创新的能力和水平。12 月 7 日，全国人大常委会副委员长、中国红十字会会长华建敏在中国红十字会九届三次理事会上提出：“要深化理论研究，充分挖掘红十字文化内涵，推进红十字文化中国化，广泛传播人道理念，在全社会推动形成良好的道德风

① 在2009 年4 月于苏州大学召开的“红十字运动与慈善文化”国际学术研讨会上，红十字运动研究中心主任、江苏红十字运动研究基地负责人、苏州大学教授池子华指出，经过一百多年波澜壮阔的实践发展和学术界呕心沥血的开拓性研究，在人文社科领域构建一门“新红学”——红十字学，条件已经具备，时机已经成熟。见池子华：《创建“红十字学”刍议》，《中国红十字报》2009 年4 月17 日。

② 池子华、郝如一：《2011 年红十字理论研究之回顾》，《中国红十字报》2012 年1 月3 日。

尚。"[1] 红十字"文化工程"已然成为红十字会总体建设目标之一[2]。进一步加强与拓展红十字运动理论研究，尤其是对红十字文化中国化的研究，已成为历史与现实的呼唤。

有鉴于此，红十字运动研究中心继续发挥高等学校与业界合作的优势，汇聚研究队伍，科学选题，出版一套《红十字文化丛书》，弘扬有利于国家富强、民族振兴、人民幸福、社会和谐的思想和精神，凸显红十字文化在中国文化园地中的地位，使红十字文化在神州大地上更加枝繁叶茂，促进中国红十字事业可持续发展，推动红十字文化的国际交流。

《红十字文化丛书》的出版，得到了江苏省红十字会、苏州大学社会学院、苏州市红十字会、上海市嘉定区红十字会、合肥工业大学出版社等单位的鼎力支持，也得到红十字国际委员会东亚代表处及中国红十字会总会的关心和指导，在此谨致衷心感谢。

池子华

2012年6月于苏州大学





① 《中国红十字会九届三次理事会召开》，《中国红十字报》2011年12月9日。

② 池子华：《"文化工程"应成为红十字会总体建设目标之一》，《中国红十字报》2009年12月11日。

# 目　录

## 【理论园地】



## 【工作研究】



## 【嘉定专版】

## 【百家争鸣】



## 【观察思考】



## 【历史研究】

## 【调研报告】



## 【图书评论】



## 【珍稀史料】



## 【他山之石】

## 【杂文随笔】

# 理论园地

# 红十字运动舆论与理论建设的构想及思考

池子华　郝如一

中国红十字会华建敏会长非常重视红十字运动的舆论先导和理论指导作用，在多个场合强调其重要性。2010 年 3 月，他专程视察了苏州大学红十字运动研究中心；2011 年九届二次理事会期间，他专门召集专家座谈理论研究问题；在不久前的九届五次常务理事会和在江苏调研座谈会上，华会长反复强调要抓好“两论一动”（即舆论、理论、行动）。本文就中国红十字会“九大”以来“两论”现状、发展和构想，提出如下思考。

## 一、对全国红会“两论”现状的若干看法

我们的总体评估是：有进展但不理想。进展表现在：总会关于“三重赋权”“核心业务”“红会不是一般意义上的慈善机构”等理论观点的提出，思路清晰，颇具新意；《中国红十字报》理论专版坚持开办，成为全国红会系统唯一的理论研究交流平台；一些地方红会比较重视与媒体合作，开展正面宣传，树立良好形象，收到了较好效果；北京、上海、江苏、浙江、福建、重庆、四川、贵州、山东、湖南、江西等省市在理论探讨、历史研究等方面取得了不同程度的成果。

但是，客观地说，全国红会系统在学习贯彻华会长有关“两论”建设的讲话精神上明显力度不够，不甚理想。首先是在理论问题上存在三个认识误区：

一是认为理论研究无关紧要。客观上讲，红会人少事多、无暇顾及，但主观上还是重实践、轻理论，认为做好本职便可万事大吉。其实，理论指导实践的道理大家都明白，关键在于这个道理没在内心深处产生共振、形成共鸣，因而理论研究的内生动力不足。还有的地方红会同志认为，理论研究是高层和高校的事，与我们并不相干。

二是认为理论研究就是单纯的应用研究或对策研究。其实，与任何

一门学科一样，红十字运动也有基础研究和应用研究之分。基础研究为应用研究提供理论基础，应用研究把基础研究获得的理论知识转化为实用技术，两者是统一的有机体。应用研究固然重要，但漠视基础研究，结果只能是治标不治本。

三是认为理论研究只需关注当下，研究历史没必要。当代中国国情、世情、民情，纷纭多变，红十字会如何适应和应对，需要关注和探索，但绝不应成为轻视历史研究的理由。常言道“忘记历史就意味着背叛”，历史是财富，不是负担。国际红十字运动已有150多年历史，中国红十字会成立将近110年，悠久历史值得珍视。历史是现实的一面镜子，无论是经验，还是教训，都值得我们认真总结，获取智慧，汲取力量。对历史心存敬畏，也是对自我的尊重，毕竟历史是昨天的现实，而今天的现实也会成为明天的历史。

其次，总会对全国地方红会的舆论宣传缺乏强有力的组织指导，各地红会又普遍缺乏面向社会、面向大众的舆论宣传，既缺少强烈意识，更缺少有效手段，势必导致社会对红会认知不足、参与不力。各地理顺管理体制后，许多地方红会领导来自其他部门，本就对红会缺乏了解，偏偏我们又拿不出像样的理论进行指导。加上我们在应对网络社交媒体方面认识失准、方法失误、效果失灵，所以当“网络事件”引发的社会舆论铺天盖地时，当网络谣言和无端谩骂不断袭来时，我们难免被动不已、招架不住，有时偏偏还授人以柄、自投旋涡。严峻的事实从反面告诉我们：红会系统改变舆论乏善、理论缺乏的状况已是迫在眉睫，势在必行！

## 二、关于红十字运动理论研究长远发展的构想

《国务院关于促进红十字事业发展的意见》（国发〔2012〕25号）提出：“深入开展红十字理论研究，大力宣传红十字文化在引领社会道德风尚、提升精神文明程度和推动文化大发展大繁荣中的积极作用。”开展红十字理论研究，已然成为社会发展和文化繁荣的现实需要。从长远发展来看，红十字事业面临的新情况、新问题必将层出不穷，也呼唤理论指导。为此，我们认为总会有必要创造条件搭建多个红十字运动研究平台。

1. 在有条件的地方建立红十字运动研究基地，广泛开展区域性研究

指导各地红会积极创造条件寻求与当地高校合作，红会出资、提供开展研究的“原料”，聘请学者、借助“外脑”，建立专业研究基地。其

研究方向以当地开展红十字运动、做好红十字工作所涵盖的范围为主，从历史与发展、当下与未来、经验与教训、特色与品牌、机构与管理、实务与理念、制度与法规、职能与义务等等方面进行微观与宏观并举的研究。我们国家那么大，各地情况差别更大，城乡之间、贫富之间、民族之间、地域之间所形成的局面和特点都不同，各地红会的区域性研究搞好了，就能逐步整合形成中国特色社会主义制度下的红十字运动理论体系，以此分类指导各地红十字事业发展就会更加符合实际、更加优质高效。

各地研究基地要依托高校及科研单位，在省级红会协调下进行整合。总会负责协调各基地间的横向合作，在科学研究、人才培养等方面给予宏观指导，实现基地之间优势互补、协同配合、错位发展，充分发挥各个基地在不同研究领域的积聚、带动、辐射和引领作用。同时，总会应出台《红十字理论研究基地管理办法》，对基地建设进行必要规范，确保有序运行。

红会要以课题为导向提供理论研究经费支持。基地建设，除前期少量的启动建设经费外，更重要的是结合课题，给予经费支持。国务院侨办出台的《课题管理办法》颇有参考价值，该《办法》除明确选题由研究基地根据基地中长期规划、紧密结合工作发展确定外，还对课题立项、课题管理、课题验收、成果转化等，都有明确具体的规定。我们建议总会参考其经验，结合我们的基地建设以及红十字事业发展需要，形成具有自身特色的《课题管理办法》。

2. 建立全国性红十字运动研究中心和研究人才培训机构

一是由总会携手红十字运动研究基础好的高校和社科学术单位联合成立“中国红十字运动理论研究中心”，既开展自己的立项课题研究，又指导各地红十字运动研究基地工作。二是结合红会在职干部继续教育制度的实施，委托有条件的高校开办红十字运动研究生班，从总会和各地红会推荐选拔有志于此的人员予以培养，毕业后承认研究生学历。三是委托红十字运动研究成果多的高校定向招收全日制脱产培养的硕博研究生，毕业后报考充实各级红会专职干部队伍。四是总会将来还可考虑和某些高校合作筹备开设专门的红十字学院，或报教育部批准单独建立“中国红十字学院”。

3. 创立以红十字运动为专门研究对象的综合性学科——“红十字学”

当全国红十字运动研究成果积累到一定程度，初步形成中国特色红十字运动理论体系时，就可在此基础上创立“红十字学”。这门学科的创立需要诸多相关学科理论的支撑。所谓“红十字学”，是以红十字运动为专门研究对象的一门综合性学科，由一系列分支学科组成，包括红十字法学、红十字医学、红十字社会学、红十字文化学、红十字管理学、红十字伦理学、红十字灾害学、红十字外交学、红十字历史学等。

习近平总书记多次强调研修历史的重要性，他强调：“历史是最好的教科书”，“这门功课不仅必修，而且必须修好。要继续加强对党史、国史的学习，在对历史的深入思考中做好现实工作，更好走向未来，不断交出坚持和发展中国特色社会主义的合格答卷。”我们认为，110 年中国红十字运动的历史，特别是 20 世纪 50 年代党对红会实行改组的历史；60 多年来党对全国红会工作的领导，特别是红会系统自上而下理顺管理体制建立党组的历史；中国红会从晚清、民国到新中国建立的历史，都是党史、国史的组成部分，更是“红十字学”丰富的精神遗产、辉煌的历史遗迹、宝贵的研修遗存。

## 三、对红十字“两论”建设近期发展的思考

第一，当前开展的群众路线教育实践活动，给红会加强“两论一动”带来契机。要大力宣传和研究作为党和政府在人道领域的助手，红会是如何更好地发挥紧密联系群众（特别是弱势群体）的独特作用的；宣传和研究如何通过更高效、更亲民的专业化运作，把党和政府的温暖送到群众心坎上；宣传和研究各级红会如何转变机关作风，摈弃不良“四风”，在革除官僚主义上真正做到“去行政化”等等。总会要加强对地方红会群众路线教育实践活动的行业指导和理性思考，以便在教育实践活动后能出一些理论探讨的好经验好文章。

第二，建议在总会筹备召开“十大”的工作报告里充分论述“两论一动”的重要性，报告本身也要在五年经验总结上增强理论性。“十大”要认真总结反思“网络事件”引发舆论非议和网络谣言对红会造成负面影响的深刻教训，让我们这个有 110 年悠久历史的全国最强大的人道组织以全新的正面形象展现于世。

第三，抓紧筹备成立全国红十字运动理论研究会及各地分会（以后可与红十字运动理论研究中心合署），吸收热心于理论研究的各级红会干部和学界“红人”（专注于红十字运动研究的专家、学者）参加，更多地发挥从红会退下来的老领导、老同志的作用。研究会成立同时举办

学术论坛。总会同步筹建红十字运动历史博物馆，创办出版红十字运动理论研究期刊。

第四，建议总会会同中央宣传部、国家网络监管部门联合下发关于加强红十字舆论宣传和理论研究的指导意见，在思想、政策、举措上做出规划与部署。加强全国各地红会与新闻宣传和新兴媒体的合作，对红十字运动实施正确的舆论引导，减少并消除负面舆论对红会的误伤。采取激励措施，大力推进红十字运动理论研究出成果、出人才。

第五，为减轻和防止再度陷入舆论危机给红会造成伤害，建议总会和地方红会建立由关心支持、理解热爱红十字的网络活跃分子（包括“大V”、版主、“意见领袖”等）组成红十字网络舆情志愿队伍，以利掌握主动，及时澄清、化解、回击网络舆论对红会的质疑、误解、谣言、诬陷，发出我们正能量的声音。

第六，国务院最近做出部署，要求在政府购买社会公共服务方面扩大范围、加大力度，预计红会将可发挥更大作用。但如何争取到政府购买，如何用好政府购买的资金，如何保证并提高政府购买服务的效率和质量等问题，都是值得在实践和理论上总结探讨的。

我们相信，只要全国红会系统和相关各界纵横联动，长此以往、长年累月，坚定信念、坚持不懈，中国特色红十字运动理论体系的形成，必将为实现伟大“中国梦”之“红十字篇章”提供指导前行的理论依据！

（作者分别为苏州大学社会学院教授、博士生导师；苏州市红十字会原专职副会长、苏州大学社会学院兼职教授）

# 红十字会如何走出“污名化”阴影

孟纬鸿

利用“炫富事件”污名化中国红十字会的网络炒作已持续两年有余。红十字人经历了从最初的愤懑解释，到无暇理会网络上一轮又一轮冷嘲热讽，埋头专注于人道事业，并试图用事实回应谣传的痛苦挣扎，但无论如何努力，阴霾却始终挥之不去。日前，随着警方对北京尔玛互动营销策划有限公司的查处，很多事件的真相逐渐浮出水面，不仅“谣翻中国”的“秦火火”“立二拆四”之流受到法律的制裁，那些充当“大谣”的网络“大V”也成为被追诉的共犯，国家打击网络谣言、净化互联网空间的决心与行动令人鼓舞。“凶手”终将绳之以法，而被“污名化”“妖魔化”的红十字会伤口仍在流血，它不仅需要一个较长的愈合期，而且还会留下抹不去的伤痕。如何让红十字会尽快走出“污名化”阴影，重塑高大形象，我们要做的还有很多很多。

## 一、抢抓有利时机，依法追诉谣言，正本清源还社会以真实

回顾污名化红十字会过程，网络谣言是元凶，“标题党”是主要炒作方式，网络大V出于商业或政治目的的“权威”转发则让谣言瞬间重复万遍变为“事实”，而少数“专家”“学者”“名人”的跟进，并用所谓“事实”作为论据写文章、做节目、当嘉宾，进行有罪推断，进一步污化、坐实红十字会“罪状”，导致网络谣言超越互联网范畴而产生更加广泛的社会负面影响。

《人民日报》评论是这样描述网络谣言的：网络谣言把谎言包装成“事实”，将猜测翻转成“存在”，在网上兴风作浪、扰乱人心。如果任其横行，将严重扰乱社会秩序，影响社会稳定，危害社会诚信。其实，自2011年6月20日网络“炫富事件”出现，谣言就如影随形，“干爹”

“情人”“百达翡丽”“会长老爸”“富豪兄长”等谣言迅速发酵，并与红十字会死死绑定。随后，又把早已澄清的“天价帐篷”“买药虚开发票”等假新闻反复炒作；“标题党”更是做出“红会芦山地震捐款‘蒸发’2476万?”这类耸人听闻、误导视听的新闻标题。某资深媒体人妄言“中国红十字会是唯一没有加入国际红十字组织的国家红十字会”的“山寨论”谣遍全球，造成极其恶劣的社会影响，并成为此后众多写手抨击红十字会的“论据”。一些别有用心的“大佬”则把中国社会人为分割成“体制内”和“体制外”，并刻意营造一个逻辑：红十字会是体制内的，体制内的就是不能信任，旨在煽动民众敌意，政治意图昭然若揭。最后，炒作走向娱乐化，不仅以旅游景点刻写“到此一游”的扭曲心态贴出满屏“滚”字，而且伪造炫富女“狠话”和“性爱视频”暗示红十字会“心虚”，各种调侃段子、恶搞视频更是粉墨登场、乌烟瘴气，进而使污名化覆盖全民。

网络谣言已经成为互联网信息领域必须正视的公害。国家出重拳打击网络谣言的战略部署，更是红十字会正本清源、清洁污名的极佳机遇。但目前尔玛公司曝出的真相还只是涉及红十字会众多谣言的冰山一角，种种迹象表明，完全可以挖掘出更多危害社会的造谣“大V”“名嘴”“砖家”“推手”“报料人”。中国红十字会切不可坐失良机，当务之急就是要充分利用良好的舆论外环境，继续深入挖掘，乘势追击，依法维权。可以聘请法律专家、网络专业技术人员，对涉及红十字会的谣言逐一进行梳理、分析和取证，并及时向网监部门、执法机关举报举证，提供线索。要抓紧办几起有影响的涉谣案件，并通过媒体，特别是互联网平台公之于众，彻底揭开“网络事件”的真相，还社会以真实，还红十字会以清白。这不仅是全体红十字工作者的迫切愿望，也是众多关注、关心、爱护红十字品牌的人士之期待。

## 二、反思应对失误，适应新媒体时代，构建舆情应对长效机制

新媒体时代是社会发展和技术进步的必然产物。学习新媒体知识和技术，摒弃传统的应对手段，主动出击，占领网络声音制高点，抢占话语权，变被动为主动，这才是新媒体新时代的新要求。经历了“网络风波”的红十字会对此更要多一份清醒与紧迫。对网络媒体了解不够，对其危害性估计不足，应对方式方法不当是红十字会在网络事件中屡战屡

败的一个重要原因。作为一个失败案例，中国红十字会的应对，经历了从最初“清者自清”的傲慢，到“息事宁人”的忍让迎合，从简单的切割撇清，到狂轰滥炸下失去主见、方寸大乱，仓促应对而屡屡技术变形。不当发声、雷语笔误，自摆乌龙，不断给网络恶炒提供“弹药”。更令人遗憾的是时至今年，已处在风口浪尖上的中国红十字会，明知道网民是在用高倍放大镜挑毛病，却弱智到连发个微博也闹笑柄的窘迫，芦山地震救援因“用词不当”从满屏“滚”字尴尬起步，而岷县地震则以捐赠“天价”（微博编写错误）矿泉水郁闷开场，不能不说是个体素质和工作机制的缺失。而红监会的仓促开张亦如同当初不成熟的信息捐赠平台匆匆上线一样，“设计缺陷”成了网民质疑的“佐证”。对此，我们需要深刻反思，有反思才能有长进。

公共舆论本身就有很多非理性的因素，我们不能指望公众理性地看待每一件事情，否则，舆论也就没有了引导的必要。构建新媒体时代舆情应对长效机制是中国红十字会最迫切的课题。首先，必须认同并融入新媒体时代，主动接近网络、学习网络、了解网络，研究和把握网络舆论传播规律和网络舆论引导规律。其次，必须加强舆情应对的人、财、物、技保障，设立专门机构，明确专门人员，提供经费和装备保障，并聘请一定数量专业人士提供技术支持。第三，必须建立健全的网络舆情监测机制，及时做好舆情的监测、汇集、分析。第四，必须突出负面舆情应对的预案建设，一旦事发，能在第一时间准确发声，抢占舆论制高点；要特别重视借助主流媒体传播优势和权威第三方发声来引导舆论，必要时通过网络技术手段加以控制。第五，必须构建网络舆情应对联动机制，保持与互联网管理部门、主流媒体、网络平台，甚至有社会责任感的网络大V们常态沟通交流，建立良好的合作互信关系和舆情应对联动机制。

## 三、正视社会关切，科学顶层设计，埋头苦干再创事业新辉煌

随着打击网络谣言专项行动的深入推进、网络监管机制的建立完善，互联网空间一定能得到有效净化，但处在转型期的中国，各种社会矛盾不可能随之消失，仇官、仇富，甚至仇视制度的社会情绪仍然存在。如何确保不再掉进舆论旋涡，红十字会除了修复创伤外，更重要的是苦练内功、强健体魄，要从职能定位、内部改革、透明公信、制度机

制等社会关切入手，深研细究，反思不足，查找缺陷，完善自我，以减少甚至消除可能遭受质疑的问题或隐患。

首先，在职能定位上，“三救三献”作为核心职能似乎已成为共识，但具体细分一下，有些并非真正的“核心”；有些并不具备履行的条件和能力，缺少相应的法律支持，如人体器官捐献等；还有些工作运行流程在设置上存在缺陷，如骨髓捐献配型过程中代替移植医院收取相关费用的做法就值得商榷；还有，红十字会不是政府机构，但也不同于基金会，包括人道救助等职能的履行切不可偏离党和政府人道工作“助手”这个特定身份。所有这些都需要更为科学的界定。

其次，在公开透明问题上，确实是社会最为关注的，也是红十字会下一步改进完善的重点工作。但必须澄清的是“网络事件”之前，红十字会就有公开透明，就有相应的制度设计和监督机制，从《红会法》《章程》到理事会年度报告制度，从行政审计到干部监督都实现了制度化，这些制度安排在当时也是切合实际、行之有效的。而且互联网发展之后，绝大多数的红十字会都开发了自己的网站，并在网站及时公开信息。现在之所以要加大公开力度、引进社会监督，这既是适应社会转型的需要，也是传统监管机制的延续、深化与拓展。

第三，在改革创新问题上，突出内部改革、完善治理结构、健全内部管理是一个切合实际的选择。所谓“去行政化”本就是一个伪命题，是被那些“公知”“砖家”给忽悠了。从机构序列上讲，各级红十字会机关早就退出政府部门纳入群团机构序列；从红十字会与政府的关系看，世界各国红十字会都是政府的助手，得到政府的支持资助，全球195个国家成为日内瓦公约的缔约国。一些人为什么总拿“体制”“行政化”说事，就是有意制造社会裂痕，刻意渲染体制内都是“恶”的，其最终指向并非红十字会。无论社会如何转型，坚定地走中国特色的社会主义道路不会改变。

之所以做以上的辨析，目的在于更加精准地厘清关系，把握事物的本源，进而有的放矢地进行科学的顶层设计。顶层设计要顺应时代要求，重视社会关切，但绝不能脱离国情，不能超越红十字干部队伍的承受能力，要与干部能力建设同步推进；顶层设计不只是顶层和专家的事，尤其需要放下架子、沉下身子，深入基层虚心听取意见建议；顶层设计更要尊重历史，正视中国红十字会的历史功绩，割断历史意味着对事业的背叛，改革创新就会出现“断层”“拐点”而走偏方向，给人道事业带来损害。有了好的顶层设计，关键在于落实、在于推动，落实推动不仅需要一个优秀的团队，而且需要一套长效的机制，这也是红十字会下一步的重点任务。当然，由于“网络事件”的首因效应，要改变红十字会在亿万网民中的“第一印象”，绝非一朝一夕之事。不仅如此，由于炒作时间过长，炒作对象又是一个组织，受社会情绪的影响会更大，产生的“坏印象”可能在一部分网民中会根深蒂固，对此，红十字人一定要做长期艰苦努力，甚至要有继续承受委屈的心理准备。我们要从大处着眼，从小处着手，在科学的顶层设计框架内，脚踏实地、埋头苦干，把工作一件一件地做实，让信任一点一点地回归，进而一步一步地走出“污名化”的阴影。

（作者系江苏省南通市红十字会秘书长）

# 打造公开透明的红十字会

池子华

公开透明，是现代社会公众对公益组织的期待。对包括红十字会在内的公益组织而言，公开透明是取信于民、立足社会的基本条件。为什么需要以及如何打造公开透明的红十字会，可以集思广益、共同探讨。这里从三个方面谈点自己的想法。

## 一、公开与透明

首先要弄清楚什么是公开、什么是透明。“公开”，按照《现代汉语词典》的解释，“不加隐蔽；面对大家”，与“秘密”相对。“透明”是指物体透过光线，如通过透明的玻璃窗，我们能看到对面被遮挡的事物。换句话说，公开比透明，对公众放开的程度要大得多。有人以政府采购为例，说明“公开”与“透明”的区别，认为政府采购的公开原则不仅仅要求的是结果公开，更重要的是程序公开；而透明是指政府采购活动要自始至终地置于各级监督部门的监督下进行。比方说，政府采购是一个箱子，公开是将箱子完全打开，透明则是要将箱子的四壁换上玻璃[①]。“公开透明”合用，既要求公开，又要求透明，实际上表达了公众对公益组织更高的期盼。

就红十字会而言，正式做出公开透明承诺是在“郭美美事件”之后。2011 年 7 月 6 日至 7 日，中国红十字会在北京召开全国红十字会系统廉政工作会议。7 日，中国红十字会向社会承诺：将严格执行“捐赠款物公开，财务管理透明，招标采购公开，分配使用透明”的自律规定，把廉政建设和公开透明工作提升到新高度。这就是我们通常所说的





① 吴强：《把握公开透明原则》，http：//www. caigou2003. com/theory/discussion/20040922/discussion_ 4109. html。

"两公开两透明"的由来。

2011 年 7 月 21 日，中国红十字会总会发布《关于贯彻落实"两公开两透明"承诺的通知》（中红字〔2011〕51 号），提出将力争在两年内实现全国红十字会系统信息公开的制度化、标准化和规范化，捐赠人隔日将可在红会网站上查询款物信息。《通知》要求，地方各级红会要积极履行"两公开两透明"承诺，以重塑红十字会的社会形象。

《通知》称，中国红十字总会将建立和完善捐赠款物接受、管理、使用分配的公示、跟踪和反馈制度，主动接受政府有关部门的监管和媒体、公众的监督。

《通知》提出，将着力构建阳光透明的财务公开机制，政府拨款的财政资金要及时公布"三公"支出，社会捐赠的资金要及时公布使用分配情况。

《通知》还要求，在物资采购、工程发包、购买服务等工作中，应坚持程序规范、过程公开、结果公示的原则①。

履行承诺两年来，应该说各级红会做出了不少努力，也取得了很大成效，如地市级红十字会网站，一般都具备捐赠款物的公开与查询功能。但两年来，就全国整体情况而言，不仅没有达成重塑红十字会社会形象的目的，反而信誉更加低落，这其中原因很复杂，而公开透明依然是一个重要方面。这说明，打造公开透明的红十字会，仍然是路漫漫。

## 二、为什么要打造公开透明的红十字会

为什么要打造公开透明的红十字会，原因其实并不复杂，主要在两个方面：一是红十字会自身生存与发展的内在需要；二是因应公众的外在诉求。

中国红十字会自 1904 年诞生以来，用于社会救助的款物大多取之于民、用之于民，而要"取之于民"，首先要"取信于民"；要"取信于民"，必须做到公开透明，否则没有公信力，就不可能立足社会。

总体而言，新中国成立以前，中国红十字会一直做着公开透明的努力，通过鸣谢广告、"征信录"等方式，完善公开机制，并通过"监事会"，严格内部监督，因此在社会上有着比较高的信誉度。新中国成立以后，尤其是进入新世纪以来，随着自媒体时代的到来，红十字会与时

① 《总会要求全系统落实"两公开两透明"》，《中国红十字报》2011 年 7 月 26 日。

俱进，不断提高透明度，但为什么公众还是纠结于“郭美美事件”，不依不饶？这是我们要谈的第二个方面的原因，即公众的外在诉求。

之所以要打造公开透明的红十字会，除了自身生存与发展的内在需要之外，当然还为了因应公众的外在诉求。换句话说，公众公开透明的诉求，“倒逼”红十字会公开透明。

公众公开透明的诉求，在漫长的岁月中，显得较为微弱。2008 年“5·12”汶川地震是一个转折点。在这一突发灾难面前，公众慈善热情如火山喷发，前所未有。与此同时，公民“知情权”的权利意识高涨，公开透明的呼声一浪高过一浪。“郭美美事件”正是在这样的大环境下发生了。

“郭美美事件”之所以持续发酵，没有像 100 年前张竹君挑战沈敦和那样“昙花一现”，悄无声息地落幕，原因固然很复杂，但有一点我们不能忽视，那就是红十字会公开透明的行动不仅滞后于公众诉求，而且极不规范。

比如，“郭美美事件”本身，中国红十字会始终没有给公众一个令人信服的交代，很多细节，既不公开，也不透明，如何能堵住悠悠众口？有人说郭美美把红十字会给毁了，郭美美就像泼出去的硫酸，毁了红十字会娇好的容颜，而红十字会如此宽容大度，居然不愿深究、不敢深究，难怪公众以为红十字会是一潭“浑水”，有着揭不开、见不得人的“黑幕”。在我看来，这是“郭美美事件”持续发酵的症结所在，这个症结不祛除，要想在短期内如三年之内扭转公众对红十字会的印象、重建公信力，我只能说实在是太难了，难以想象。

再比如，2011 年 7 月 31 日，“中国红十字会总会捐赠信息发布平台”上线运行，首先发布了青海玉树地震捐赠收支和资金使用的有关情况，向捐赠信息的公开和透明化迈出了重要一步。但好事没有做好，这个信息平台漏洞百出，引来舆论的一片哗然。而且，直到目前，这个信息发布平台已存在两年了，仍然处于“试运行”状态，这种状态何时才能结束？查询仍然局限于“50 万元以上的单位，10 万元以上的个人”，什么时候才能做到“与每个捐款人一一对应”？还有，甘肃舟曲泥石流、云南盈江地震、日本地震捐赠信息查询在这个平台上仍然处于“建设中”。作为应对“郭美美事件”的重要举措，如此滞后于公众的诉求，怎能让公众信赖？

又比如，2012 年 12 月 7 日，中国红十字会社会监督委员会成立，16 名社监委委员由红会直接聘任上岗，这也被认为是“郭美美事件”

以后，中国红十字会重塑公信力、进一步推动公开透明的重要举措。然而，成立半年来，社监委不断被推上风口浪尖，定位不清、职责不明，被视为红十字会的“公关部”，而且多人被曝与红十字会存在利益关系。6 月 14 日，社监委在北京举行媒体见面会，自己承认定位有问题，名不副实，不是真正意义上的第三方“独立监督机构”，而只是“沟通桥梁”。社会监督委员会虽然没有改组、改名，但已经名存实亡。原本因应公众诉求成立监督委员会，是一件非常好的措施，但自己硬生生做砸了。究其原因，一是社监委委员的遴选程序不公开、不透明，遭受质疑是可以理解的。二是名称也有问题，中国红十字会社会监督委员会，一听就会给人一种错觉，以为是红十字会延伸机构，就像红十字会学生工作委员会、红十字会志愿服务工作委员会一样，严谨一点的称呼应该是“监督红十字会工作委员会”。三是 16 名委员的组成，不符合自己制定的章程，即由 15 人至 25 人组成，一定是单数，而出现 16 名委员的人员构成，不伦不类，不符合基本规范。四是按照社监委《章程》的规定，“中国红十字会应当为社会监督委员会开展监督活动提供必要的经费保障，经费使用情况向社会公开”，也不符合情理；有委员辩解说，独立会计师事务所审计费用也都由被审计的部门负责，是国际惯例。问题是会计师事务所是独立的第三方，而社监委不是，根本没有可比性；不仅如此，社监委存在半年多来，经费使用情况从来没有像《章程》所规定的那样，“向社会公开”。五是的确不具有独立性，社监委委员与红十字会有着千丝万缕的联系，虽然可以理解中国红十字会的做法，但其结果是社监委本身不具有公信力。事实表明，为打造公开透明红十字会而设立的中国红十字会社会监督委员会，虽然做了几件事，但总体而言，不仅没能够给红十字会添彩，而且使中国红十字会的信誉进一步跌落。这是非常遗憾的事情。

从以上几个例子可以看出，虽然努力了，但打造公开透明的红十字会，还有很长的路要走。

## 三、如何打造公开透明的红十字会

如何打造公开透明的红十字会？这里谈点个人看法。

对于如何打造公开透明的红十字会，各级红会也许会有各自的做法，也有各自的高招。不过，有几个关键性问题，是必须解决的。

其一，完善机制。机制，泛指一个系统中，各元素之间相互作用的过程和功能。机制是经过实践检验证明有效的、较为固定的方法。一个好的机制，是在不断完善过程中臻于成熟的。对红十字会而言，要真正做到“两公开两透明”，最直接、最有效的办法，就是建立健全信息披露机制。比如说，总会有“捐赠信息发布平台”，但漏洞百出，很不健全。各省以及地市级红十字会，也都在各自网站上披露捐赠信息，但是功能还不够强大。完善的信息披露机制，我想应该具有这样几个基本特点，一是更新及时，从目前情况看，不少网站还做不到这一点；二是具有查询功能，包括接受捐赠款物的信息及使用情况，都可以查询；三是联动机制，按照总会《关于贯彻落实“两公开两透明”承诺的通知》，力争两年内实现全国红十字会系统信息公开的制度化、标准化和规范化。两年过去了，但距离制度化、标准化和规范化的要求还有相当的距离，各级红会，都是结合各自的情况，进行信息发布平台的建设，造成人力、物力、财力的浪费。其实，总会开发、全系统共享，才能真正做到全国联动，不论你在何时何地，不管你登录哪一级红会网站，都可以查询到你想知道的信息，这样的信息披露机制才是健全的。

当然，信息披露不局限于互联网，各种媒介如报纸杂志、广播电视、LED 显示屏等等，都可以为我所用。

在机制建设中，还应该进一步完善内部监管机制。红十字会系统一个很大的遗憾就是取消了监事会。之所以用“取消”这个词，就是说“监事会”曾经存在过。1934 年 9 月 24 日至 28 日，中国红十字会在上海召开直辖内政部后第一次全国会员代表大会，在这次会议上，红十字会进行了改组，取消了原来的常议会，由理事会、监事会取而代之。理事会是红十字会的最高执行机关，监事会是最高监察机关，理事会、监事会联席会议是全国会员代表大会闭会期间最高权力机关。监事会于 1945 年抗战胜利后废除。1950 年总会改组时，没有恢复监事会的设置，直到如今。作为监察机关，监事会的存在是必要的，是红十字会自我监督的重要手段，可以有效保证运行机制的公开透明。所以，我建议红十字会系统进行必要的改革，恢复监事会的设置。

其二，外部监督。所谓外部监督，不是指中国红十字会社会监督委员会那样的专家咨询机构，而是真正独立的第三方。而且社会监督委员会不应该是红十字会出面组织，应该由民政部门发起，对包括红十字会在内的公益慈善组织进行监督。据报道，2013 年 6 月 19 日，中国第一个慈善组织第三方监督机构——广州市慈善组织社会监督委员会正式成立，首届 15 名委员全部由非公职人员担任，强调独立性，以应对困扰中国慈善事业的信任危机[1]。这是一个很好的开端。希望总会能够主动与相关部门沟通，促成社监委的早日成立，并逐渐在全国拓展。这是红十字会把“两公开两透明”落到实处的重要手段。

在外部监督中，网络监管同样是促进红十字会走向公开透明的重要途径。这方面，苏州市红十字会做了有益的尝试。2013 年 5 月 25 日，苏州市红十字会聘请 10 位活跃在苏州各大论坛的网民为网络监督员，他们可通过查账本、参与款物筹募及资金分配流程等方式进行监督[2]。这种主动邀请网民对红会工作进行监督的做法，很有创意，比被动地被网民监督“倒逼”公开透明，更易于赢得公信力。网络监督员，是网民与红十字会之间沟通的桥梁，一方面，通过他们可以向红十字会表达网民公开透明的诉求；另一方面，作为监督员，他们在监督过程中了解红十字会公开透明的具体做法，并向网民进行披露，争取有利的网络舆情。互联网时代，网络监督已成为社会监督的利器，这是大势所趋。红十字会如何适应这一变化，在监督与被监督之间寻找一个平衡点，至关重要。苏州红会的探索值得肯定，值得推而广之。

在外部监督中，还有一个重要杠杆，那就是审计。作为一种特殊的监督方式，它以“秋后算账”的“倒逼”给公开透明工作戴上“紧箍咒”。对红十字会而言，应该邀请具有影响力的第三方会计师事务所进行独立审计，审计结果及时发布。2013 年 6 月 21 日，《文汇报》发布《关于上海市红十字会人道救助基金 2012 年度财务收支情况审计报告》，就是一种可取的做法。会计审计是规范、引导红十字会公开透明工作的杠杆，通过这一杠杆，可以提升外部监督的功效，有助于提振红十字会的公信力。

其三，制度建设与法律保障。公开透明攸关红十字事业的未来发展，是别无选择的选择。要打造公开透明的红十字会，还必须建章立制。但是，很显然制度建设没有及时跟进，就像“捐赠款物公开，财务管理透明，招标采购公开，分配使用透明”，都还没有出台专项制度加以保障，仅靠一纸《关于贯彻落实“两公开两透明”承诺的通知》，不具有约束性或约束性不够强大。因此，制定与公开透明相关的系列专门制度，也是当务之急。



① 《广州创立慈善组织第三方监督机制》，http：//politics. people. com. cn/n/2013/0619/c70731-21900899. html。

② 《苏州 10 位网民获聘红会监督员》，《中国红十字报》2013 年 6 月 7 日。

制度虽然具有约束性的特点，但不具有强制性，正因为如此，法律保障不可或缺。对此，在修订《红十字会法》时，应该给予充分关注。还应该强调的是，法律面前人人平等，对违背相关规定给红十字会造成严重后果的红十字会领导干部，同样应该追究法律责任。也就是说，在法律的框架下建立“问责机制”，比如说“郭美美事件”给红十字会造成巨大伤害的，比如说 8472 万元的艺术家作品义拍善款定向捐赠汶川地震灾区却未经授权随意改变捐款用途造成恶劣影响的，比如说发表不当言论使红十字会名誉遭受污损的，如此等等，为什么不去追究责任？为什么没有人承担责任？这在国外一些红十字事业较为发达的国家，是难以想象的。所以，建立“问责机制”，是法律保障不应该缺少的重要一环。

总之，打造公开透明的红十字会，是使命，也是责任。在此过程中，历史的借镜、香港的做法、国外的经验，都值得我们学习、借鉴。

（作者单位：苏州大学社会学院）

# 努力做好新形势下红十字群众工作

丁　钢

群众路线是我们党的生命线和根本的工作路线，是必须时刻遵循的根本要求和工作方法。面对新任务新挑战，只有把握党的群众路线的时代内涵，弄清为了谁、依靠谁、我是谁，坚持依靠群众、联系群众、服务群众、宣传群众、发动群众、组织群众，做好红十字群众工作，才能凝聚、感召广大群众了解、参与、支持红十字公益事业，为加快宜居幸福的现代化国际城市建设做出贡献。

## 一、把握党的群众路线“为民务实清廉”的时代内涵，弄清为了谁，明确新形势下红十字群众工作的基本要求

党中央决定在全党深入开展以“为民务实清廉”为主要内容的党的群众路线教育实践活动，进一步增强全党同志的群众观念、实干精神和廉洁意识。新形势下红十字群众工作就是要始终站在“为民”的立场，通过务实的方法，以清廉为保障，牢固树立依靠群众、服务群众的意识，用“微尘”精神引领宣传群众，搭建社会互助爱心平台，传递社会温暖，为困难群众提供最急需的人道服务和帮助，真正成为党和政府人道主义救助的得力助手、社会主义精神文明建设的生力军、建设社会主义和谐社会的重要力量，为加快宜居幸福的现代化国际城市建设做出更大努力。

一是要深刻领会坚持和发展中国特色社会主义是我们的必然选择。红十字事业作为中国特色社会主义事业的重要组成部分，红十字会作为一个国际性人道主义社会救助团体，就要坚持中国特色社会主义道路，突出组织特色，深刻领会“为民务实清廉”的党的群众路线的时代内涵，增强践行群众路线的自觉性，在改善民生、创新管理、加强社会建

设的实践中发挥作用。

二是要坚持为民服务，努力实践群众路线。真正依靠群众，搭建社会互助爱心平台，为困难群众提供最急需的人道服务和帮助，推动社会团结互助，促进社会和谐幸福。真正依靠群众，深化“微尘”品牌建设，发挥“微尘”作为提升城市精气神的重要载体作用，用“微尘”精神宣传群众、发动群众，凝聚、感召广大群众了解、参与、支持红十字公益事业，在加快宜居幸福的现代化国际城市建设实践中做出贡献。

三是要坚持艰苦奋斗，求真务实，真抓实干。加强作风建设，进一步转变作风，求真务实、改革创新，带着对群众的感情、对工作的热情做好红十字工作。贯彻落实好中央“八项规定”，严格执行廉洁自律各项规定。用清正廉洁的行动、公开透明的工作、务实过硬的工作作风，服务群众、取信于民，重塑红十字公信力。

四是要坚持“为民务实清廉”，以党的群众路线教育实践活动为契机，围绕群众期盼，聚焦形式主义、官僚主义、享乐主义和奢靡之风，查摆、整改、解决实际问题，做到真学、真查、真治、真干，不断提高红十字工作的群众满意度。

## 二、把握红十字群众工作对象的需求具体多样的特点，弄清依靠谁、我是谁，增强红十字群众工作的针对性和有效性

把握新时期红十字群众工作的对象需求具体多样化的特点，对“群众”这一概念再认识，使群众概念具体化，真正弄清红十字工作依靠的群众具体是谁、具体在哪。虽然我们对群众路线已耳熟能详，但很多人对具体工作中的“群众”是谁认识不清，总认为群众就是劳苦大众、民众百姓，离我们很远。群众不具体，就不可能走对群众路线，不可能做好群众工作。结合红十字工作具体实际，对工作中的“群众”做具体分析，再认识、再细化，使群众具体化、清晰化。应当认识到：广大爱心市民、捐赠人、社会各界爱心企事业单位、所有的“微尘”们，红十字公益合作方，广大红十字志愿者、捐献者，困难群众、受助方，受益者、利益相关方等，以及我们红十字基层组织专兼职工作人员、会员等，他们就是与红十字会接触最直接、交流沟通最多、工作服务最具体、距离我们最近的具体群众。我们只有走他们的路线、持他们的观点、尊重他们的愿望、了解他们的想法、努力实现他们的利益诉求、做

好他们的工作，才能走对群众路线，做好红十字群众工作。

把握新时期红十字群众工作中群众诉求期待多样化的具体要求，真正弄清他们的具体需求是什么、具体服务有哪些，坚持群众的希望就是我们努力的方向，做好服务，增强群众工作的针对性和有效性。

一是要从实际出发，真实了解民意民愿民需，找准服务方向。具体是：

——广大社会爱心人士、捐赠人、社会各界爱心企事业单位及所有的“微尘”们，他们最大的要求就是尊重他们的意愿，公正高效地实现他们的爱心善举和愿望，得到红十字会良好的工作服务和社会各界的认可尊重等。

——广大红十字志愿者、无偿献血者、遗体器官捐献者，他们最大的要求就是红十字志愿服务工作平台高效顺畅，服务工作精细化、专业化，实现服务社会愿望，体现人生价值理想，得到社会各界的认可尊重等。

——红十字公益合作方，他们最大的要求就是资源上优势互补，达到1+1大于2，实现共赢；工作中相互促进，共同进步；理念上追求平等合作，顺势借势发展等。

——困难群众、受助方，他们最大的要求就是遇到紧急困难求助时得到红十字会的及时回应，帮助战胜困难渡过难关；救助程序于法周严、于事简便，简单明了；救助过程高效、公正、平等、透明，救助工作中享有尊严等。

——受益者、利益相关方，他们最大的要求就是从他们的实际需求出发，帮助他们得到所需要的人道服务和相关人道帮助等。

——基层组织及专兼职工作人员、会员，他们最大的要求就是从实际工作出发，多服务、多指导、多扶持，提升工作能力；多帮助解决实际困难，给予政策支持；少些发号施令，少给基层添麻烦等。

——社会广大市民群众，他们的最大需求，是通过公益组织的工作，营造公益文化，建设“爱心青岛”，感受社会温暖，传递社会爱心，使弱者有帮助，促进社会和谐幸福。

二是要结合群众路线教育实践活动，从群众这些需求期盼入手，认真查找问题，深入分析原因进行整改。牢固树立服务意识，把他们的需求作为我们努力的方向，将服务贯穿整个红十字工作中。一切为了困难群众，相信、依靠、服务广大的“微尘”们、捐赠人、志愿者、无偿献血者、遗体器官捐献者、公益合作者、受助者、受益者，相信、依靠红十字基层组织专兼职工作人员、会员，相信、依靠全社会广大市民群众的理解、参与、支持，切实增强红十字群众工作的针对性和有效性，实践群众路线。

## 三、坚持运用群众路线的工作方法，提高依靠群众服务群众推动工作的能力，推动红十字工作健康发展

牢固树立群众观点，真正依靠群众恢复重建红十字会的社会公信力，推动红十字事业改革发展。公信力的“源”是人民群众的信任。要得到人民群众信任，首先必须让与红十字会接触最多，离我们最近，工作最直接最密切的广大爱心市民、捐赠人、社会各界爱心企事业单位及众多的“微尘”们，红十字公益合作方，广大红十字志愿者、无偿献血者、遗体器官捐献者，困难群众、受助方，受益者、利益相关方等对我们满意信任，这是恢复重建红十字会公信力的基础。我们必须密切联系他们，与他们真心交朋友，诚心听取意见，在作决策、办事情及实际工作中，从他们的角度出发，尊重他们的愿望，为他们做好服务，让他们了解、参与、支持、信任我们的工作，继而影响带动全社会，恢复信任。其次要依靠广大基层红十字组织及专兼职工作人员，用我们良好的工作作风、一流的工作业绩、高效透明的工作机制赢得群众的信任。我们要认真查找工作不足，真正从群众愿望出发，始终将服务贯穿到所有工作中，按照于法周严、于事简便的要求，改革创新、流程再造，真正做到一切为了群众、一切方便群众，使其长效化、制度化。其三要坚持实事求是，践行承诺，量力而行，把好事办好、实事办实。

善于运用群众观点，加强改进红十字会的宣传引导群众工作。宣传引导群众是实践群众路线、做好群众工作的重要内容。加强改进红十字会的宣传工作，首先要抓住机遇，认真学习中央宣传工作会议精神，深刻领会习近平总书记“8·19”讲话精神实质，坚持发展、维护群众利益，促进宣传群众工作。具体来说，红十字宣传工作就要坚持“做实事，促宣传，创品牌”思路，用实实在在的工作业绩和改革发展成果为群众做实事、解难事、办好事，增强宣传群众的效果。其次要转变工作观念，用群众的视角、观点来宣传群众，做好群众宣传工作。调研发现，我们以往的宣传角度、内容等很多不是从群众要求出发，不是群众所期所盼。应当换位思考，与群众同坐一条板凳上思考问题，更贴近百

姓、服务群众，善于用群众的语言、群众身边的事迹感动身边的群众，讲好红十字故事，凝聚人道主义力量，使红十字精神、理念真正融入群众的思想行动中。其三要创新宣传手段方法，更多采用群众喜闻乐见、方便快捷、容易接受的新媒体方式，增强主动性和实效性。

突出以服务群众为主线，着眼红十字队伍建设，立足深入细致的思想工作，切实加强、改进工作作风。红十字基层组织及机关专兼职工作人员，是我们工作依靠的最直接力量。他们既是我们直接的群众工作对象，又是我们做好广大爱心市民、捐赠人、社会各界爱心企事业单位、众多“微尘”们，红十字公益合作方，广大红十字志愿者、无偿献血者、遗体器官捐献者，困难群众、受助方，受益者、利益相关方等群众工作的桥梁纽带，做好红十字会干部队伍的群众工作尤为重要。首先要加强队伍的思想建设，牢记宗旨，践行红十字人的责任和担当。其次应克服官僚主义、形式主义，多深入基层、调查研究，服务、指导、帮助基层解决困难、推动工作。与基层同志交朋友，做深入细致的思想工作，营造良好的工作氛围。

（作者系青岛市红十字会副会长兼秘书长）

# 走出"塔西佗陷阱"：我国慈善组织公信力的重建

刘 曼

"郭美美炫富"导致包括红十字会在内的慈善组织信任危机，使慈善机构募捐额剧降，出现历史性拐点。事后接连发生了许多严重影响红十字会公信力的事件，一时红十字会陷入"老不信"的怪圈之中不可自拔，而这种怪圈可以用一种被称为"塔西佗陷阱"的理论进行解释分析。提出这一理论的是古代罗马伟大的历史学家普布里乌斯·克奈里乌斯·塔西佗（Publius Cornelius Tacitus，约 A. D. 55—120 年）。所谓"塔西佗陷阱"，通俗地讲，就是"当一个部门失去公信力时，无论说真话还是假话，做好事还是坏事，都会被认为是说假话、做坏事"。这个卓越的见解后来成为西方政治学里的定律之一："塔西佗陷阱"。虽然再次搬出这个常识性的理论有些俗套，但鉴于当前的舆论格局，"塔西佗陷阱"确实是解读中国慈善组织公信力危机最恰当的视角。本文以红十字会为中心，探讨我国慈善组织如何走出"塔西佗陷阱"、重建公信力的路径。

## 一、降低慈善组织的集中度，积极发展平民慈善

近年来，我国民间慈善组织的发展十分迅速，已成为一股不可小视的力量。据民政部统计，2006 年，全国共募集慈善捐款约 100 亿元，其中，通过政府渠道募集的有 35 亿元，其余为各类慈善组织或个人募捐[①]。民间慈善组织需要通过吸引更多优秀人才，结合自身的特点和优势为捐赠者和受赠者提供优质服务，才能形成良好的品牌信任度。民政





① NPO 信息咨询中心．中国非营利组织（NPO）公信力标准．http：//publish. npo. com. cn/article. php/226.

部公布的《促进慈善类民间组织发展的若干意见》提出，要规范慈善类民间组织的行为，要制定和完善民间组织年度工作报告制度、评估制度、信息披露制度、财产管理制度和民间组织行为准则，督促慈善类民间组织建立以章程为核心的内部治理结构，保证组织高效、民主、规范运行。

“我们需要理性、全面、客观的判断，需要系统、深刻的反思，更需要实质性的改革和完善”[①]。慈善组织是联系捐赠者和受赠者的桥梁，在我国慈善事业的发展中占有举足轻重的地位。当下，我们应该降低慈善组织的集中度，改变以往慈善组织运作的行政化以及民间慈善组织准入难的现状，积极发展平民慈善，营造一种更为开放、更为健康、包容性更强的慈善组织文化氛围。所谓平民慈善，是指对于一些平民，虽然自身财力并不雄厚，但也在尽自己最大的努力帮助需要帮助的人。靠蹬三轮车攒35万元全部捐助给贫困学生、自己生活却贫困潦倒的天津老人白芳礼，为社会捐赠20亿元成为中国最慷慨慈善家的深圳彭年酒店掌门人余彭年，资助西部学生总额达100多万元的网站“格桑花”……民间慈善力量展示出国人的善良与责任感。“感动中国”人物丛飞，他10年里参加了400多场义演，捐赠钱物300万元，资助边远地区贫困孩子和孤儿达178个，家财散尽，还欠了十几万外债。2006年4月，丛飞患胃癌住院，逝世前捐赠自己的眼角膜，为社会做了最后一次贡献。2006中国慈善排行榜发布，丛飞当然没有出现在这个排行榜上，他的财富跟上榜的富豪相比，根本不算什么，但在人们心中，他却是不折不扣的慈善家。这些感人事迹无不在告诉人们：民间人士已经成为我国慈善事业的重要力量。

## 二、将“塔西佗陷阱”转化为“正面气场”

“塔西佗陷阱”有可能因漠视民意、信息淤塞而急速放大，也会在及时合理的应对中逐渐消弭。保障人民群众的知情权、参与权、表达权、监督权，正是网络语境中社会管理的一项指导原则。事实证明，只愿意听好的、不愿意面对负面信息，出现负面信息后又不愿意澄清，而是掩饰、辩解，甚至推脱责任的做法是行不通的。造成“塔西佗陷阱”的主要责任不在公众，而在于各部门自身。虽然



① 赵白鸽：《红十字会将进行更多改革》，《中国红十字会报》2011年11月8日

公众也会存在问题，但根本的化解之道还在于如何提升部门公信力，比如事务公开透明、加强对工作人员的监督等，要通过实际行动获得公众信任。

实际上，已经有越来越多的相关部门开始意识到社会管理创新中不可忽视的网络语境，开始上网、用网，以更加亲民的姿态出现在公众面前，在有效的互动中，积累人气和公信力。有专家认为，在围绕“郭美美事件”“苏田田事件”“陈光标事件”等出现一些质疑和批评的时候，红十字会不妨充分发挥信息主场优势，以信息开放击退流言，以揭真相、讲真话争取话语权，以解决民众实际利益诉求赢得民心。

中国红十字会公信力的下降使其极易陷入“塔西佗陷阱”，红十字会应在复杂的社会矛盾中抓住要点，从多方面重塑红十字会的公信力，营造社会和谐的良好氛围。客观地说，这种社会信任危机现象，和市场经济发展过程中的市场秩序缺陷有关，和社会唯利是图的氛围及其文化有关，和许多无良逐利者有关，红十字会要想在这种氛围下求生存、谋发展就必须化被动为主动，勇于面对来自社会各方的质疑和批评，走出“老不信”的“塔西佗陷阱”舆论怪圈，重拾昔日百年老店的招牌和荣誉。

## 三、充分发挥媒体机构的监督作用

慈善组织通过加强自身建设提升公信力是必要的，但仅仅依靠自律来成就公信力是不够的，慈善组织需要自觉接受社会监督。慈善组织的社会监督包括捐款人的监督、政府的监督和媒体的监督等。捐款人的监督通过捐款人查账得以实现，搞清楚他们捐款的去向；政府的监督通过审计部门进行的财务审计、民政部门和财政部门的年审实现；媒体的监督通过媒体将慈善款物的收支情况向社会公布而实现。

由于经济的发展、文化水平的提高和媒介化社会的形成，大众不容易接受他人的意见，却倾向于通过报刊或网络等传播媒介接收或传递信息。由于前者被认为具有较强的意识形态痕迹，所以他们常常以网络媒体作为自己环境认知、思想态度和行为等产生的依据，较容易受到网络媒体的影响，这为传媒参与治理或预防公信力危机提供了可能性。发展至今，以广播电视、手机、互联网、报纸、杂志等传统媒体和新媒体相互融合的传媒网络已经基本覆盖了人们的生活，发挥着环境监视、社会协调和社会遗产传承等功能，使人们对传媒的依赖程度大大增强。特别是以网络媒体为代表的传媒能够直达社会的多数角落，其渗透性可以进入人的内心深处并对人们的认知、情绪和行动等环节产生影响，因而它能够通过虚拟环境的现实化作用来影响中国红十字会最近经历的公信力危机事件的整个发展进程。

一般来说，公众对慈善组织了解的主要渠道是媒体，因此，媒体对公众的影响越来越大。如果媒体能够正面宣传报道慈善组织开展的募捐活动，尤其是报道一些慈善组织献身慈善事业的感人故事，慈善组织的公信力便会不断提高。当然，媒体更有责任发挥其对慈善组织的监督作用，让慈善事业在阳光下发展，从而使慈善组织进一步获得公众的大力支持。利用网络媒体低成本、高效率的优势，不仅能更好地发动社会各界关注中国红十字会，而且能更快适应当代民众对新闻信息的阅读习惯和交流需求，最大限度地调动舆论监督的民间力量。

## 四、建立公开透明的信息披露制度

公开透明是公众对中国红十字会的基本要求，美国卡耐基基金会前主席卢塞尔曾经说过：慈善事业要有玻璃做的口袋。民政部《2010 年全国慈善组织信息披露现状报告》显示，全国有 42% 的慈善组织没有专门的信息披露平台，37% 的慈善组织没有专门的信息披露工作，90% 的公众不接受目前的披露程度和方式。中国红十字会建立公开透明的信息披露制度不仅是确保其健康运作的必需，也是取得公众信任和尊重的关键。

信息披露制度是指通过定期向有关部门、捐助者和社会公开其经费收支情况，以实行财务公开和透明管理。中国红十字会实行公开透明的信息披露制度有助于提高其公信力，而做到公开透明就是实现对资金管理的科学化和透明化，重点体现在财务报告和审计制度两方面。由于不同的慈善组织的条件不一样，因此，不同的慈善组织可以区别对待。大型慈善组织可以请独立公司去审计，小型慈善组织可以做一个自我财务报告。例如，中华慈善总会实行严格的财务制度和审计制度，聘请了国际知名的毕马威国际会计师事务所进行年度财务审计，重大募捐活动接受国家审计署的审计，并随时接受社会监督。中国红十字会应根据自身情况，制定相应的财务审计制度，及时公布善款的去向，以便公众与审计机构查询，从而不断健全公益财产管理制度。

## 五、简短结语

目前，我国慈善组织的发展还处于初级阶段，慈善组织公信力不足的问题还将长期存在。同时，我国的慈善主体不明确，慈善机构体制和管理落后，而且，合法的慈善机构都不具备独立的法人地位。这不仅极大地阻碍了慈善机构的建立和准入，使得慈善机构的数量远远不能满足慈善救助所需；而且造成慈善机构权责不清，效率低下。一些慈善组织运作不透明、政府对企业捐款的税收激励政策不足、申请捐款免税的手续复杂等问题制约了慈善事业的发展，与西方发达国家相比我国的慈善事业还有很长的路要走。因此，慈善组织公信力建设任重而道远。尽管如此，只要我们敢于面对困难，实事求是地解决各种有碍于红十字会公信力重建的难题，中国红十字会一定可以走出“塔西佗陷阱”怪圈，重建昔日全球最大人道组织的威信。

（作者单位：苏州大学社会学院）

# 工作研究

# 建立网络发言人制度是做好红十字会工作的重要环节

李一涛

"郭美美炫富"事件出现，让原本有着"人道、博爱、奉献"形象的中国红十字会陷入了一场空前的信任危机，也在民众与红十字会之间建立了一道无法跨越的信任门槛。尽管事情已经过去两年多，但是因为质疑所引发的不信任却依然有着巨大的杀伤力。据中国社科院慈善蓝皮书《中国慈善发展报告（2013）》称，红会社会公信力的恢复和重建之艰难远远超出预期，红会改革的积极信息通过媒体向社会传递后并没有立即消解公众的质疑。爱心捐款数量下降，血站也因为红十字冠名遭遇质疑，一切与红十字有关的事件都首先被打上了问号。《国务院关于促进红十字事业发展的意见》要求建立健全新闻发言人制度，及时、全面、真实、准确地向社会发布相关信息，及时回应社会关切。这其中建立网络发言人制度，同样不能忽视。"郭美美炫富"等都是网络事件。笔者认为"得网络者得天下"，在网络上倒下，还得在网络上站起。红十字会既要建立新闻发言人制度，也要建立网络发言人制度。通过网络发言人，及时向广大网民和群众介绍红会政策、通报情况、阐明立场、回应网民诉求，引导社会舆论，建立好红会与广大网民之间的沟通渠道，提升红会形象。

## 一、建立网络发言人制度是现实需要

建立网络发言人制度的实质是红会遵循网络信息传播规律，对网民诉求和网络舆情的积极回应和主动干预。作为红会信息公开的一种新的渠道和方式，网络发言人制度对红会正确引导网络舆论、构建和谐的红会与公众关系、促进红会信息公开、落实民众知情权、打造红会网络形象具有重要意义。

首先，网络发言人是红会应对网络时代挑战的必然产物。互联网全面渗透到人们生活的各个层面，对我国的政治、经济、文化和社会等各个领域产生了重要影响。互联网是一把双刃剑，它在推动整个社会进步的同时，也容易引发一系列社会问题。过去一段时间，一系列网络舆论事件都对红会提出了重大挑战，从“卢湾区红会高额餐饮费事件”到“郭美美事件”，从“大肚女孩捐款延迟事件”到“收取500万买路钱事件”，越来越多的热点事件不再是通过传统媒体，而是通过网络被迅速放大成为公众关注的焦点。在信息技术日新月异的今天，互联网已经成为公民表达利益诉求的重要渠道，成为公众舆论生成的重要平台。

其次，网络发言人制度是新闻发言人制度的重要补充。网络发言人制度是新闻发言人制度在互联网空间的延伸和拓展。在此之前红会与公众的沟通模式是召开新闻发布会，由新闻发言人对公众关心的事情进行通报并在现场回答记者提问。然而在互联网高度发达的今天，公众可以借助网络随时、随地、随意地表达意见，提出自己的质疑。传统的新闻发布会难以很好地起到引导舆论、释惑解疑的作用。网络发言人出现后，公众有了疑问可以直接就关心的问题与涉及的红会通过互联网直接沟通，而不是在新闻发布会上通过记者来表达。

再次，建立网络发言人制度有利于红会正确引导网络舆论。网络发言人制度搭建了红会与民意沟通的桥梁，有利于澄清事实真相，还原事实本来面目，疏导公民情绪，让健康、积极的网络舆论占主流。当然，网络舆论也会有偏激和谬误，甚至不乏部分居心叵测者在网络上诋毁红会，散布谣言，因此正确引导网络舆论，使之健康发展已经成为红会一个十分重要的任务。建立网络发言人制度是正确引导网络舆论的一个有力措施。在出现网络舆论事件时，网络发言人可以用实名发帖的方式及时发布权威信息，提前介入事件，以红会官方权威信息来化解谣言的讹传蔓延，在最大程度上引导舆情趋向良性态势，从而为事件的解决和平息创造最大的可控性。

复次，建立网络发言人制度是打造红会网络形象的重要途径。网络时代红会的网络形象至关重要。网络发言人制度改变了传统的信息传递方式，拉近了红会同公众的距离。充分利用网络平台进行红会与公众的沟通，缔结红会与公众互动的新型关系，在传统的红会和公众面对面沟通等形式之外又增加了一种新的途径，这种新的途径必将提高红会处理信息的效率，从而有利于培养红会工作者勤政廉洁、高效务实的工作作风，促进红会职能的有效发挥，也有助于塑造良好的红会形象。

## 二、红会网络舆情应对存在的问题

由于网络具有信息规模大、发布速度快、参与群体大、互动性强等特点，出现涉红网络舆情后，如果不能及时有效地化解，不仅会使红十字会处于被动局面，而且还会对整个红十字会和红会队伍的形象造成严重损害。毋庸讳言，红十字会在网络舆情的应对与引导方面显得较为滞后，存在的问题也是显而易见的。

一是未建立网络发言人制度。中国红十字会在2004年建立了新闻发言人制度，但没有建立网络发言人制度。目前没有见到全国哪一级红十字会建立了网络发言人制度的报道。从目前涉及红会的网络舆情来看，因未建立网络发言人制度，对这些网络舆情缺乏足够的敏感性，处于犹豫观望状态，没有及时进行回应，失去了将矛盾消除在萌芽阶段的主动权，从而造成被动局面。

二是思想上重视不够。从近年来一些红会对网络舆情危机的处置情况来看，各地应对网络舆情危机的水平参差不齐。反思“郭美美事件”，红会的应对策略至少存在三方面失误：应对不及时；召开“关门”新闻发布会，在危机公关中，红会不敢面对所有媒体，只是在小圈子里找了几家主流媒体来开“新闻发布会”；想拿起法律武器但又找错了方向。红会可以通过民事上的侵权之诉来主张权利，但是它舍弃私权纠纷处理规则，而以郭美美虚构事实、扰乱公共秩序为由向公安机关报案，企图借助公权力量来达到维护自我的目的，偏离了法治社会的常态路径。“网络事件”暴露出红会在制度设定、科学管理、舆论宣传与应对危机等方面存在的问题。有的红会对网络舆情反映的问题，企图通过一些操作技巧来掩盖公众对事实的了解，却进一步引发了网民对红会的猜疑，造成红会在舆论上的被动。

三是缺乏处置方法。近年来，一些红会在处置网络舆情危机时，出现诸多失误，引发公众不满，导致事态升级。具体而言，包括草率做出结论、信息公开不及时、没有在第一时间和网民直接交流，导致事态逐步升级。“郭美美事件”最早的卖点在于美女、炫富、豪车，慢慢牵扯到社会机构、高官、富二代，加上带有一定惊悚性质的现场直播式的人肉搜索，久不回应和相对无力的官方表态等诸多因素把这一事件推向了舆论的旋涡。舆情应对在时间上缺乏连续性，方式上缺乏针对性，措辞上缺乏科学性，力度上缺乏主动性。

四是红会与媒体关系定位不准确。红十字精神的传播离不开包括网络媒体在内的传播媒介，但红会与媒体之间相互协调配合关系不够，媒体和红会关系紧张，红十字精神的传播受到严重影响，媒体的中介桥梁作用没有发挥出来，影响了红会和公众之间的沟通，不利于红十字精神的有效传播。现实中一些红会将这种关系错误地理解成了猫鼠关系，特别是在“危机事件”中，应对媒体几乎成了一场猫鼠游戏，将危机错误地归咎于媒体带来的必然结果，甚至认为媒体是麻烦制造者。

## 三、建立网络发言人制度的几点建议

网络发言人是传统新闻发言人制度在互联网空间的延伸和拓展，不过对红会发言的时效要求更高、参与性更强、监督更为全面，其背后是一个完整的团队和制度，涉及网络信息的收集、整理、汇报、交办、回应等环节。其实质是红会针对网友的质疑，以实名方式进行直接和及时的解释与沟通。为此提出如下几点建议：

一是建立网络发言人机制。红十字会成立网络发言人工作领导小组，领导小组下设办公室，办公室设在红十字会宣传部，承担领导小组非常设办事机构职能。发挥指导和管理作用，共同承担网络发言人工作制度建设。加强对网络发言人工作的保障，配强工作团队，确保网络发言人制度建设落到实处。

二是配足人员。设置网络发言人 1 名，由分管宣传的副会长兼任；网络发言人助理 2 人，负责本单位网络发言的具体工作。网络发言人起着领导和协调作用，负责指导网络发言人助理的具体实务。网络发言人助理有 1 人必须专职，同时承担网管员、网评员职责。全体红会机关人员及红十字会志愿者、红十字会会员和社会上支持红十字人员聘为网络评论员，以帮助红会应对质疑者，当 BBS、聊天室上出现红会“负面信息”或“消极言论”时，网评员以普通网友方式登录发言，发言内容包括进行及时的解释说明，也包括有组织地开展网上宣传、有针对性地开展网上评论、有目的地开展网上引导，以求掌握网上舆论主动权。

三是配齐设备。网络发言人办公室必须有独立挂牌的办公场所，必须配置电脑、打印机、传真机等基本办公设备，并开通网络。

四是构建网络发言人工作平台，并与其他网站建立链接，为网民反映诉求提供方便。各地网络发言人应立足服务群众，按时登录网络发言人工作平台，及时回应当地网民诉求。对在其他网站（论坛、帖吧）发现网民反映的舆情，既要在网络发言人工作平台上按规定回复，又要及时在舆情信息原发网站（论坛、帖吧）上告知具体的回复链接地址。

五是妥善处置网络舆情。网络发言人助理对监测到的舆情实行“双报”，即请网络发言人立即对网络舆情组织研判，制订处置方案，报经红会主要领导同意后，以“单位实名”予以在线回复、引导，并根据网民反映的情况，有必要再监测、再回复、再引导。如属于较大舆情事件，处置方案还要报经上级红会把关后进行回复、引导。网络发布一定要坚持依法、及时。

六是组建一支网评员队伍。网络发言人要经常性与网民开展网上网下交流，组织在线访谈、网络征文、建言献策等网上活动，团结网民，引导网民文明上网、文明发言。

七是进行网络媒体公关。网络发言人与相关网站、论坛建立正常的联系渠道，进行有效的沟通交流，取得网站、论坛对红会工作的理解和支持，共同进行公益活动。如近年来江苏省镇江市红十字会通过与当地知名网站展开合作，组织网民积极参与志愿服务活动，创建了包括“黄丝带”“社会儿女”“0511 爱心家园”等红十字网络志愿服务团队十余支，发展志愿者逾万名，为红十字志愿服务在网络时代的发展蹚出了一条新路。这样的做法值得借鉴。

（作者系江苏省阜宁县红十字会专职副会长兼秘书长）

# 自媒体时代：中国红十字会的网络危机公关能力建设探究

洪　松

自“郭美美事件”以来，众多与中国红十字会相关的网络事件接连不断出现，“万元餐事件”“成都红会募捐箱发霉事件”“8000多万善款改变用途”等等，无疑在一定程度上考验着红会的网络危机公关能力。然而，令人唏嘘的是红会在处理网络突发事件中表现的应对迟滞、处置拖沓等失范行为与其拥有的社会地位极不相称，也与广大民众对红会的期望值相去甚远。自媒体时代下，人人都是“记者”“发言人”，而红会薄弱的网络危机应对能力在公众质疑与责难中不堪一击，其公信力自然逐渐滑坡。因而，新形势下，加强红会网络危机公关能力建设实为当务之急。

## 一、自媒体时代：红会生存与发展的“双刃剑”

何谓自媒体时代？自媒体时代是一个“自我”的媒介时代，通过玩转手机、电脑，实现瞬间转发微博、张贴博文、微信互动、转帖发帖、视频上传等网络信息互动传播，从而达到个性化的自我参与、自我表达、自由发声、互动演绎，使得信息流在这样一个全新的时空场域中得到最彻底的释放和交融①。自媒体时代下，一面澄清事实真相、彰显底层社会民意；一面“网络暴力”“网络失范”“网络谣言”等种种越轨行为愈发凸显、发酵。其所呈现的“双刃剑”效应在红会系列网络突发事件中被演绎得淋漓尽致。

以最有代表性的“郭美美事件”为例。2011年6月21日，新浪微博上一个名叫“郭美美Baby”的网友颇受关注，这个自称“住大别墅，开玛莎拉蒂”的20岁女孩，其认证身份居然是“中国红十字会商业总

① 《自媒体时代下的领导干部需提升媒介素养》，《学习时报》2013年5月6日。

经理”。由于其认证身份的特殊性，一经报道便引发网友们的广泛关注、热烈讨论乃至无限猜想。在涉事方——红会并未就此事件做出及时有效的正面回应下，网络谣言开始四处扩散，如郭美美是红会副会长郭长江的女儿、郭炫富的资本来自于广大捐赠者的爱心捐赠等等。这些无端猜测，尽管未经调查核实且无事实根据，但却引来公众聚众围观“吐槽”。更有甚者，一些网友标榜坚持不轻信、不传谣原则，以“可靠证据”与“逻辑分析”推动着事件发展。如网友“东城区徐春柳”称，近期中红博爱资产管理有限公司紧急删改网络信息等，有力证明中红博爱与本次事件有关；网友“温迪洛”则站在众网友的肩膀上总结出“王鼎公司、中谋智国等公司与商红会有关联”“王鼎法人王彦达是商红会副会长王树民的女儿”“中红博爱就是郭美美所在公司”等重要信息，成为推动事件发展的关键信息源①。这些“技术派”所提供的信息成为网民了解“郭美美炫富”事态进展的“可靠信源”，由此“技术派”取代“情绪派”成为引导“郭美美事件”的“意见领袖”。

要而言之，在二者共同推动下，“郭美美事件”逐渐演变为一场全民参与式的中国公益慈善“大拷问”，紧接其后的“拒捐”热潮及铺天盖地的网络指责无异于一场中国慈善界史无前例的“大地震”，其轰动效应与影响效果不啻当年的“三鹿奶粉事件”，可见自媒体时代下不可小觑的“网络威力”。但不可否认，种种事件亦深刻揭示与折射出红会发展现状中存在的种种弊端，因此推动红会不断变革与完善，特别是加强网络危机公关能力的建设已是迫在眉睫。

## 二、红会网络危机公关能力建设的建议

如今，红会公信力降至冰点，据人民网调查显示，19.6%的受访者认为红会应对危机的能力欠缺是其出现信任裂痕的主要因素②。由此可见，红会危机公关能力建设的必要性。总结有关红会的网络信任危机情况，特提出加强其网络危机公共能力建设的具体建议如下：



① 凤凰网：《“挖客”：对真相好奇约等于正义感》2011 年 7 月 7 日，http：//news. ifeng. com/gundong/detail_ 2011_ 07/07/7492657_ 0. shtml。

② 人民网：《98. 7%受访者知道“郭美美事件” 红会自救如何奏效?》2013 年 7 月 3 日，http：//society. people. com. cn/BIG5/n/2013/0703/c86800-22056783-1. html。

### （一）增强网络危机公关意识

增强网络危机公关意识，即提高警惕，重视网络危机处理的重要性，以积极的态度及时应对网络危机事件。具体来讲，首先，在网络危机公共事件面前，红会应意识到网络危机公关处理的恰当与否关系红会形象、声誉。其次，注重安抚网民情绪，网络危机公关讲究慈善组织与民众情感的沟通与交流，让民众体会红会的坦诚、主动，为此红会应“尽早讲”“持续讲”“准确讲”“反复讲”，利用网络开放、快捷的特点为自身树立正面、美好的形象，积极引导网络舆论导向。最后，红会须重视网络危机公关时机的选择对自身公信力构建的影响，处理网络危机事件亦有其“黄金时间”，红会应选择最恰当的时机，对网络危机事件做出最有效的应对，这是网络公关“黄金时间”的核心意义所在。

### （二）建立健全网络危机应对机制

网络公共事件发生后，面对网友困惑，红会习惯采用“拖”“堵”“删”的方式试图掩盖问题、隐瞒基本信息。这不仅严重背离民众积极主动参与的心愿，而且加剧公众的心理不满，不免带来质疑，甚至谩骂，严重损害红会形象。因此，面对网络公共危机事件，红会应建立健全网络危机应对机制，及时有效地应对危机。

首先，加深对有关红会网络事件的了解与认知程度。基于事件原貌，红会应第一时间、第一速度全面掌握涉及事件的人物、领域、组织机构、议题论点等内容，厘清事件与红会利益关联。与此同时，以网民角度设想公众的关切点、困惑点，基于此设计应对方案。其次，高度重视网络舆论的演变与发展，增强网络舆情的搜集、分析、研判与甄别能力。在纷繁复杂的网民意识潮下，无论红会对网络事件考虑得如何周详、应对措施如何完备，都显得微不足道。因此，红会应当做好网络舆论信息的搜集工作，建立完备的情报信息搜集机制，分析、梳理信息，去粗取精、去伪存真。一些未曾料想到的疑难问题，红会应高度重视，严重影响红会形象与信誉的不实之词和恶意谣言，更应当提高警惕，加以整理，为后期的辟谣工作和保留责任追究权利提供依据来源。最后，注重学习、借鉴人民网舆情监测室、新华网“舆情在线”监测系统等专业组织机构对网络舆情监测与分析方法，切实加强与新浪、腾讯、百度、天涯、猫扑等网络运营服务提供商的交流、互动，预防危害红会公信力的不实言论的传播。

### （三）完善与变革新闻发言人制度，健全与创新信息发布机制

新闻发言人是指国家、政党、社会团体任命或指定的专职（比较小的部门为兼职）新闻发布人员，其职责是在一定时间内就某一重大事件或时局问题，举行新闻发布会或约见个别记者发布新闻或阐述本部门的观点，代表有关部门回答记者的提问[①]。新闻发言人制度是一种相对稳定和规范的公共信息传播机制，针对组织机构的重大事项、重要活动、重大突发事件、公共政策、公共服务、公共决策等所有与公众利益直接相关的话题，提供一种接受公众公开咨询、质询和问责的制度安排。然而红会的新闻发言人制度正如常务副会长赵白鸽所言："那是属于比较低水平的。"[②] 自媒体时代，网络事件频发不仅对新闻发言人制度提出了新的挑战，也给信息发布机制带来了新的难题。因此，红会须设置新闻发言人，代表红会权威声音，将信息于第一时间发布，避免网络危机激化。

第一，加大新闻发言人选拔、任用与培训力度，建设高水平新闻发言人队伍。制定人才选拔、任用规章制度，"不断创新选人用人机制，通过公开选拔、竞争上岗等多种方式充实红十字会管理队伍，通过招聘项目人员等方式充实专业人才队伍，促进工作人员的轮岗交流和合理流动"[③]。与此同时，不断加强业务能力培训，增进自身媒介素养行为，注重提升与媒体尤其是新媒体的沟通与交流能力，实现培训工作机制化与常态化。

第二，创新新闻发言人制度，与时俱进。网络新闻发言人的设立，是对传统新闻发言人制度在互联网空间的延伸和扩展，是信息公开的一种新渠道和方式，标志着各级组织应对网络舆论的彻底变革[④]。在网络民意思潮的冲击下，以红会为代表的社会组织机构理应率先予以实施与建立，从而推动红会与社会各界的良性互动，为自身良好形象的重新塑造、公信力重建提供保障。较之传统的新闻发言人，网络新闻发言人须

---

① 转引自卓立筑：《危机管理：新形势下公共危机预防与处理对策》，中共中央党校出版社2011年版，第263页。

② 中国政府网：《中国红十字会的新闻发言人制度目前属于低水平的》2012年8月2日，http：//www. gov. cn/wszb/zhibo527/content_ 2196438. htm。

③ 中国政府网：《国务院关于促进红十字事业发展的意见》2012年7月31日，http：//www. gov. cn/zwgk/2012-07/31/content_ 2194990. htm。

④ 童婷婷：《政府网络新闻发言人面临的挑战与应对》，《今传媒》2012年第7期，第26页。

具备一定条件：更高的心理素质和心理甄别能力；具有在媒体和政府长期工作的经验；接受新闻学、政治学、管理学、心理学等专业培训；具备较强的沟通能力和实事求是的责任意识。

第三，建立定时定点的信息发布体系，使之常态化、制度化、有序化。发布方式上，可通过目前较为普遍的网络直播的方式实时传递新闻发布会现场的状况，或通过微访谈等较为轻松的方式，与广大网民在线交流，允许新媒体和网友在线参与讨论、建言献策。在发布活动信息与澄清社会谣言的过程中，坚持“及时、有效、全面、公开”原则，做到舆论困惑什么解释什么、质疑什么澄清什么，便于公众第一时间听到官方声音，且须注意话语应简洁直白，周全翔实，勿用假、大、空的语句。之后，将发布会的相关内容放置于红会相关网络主页，包括新闻网站、官方微博等等，虚心听取民众意见批评。

### （四）增强网络舆论引导能力，重视网络意见领袖的引导作用

网络时代，众多网民借助论坛、博客、微博等平台讨论社会政治、经济、生活等各个领域的问题，其中一些活跃分子积极传播消息、表达观点，凭借其发言质量与频率成为网络舆论的引导者，即为“网络意见领袖”[①]。他们身份很复杂，既有知名学者、社会名流、大众明星，亦有平民大众等各色人群。涉及红会的网络事件，各类网络意见领袖均有所“出没”，包括郎咸平、白岩松等知名人物，他们各持各说，推动事件发展。鉴于此，红会须加强舆论引导能力，重视网络意见领袖观点，创造有利于自身的舆论发展环境。

首先，设立红会网络评论员。网络评论员又称政治目的型网络活跃分子，具有官方背景，受雇于各地宣传部门，以各种身份出现在网络上，表达政府主张，引导网络舆论，同政府意见一致[②]。红会可于虚拟的网络世界中设置自身的网络评论员，在各种网络平台积极地发声，维护红会正面形象，化解公众对红会的质疑。其次，合理利用管理人员的个人微博。通过微博，尤其是高层管理人员的微博，实现与网友的良性交流，将真实信息及时传递，表达主流观点，既为红会后期系统处理网络事件、开展网络危机公关工作赢得一定缓冲时间，又为公众了解后续

① 陈然、莫茜：《网络意见领袖的来源、类型及其特征》，《新闻爱好者》2011年第12期（下半月），第6页。

② 陈然、莫茜：《网络意见领袖的来源、类型及其特征》，《新闻爱好者》2011年第12期（下半月），第6页。

相关情况提供窗口与平台，从而掌握一定的网络话语权。再次，协调与网络意见领袖的关系。红会应以友好的态度对待其他网络意见领袖，细心听取他们的观点意见，尽管他们以批评者的身份出现，但他们的观点往往反映社会各方面的意见，可谓建言献策者的典型代表。正如中国人民大学陶文昭教授所言，一个成熟的社会，要能容纳他们，而不是将其视为洪水猛兽。团结一切可以团结的力量，调动一切可以调动的因素，为改革开放和现代化建设服务，这个基本策略也适用于网络意见领袖[①]。需要指出的是，网络意见领袖往往个性比较突出，红会须极富耐心对待。

总之，自媒体时代网络事件频仍，网络危机不断涌现，严重地冲击乃至动摇了红会的社会公信力，但也揭示了红会的种种弊端，为其加强危机公关建设、完备应急处置机制敲响了警钟。所谓“士不可不弘毅，任重而道远”，红会应抓住有利时机，不断完善自身机制。在此过程中，应当谨记：网络事件此起彼伏，网络危机接连不断，坦诚比遮掩更有效，疏导比堵塞更实用。只有不断增强自身危机公关“本领”，才能在话语体系多元化的网络世界中占据一席之地，也才能更好地引导网络舆论态势的发展走向，为自己创造一个和谐、有序、安定、团结的舆论生存发展环境。

（作者单位：苏州大学社会学院）





① 陶文昭：《网络意见领袖群体崛起与挑战》，《人民论坛》2012 年第 6 期，第 25 页。

# “协调员”在器官捐献工作中的作用和地位

## ——以苏州市为例

许　津

自2011年7月苏州市成为江苏省开展人体器官捐献试点城市两年来，红十字会已经接到捐献器官信息30多例，其中12例成功捐献，共捐献25个大器官、22枚角膜，受益70多人。这些成绩的取得，协调员的积极努力，功不可没。

## 一、综观苏州市器官捐献状况，总体进步很大，但有喜也有忧

现统计分析并将相关操作流程解析如下：

成功捐献志愿者类别分析：12人中9例为车祸，占75%；1例为脑溢血患者，8例为脑外伤，1例为脑肿瘤。

成功捐献志愿者年龄分析：平均年龄为30.3岁左右，其中车祸9人平均年龄为31.8岁左右。

成功捐献志愿者地域分析：11例均为新苏州人。

信息采集医院分析：三级医院（苏大附一院）3例，二级医院（木渎医院3例、高新区医院2例）共5例，昆山中医院、常熟二院、张家港广和中西医结合病院、九龙医院各1例。

操作流程解析：

9例交通事故捐献者均由处理事故的交警认可，法医鉴定后，向家属传达“捐献器官与事故处理无关”的信息。由于目前全国没有统一的法律法规，操作时如果交警不认可法医的鉴定，就使器官捐献操作受挫。目前经多方共同努力，我们与公安交警部门就“让生命以另一种方式延续”已达成共识，并已付诸实际行动，公安交警部门的配合已非常主动密切。

与家属的谈话至少分为初次与确认两次，当协调员获悉捐献信息后，至少有两位协调员参加与家属谈话，谈话内容主要是了解捐献者家属的基本情况和捐献意愿；确认谈话时要有两名以上信息员和会诊专家、伦理学专家（交通事故的要有交警、法医）参加；家属参加人数控制在直系亲属范围。如果产生家属意见不一致，立即休会，等待家属意见一致后再继续完成谈话步骤。对此环节，《器官捐献谈话操作规范》有明确规定。

在进行捐献前专家会诊时，专家们希望《鉴定意见》要有一个统一的格式和标准，目前，经与相关专家商议，初稿已经完成，待卫生部门最后确定后使用。然后，将对全市三级医院的 ICU 和神经外科专家进行一次系统的培训，让他们熟悉鉴定的内容和操作流程，掌握基本的操作方法，以免产生不必要的误差。

在床位医生最后请捐献者家属在放弃抢救字样上签字的操作中始终存在障碍。根据首次省专家参加捐献鉴定时的讲述：家属在愿意捐献的登记表上签字，三人以上专家在抢救后生命死亡不可逆转鉴定意见上签字，家属不用签放弃抢救的字样。

在接到器官捐献信息后，捐献者生命支持的工作由卫生部门负责。卫生局通知捐献志愿者治疗抢救医院，在移植医院的指导下维持生命，特别是在由 ICU 送往手术室的途中和在手术室内，必须保证捐献志愿者的生命体征平稳。床位医生需要在手术室见证、宣布捐献者死亡。对此，《器官捐献移植前操作规范》已有明确要求。

在捐献过程中如果捐献者出现心跳停止情况，必须立即实施心肺复苏抢救措施，并立即抽取血样，实施器官摘取术。最终根据血样检验报告的结果，决定是否实施移植手术。

4 例成功捐献的家属都是通过医院 ICU 和神经外科、急诊室张贴宣传画获得信息，然后由信息员或床位医生与之沟通、进行指点。可见，张贴宣传画和信息员及时沟通至关重要。目前还有许多二级以上医院没有张贴器官捐献宣传画；很多医生还没有器官捐献的概念，或因担心引发医院与患者之间的矛盾，而不及时上报潜在捐献者的信息。因此，需要卫生局及时表彰先进，进一步加大检查和宣传力度，兑现医院在考核中给予的奖励。

捐献过程中，有 1 例亲属强烈要求心脏捐献，并要求在心跳没有停止的情况下移植。对此情况，今后需要相关主管部门明确具体要求。

## 二、协调员在器官捐献中的作用

协调员在器官捐献中的作用，体现在七个方面：

宣传动员——器官捐献是一项全新的工作，需要得到社会上相关各方和有关信息员的支持。在获取信息后宣传动员就成为协调员的主要任务。(1) 对潜在的捐献者家属的宣传：主动依靠信息员网络，在所有医院的急诊室、重症监护室、神经内外科张贴宣传画，宣传捐献器官的意义，公布联系方式；在成功捐献的案例中，有不少就是潜在的捐献者家属看到宣传画后主动与协调员联系的。(2) 对信息员进行宣传：协调员要善于不断探索器官捐献的工作规律，总结经验和教训，不断完善操作流程，并在器官捐献信息员培训班上进行讲解，提高信息员的业务水平，从而保证器官捐献来源有足够的信息量。(3) 对社会和基层红会工作人员进行宣传：协调员要根据国家器官捐献的文件精神，编印或获取上级下发的图文并茂的宣传资料，在红会开展的“进社区”的各项活动时进行发放，还可以组织遗体捐献志愿者在闹市区进行义务宣传。

沟通家属——在器官捐献的操作流程中，协调员承担着与家属沟通的重要任务。捐献志愿者家属从不了解捐献的意义和流程到接受符合规范的要求，主动配合完成捐献工作，这些主要靠协调员来做工作，协调员必须以第三方的角色出现在家属面前，对其进行晓之以理、动之以情的细致说服与解释工作。如遇到困难不能产生急躁或畏难情绪，而是要想方设法、坚持不懈地做深入细致的说服动员工作，不到最后决不放弃。在我市成功捐献的12 例中，其中有1 例家属从不同意到同意，反复了多次，协调员不厌其烦，苦口婆心地耐心说服，直至最后成功实现捐献。

联系各方——在每一位成功捐献的背后，都有着一段艰辛的过程，其中与社会相关方面的协调是重要环节。我市成功捐献的12 例中有9 例是交通事故造成的脑死亡。我们与公安交管部门的协调就是个典型案例。从对方一开始说没有他们的上级指示不配合，到后来形成了良好的合作关系，协调员做了大量的工作。协调员先后多次上门找公安局领导进行沟通，争取他们的重视与支持；还主动上门对交警进行培训，指导他们在岗位一线如何配合；在全市总结器官捐献工作推进会上，对贡献突出的交警进行了表彰。通过一系列的努力，从而为交通事故造成脑死亡的病人顺利捐献器官打下了基础。

协调院方——医院在器官捐献中承担着技术方面的重要责任，但由于捐献者所在医院的技术水平参差不齐，协调员需要协调好器官获取医院和捐献者所在医院的关系。在获得器官信息后要及时通知卫生局，并请器官获取医院做好对捐献者器官获取前的生命保障工作；监督床位医生将器官捐献者送入手术室，安全地交送给麻醉医生，避免由于捐献者在运送过程中由原先的呼吸机改用手动机械操作不当而造成的不良后果；万一发生捐献者呼吸心跳停止情况，在现场要及时组织抢救，成功后立即开展器官获取工作。在对捐献者进行抢救时要及时采血样，对其进行生化检测，将其作为判断器官功能好坏的标准，以保证器官移植取得成功。

现场见证——在器官获取过程中，协调员的见证工作也是器官捐献中不可缺少的环节。捐献者所在医院的床位医生撤除捐献者呼吸机宣布死亡后，器官获取医院的医生方能施行手术，此时协调员要检查取出器官的数量和内容，并做好获取过程的记录。通过见证器官获取全过程，以保证器官捐献过程的真实可靠。

困难救助——对经济困难的器官捐献者家属做好救助款发放工作，协调员要严格遵循财务制度执行，通知家属准备好身份证和银行卡等必需资料，避免因工作疏忽而导致家属来回往返。条件许可时还应主动上门慰问走访，给家属以社会的温暖。

缅怀悼念——对成功捐献器官志愿者的缅怀悼念，是对其奉献精神的赞扬和对亲属的抚慰。协调员要及时将捐献者的档案资料收集完整入档，并经家属同意后及时挂到网上纪念馆，以便悼念。在建有遗体（器官、角膜）捐献纪念园的地方，协调员要督促将捐献器官志愿者的名字刻于纪念墙上，以使之在每年一次组织的集体悼念活动时得到众人缅怀。

## 三、协调员在器官捐献中的地位

协调员在器官捐献过程中有着其他人都不可替代的特殊的地位，因而充分认识协调员的作用和地位，对保证器官捐献工作的顺利展开，有着非常重要的意义。

非领导的主导作用——器官捐献的过程看似简单，但在操作过程中始终需要有一个主角，负责将捐献过程串联起来。虽然协调员不是什么领导，但他却起着非领导的主导作用。从接到捐献者信息到找家属谈话；从组织专家进行医学鉴定到通知获取医院；从主持鉴定专家与家属见面，到安排获取器官手术前的各项准备；从见证器官获取过程，到安排好捐献者殡葬事宜。所有这一切，都在协调员的安排和协调之中，在这一系列环节过程中，协调员稍有疏忽，就可能给器官成功捐献带来麻烦甚至造成不可挽回的败局。

非亲缘的亲人面孔——器官捐献给他人带来了新生的希望，但对捐献者家属来说，失去亲人是一件非常伤心的事，协调员面对的是捐献者家庭亲人间的生离死别。此时能使捐献者家属得到安慰的办法是：协调员尽最大努力给他们帮助，满足他们提出的合理要求。例如，我们经手的几例器官捐献中，供者大都是脑部受伤，有家属在送亲人进手术室前紧紧地拉着协调员的手，请求把亲人的头洗干净。于是，协调员打来热水亲自在手术结束后为捐献者洗头；有家属要求按照家乡的习俗，让捐献者穿上平时爱穿的衣服送别，协调员们则在家属到外地家中取衣时，坚持等到深夜，帮助给捐献者穿好衣服后再回家。诸如此类的家属们最后的愿望得以实现，他们对协调员的感激就是对器官捐献工作最好的宣传。协调员虽然与捐献者及家属们没有血缘关系，但能否有一份亲人般的真情，多给他们一点帮助，使他们感受到胜似亲人的温暖，则是至关重要的，这是协调员必备的职业道德和义务。

非主责的重要责任——器官捐献整个过程，有器官捐献获取医院、捐献者入院所在医院、公安交警、司法、卫生、红十字会等多部门人员参与，大家各司其职、协调配合、共同努力，方能确保每一例顺利完成捐献。其中器官获取医院在技术层面上起着决定性的作用，协调员虽然不负有主责，但如果怕承担责任，不能想方设法克服工作中的困难，又缺乏基本的医疗常识，与捐献者家属和其他各部门的沟通没有很好的技巧，处理捐献过程中随时发生的各种情况能力不足，那么，器官捐献工作将很难得以顺利展开，协调员就应该负有不可推卸的责任。比如，得到捐献者信息后，协调员需要立即通知卫生局，布置捐献者医院和器官获取医院对捐献者开展生命保障工作；捐献者移送至手术室过程中必须全程监督等。如果在此过程中出现捐献者死亡，虽然主要责任不在协调员，但如果协调员没有按相关规范操作，从某种角度看还是有着不可推卸的责任。

## 四、几点感受

开展试点工作的实践使我们深刻体会到：器官捐献工作在我国正处于起步阶段，相关法律法规和规章制度都有待进一步完善，试点城市的协调员在某种意义上来说是一名探路者和拓荒者，他们要具备优良的品德、扎实的知识、认真的态度、细致的作风、灵活的方法、吃苦的精神和坚韧的毅力，只有这样才能顺利地完成每一例器官捐献工作，并不断地在实践中积累经验和教训，为在全国全面开展器官捐献工作做好铺垫、提供借鉴。

首先，要有奉献精神。器官捐献工作通常没有时间规律，从接到信息到最后安排好捐献者家属休息，常规需要十几个小时，有时甚至需要三四十个小时。协调员在此时间内需要全力以赴，随时协调发生的情况和问题，基本上得不到休息。这就需要协调员有强烈的责任感，富有奉献精神，全心全意投入进去，否则很可能导致一个挽救他人生命的机会由此错过。

其次，要有扎实知识。器官捐献工作需要有基本的医疗业务知识。在协调员与捐献者家属及医院的沟通过程中，掌握一定的医疗知识，往往会获得事半功倍的效果；相反，却往往在遇到问题时不知所措，甚至做出错误的判断和决定。如在判断捐献者是否符合捐献条件的时候，有医生会认为血压的舒张压低于40 毫米汞柱4 小时以上，各脏器功能已经受到影响，不符合捐献条件。此时，协调员就应该提出，根据器官捐献专家的经验，所有脏器功能的好坏要以实验室数据为准，从而不至于轻易放弃可能成功捐献器官及移植的机会。

再次，要有细致作风。器官捐献工作是一项比较复杂而烦琐的工作。比如：在和捐献者直系亲属的谈话中，需要观察每一个人的表情，把握好不同的情绪动态，以便适时地发表意见，有效地抓住契机，把成功的几率做到最大；及时地通知院方安排好手术，特别是要克服手术室繁忙等困难；悉心细致地护送捐献者进手术室以保证捐献者维持心跳、呼吸正常；捐献者在捐献前夕如出现危象要及时组织抢救，不要放弃……所有过程中只要有一个环节出现疏忽，就可能造成难以挽回的后果。工作实践告诉我们，细致的工作作风，是获得器官捐献成功的保障。

（作者系苏州大学附属第一医院院长办公室副主任、器官捐献协调员）

# 做好档案工作提升红十字会公信力的思考

刘　迁　刘晓晓

“郭美美事件”引发了红十字会信任危机，造成红十字会公信力下降。当前，提升红十字会公信力刻不容缓。提升公信力需要方方面面的努力，做好档案工作是其中的重要方面。笔者认为，为了更好地提升红十字会公信力，要建立健全档案管理制度、完善档案资源建设、转变档案服务观念。

## 一、红十字会需要提升公信力

中国红十字会作为我国最大的慈善公益组织，其形象本该与“人道”“博爱”等词画上等号，但目前却陷入了一场严重的信任危机之中，如今提及红十字会，民众首先想起的并不全是“救死扶伤”“人道主义”，而是一连串的负面新闻。从 2008 年汶川地震的“天价帐篷”到 2011 年上海卢湾区红会的“万元餐”“天价采购”事件，中国红十字会便一直饱受争议与质疑。而 2011 年 6 月“郭美美事件”的发生，则将中国红十字会再次推上了舆论的浪尖，民众对红十字会的信任也一度降至“冰点”。虽然红十字会多次发布官方声明辟谣，但是其一系列的负面新闻已经在民众与红十字会之间形成了一道难以逾越的信任鸿沟。而“郭美美事件”发生后，社会捐款以及慈善组织捐赠数额的锐减也印证了这一点。根据中民慈善捐助信息中心发布的《2012 年度中国慈善捐助报告》中所统计的数据来看，2012 年红十字会接收社会捐赠约 21.88 亿元，与 2011 年相比下降了 23.88%。

“郭美美事件”等一系列事件虽已过去两年了，但其负面影响却一直延续至今。2013 年 4 月 20 日，四川省雅安市芦山县发生了 7.0 级地震。地震发生后，中国红十字会第一时间便在微博上呼吁大家为灾区捐款，但得到的竟是无数“滚”字的回应。据统计，芦山地震发生后的 11

个小时内，中国红十字会收到的捐款数额为 14.28 万元，而与之形成鲜明对比的是民间公益组织“壹基金”，却在这短短的 11 个小时内收到了 2240 万元善款。该数据的差距再次表明民众对慈善官方代言人——中国红十字会的认可与信任下降的程度。据焦子宇与董小玉所作的《慈善机构如何利用危机重塑公信力——以中国红十字会为例》一文中的统计数据来看，截至 2013 年 4 月 29 日“仅在谷歌输入‘慈善丑闻’，就有 183 万条结果；输入‘慈善危机’，有 947 万条结果；输入‘中国慈善系统丑闻’，得到了 190 万条结果；而输入‘红十字会+郭美美’，则能得到 1.4 万多条结果”①。一系列数据告诉我们，当前红十字会需要提高公信力。

## 二、做好档案工作有助于红十字会提升公信力

导致红十字会信任危机的因素是多方面的，笔者认为，其中最关键的因素，无疑是缺乏信息公开。信息公开是公信力建设的最基本环节，信息不公开，公信力就成为“无源之水”。长久的信息不公开，势必会造成公众对红十字会工作的不理解与不信任，其执行力和权威性受到质疑便不足为怪了。“郭美美事件”就是如此，正是因为没有充分的信息与合理的解释，各种“版本”满天飞，结果就是红十字会的公信力逐渐损耗。

那么如何做到信息公开呢？笔者认为，重要一点就是做好档案工作。红十字会档案是红十字会在社会活动中直接形成的有价值的各种形式的历史记录，具有凭证价值和情报价值。红十字会档案的凭证价值是它不同于其他资料的最基本的特点，因为红十字会档案是确凿的原始材料和历史记录，可以成为查证、处理红会管理运作过程中出现问题的依据。红十字会档案的情报价值表现在其作为历史活动真实的记录可以给人们系统而广泛的情报信息。集凭证价值和情报价值于一体的红十字会档案能真实地反映其活动过程的记录，如果红十字会能管理好自己的档案并做好开放利用工作，必将让社会公众更加了解真实的红十字会，那么很多谣言也就“不攻自破”了，红十字会的公信力也将得到大大提升。2013 年上半年四川芦山地震后 24 小时之内，国内近 40 家企业捐款





① 焦子宇、董小玉：《慈善机构如何利用危机重塑公信力——以中国红十字会为例》，《新闻爱好者》2013 年第 6 期。

就超过1.4亿元，此次募捐更多地投向了民间慈善机构，红十字会只收到14万余元的捐款（截至2013年4月20日晚），而壹基金达到了2240万元，为红会的160余倍，显然“郭美美事件”后红会的信任危机仍然十分严重。在这种情况下，如果红十字会能做好档案的开放利用工作，让民众通过相关数据资料了解红十字会的真实状况，那么红十字会的公信力提升必将有质的突破。

需要指出的是，做好档案信息资源的管理、开放、利用工作，能有效提升红十字会公信力，而红十字会公信力的提升，又能进一步保障档案信息资源作用的实现，实现良性循环。原因在于：其一，红十字会公信力的提升必然导致更多的人考察档案，公众查考档案的过程有助于档案工作者更好地工作，从而有助于档案资源的优化与配置。其二，红十字会公信力的提升导致更多的人关注档案，提高了公众的档案利用意识，客观上会推动档案工作更好地开展。

红十字会档案信息资源与其公信力是互为促进的关系，我们要用统一的眼光看待这个问题，把两者放在一起来思考。可以说，不做好自身档案资源的管理利用工作，红十字会的公信力会受到较大质疑；反之，红十字会公信力的改善或恶化，都会直接或间接地影响档案资源的管理与利用。

## 三、做好档案工作提升红十字会公信力的几点建议

正因为档案工作在红十字会公信力提升方面意义重大，因此我们必须要优化红十字会档案工作。基于目前红十字会档案管理的实际情况，借鉴其他部门的经验，根据自己的思考，笔者给出如下几点建议。

其一，建立健全管理制度。完善的制度是红十字会档案工作的重要保障，因此必须强化档案管理制度。笔者在我国各级各地红会网站上做了初步调研，发现仅有江西省红十字会、内蒙古扎赉特旗红十字会等少数地方红会公开了自身的档案管理制度，而其他很多地区没有公开档案制度。而对已有的红会档案管理制度查阅，笔者发现其制度也存在指导性不强、内容过于宽泛等问题。有鉴于此，笔者认为中国红十字会应该统筹制定红会档案制度，各地方红十字会可在其基础上结合自身实际情况制定本地的管理制度，保障档案管理工作趋向制度化与规范化。

其二，完善档案资源建设。做好档案管理工作的前提是档案资料的

可管理与可利用。为此首先要加强红会档案的收集工作，将红会活动开展中形成的数据材料等具有保存价值的真实记录收集入室，实行集中统一管理。同时也要尽可能地扩大收集范围，主动向社会、公众征集有价值的红会档案，以丰富档案馆藏；在此基础上还要结合自身档案的特色，根据社会公众的档案需求，做好档案编研工作，确保公民有档可查、有档可信。

身处信息时代，红十字会档案资源建设也要顺应时代趋势，朝信息网络化、资源共享化方向发展。一方面，抓好档案信息化工作的软硬件建设，配套计算机设备，做好档案数字化工作，创建档案数据库；另一方面，充分挖掘、整合档案中各类网络信息资源，纵向挖掘和横向开发红十字会档案信息资源，突出红十字会特色，建立国家或地区红十字会的档案资源体系，打造红十字会档案文化品牌。

其三，转变档案服务观念。由于历史原因，红十字会档案管理人员素质参差不齐，服务观念陈旧，档案意识淡薄，严重影响了红十字会的档案管理工作。为此，笔者认为：首先，红十字会档案管理人员要提高自身档案意识，认识到档案的重要性，红十字会可结合“郭美美事件”引发红十字会危机后档案应该发挥的作用等具体事例对档案工作人员进行培训；其次，红十字会档案管理人员也要提高综合素质，包括业务能力、职业道德、服务意识等，让档案管理更专业、档案服务更热心、档案利用更有效。

（作者单位：苏州大学社会学院）

# 嘉定专版

# 坚持“四个创新” 保持“四个增强”

## ——嘉定区红十字会依法推进红十字事业健康发展的实践与探索

张丽萍 瞿大我

1993年，《中华人民共和国红十字会法》颁布实施，这是国际人道法、红十字运动基本原则与中国宪法和相关法律相结合的产物，是国家依据国际人道法及有关规则，结合我国实际情况而制定的一部确保中国红十字事业发展的法律。2012年7月，《国务院关于促进红十字事业发展的意见》出台，为新时期中国特色红十字事业的持续健康发展指明了方向。

嘉定区红十字会从1993年以来，尤其是2005年区红会机构建制单列以来的8年中，依法履行职责，不断创新改革，努力形成以政府为主导、红十字会自主独立、各部门密切配合、全社会广泛参与的社会化工作体制。政府发挥主导作用，就是将红十字事业纳入地方经济和社会发展计划，统筹安排，协调发展；红十字会自主独立，就是依法依章开展工作；各部门密切配合，就是将红十字相关工作纳入本部门职责，各司其职；社会各界采取灵活多样的形式，广泛参与，形成合力，共同推进红十字事业发展。具体来说，主要做了以下四个方面的创新改革与实践探索。

## 一、创新基层组织建设，增强发展动力

基层组织建设是红十字事业发展的动力和基础。我们坚持依法办会，不断调整、健全红会组织机构，完善基层组织网络。近年来，我们做了以下三方面的探索。

### （一）壮大基层干部队伍

我区于2007年，在每个街镇均配备了专兼职红会干部，以后针对

基层红十字会人手少、编制紧、红会干部身兼数职等现状，区红十字会不断创新干部使用机制，不断壮大基层工作力量。2009 年，建立了街镇红十字会专职联络员队伍，择优选聘了 12 名红十字工作联络员。2010 年，又在各街镇及相关委办局中选聘了 15 位调研员或副调研员担任红十字指导员，协助街镇、学校机关等开展红十字工作，形成了指导员、红会干部、联络员为一体的街镇红会工作队伍网络。此项工作得到中国红十字会华建敏会长的充分肯定，是本区红十字组织建设的一次有益探索和实践。2010 年 11 月 16 日，华会长视察嘉定区红十字工作时的讲话指出：这次到嘉定我觉得特别好的，并且有意义的第一件事，就是嘉定把组织队伍建设通过红十字指导员和联络员来进行强化，扩大了红十字会的有生力量，把一些有强烈社会责任感的老同志吸纳进来，把他们的能力充分发挥出来，这就叫柔性组织，也不要财政多少钱，这是件好事。

### （二）探索成立行业红十字会

2010 年，本区召开了教育系统红十字会第一次会员代表大会，选举产生了教育系统红十字会第一届理事会理事、副会长、会长。本区首个行业红十字会的成立，遵循了《中华人民共和国红十字会法》中对红十字会组织系统实行行业与地区相结合的原则，为红十字事业的拓展增强了实力。2011 年，本区又在全市率先成立区级机关红十字工作委员会，使红十字工作在区级机关的开展有了可靠的组织保障。

### （三）推进红十字服务站建设

红十字服务站是红十字工作在社区（村）的有力抓手，2004 年，我区成功创建“全国社区红十字服务示范区”。2009 年，在对 145 个站点进行全面调研的基础上，提出了“建设标准化红十字服务站”的设想，制定了标准化红十字服务站创建要求。截至目前我区已建立 158 家红十字服务站，其中标准化服务站 101 家。经过努力，把社区红十字服务站真正建设成为传播红十字文化的窗口、开展人道关爱的平台。

## 二、创新“三救”体系建设，增强核心业务实力

红十字事业担负着改善最易受损害群众境况、保护人民群众生命与健康、促进社会和谐文明进步的重任，红十字工作与人民群众的关系最

直接体现在“三救三献”上，而“三救”更是重中之重。“三救”作为红十字会的核心业务和法定职责，我们努力使之制度化、项目化、常态化，形成“各方支持、运作规范”的长效机制。

### （一）共建新型备灾仓库

为了有效发挥红十字会的备灾救灾职能，本区红十字会针对自建仓库土地资源紧缺、耗资大、建设周期长、管理难等瓶颈，因地制宜、借势借力，与相关对口企业达成共识，联手积极探索共建备灾救灾仓库新模式，以企业现有的物资仓库为基地，以企业的捐赠物资为依托，从 2009 年 4 月至今，分别与上海小绵羊实业有限公司、上海三牛食品有限公司、上海碧纯饮用水有限公司、上海鑫苑休闲用品有限公司、上海内野有限公司、上海贺寿食品有限公司、上海华荣科技股份有限公司、上海申欧企业发展有限公司、上海露西尔旅游用品有限公司等协议共建了以棉被、饼干、饮用水、帐篷、毛巾、照明、女性护理用品、户外用品等为主要物资的 9 家红十字备灾仓库，进一步提高了红十字备灾救灾物资的储备力度，提升了红十字会应急救灾的能力。如在玉树地震救灾中，小绵羊公司迅速响应，及时调配了价值 20 万元的冬被 1000 条送往灾区。

### （二）健全救护培训长效机制

救护培训工作是红十字会的法定职责，作为 2008—2010 年市政府实事项目和 2011—2013 年区政府实事项目，本区红会对这项工作高度重视：制定下发了《嘉定区 2011—2013 年群众性现场初级急救培训实施意见》，同时编印了 15 万册《常见意外伤害及现场急救技能》知识手册分发给社区居民，提高市民知晓率，增强受训意识；区红会建立救护师资骨干队伍，并组织参加市红十字会救护培训及复训，成立教研组，开展教研备课和公开课等活动，不断提高师资授课水平；将救护培训内容列入区处级干部和新任公务员培训班课程，发挥更大的辐射作用；在红十字医疗机构和区医疗急救中心成立红十字救护队等专业救护队，并与相关部门合作，开展自救互救宣传、培训、演练等工作；组织开展以“携手人道、参与世博”为主题的急救技能大比武活动，与区交通局、民防办等联合举办救护技能比赛，多次组织参加全国及上海市的应急救护大赛，屡获佳绩。六年来，我区共培训救护员 7394 名、普及培训 63352 名，圆满完成了预定的各项目标任务，培训数占户籍人口的 12.4%，取得了良好的社会反响，受到了社会各界的普遍欢迎。

### （三）设立人道救助项目库

2010 年 11 月 16 日，华建敏会长对本区设立“人道救助项目库”的做法也给予了充分的肯定，他说，嘉定还有一个非常好的经验，就是“项目库”。我们要把企业家愿意捐助的钱拿出来用到社会救助对象中去，其中一个重要环节，就是谁把这个需求告诉给企业家？这些需求在哪里？“项目库”就是个桥梁，因为它有选择性，既然是库，就可以选择，企业家可以选择项目。第二，企业还要知道捐出的钱用到哪里去了，要让他们查得到，这就是公信力。“项目化”运作，这两个问题就都解决了。经过这几年的不断调整、充实，嘉定区人道救助项目库不断完善，到目前共推出救灾类、助医类、助学类、助老类、关爱类等 5 大类 26 个项目，均由社会各界爱心企业捐助，进一步扩大了红十字帮困救助的覆盖面。如，阳光天使项目，由上海绿洲投资控股集团有限公司和上海雷博司电器有限公司分别向区红十字会阳光天使项目定向捐款 10 万元和 3 万元，用于成佳学校自闭症和脑瘫患儿的康复训练等，共为近 30 名患儿提供康复训练；鼎申济困母亲行动项目，由上海鼎申置业发展有限公司向区红十字会人道救助基金捐赠 30 万元，用于对困难母亲实施救助；健康园丁项目，连续三年为全区 14 所民办农民工子弟小学的 685 位教师开展健康体检、赠送急救包和健康礼包等，所用资金近 40 万元由爱心企业上海采埃孚转向系统有限公司和区社建办提供。

## 三、创新志愿团队建设，增强服务能力

志愿服务是国际红十字与红新月运动的七项基本原则之一，也是《中华人民共和国红十字会法》赋予红十字会的重要职责和任务，志愿服务也是社会文明进步的重要标志。近年来，嘉定区红十字会在大力发展红十字志愿服务队伍的同时，加强管理、健全制度、强化培训，组织和引导志愿者广泛开展红十字特色服务和红十字文化传播，逐步建立起以社区红十字志愿服务为基础，以无偿捐献、应急救护、弱势群体关怀、文化传播等专业领域志愿服务为骨干，大中学生社会实践、社会志愿者组织等志愿服务为补充的红十字志愿服务体系。截至 2013 年 10 月，全区建有 3 个红十字志愿服务基地、158 个社区红十字服务站，有 2344 名红十字志愿者。在组织开展志愿服务过程中，我们不断探索实践，形成了以下共识。

### （一）倡导奉献、培养骨干是红十字志愿服务团队建设的关键

志愿服务是无偿服务，是不以营利为目的，经志愿服务组织安排，由志愿者实施的自愿帮助他人和服务社会的公益行为。因此，每支志愿服务队中要有素质好、能力强、有奉献精神、有服务热情的“领军人物”作为团队的核心，发挥引领和凝聚作用，才能不断提高整个队伍的素质，保证志愿服务活动的持续开展和志愿服务质量的不断提高。在本区志愿服务队伍中有这样几位“领头羊”：“春蚕之家”联谊会会长卢秀臻；区红十字文艺宣传队瞿大我；造血干细胞捐献者沈婷、沈洁；救护培训老师张云芳、陈建新；“助学成才”志愿者服务队队长杨泳舲；区红十字宣讲团团长蒋蔚芳等。通过他们的引领，充分发挥红十字志愿服务的团队效应。

### （二）完善网络、自主管理是红十字志愿服务健康发展的方向

以志愿者骨干队伍为基础，形成组织网络，建立分工明确的自主管理机制，区、镇红十字会只提供必要的指导和支持，充分发挥骨干队伍在志愿服务集体中的引领、协调作用，更好地调动志愿者的积极性。这种运作模式应成为红十字志愿服务组织的发展方向。如为了做好“助学成才”项目，我们成立由退休的原教育局党委副书记任队长、以退休老师为主体的“助学成才”项目志愿服务队，充分发挥老教师的作用，先后有60余位老师参加志愿者队伍；我们设计编印了“志愿服务队活动记录册”，主要记录志愿者联系学生的学业、在校、在家等情况，供资助爱心人士了解自己资助学生的情况。平时，志愿者老师在学习、思想等方面给予受助学生关心和帮助，让学生进一步感受到社会的关爱和温暖。

### （三）坚持活动、凸显特色是红十字志愿服务团队充满活力、持续发展的保证

近年来，区红十字会不断壮大志愿服务队伍，有多支志愿服务队已成为志愿服务品牌项目。如：嘉定区于2009年5月成立遗体（角膜）捐献登记者联谊会——“春蚕之家”，建立了覆盖全区的遗体（角膜）登记的会员组织网络，培养了一批遗体捐献登记宣传志愿者队伍，为捐献登记者们架起了一座相互交流沟通的“爱心平台”。联谊会以小组为单位，经常开展形式多样的宣传活动，遗体捐献在社会中的知晓率逐年提高。目前，全区共接受遗体（角膜）捐献登记849人、器官捐献登记

4 人，实现遗愿 141 人。又如：志愿者依托爱心助老服务基地开展形式多样、内容丰富的敬老、爱老、助老等志愿服务活动，使更多的老年人得到红十字人道关爱；还充分发挥区图书馆红十字文化传播基地的作用，以红十字志愿者“周末故事会”导读活动形式向少年儿童传播红十字文化。2012 年至今共举办了 70 多场导读活动，参加少儿 1200 多人次。同时，先后与区卫生局、供销社、区中心医院等联手，以“送医下乡”“送货下乡”等活动为载体，组织医疗、企业志愿者骨干深入社区，开展“红十字关爱进农村，播撒爱心传真情”主题活动。自 2009 年 3 月至今，先后 33 次到各街镇的农村、养老院、市民广场等地，为百姓提供医疗咨询和上门诊疗，并把区“红十字爱心超市”带到农村，使村民以便捷的方式、低廉的价格购买到多种日用品，深受百姓欢迎。

## 四、创新宣传载体建设，增强社会影响力

传播人道精神是红十字会的重要职责，宣传工作是中国特色红十字事业的重要组成部分。红十字会是人道组织，红十字会所从事的人道工作，不仅仅是在最需要的地方实施人道行动，还要在全社会广泛而深入地传播红十字运动基本原则，弘扬“人道、博爱、奉献”的红十字精神。通过宣传和动员，凝聚更多的人参与到人道事业中来，进而促进社会和谐、人类进步。近年来，我区红十字会将红十字宣传工作同嘉定创建全国文明城区活动相结合、同精神文明建设相结合、同文化建设相结合，按照宣传工作要贴近实际、贴近生活、贴近群众的“三贴近”要求，注重宣传载体建设，形成长效机制，取得明显实效。

### （一）加强基地建设，深化理论研究

区红会与苏州大学合作建立红十字运动研究中心嘉定研究基地，切实加强红十字文化理论研究，并开展嘉定红十字史料的收集编纂，多次召开研讨会，70 多万字的《嘉定红十字历史编年实录》（上下卷）将于 2014 年出版。与嘉定区图书馆共建成立区红十字文化传播基地，开展红十字文化专题讲座等，进一步提高市民对红十字的认知度和认同感。

### （二）加强课程建设，面向重点对象

区红会在中学开设国际人道法课程，积极探索国际人道法培训模式，红十字国际委员会代表、东亚地区办事处助理等官员对本区安亭中

学在国际人道法培训中取得的成功经验给予了充分肯定。本区中学生在全国探索人道法作文比赛中获得优异成绩。我们还通过坚持开展普法宣传活动，提高红十字法律法规的社会知晓率。

### （三）加强阵地建设，扩大辐射范围

2007 年，嘉定区红十字会网站正式开通，设有新闻动态、组织机构、赈济救护、社区工作、志愿服务、政策法规、宣传培训、青少年工作等 11 个栏目和多个公益视频。网站的开通，使区红十字会对外宣传有了一个很好的平台，进一步扩大了红十字宣传的覆盖面。网站运行以来，平均每年发布本区红十字会动态新闻 200 多条，使网站真正成为红十字会与群众沟通互动的桥梁与纽带。从 2009 年创刊的嘉定区红十字会遗体捐献登记者联谊会的小报《春蚕之家》到 2012 年改版为嘉定区红十字会小报《嘉定红十字》开始，区红十字会又增添了一块宣传阵地，两份小报已总共编辑 19 期，印发全区所有社区（村）红十字服务站、红十字志愿服务者、相关部门和相关领导，进一步向社会传递红十字信息，扩大了社会影响。此外，区红会还利用区电视台、电台、报纸等新闻媒体，开展专访、编发专版，进行专项宣传。在红十字活动现场以及学校、社区、医院、敬老院等场所展示，强化了宣传效果，营造了良好氛围，扩大了红十字会的社会知晓度。

### （四）加强团队建设，形成长效机制

2011 年 1 月，嘉定区红十字会文艺宣传志愿服务队成立，目前共有队员 80 人，使区红十字会在加强宣传、传播理念方面又多了一种群众喜闻乐见的好形式，多了一支相对稳定的队伍。宣传队成立以来，已连续三年在市 3 月 1 日举行的遗体捐献纪念日活动中，以及在市首届红十字星级志愿者表彰会和区的红十字主题活动中作过演出，还到全区 12 个街道、镇以及 10 多个村、社区、敬老院等进行巡回宣传演出。2011 年 9 月，区红会举行了“爱，让世界更美好”演讲比赛，成立了区红十字演讲团，在此基础上，区红会又从 2012 年年底开始筹备成立嘉定区红十字宣讲团，由各街、镇红会推荐的 20 多位宣讲员组成，深入到街道、镇和村、社区开展红十字宣讲活动，在百姓中广泛传播红十字文化，宣传先进典型的事迹，提升红十字组织的社会公信力，扩大社会影响力。宣讲团从 2013 年 2 月正式成立至今的半年时间中，宣讲员在全区各社区和青少年暑期班中开展宣讲活动 100 多次，近万人次聆听了宣讲。

**（五）加强形象建设，传播正能量**

“十八大”报告指出，社会主义核心价值体系是兴国之魂，决定着中国特色社会主义发展方向。作为先进文化重要组成部分的红十字文化，从本质上与社会主义核心价值体系一脉相承，与中国传统优秀文化高度契合，是可以被全社会接受和遵守的“普世价值”。本区红会近年来十分注重通过文艺创作，将红十字会系统的先进典型、先进理念和爱心情感通过作品向社会、向群众传递。如我们创作了遗体捐献志愿者之歌——《生命之歌》，已成为市红十字会的冠名歌曲和市遗体捐献者纪念馆背景音乐；我们还根据本区造血干细胞捐献者沈洁、沈婷等人的事迹拍摄了电视专题片《生命的华彩》，创作和表演了情景剧《大爱无疆》等；开展“大爱三十年”征文活动，在市征文评比中获全市第一的好成绩，并汇编了《爱的传递》等征文集；2011 年是市红十字会成立 100 周年，本区协助市红会成功承办了以“中华文化与红十字运动”为主题的国际论坛；坚持每年 3 月份举行“遗体捐献工作宣传月”系列活动，坚持在每年的“5·8”世界红十字日等重大纪念日组织开展红十字主题宣传活动等，大力弘扬“人道、博爱、奉献”的红十字精神，向社会传播博爱正能量。

（作者单位：上海市嘉定区红十字会）

# 广泛开展宣讲活动<br>大力传播红十字文化

## ——上海市嘉定区“红十字宣讲团”运作机制的实践与探索

马红梅

全国人大常委会副委员长、中国红十字会会长华建敏在中国红十字会九届三次理事会上强调：“要深化理论研究，充分挖掘红十字文化内涵，推进红十字文化中国化，广泛传播人道理念，在全社会推动形成良好的道德风尚。”这里提到了红十字文化的传播具有时代意义。深入而广泛的宣传工作是红十字组织提升形象、扩大影响、凝聚力量、开创红十字事业发展新局面的重要举措之一；大力开展国际人道法和红十字运动基本知识的传播培训，是中国政府和中国红十字会在第 27 届红十字会与红新月会联大上的承诺。这些工作的顺利开展、承诺的实施与实现，都需要各级红十字会和基层组织的共同努力。嘉定区红十字会根据红十字事业发展的需要，始终将红十字文化宣传作为一项重要工作加以推进，凝聚并整合社会各方力量，组建了嘉定区“红十字宣讲团”，注重发挥志愿者资源优势和自身特长，开展红十字文化传播，为红十字事业的发展营造了良好的社会氛围。

## 一、加强组织建设，奠定扎实基础

### （一）健全管理网络

统一的管理是志愿服务工作有序、有效开展的重要保证。2012 年下半年，在嘉定区红十字会领导的创意和指导下，根据红十字工作开展的要求、红十字文化宣传的需要，结合红十字会法普及和红十字志愿服务活动的开展，组成了由会长、副会长、秘书长、志愿服务部部长担任红十字宣讲团顾问、团长、副团长、秘书长的管理网络，积极做好“红十字宣讲团”的筹建、组织、协调和督促工作；同时区红十字会围绕宣讲活动开展的要求，引导街、镇红会干部把宣讲工作作为日常工作的重要内容之一，与日常工作有机结合、相互渗透，根据各街、镇的实际情况制订宣讲活动计划，保证每月一次宣讲活动的正常开展，为红十字文化传播搭建平台。

### （二）建立志愿者队伍

稳定的志愿者队伍建设对宣讲活动的开展起到了至关重要的作用。嘉定区“红十字宣讲团”是区红十字会在“嘉定区红十字演讲团”的基础上组建的一支热心参与传播红十字文化正能量的志愿服务队，这支宣讲员志愿者队伍由相关委办局、街镇红十字会推荐，本人自愿，年龄在65周岁以下，政治立场坚定，热心社会公益，积极投入红十字志愿服务工作，具有较高宣讲水平的基层百姓、学校教师、社会工作者等组成。他们在区红十字会直接领导和管理下，以邓小平理论和“三个代表”重要思想、科学发展观和党的十八大精神、国务院《关于促进红十字事业发展的意见》为指导，围绕中心，服务大局，紧扣时代脉搏，为基层群众做好宣传工作；他们是区、街镇红十字会联系基层群众的桥梁和纽带，是传播红十字运动基本知识、宣传红十字法律法规、弘扬“人道、博爱、奉献”的红十字精神、开展“三救三献”红十字核心业务和红十字工作典型先进事例宣讲的重要载体；承担着让更多群众了解并积极参与“人道救助项目”，用爱心为最需要帮助的人提供援助的任务；旨在在群众中传播红十字文化，提升红十字组织的社会公信力、扩大红十字会组织的影响力、发挥红十字会在人道救助领域的作用。

### （三）制定工作制度

为保证宣讲工作有序、有效、扎实地开展，区红十字会在研究讨论的基础上制定并通过了“区红十字宣讲团”的工作条例；编写了《红十字宣讲团记录册》；根据红十字中心工作的开展和宣讲活动开展的需要，梳理并编写了宣讲资料和PPT课件；同时制订了“2013年嘉定区红十字宣讲团工作计划”，为红十字宣讲活动的开展提供了有力的保障。

### （四）形成活动机制

红十字宣讲活动的开展离不开良好运作机制的保障。嘉定区“红十字宣讲团”在活动开展的过程中逐步形成了会议参与、培训交流、集中研讨、听课反馈、课件共享、现场指导、反馈记录等相关活动机制，做到年前有计划、年中有交流、年末有总结，保证活动有计划、宣讲有重点、现场有思考、群众有反馈、问题有改进、经验有总结，使“红十字宣讲团”工作开展日趋完善、不断提高。

## 二、注重培训指导，提高宣讲能力

### （一）集中培训，明确宣讲重点

宣讲活动启动前，嘉定区红十字会召开了第一次宣讲团成员会议，让宣讲员们了解“红十字宣讲团”的工作条例，明确宣讲工作任务和重点，特别是明确了宣讲的内容和侧重点。会上，区红十字会常务副会长张丽萍向大家提了相关要求，为宣讲团的正常运作指明了方向。2013 年 1 月，区红十字会在区委党校对宣讲员进行了为期一天的培训。会上进行了红十字运动基本知识和本区红十字会工作的介绍、《国务院关于促进红十字事业发展的意见》、“春蚕之家”、爱心助学项目库等相关内容的宣讲等；进行了《宣讲的要点和技巧》的讲座；同时就宣讲内容、宣讲教材、宣讲课件等做了简要介绍。培训活动的开展，对宣讲员顺利开展宣讲活动提供了有力的物质保障和精神食粮，也为活动开展奠定了良好的基础。

### （二）提供素材，丰富宣讲内容

对宣讲员来说，广泛开展宣讲活动，大力传播红十字文化，丰富的红十字知识积累是至关重要的。为此，区红十字会根据宣讲活动的开展需要，为每位宣讲员提供了丰富的素材资料，帮助他们积累更多知识。如赠阅报纸杂志：区红会为每位宣讲员订阅了《中国红十字》《上海红十字》《嘉定红十字》《博爱》杂志等，供他们阅读了解，积累素材，增长知识；发放书籍资料：区红会把各类材料的电子文本以 U 盘的形式下发，同时为每位宣讲员赠送了《红十字宣传手册》《大爱三十年》《爱的传递》《六五普法教材》《国际红十字与红新月运动基本知识传播手册》等书籍，以及遗体捐献、造血干细胞捐献等相关事迹材料，让他们更好地了解红十字法律法规及发生在身边的感人事迹；提供各类信息：区红会把上海红十字、嘉定红十字及造血干细胞俱乐部等相关的网站链接、红十字会各类活动开展情况等及时告知宣讲员，有助于他们了解最新的信息动态，更好地开展宣讲活动。

### （三）交流研讨，深化宣讲内涵

为保证宣讲活动的有效开展，提高宣讲工作的实效性，2013 年 2 月 26 日，嘉定区红十字会在真新街道举行了“红十字宣讲团”成立仪式，开展了红十字知识宣讲；并组织全体宣讲员现场观摩宣讲活动，就如何做好宣讲工作进行了研讨；同时各街镇宣讲员介绍了各自的宣讲稿，大家就不同宣讲稿的框架构建、内容选择等方面进行了交流讨论，团长对各宣讲员的讲课稿逐个进行了点评。年中，区红十字会又组织召开红十字宣讲团半年工作总结会，对上半年宣讲工作的开展进行回顾和总结，同时对一些成功的经验进行分享和交流，对发现的问题及时讨论解决。红十字宣讲活动开展以来，在形式上体现了与百姓间的零距离、面对面，在内容上体现了正能量和普及性。此次活动既让宣讲员们更好地了解和借鉴别人的宣讲经验，也促进宣讲员们宣讲能力的不断提高。

在认真听取意见和建议的基础上，区红十字会又根据宣讲团成员宣讲的情况，选出部分优秀的宣讲员成立了宣讲团教研中心组，就宣讲内容的选择、宣讲课件的制作、宣讲过程中方法的运用等进行集中研讨，更好地推进宣讲活动的开展。

### （四）现场评点，凸显特色亮点

从共性中发现个性，挖掘宣讲员的特色和亮点，是提高宣讲效果的很好途径。为此，结合各街镇宣讲活动的有序开展，区红十字会组织力量，深入社区，聆听了每一位宣讲员的宣讲，并对每一位宣讲者的宣讲情况进行了现场评课交流。在红十字宣讲活动开展过程中，凸显了很多亮点和特色值得大家学习和推广。如：以提问贯穿始终，注重互动性；自制教具配合宣讲，体现直观性；渗透防病养生知识，贴近日常生活；讲解内容口语化，通俗易懂；结合家人亲身经历，具有说服力；两种语言交替讲，给人新鲜感；引导听众动脑动口，激发参与性；语言幽默通俗易懂，以“讲故事、猜猜看”的形式吸引人。更有一位宣讲员选取了大量实例，在宣讲活动中体现了多元结合，即：普通话与“洋经浜”讲解相结合；录像和 PPT 播放相结合；提问和讲解相结合；宣讲与实地采访相结合；详讲和略讲相结合；本土活动与世界红十字活动讲解相结合；红十字文化宣讲和十八大精神宣讲相结合；近距离与远距离发生的事的宣讲相结合。有的宣讲员发挥区图书馆红十字文化传播基地的作用，开展红十字志愿者“周末故事会”导读活动，使红十字文化在少年儿童的心里扎根。

为保证宣讲活动的顺利开展，各街镇红会干部都进行了认真的组织，每位宣讲员也都进行了认真的备课和宣讲。每次宣讲活动现场参与听讲的百姓多则上百人，少则几十人。宣讲活动的开展，对各位宣讲员能力的提高起到了很好的锻炼作用，同时也更好地扩大了红十字文化的传播面，让“人道、博爱、奉献”的红十字精神深入人心。

## 三、广泛开展宣讲，传播红十字文化

### （一）深入基层，不断扩大宣传覆盖面

嘉定区“红十字宣讲团”在区红十字会的统一指导下，围绕宣讲“进街镇、进社区、进机关、进企业”的目标，根据各街镇不同的特点，在街镇红会干部的大力支持和有序安排下，本着“红十字文化宣传广覆盖”的原则，深入社区、学校，走进机关、企业，广泛开展宣讲，大力传播红十字文化。据统计，嘉定区红十字宣讲员全年宣讲共计 240 场，听众为 13649 人。志愿者中最多的宣讲了 24 次，各位宣讲员均超过了全年要求的一月一次的宣讲量。这些宣讲活动的开展，更提高了基层百姓对红十字工作的知晓率，在提升红十字组织的社会公信力、扩大红十字会组织的影响力、发挥红十字会在人道救助领域的作用等方面传递了正能量。特别是针对中小学生进行的暑期青少年红十字知识专场，对青少年进行了红十字知识的启蒙教育，其影响和作用更是极其深远的。

### （二）注重实效，不断提高宣讲水平

1. 宣讲内容具有针对性

在街、镇红会干部的支持和配合下，区红十字宣讲团在宣讲活动中体现了以下特点：针对不同群体，宣讲内容注重对象性选择。红十字宣讲活动针对社区居民、青少年、老年人等不同的听众群体，选择不同的内容。如：针对社区居民，以红十字文化知识、法律法规为主，渗透项目库内容，提高居民群众对红十字会的了解和熟悉；对于以青少年为主要对象的宣讲活动，则选择红十字运动起源、红十字工作中的小故事等，让青少年朋友更多更全面地了解红十字文化；针对老年人，更多地介绍红十字会项目库的不同内容，同时大力宣传遗体捐献等方面的知识，弘扬移风易俗的社会新风尚。结合不同纪念日，宣讲活动尝试主题

式开展。结合3月1日遗体捐献日，开展以遗体（角膜、器官）捐献为主要宣讲内容的宣传月活动；结合“5·8”世界红十字日、世界救护日、“12·5”志愿者日等，重点开展红十字文化、救护知识、造血干细胞捐献等的宣传，让更多的人了解红十字工作，积极加入红十字志愿者的队伍中来。围绕项目库建设，宣讲过程渗透专题性内容。“红十字宣讲团”成员还根据项目库的建设，进行救助救护项目、助学成才活动介绍、造血干细胞事迹宣传等，把嘉定区红十字特色工作、感人事迹向社区群众、青年学生等进行大力宣传，传播红十字文化，弘扬红十字正能量。

2. 宣讲内容注重时效性

红十字的工作是贴近群众生活，为群众排忧解难的。宣讲团成员在开展宣讲活动的过程中，注意及时收集信息，做到活动情况，适时介绍。如：红十字会“冬送温暖、夏送清凉”活动、造血干细胞集中血检、千万人帮万家等活动，让群众及时了解红十字会各项工作的开展情况。突发事情，及时融入。如：四川芦山地震、甘肃发生重大灾害等，红十字宣讲员都能及时从网上下载信息、图片等，在宣讲过程中融入红十字会抗震救灾工作开展、接受捐款情况等，并进行连续、深度的宣传，让更多的人了解红十字会在抗震救灾中的人道主义行为。重大事件，有机渗透。党的十八大顺利召开、《国务院关于促进红十字事业发展的意见》的出台、赵白鸽常务副会长成功竞选红十字会与红新月会国际联合会副主席等红十字会的重大事件，宣讲员们都能在宣讲过程中向群众宣传、介绍。

3. 宣讲形式体现多样性

开展形式多样的宣讲活动能更好地提高群众的积极性和参与性，让他们更好地了解红十字会工作。宣讲员们注重运用不同教具、采用多种形式进行宣讲，具体表现在：互动式宣讲提高兴趣。宣讲员在宣讲过程中穿插提问，以必答、抢答等方式，激发群众参与的积极性，让他们对红十字文化有深刻的认识和全面的了解。融入式宣讲拉近距离。宣讲员在宣讲过程中选择红十字会歌、《生命之歌》等音乐烘托现场气氛，让大家感受红十字文化的魅力；有的宣讲员还走到群众中去，与大家近距离沟通，采用现场采访、当事人亲自介绍等方式，活跃现场气氛。操作式宣讲生动活泼。宣讲员们根据宣讲活动开展的需要，准备了图片、视频、动画、PPT等教具材料，有的还让现场群众参与操作、演示，在看看、讲讲、做做中更好地理解、感受红十字文化的精髓。

# 四、建议与思考

嘉定区“红十字宣讲团”宣讲活动的开展得到了居民群众的欢迎，更多的居民群众通过聆听宣讲等活动更全面地了解了红十字文化、红十字法律法规和红十字工作中的感人事迹，提高了对红十字工作的肯定和信任。一年多来的宣讲活动开展，效果是理想的，作用是明显的。截至2013年12月，嘉定区红十字会共有遗体（角膜、器官）捐献志愿者871人，实现捐献者116人；造血干细胞登记者2914人，成功捐献者12人。这对嘉定区正在开展的创建全国文明城区活动起到了很好的作用。

今后，我们将进一步思考如何继续开展宣讲活动，更好地传播红十字文化正能量。

### （一）加强管理，宣讲队伍稳固扎实

“红十字宣讲团”是一支由志愿者组成的队伍，来自不同的街镇、机关和学校，年龄上也有很大的差异。如何做好对志愿者队伍的管理，开展对志愿者的人文关怀，充分调动他们参与志愿服务活动的积极性和主动性，从而更好地为红十字文化传播发挥各自的作用，也是我们作为红十字工作者值得思考的问题。

### （二）精心组织，宣讲活动深入持久

在今年宣讲活动开展的基础上，我们还应思考如何更好地组织活动，把红十字文化传播与其他活动有机结合，使宣讲活动更深入持久地开展下去。

### （三）突出重点，宣讲内容丰富多彩

宣讲员在宣讲过程中，除了要把红十字核心业务工作作为宣讲的重要内容之外，更要注重实际信息资料收集，应思考如何及时把红十字工作中的感人事迹通过多种形式进行宣讲，才能更好地弘扬红十字正能量。

### （四）不断拓展，宣讲形式灵活多样

宣讲员在宣讲过程中，在学习成功的经验和好的做法基础上，应思考如何根据需要采用灵活多种的形式进行宣讲，提高宣讲活动的效果。

**（五）注重学习，宣讲知识更为丰富**

在实践积累的基础上，每一位宣讲员如何加强自身的学习，不断丰富知识、积累经验，以便更好地开展宣讲活动也是一个值得思考的问题。

**（六）积累资料，宣讲案例不断完善**

对于各位宣讲员针对不同对象、结合不同内容开展的宣讲活动，一些成功案例的梳理收集、课件教案的整理也是值得关注的方面，这对今后更好地开展红十字文化传播起着一定的借鉴和推动的作用。

（作者单位：上海市嘉定区红十字会志愿服务部）

# 为遗体捐献志愿者营造一个“家”

瞿大我

上海市红十字会开展遗体捐献工作已有31年。因此，早在20世纪80年代，嘉定区就有不少社会爱心人士做了遗体（角膜）捐献登记，至2008年年底，登记者已达400多人。但这支队伍平时基本处于分散、无序的状态，再加上由于分布面广、老年人比例高、相对比较闭塞、近年社会和家庭发展变化快等原因，绝大多数登记者与相关部门的联系沟通很少，有时甚至信息不明，中断联系。因此，遗体捐献的实现率不够高，社会的影响力小，群众对遗体捐献的知晓率和参与率都比较低。为进一步倡导移风易俗的社会新风尚，扩大红十字会的社会影响，感召更多的各界爱心人士加入志愿者队伍，为遗体（角膜）捐献登记者提供一个自我组织、自我学习、自我服务的平台，嘉定区红十字会于2009年5月成立了嘉定区遗体（角膜）捐献登记者联谊会（又称“春蚕之家”联谊会），经过四年半的实践和探索，会员人数已达860多人，已初步将其打造成嘉定红会的一个品牌项目，其成效和特色日益显现。

## 一、做法与成效

### （一）完善组织网络，自主规范管理

在联谊会的成立仪式上通过了联谊会的章程，明确了联谊会的性质、宗旨、会员义务、会长任期、经费管理等，为联谊会成立以后合法、有序的运作奠定了制度基础。遗体（角膜）捐献登记者这支队伍中的人员情况比较复杂，不同阶层、不同文化层次和不同经济状况的对象都有。因此，服务好这些对象，管理好这支队伍，首先需要形成一个强有力的核心班子。在区相关部门和老领导的支持下，联谊会聘请原区红十字会会长为联谊会顾问，推选原区委统战部副部长等好几位退休干部

为会长和副会长，区社会志愿服务部部长兼联谊会秘书长。这些同志，德才兼备，有很丰富的社会阅历和很强的组织能力，又热心于公益事业，在社区群众中有一定的威信，因此，借助这样一支核心力量，迅速形成了联谊会强有力的工作和管理班子。区红十字会在机关大楼为联谊会班子安排了办公室，在区红会领导的关心指导下，联谊会负责人自主规范做好遗体捐献登记、会员来访、咨询接待、联系慰问等日常事务和组织开展骨干培训、区层面的大型活动、指导小组开展活动等管理工作。将全区会员按居住区域划分为13个小组，每组确定1—2名能热心为会员服务的组长，明确了组长工作的职责，建立了“组长双月例会制度”“组长年中、年终工作汇报、交流制度”“先进组长评选表彰”等制度，确保组长规范、自主地开展工作、组织活动。2012年6月，联谊会召开了第二届会员代表大会，大会审议通过了联谊会第一届工作报告，审议通过了联谊会经费报告，并对联谊会章程进行了修改，选出了第二届工作班子，并为联谊会今后的工作进行了部署，使联谊会的工作步入了良性循环的发展态势。

### （二）开展各类活动，激发会员热情

联谊会通过开展形式多样、富有吸引力的活动，激发组织活力，充分发挥其凝聚作用。按照“因地制宜、注重实效”的原则组织开展活动，做到“五个结合”：第一，与以学习《中华人民共和国红十字会法》《国务院关于促进红十字事业发展的意见》《上海市遗体捐献条例》等为主要内容的红十字会普法宣传结合，组织举行嘉定区纪念《上海市遗体捐献条例》颁布实施十周年活动，召开嘉定区纪念上海市开展遗体捐献工作30周年座谈会等；第二，与红十字会重大纪念日和其他重大节庆活动结合，开展纪念和庆祝活动，如元旦前的迎新联谊活动、国庆庆祝活动和重阳节的敬老活动，每年3月1日组织部分会员到青浦福寿园参加市遗体捐献纪念日活动，组织参与了市红会成立100周年的论坛，还组织会员协助和参与区红十字会举办的“世界红十字日”“世界急救日”“世界艾滋病日”“世界志愿者日”等活动；第三，与市、区红会层面开展的志愿服务活动结合，组织开展迎世博志愿服务、参观世博会、救护知识和技能培训、上街便民服务和宣传咨询、写春联、送春联、捐赠书法作品等活动；第四，与区老年体育协会、街镇社区开展的活动结合，组织会员旅游观光，参加迎春长跑、柔力球表演、社区歌咏队的排练和演出、市老体协举办的重阳

登山等活动；第五，建立与兄弟区的联谊会和到市各医学院校遗体接收站等单位参观学习，如连续两年与金山区开展了迎新春联谊活动，展示了双方会员的才华，增进了两地会员的友谊，扩大了社会影响，组织联谊会骨干到南京市红十字会学习考察，到第二军医大学和上海中医药大学等参观学习。

**（三）深化服务内涵，彰显人道关怀**

经常性的联系沟通，细致热情的关怀慰问，以人为本的真情服务，是提高遗体捐献实现率和登记率的关键环节。为此，联谊会从成立至今坚持做到以下三点：第一，对覆盖全体会员的沟通联系持之以恒。以各小组组长为主，采用电话联系、上门走访、送红十字报纸和其他宣传品等多种形式，定期与所有会员联系，尤其对新办理遗体捐献登记手续的会员，要求组长必须及时上门与其本人和家属子女碰面、相互熟悉、了解情况。第二，对高龄会员、遗体捐献实现者家属等重点对象的慰问关心形成制度。坚持对全区 80 岁以上会员（约 150 名左右），每年 7—8 月份开展“送清凉”活动，1—2 月份开展送温暖春节慰问活动，由区红会与各街道、镇的红会干部和联谊会的骨干分成若干慰问组，带着慰问品逐个上门进行慰问，4 年来，已慰问 500 多人次，送慰问品 5 万余元。对遗体捐献实现者家属，由联谊会会长、秘书长带领组长、街镇红会干部一同上门慰问家属，送上一次性慰问金 500 元，次年 3 月 1 日，安排家属到青浦福寿园参加缅怀纪念活动。第三，对遇困难的会员家庭给予特殊照顾。各组组长发动相对年轻、身体好、家庭条件较好的会员与身患重病、家庭有特殊困难，尤其是子女不在身边的老年会员结成对子，给予特殊的关爱与照顾。对个别失独老人、历史遗留问题未解决的“老上访户”等特殊会员，联谊会领导几十次上门做工作，协调各方帮助解决历史遗留问题，这样的例子举不胜举。区红会与区中心医院、区老年护理医院等共同倡导，为会员提供就医 VIP 卡，享受快捷特需的医疗服务和体检、医疗咨询等服务。联谊会对会员真诚的服务和悉心的关怀，在社会上产生了良好的反响，本区遗体捐献的实现人数已达 116 人，近几年的登记人数也超过了过去 10 多年的总数。

**（四）拓宽宣传渠道，扩大社会影响**

第一，每年三月份开展“嘉定区遗体捐献工作宣传月”活动，市、区红会领导亲自参加“宣传月”启动仪式，区、镇两级红会联动，采用各种宣传形式，进行集中宣传，声势大、覆盖面广、效果好。第二，坚持办好一份小报——《春蚕之家》（从2012年起改版为《嘉定红十字》报），至今已编印19期，为社会各界关心了解遗体捐献工作及红十字事业发展情况搭建了一座“桥梁”。第三，利用互联网传递信息。通过市、区红十字会网站，将遗体捐献的主要工作动态及时间向广大市民传递。如由本区作家撰写的反映遗体捐献志愿者崇高精神的征文《生命因奉献而美丽》（获市征文评比特等奖）被市文明办的东方网录用，并被区级机关党工委通过嘉定政务网向各级党组织转发。第四，利用新闻媒体进行宣传。本区遗体捐献志愿者已连续三年走进嘉定广播电台直播室，通过“民生热线”直接与市民对话，向广大听众传播有关法规精神，介绍嘉定遗体捐献登记情况等。这种与市民的现场互动收到很好的效果；本区还连续两年在《嘉定报》上安排了“遗体捐献工作”专版，发至全区千家万户进行宣传。第五，建立嘉定区红十字会文艺宣传志愿服务队和嘉定区红十字宣讲团，到各街道、镇、社区、机关、学校、部队和敬老院等进行巡回宣讲和巡回演出，宣传红十字精神和遗体捐献志愿者的感人事迹和崇高品质。第六，创作遗体捐献志愿者之歌，弘扬志愿者的精神。由联谊会副会长作词的联谊会会歌《奉献让我们快乐》被市红十字会常务副会长马强同志定名为《生命之歌》，已连续3年在市遗体捐献纪念日主题活动中由本区红十字文艺宣传队上台演唱。第七，利用红十字征文集进行宣传。本区志愿者参加上海市红十字会开展遗体捐献工作三十周年征文活动，获得总成绩全市第一，联谊会副会长还协助市红会编印了征文集《大爱三十年》；本区自己也在世博会期间编印了征文集《爱的传递》，发送各个方面，成为红十字精神传播的有效载体。

## 二、启示与思考

### （一）发挥“领军人物”作用是红十字志愿服务团队建设的关键

红十字志愿服务原则规定“本运动是志愿救济运动，绝不期望以任何形式得到好处”。《上海市红十字志愿服务管理办法（暂行）》中也明确“红十字志愿服务是不以获得报酬为目的，以自己的知识、技能、体能、资源和时间，自愿为社会和他人提供服务和帮助的行为”。同时国际红十字运动的基本原则要求任何一个国家的红十字会“必须向所有人开放”。因此，红十字志愿者没有性别、年龄、学历、资历限制，不分种族、阶级、宗教信仰和政治见解。而且，红十字会相比其他组织具有“自身覆盖面广、动员力强、与群众联系更密切”等独特优势，它从事多种志愿服务事业，所以其拥有的志愿者人数多、其成员的复杂性也非一般组织所及。因此，红十字会更需要在其志愿服务团队中倡导奉献精神，建立共同愿景。要在组织中建立共同的价值观，让组织的价值观在志愿行动中得到体现，让组织的理念成为志愿者的信念，将个人发展与组织发展整合在一起，形成内聚力与忠诚度，让志愿者与团队的目标最大限度地接近，实现个人与组织共同发展。红十字会也更需要在其志愿服务团队中营造和谐的组织氛围，通过创设团结协作、民主进取的工作环境，激发志愿者的工作热情，调动志愿者的积极性，使志愿者的聪明才智得到充分发挥。因此，每支志愿服务团队中都要有素质好、能力强、有奉献精神、有服务热情的“领军人物”作为团队的核心，这是红十字志愿服务团队建设的首要条件，只有充分发挥“领军人物”的引领和凝聚作用，才能不断提高整个队伍的素质，才能确保高效率地完成红十字志愿服务的各项目标。嘉定区红十字会在筹建“春蚕之家”联谊会时就吸收了一批“领军人物”，尽管他们都已退休多年，但与时俱进、老有所为，带出了好几个品牌团队，在本区红十字事业发展中发挥了积极作用。

### （二）健全保障机制是红十字志愿服务持续、有效开展的基础

红十字志愿服务工作往往都是专业性、社会性、系统性较强的工作，涉及法律、伦理、道德、医学等方面，需要全社会的关心、支持和参与。所以，只有不断健全保障机制，真正做到投入到位、责任到位、管理到位、措施到位，才能确保红十字志愿服务持续、有效开展。

一是建立经费保障机制。随着志愿服务工作力度逐渐加大，志愿服务工作的成本也开始增加，志愿服务的基本保障受到资金不足等因素的困扰。因此，可选择争取政府投入、爱心企业及个人捐赠等渠道予以解决。本区“春蚕之家”联谊会在筹备阶段即由上海嘉定曹王禅寺出资50万元人民币，设立了“嘉定区遗体捐献基金”，主要用于对遗体捐献登记者及实现者家属予以人文关怀和人道关爱，基金的设立为联谊会的活动提供了经费保障。

二是建立规范管理机制。各级红十字会理顺管理体制后，红十字志愿服务工作虽然得到加强，但由于目前对志愿者的管理措施标准还不够

统一，志愿服务组织体系缺乏控制力、协调力。所以，亟须从管理制度建设入手，制定红十字志愿服务团队的各项工作制度，细化流程，规范操作。例如嘉定“春蚕之家”联谊会除了确立了章程以外，还制定和完善了“例会制度”“小组活动制度”“走访慰问制度”等，为联谊会有序、高效、公平、公正运作奠定了制度保障基础。

三是建立志愿者绩效评估、激励机制。绩效评估可以让志愿者了解自己的优缺点，为其指明问题所在、改进方向；激励机制是维系志愿者服务行为的外在动力。虽然红十字志愿者的行为不追求回报，但作为志愿者所属组织的红十字会如果能及时给予志愿者一定的精神和物质奖励，将成为志愿服务有序、有效开展的精神动力。本区红十字会经过近年努力，已形成区、镇和团队三个层面和目标激励、参与激励与荣誉激励三种类型的激励机制，促使各个志愿服务队的凝聚力和持续发展的原动力不断增强。

### （三）传播红十字文化是红十字志愿服务打造品牌的根本

红十字志愿服务组织是公益组织，其工作宗旨是为大众服务。因此，红十字志愿服务品牌创建是让更多的社会力量和公众支持、参与红十字事业，更好地为公众服务。所以，只有不断加大宣传力度让社会和公众更及时、更全面、更准确地了解红十字工作，建立良好的公众关系，有针对性开展志愿服务，开展品牌创建工作，才能把品牌打造得越来越强。品牌来自文化的自觉自信，红十字志愿服务品牌要凸显红十字特色，所以，红十字志愿服务品牌要靠红十字文化来引领。品牌又是公众心中的口碑、烙印，需要反复传颂，方能铭刻公众心头，品牌创建是一个长期累积的过程。因此，坚持广泛传播红十字文化是红十字志愿服务打造品牌的根本。志愿服务是红十字事业的重要部分，红十字事业是全社会的事业，红十字品牌创建也必须要融入大局：要融入社会主义精神文明建设和创建文明城区的实践中，融入社会主义核心价值的宣传教育中，融入地区的文化建设中。

近年，嘉定区红十字会在强化红十字宣传方面已做了多方面的探索和实践，而且取得了一定的效应。新形势下，如何进一步做好红十字宣传工作，宜从以下三方面继续深化努力。首先，应把宣传重点放在红十字文化上。红十字品牌从其内涵到外延，无不具有文化的元素，品牌运作本身就是传播红十字文化的过程，就是不断把红十字文化中的人道、博爱、奉献的精神融入其中的过程，筑牢红十字品牌的精神基石，才能使品牌创建的终极目标得以实现。其次，应力求宣传方式的多样化。如进一步构建与新闻媒体的良性互动平台，进一步探索新闻媒体参与红十字宣传的有效方式。还可整合社会资源，创造条件多拍摄一些宣传红十字核心业务知识及优秀红十字志愿者事迹的视频短片等，插入电视台栏目中播放，或在各类红十字会议和活动的会前播放，利用各种时间、空间来宣传红十字品牌。再次，进一步抓好红十字宣传团队的建设和管理。完善团队发展的长效机制，尤其要选聘好团队的“领军人物”；要加强团队成员的学习与培训，提高队员的整体素质和专业水平，保证红十字品牌形象与品牌效应的形成。

（作者系上海市嘉定区红十字会“春蚕之家”联谊会副会长）

# 让红十字会精神无处不在

谭智英

众所周知，红十字会组织是从事人道主义工作的社会救助团体，以发扬人道、博爱、奉献的红十字精神，保护人的生命和健康，促进人类和平进步事业为宗旨。应该说，这个组织从事的是非常美好与高尚的事业，我们应该弘扬他们的精神，加入他们的行列。但是近两年来，我国的红十字工作却因为“郭美美事件”而颇受影响。在校园中，也同样存在着问题。我们在日常工作的实践和比较中发现，目前学校的红十字教育工作主要存在两个方面的不足：一是重活动，但活动比较随性、零散；二是忽视对学生“知情意行”的整体观照。要改变这种现状，我觉得学校要对红十字教育工作有整体设计的意识，要注意让红十字工作与学校方方面面的工作有机结合，做到让红十字精神无处不在。

我校是一所由完中拆一建二而成的初中学校，独立运作仅一年多的时间，但是一年多来，我校积极探索、勇于创新，把红十字会工作全面融入学校的文化理念和德育工作中，一把手亲自挂帅，努力健全组织机构，提高领导程度，把完善管理、丰富载体、全员培训、扶危济困、弘扬奉献等作为工作重点，形成了从理念到实践的整体设计，取得了较为明显的成绩。

## 一、把红十字精神融入学校文化理念设计的内涵和外延中，避免学校红十字工作走形式和空洞

红十字会所宣扬的精神是“人道、博爱、奉献”。所谓人道，就是褒扬人的价值、捍卫人的尊严、提高人的地位，以人性的眼光研究人的状况、特点、前途和利益。我们的教育理念中的“以人为本”其实本身就是人道的体现。我们学校确立了“扬长存精，继承发展，打造幸福家园”的办学理念和“让每一个师生都体验成功”的办学宗旨，同时提出

了“学生有特长，教师有创新，学校有特色”的发展目标，这不都是在褒扬师生的价值吗？而我们的学生培养目标就更不用说了，“三主四会六能”的学生培养目标具体如下。

1. “三主”即主动求知、主动取舍、主动创新

只有激发学生主动参与、自我参与的意识，促进他们自主求知、自主取舍和自主创新，他们才能真正成为学习和生活的主人，才能真正实现国家对创新型人才培养的倡议和要求。

2. “四会”即会做人、会学习、会做事、会生活

会做人。指做一个合格的公民，在具有高尚的精神、民主法制意识和社会责任感等品质的同时，自身还要养成良好的道德行为习惯。

会学习。包括两个方面的目标要求：即在情感方面要乐于学习，主动学习，培养对知识不断探索和创新的欲望；在能力方面要学会学习的方法，形成科学的思维品质和习惯。

会做事。关键在于使学生学会处理三种关系。会处理人与人的关系，强调发展学生的社会交往能力和与他人共处的能力；会处理人与社会的关系，强调发展学生的管理、分析解决问题、交流合作和创新等能力；会处理人与自然的关系，强调引导学生关注生存环境，积极履行环保义务。

会生活。强调学生要具有健壮的体魄和良好的心理素质，养成健康的审美情趣和生活方式。

3. “六能”即能写一手好字（画一幅好画）、能写一篇好文章、能说一口流利的普通话以外的语言（外语或方言）、能演奏一种乐器、能掌握一项体育技能、能有一项拿手的生活本领

能写一手好字（能画一幅好画）。要求学生在掌握写字方法的同时，能提升人文艺术素养和创新能力。

能写一篇好文章。希望学生在提高写作水平的过程中，思维能力、创造能力、观察能力、语言表达能力以及情感情操、意志品质也得到提升。

能说一口流利的普通话以外的语言（外语或方言）。强调学生发展语言能力、思维能力、交流与合作能力，具有继承和发展的开放眼光。

能演奏一种乐器。培养学生健康的审美情趣，提高感受美、鉴赏美、表现美和创造美的能力。

能掌握一项体育技能。培养学生健康的体魄和健康的情感，养成一生受用的健身技能和习惯。

能有一项拿手的生活本领。培养学生生活自理的能力和感恩的情怀，养成一生受用的生活技能和习惯。

不难看出，我们“三主四会六能”的培养本质是：从学生实际出发，着眼于学生未来发展的需要，不让学生生活在虚幻世界中，而让学生学会在现实生活中立足；不只为学生升学做准备，更为学生的健康成长和幸福人生做准备。这些，不正是人道精神的体现吗？

所谓博爱，是指广泛地爱一切人；所谓奉献，是指为别人默默付出，心甘情愿，不图回报。而我们学校的德育理念——“用‘五心’教育为学生的成长护航”也是很好地体现了这两种红十字会的精神。

我们提倡的教师的“五心”是：做有责任心的教师——勇挑重担，求真务实；做有进取心的教师——奋发向上，开拓创新；做有自省心的教师——终身学习，谦虚谨慎；做有平常心的教师——善待自己，看淡得失；做有感恩心的教师——低调做人，高调做事。

我们提倡的班主任的“五心”是：责任心是前提；细心是关键；爱心是纽带；公平心是法宝；宽容心是良方。

我们提倡的学生的“五心”是：忠心献给祖国，学会尊重；爱心献给社会，学会理解；关心献给他人，学会合作；孝心献给父母，学会感恩；信心留给自己，学会创造。

具备了这些“心”，师生不也就具备了红十字的精神了吗？而只要扎扎实实地开展各种“五心”活动，师生不也就把博爱和奉献化为具体的行动了吗？

## 二、把红十字会工作置于学校德育工作的课程化体系中，避免学校红十字教育的无序和盲目

针对红十字工作重活动，但往往活动比较随性、零散的特点，我校着力在德育校本课程中建构了系统化的红十字活动序列。如法制教育、安全教育、“防艾”教育、禁毒教育、心理健康教育、红十字夏令营、红十字青年志愿者活动等，我校均在年初就纳入了德育校本课程计划，做到按时、按计划的有序实施，还形成了安全教育月、禁毒教育月等常规特色活动。

针对红十字工作往往忽视对学生“知情意行”的整体观照的不足，我们则注重植根于课堂，充分发挥学科德育的功能，从知识、技能和情感、态度、价值观的多维维度，以培养学生有人道博爱奉献之心、之

智、之能为目标，积极开发学科教育中的红十字知识，初步形成了分学科的红十字课程框架。如思想品德学科我们把引导学生通过法律层面了解红十字会的宗旨和义务，维护红十字标志的神圣和尊严，关注红十字的现时发展等作为教育重点；语文学科我们注重引导学生感受文学作品中的人道、博爱、奉献等内容，培养学生关爱生命、服务社会、乐于奉献等良好的习惯与品质；历史学科我们侧重让学生了解红十字会的历史渊源；地理学科注重培养学生关注和热爱自然的人道情怀；科学学科注重宣传疾病防治、毒品与烟草的危害和志愿无偿献血与捐献造血干细胞等多方面的知识，让学生懂得自我防护和关爱他人；艺术学科则注重引导学生欣赏体现红十字精神的影视、美术和摄影等作品，激励学生追求美的事物和美好的人格，陶冶学生的情操；等等。

## 三、实施丰富多彩的关爱活动，将红会精神带来的实惠辐射到方方面面

### （一）德育托底——关爱特殊学生

为了提高我校德育教育的实效性和针对性，在“整体、合作、优化”的教育理念指导下，将学校的德育教育任务，尤其是偏差生的转化工作进行分解、细化，学校德育部门制定“德育托底（校内家长）”实施方案。让教育能力强的任课老师与班主任一起承担和发挥其应有的育人功能，发挥“思想引导、学业辅导、生活指导、心理疏导”的托底辅导作用，初步形成了个性化、亲情化和全员化的教育模式。此项工作自实施以来，每学期均有60名左右的教师积极履行《“德育托底”指导教师工作职责》，做着托底生的谈心沟通、家访联络、成长档案管理和与班主任的会诊等工作，成为了学生生活上的长辈、心理上的医生和生活中的益友。

### （二）“三关”“三日”——关爱教职工

学校党组织和学校工会、教务处和政教处相互配合，各自发挥职能作用，开展了关注学校发展（“三室”建设）、关心青年教师成长（学科教师结对、班主任结对）、关爱退休教师生活（慰问和重阳节、教师节、门球队）的“三关”工程。又开展了“三日”活动，即党员的“安保日”——每周有一个党小组进行一次安全排查保洁工作；“保洁

日”——每周二中午全校师生伴随着《劳动最光荣》和《团结就是力量》的嘹亮歌声，投入校园清洁行动中；“月健康活动日”——每月开展一次全校教职工参与的小小运动会，项目均为集体趣味项目。

这些活动的开展，或为全校教职工打造了整洁的工作学习环境，或为教职工创设了专业发展的平台，或为教职工营造了温馨的人文氛围，或为教职工提供了锻炼身心的契机，保障了教职工身心的愉悦、身体的健康和工作的成就感。

### （三）爱心接力棒——关爱老宝贝

我校有一支“爱心接力棒”小队，是一支以服务独居老人为主的雏鹰志愿假日小队。该小队成立于 1998 年。时光荏苒，这支小队“爱的接力棒”已被无数的学生传承了 15 年。

“爱心接力棒”小队服务的第一位独居老人是居住在江桥镇杨柳社区的胡亦敏奶奶，她年过八旬，老伴已经过世，子女们都在市区定居、工作；她的下肢患有疾病，活动不便，生活起居有一定困难，耳朵也已听不见，与她交流全靠书写的方式。当队员们来到胡奶奶家中时，被她乐观开朗的性格所吸引，他们坚持每两周看望一次胡奶奶，他们把自己的热情与活力带到了老人的心间。爱心接力棒小队伴随胡亦敏奶奶度过了 13 个春秋，成了她晚年生活的一大亮点。去年，“爱心接力棒”小队又迎来了它的第二位服务对象——杨柳社区的闵陶珍奶奶……

做一天好事不难，困难的是一辈子做好事；一天来到孤老家为她服务不难，可贵的是学生们坚持到现在，并将一如既往地持续下去。风霜雪雨没有阻隔他们的身影，严寒酷暑没有打断他们的爱心，繁忙的学习没有停止他们送“爱”的脚步。红十字的光辉，也由校内辐射到了校外……

在工作中我们深刻地感受到：师生是可以在活动中、可以在课堂上、可以在书本里了解红十字精神的，师生也更是可以在学校创设的人文环境和和谐氛围中感受到人道情怀的。学校的红十字会工作是一项长期的工作，是一项让师生受益终生的工作，就让我们共同努力，去把它不断发扬光大吧！

（作者单位：嘉定区杨柳初级中学）

# 整合资源　深化内涵　创新发展

李曙霞

学校红十字工作是学校教育工作的重要组成部分，红十字活动是学校精神文明建设和校园文化建设的有效载体。我校红十字组织在区红十字会和区教育局的正确指导、学校领导的高度重视和大力支持下，根据《中华人民共和国红十字会法》《中国红十字会章程》和《学校红十字会工作规则》，以红十字“人道、博爱、奉献”为宗旨，以红十字“救死扶伤、扶危济困、助人为乐、敬老助残”的精神教育学生，通过课程融入、活动切入、服务深入丰富了学校健康教育思想内涵，有力地提高了师生思想境界。

## 一、课程融入，感悟人道真谛

“普及卫生救护和防病知识，进行初级卫生救护培训，组织群众参加现场救护。”这是《中华人民共和国红十字会法》赋予红十字工作七项工作职责之一。为使学生能基本掌握一些必要的救助技能，以更好地在紧急情况下救助他人，近两年来我校把“红十字急救技能培训”作为拓展型课程的一个重要科目，进行了大胆尝试。我们制订了《红十字急救技能培训》科目设计方案：阐述开发背景、明确课程目标、设计课程内容、编制校本课程、落实课程实施、实施科目评价。

### （一）投入资金，创设条件

学校在有限的办学经费中，安排一定的比例，以确保红十字技能特色项目的建设。一是自制包扎用的三角巾、固定用的夹板等，便于课堂教学示范、讲课；二是配备两人一个急救包，便于学生课堂学习、模拟演练；三是特辟红十字急救技能培训室一间，以利于学校红十字队员的训练；四是征订红十字报刊，购买有关书籍，以利于师生的学习、研究与提高。

### （二）营造氛围，辐射全员

为了创设良好的育人环境，我校加强了以红会活动为主要内容的校园文化环境建设，通过黑板报、橱窗、荣誉栏、班级星榜、广播等阵地，介绍红十字有关知识，展示红会的风采。另外，我们每年举行一次全校性的红十字知识竞赛。

### （三）加强交流，促进提高

近两年，我们注意横向的交流活动。一是聘请区红十字会的老师来校指导。二是每学期与兄弟学校开展红十字包扎技能知识邀请赛，你来我往，互相促进。三是利用现代化手段，通过多媒体、DVD 等进行学习。通过交流活动，不仅激发了学生学习红十字包扎技能的兴趣，培养了他们不断进取的精神，更加发扬了红十字“人道、博爱、奉献”的精神。两年多的实践，我校在把“红十字”知识和精神传授给学生的同时，又使大部分学生学会了一些简单的自救自护本领，而且培养了学生的综合实践能力，使更多的学生参与到了献爱心、关心他人、关心社会的活动中去。

## 二、活动切入，凸显博爱实效

红十字活动是校园文化建设的有效载体，我校红十字活动与学校品牌活动相整合，内容丰富、形式多样，并融知识性、趣味性、实用性于一体，贵在常态化、持续性，因此深受师生欢迎。

### （一）团体辅导，自助发展

一年级“走进封小”，让学生喜爱学校生活，乐于和同伴交往，培养主人翁意识。二年级“我从哪里来”，纠正出生错误概念，引导学生认识生命的来之不易，懂得母亲养育自己不容易，培养学生热爱母亲、珍爱生命的情感。三年级“我十岁了”，让学生懂得他们的成长离不开父母的呵护、老师的教育、同学的帮助、社会的关心、自己的努力，让学生将感恩之心化为自己的承诺之行。四年级“我是男孩（女孩）”，让学生了解自己的心理和生理特点，明白自己的性别身份，正视自己的优缺点。五年级“我和伙伴”，让学生感受友情，初步建立健康的交往方式与和谐的人际关系。

### （二）男孩女孩节，快乐成长

基于学校办学理念“阳光教育，炫色生命”，让每个男孩女孩都快乐、阳光，我们为孩子创设了这个平台：男孩女孩节。连续七届男孩女孩节，通过与少先队“雏鹰争章”、生命教育显性课程、学校特色课程相整合，通过个体展示、小组合作、集体比拼、家庭参与相结合，使男孩女孩节活动更富有内涵，使体验更为真实有效，真正将快乐还原给男孩女孩，从而丰富校本品牌活动，张扬队员个性，凝聚集体智慧，体现队员自主。让每个孩子都拥有三种品质：携带阳光、追求阳光、赠送阳光。

### （三）社会实践，自主探究

2010 年始，学校确立每月的最后一个星期三为全校性的社会实践体验半日活动，通过开发基地、课题引领、课程整合、设计教材、家校携手等全面开展“五旅程”：感恩之旅，以“感恩”为主题，以敬老院、幼儿园为基地，将感恩之心承诺在行。园艺之旅，以“美丽”为主题，以新泽源为基地，探寻花草知识，装扮美丽家园。健康之旅，以“健康”为主题，以超市、菜市场、蔬菜种植场、太太乐公司为基地，了解营养素材，养成健康饮食习惯。寻访之旅，以“寻访”为主题，以名人、名地、名品为载体，弘扬精神，传承文化。国防之旅，以“少年军校”为载体，以共建部队为基地，增国防意识，强身体素质。

形式多样、丰富多彩的红十字活动，增长了学生的知识，开阔了学生的视野，提高了学生的能力，更重要的是培养了学生的爱心，陶冶了学生的道德情操，健全了学生的人格，提升了学生的人文素养。

## 三、服务深入，点燃奉献圣火

志愿服务是红十字奉献精神的具体体现，也是中华民族传统美德的集中体现，更是学校精神文明建设的重要组成部分。我校坚持社区服务、爱心助学、校际牵手等志愿服务，培养了师生助人为乐的良好道德，增强了社会责任感，推动了社会文明与发展。

### （一）志愿服务增公信

大年初一早上 8 时，离校较近的党员、团员、少先队员、家委会成员等如约齐聚学校，在祝福声中恭贺新年的到来。随后拿着学校事先准备好的清扫工具分区域分组进行社区清扫活动。大家铲的铲、扫的扫、畚的畚、捡的捡，有的还在旁耐心等待居民燃放爆竹尽兴后再进行清扫，垃圾装满了一个个橙色垃圾桶。刺骨的寒风没能挡住大家清扫的热情，虽然手背红肿了，但楼道整洁了，笑意也就荡漾了……连续 12 年的大年初一社区清扫活动，风雨无阻，从未间断，队伍不断庞大，受到了居民的好评，提升了社会公信度。

### （二）关爱篷车扬自信

爱——树立形象：扬帆远航 28 次的“关爱大篷车”活动给行为偏差生撑起一片自尊的天空。辅——敦促形象：“星雨辅导站”的心理教师细致入微的辅导让他们学会了倾诉，伙伴互助让他们体验了融入。助——规范形象：我们开展了党员牵手、家委会“一一向前行”牵手活动，通过零距离的接触、温馨的牵手，使师生之间、家庭之间互助协作。激——提升形象：教师充分挖掘行为偏差生身上的闪光点，给予及时的鼓励和肯定。督——完善形象：驻校日、平衡梁、群言堂、开放日、家校通、阳光屋、无形线、亲子乐、和谐音等家校活动，家长们走进课堂、走近孩子，全面了解孩子的学习行为，对孩子的学习情况做到心中有底。

### （三）校级牵手获共赢

2006 年 6 月我校与农民工子弟学校庆宁小学签订牵手共建协议书，正式确立以“同一片蓝天同一种感受”为主题的牵手行动工程。援建“封小流动图书馆”，开展捐书赠卡活动；开设品读征文活动，共同交流阅读写作的快乐体验；举行入团、入队仪式，体验成长的快乐；邀请同场竞技，在活动中增进友谊；走进课堂、走进教材、走进教研，送教上门、校际研讨让师生享受同等教育资源；慰问川籍受灾学生，送上全体师生的真诚和祝福；资助白血病患儿，为他们筹资募款，解燃眉之急，接他们来到学校，缓伤病之痛。系列活动开展至今已有 50 多次，嘉定电视台、江桥镇新闻办和《上海教育》杂志进行了跟踪报道。献出一份真挚的爱心，传递一份生命的热度，这是我们志愿服务的心愿。

红十字事业是崇高事业，红十字工作是爱心工作。为了让人道的沃土在校园里继续培植，让博爱的情怀传遍校园内外的每一个角落，让奉献的热情化作幸福与温馨，我们将整合各方资源，不断深化红十字工作内涵，立足于红十字工作的优秀传统，努力辐射周边、服务社会，让人道、博爱、奉献精神深深地根植于每一个师生的心中。

（作者单位：上海市嘉定区封浜小学）

# 凝聚爱的力量　绽放生命光彩

张　洁

为了让“人道、博爱、奉献”的红十字精神传遍校园的每一个角落，深入每一位老师、学生的心中，让校园成为师生幸福的家园，我校一直以弘扬人道主义精神为目标，认真贯彻落实上级文件精神，从营造氛围、健全组织、完善制度，加强培训、开展活动等几方面入手，让每一位学生身心健康有保障、未来发展有基础、美好生活有理想。

## 一、健全组织体系，完善规章制度——为红十字会工作开展提供保障

### （一）健全组织，加强领导

学校成立了校红十字会理事会，由校长亲任学校红十字会会长，分管校长任副会长，德育主任任秘书长，卫生保健教师任副秘书长（负责日常工作），工会主席、团队干部、年级组长、骨干教师会员、骨干学生代表任学校红十字会理事，形成一个三级工作网络，分工明确，职责分明。同时，学校每年根据人员变动等实际情况予以调整。工作中，大家团结协作、齐抓共管，为学校的红十字会工作出谋划策、尽心尽力。

### （二）完善制度，落实常规

各项制度的完善是做好红十字会工作的有力保障，为此，学校主要从以下几个方面的制度着手，认认真真、扎扎实实地开展好各项工作。

（1）坚持例会制度。每学期召开红十字理事会会议，把红十字会工作纳入学校整体工作之中，根据学校实际，研究工作重点，及时制订计划，开展活动，总结经验。与此同时，学校每两年召开一次红十字会会员代表大会，选举学校红十字会理事会，听取、审查理事会的工作报告和财务报告，明确方向，为下阶段的工作指明方向。

（2）加强培训力度。为了进一步弘扬人道、博爱、奉献的精神，学校要求红十字会员定期开展学习，并通过培训了解更多的红十字会知识，红十字会知识、红十字运动的知晓率达到90%以上。

（3）注重氛围营造。学校通过每周五的“阳光列车”，有效宣传红十字会的相关内容及开展的一些活动。同时，底楼大厅的宣传橱窗和校红十字会活动室，都有相关红十字会内容的宣传，并能做到定期更新内容。我们在努力营造浓浓的氛围，让全校师生在这样的氛围中感受红十字的精神。

（4）提高服务意识。学校成立教师会员小组，建有以教师为主的救护队，同时三至五年级各班均成立学生会员小组，开展好开展“三定一包”活动（即定服务对象、定服务人员、定服务时间、包服务内容），每周轮流到卫生室协助开展工作，每学期定期到敬老院开展活动，培养红十字会员敬老助残、助人为乐的思想。

（5）落实入会工作。每年4月，随着五年级学生的毕业，我校都要在三年级学生中发展一批新的红十字会员。学校事先下发红十字会员申请表，在自愿的前提下，让学生认真填写，经过学校审核之后方发展其成为新会员。另外每年也有新教师加入到红十字会员的队伍中。

（6）保障活动经费。目前，学校红十字会员都按照《中国红十字会会费管理办法》缴纳会费，每年的会费收缴率都达到了100%，其中20%上缴上级红十字会，80%留学校红十字会。会费的支出有明确的账目，与此同时，学校每年下拨一定的专项经费，用于开展各项活动。

（7）完善评优机制。每学期，学校红十字会都开展相应的活动，如红十字小报的评比、黑板报专刊的评比等活动，纳入班级日常工作考核之中，对于一些优秀的班级予以及时的表彰，一些表现突出的同学还可以参加红十字的夏令营活动。

（8）健全档案管理。学校开展的红十字会工作，包括制定的计划、总结，开展的一些活动等相关资料，经过整理统计，全部归档。

## 二、组织学习培训，提升工作能力
## ——为红十字会工作开展注入活力

### （一）注重学习

学校红十字会结合每年订阅的《博爱》《中国红十字报》《上海市

红十字报》等报纸杂志，通过广播、录像集中学习，以及和下发资料以班级为单位开展的分散学习相结合的方式，普及红十字基础知识及健康知识，并在校内开展一些知识竞赛等活动，进一步弘扬人道、博爱、奉献的精神。

### （二）加强培训

我校利用暑期对200名学生会员开展了急救知识培训，加强了学生自救互救的能力，培养了学生救死扶伤的爱心奉献精神，提高了学生应对突发事件的应变和处置能力。至2010年8月，我校全体班主任和体育教师都参加了区教育局和区红十字会联合主办的急救知识培训，进一步提高了教师的急救应变能力。除此之外，我校还外请专家为全体师生做安全教育讲座、意外伤害事故抢救等讲座，组织全校师生参与校园逃生演练等活动。上海市少年儿童住院互助基金是一项非营利性的社会公益事业，体现了“我为人人，人人为我”的互助共济精神。在这方面我校对班主任也加强了培训，在班主任老师的大力配合与支持下，参保率达到了100%。

## 三、依托活动载体，开展多样活动——为红十字会工作开展搭建平台

### （一）认真开展好纪念日活动

纪念日活动是弘扬红十字精神的有效载体，学校紧紧依托这些载体开展了系列活动，取得了一定的成效。如“5·8”世界红十字纪念日，我们都要营造氛围，拉横幅、张贴宣传画，并通过广播弘扬“人道、博爱、奉献”的红十字精神，开展会员宣誓仪式。神圣的宣誓仪式，让会员们进一步坚定了信念。活动当天还开展了“手拉手、献爱心”活动，得到了师生的热烈响应，大家放弃午休时间，纷纷围绕在募捐箱前奉献一片爱心。

### （二）认真开展好主题宣传活动

学校以《禁毒法》和防范新型毒品危害为重点，大力开展毒品预防宣传教育。通过组织开展多种形式的宣传教育活动：如在班（晨）会课、拓展课上进行禁毒教育；各班布置了一期“珍爱生命远离毒品”为

主题的版面、利用星期四的班队课统一观看了禁毒宣传片、观看了一次禁毒宣传展板、组织了部分学生参加了“上海市网上禁毒知识竞赛”活动等，进一步增强了学生拒绝毒品的意识和自我保护的能力。

另外，以“5·18”世界残疾日、“六一”国际儿童节、“9·20”爱牙日、“10·10 世界精神卫生日”、“重阳节”、“教师节”等重要节日作为契机，开展班报评比、主题班会征文等多种形式的活动，积极传播人道主义精神。

### （三）认真开展好夏令营活动

学校每年下拨一定的行政经费用于组织开展红十字青少年夏令营活动。每次活动，学校都是事先制订方案，让一些优秀的会员参与到活动中，带他们走出校园，在领略祖国大好河山、激发学生爱国主义情怀的同时，也在活动中传播红十字运动的知识，开展一些救护知识的培训。每一次活动，谁有了困难、谁受了伤，会员们都能互帮互助、共渡难关，“博爱”之心和奉献精神在这里得以体现。

### （四）认真开展好校际牵手活动

学校每年和牵手学校都要开展活动。如组织全校学生捐赠书籍和学习用品。学生们热情高涨、积极奉献，共捐书籍 522 本、练习本 244 本、笔 1434 支、橡皮 98 块、铅笔盒 82 只、书包 25 个，其他学习用品 76 份。特别让人感动的是，有不少同学为此买了新的学习用品。捐赠会上，两所学校的队员们进行了简短的交流，学生们互道新年快乐，共祝学习进步。

### （五）认真开展好帮困助学活动

扶贫济困、团结友爱，一方有难、八方支援是我国的传统美德。学校设立了红十字帮困基金，在每年的元旦、春节来临之际，都认真开展好帮困送温暖活动，切切实实将关爱送给困难学生。事先学校做了大量的排摸工作，认真调查、全面了解，确定了帮扶的对象，这些孩子有的自身疾病缠身，有的父母病重，有的是单亲家庭……为了确保学生度过一个欢乐、祥和的节日，学校领导分成几组分别走访了这些家庭，详细了解他们的家庭情况、学习情况，在送上了慰问金的同时，也送上了新年的美好祝福。关爱慰问活动让孩子们在寒冷的冬季里感受到了温暖，他们纷纷表示在新学年中要以实际行动使自身在各方面都能获得发展。

### （六）认真开展好社区服务活动

马陆敬老院作为我校的一个德育基地，除了在重阳节这天开展活动之外，我们还定期地去开展活动，孩子们用自己的零花钱为老人们送去了水果，献上了鲜花，也送上了一张张亲手制作的贺卡，以此表达对老人们的爱心与祝福。由于我校和敬老院老人们结成对子，每月定期为老人服务，清扫环境卫生，受到社区与老人的一致好评。与此同时，我校每年定期组织会员到社区开展活动，如在世界无烟日这一天，组织学生深入社区进行吸烟有害健康的宣传，发放宣传资料，对路人进行劝诫，在社区捡拾烟蒂等活动，增强了学生服务的意识。平时总是进社区开展一些爱绿护绿、保护环境的活动。

## 四、多方携手共建，共创美好校园
## ——为红十字会工作开展奠定基石

我校的各个部门紧密携手，紧紧依托课内教学和课外活动两大阵地，传播人道主义，开展人道服务，弘扬奉献精神。

### （一）与学校德育工作紧密结合

我校红十字会活动和学校的德育工作紧密结合，经常开展各种形式的活动，让学生在活动中体验红十字的精神。一些重大的节日教育活动，德育处、少先队组织就会开展一些有教育意义的活动。

如在“六一”儿童节，我校开展了由温馨祝福、美好纪念、爱心义卖三个部分组成的庆祝活动。早晨，同学们在中队辅导员的带领下进行了签名活动，为远方的青海玉树小朋友送去节日的祝福。还举行了“爱心义卖”活动把“六一”庆典活动推向了高潮。三至五年级各中队共设立20个商铺，每个商铺同学们都创意设计了各具特色的义卖口号，纷纷拿出了文具、玩具、杂志书籍等物品用以交易。活动结束后，少先队大队部通过大屏幕及时公布了各中队的义卖金额，并将钱款全部捐给青海玉树的小朋友。

在敬老节到来之际，为弘扬中华民族敬老、助老的传统美德，培养青少年从小养成尊老、爱老、助老的良好品德，营造爱老、助老的良好氛围。我校少先队大队部向全体队员发出了倡议：号召队员们从身边的小事做起，了解老人、尊敬老人、关爱老人，为老人献上一份真挚的爱心。少先队员代表前去看望了退休教师张志鹏老师和毛迎棣老师，为他们送上了美丽的鲜花、制作的贺卡和准备的礼物。两位老人收到孩子们的祝福，非常高兴，兴奋之余他们都对少先队员们提出了殷切希望，希望队员们好好学习、天天向上。

### （二）与学校教学工作紧密结合

课堂教学是弘扬红十字精神的主阵地。每周三的晨会课是我校健康教育课时间，班主任们充分利用这段时间向学生讲解基本的卫生知识及红十字知识的普及教育，帮助学生从小养成良好的卫生习惯，培养学生互帮互助、乐于奉献的精神。

在我们的新教材中，包含着很多“救死扶伤，扶危济困，敬老助残，助人为乐”的内容，我校要求教师充分挖掘教材资源，将学科教育与红十字教育紧密结合，加强学生的红十字精神教育。另外我校还专门编写了红十字的校本教材——《扬起生命的风帆》，将生命教育融入学科教学。全书以图文并茂的形式，分成健康、环保、安全和法制四个篇章。同学们通过学习和开展丰富多彩的主题教育活动，将会具有科学文明的生活方式，拥有更加健康的身心，掌握一些简单易行的防范和自救办法。这本校本教材要求班主任老师在拓展课上有效运用，让学生在学习中学会珍爱自己的生命，从而树立积极的人生观。

“救死扶伤，扶危济困，敬老助残，助人为乐”十六字工作方针是红十字会精神的集中体现，也是学校红十字会活动的重要内容。学校一直积极探索实践，紧紧依托课内课外两大阵地，做到两个结合、六个认真，传播知识，开展活动，凝聚爱的力量，绽放生命的光彩。

（作者单位：嘉定区马陆小学）

# 学校红十字工作如何摆脱边缘化状态

范玉侠

作为一名基层学校的兼职红十字工作者，多年从事红十字工作，对红十字会有很深的感情。但所见所闻，也有很深的感触，尤其是近两年来，学校红十字工作越来越边缘化，处于一种似有似无的状态。这种状况，不是一所两所学校，而是约90%以上的学校所共有的状态（本人了解所限），主要表现为以下几个方面。

## （一）组织领导停留在纸上

学校的红十字会会长一般是由校长担任，而很多校长几乎没有接受过红十字知识的培训，不知自身有什么职责，没有红十字工作的意识。红十字秘书长一般由学校的卫生老师担任，人微言轻，需要上传、请示，自身很难独立开展工作。具体分管领导是管卫生的校领导还是管德育的主任，往往不是很明确，人责分离。不少学校的红十字工作没有实质纳入学校的工作计划，往往为了应付检查而轻描淡写添上一笔。

## （二）网络成员停留在墙上

一些看起来比较成熟的红十字工作网络，也往往停留在纸上、墙上，实际上不重视，结构松散，不能正常开展工作。

## （三）活动较多停留在形式上

每年的红十字活动多数仅限于红十字日的标语、宣誓等形式，风光的活动也只是极少数学生参加的区、市级别的竞赛活动。占学生人数很少的红十字夏令营活动也并不尽如人意，形式大于内容。红十字老师布置的主题班会活动比之于其他班会也比较走形式，效果不太令人满意。相对于教育局德育部门布置的禁毒教育等工作，学校重视，有计划、有考核，而学校红十字工作的开展则活动量少、质量差。

### （四）没有和学校德育工作相结合

虽然要求学校将红十字工作纳入学校的计划、纳入德育工作、纳入班主任考核，但很少有学校将红十字工作真正纳入班主任考核内容中。没有考核就做不到真正的落实。学校德育工作以《两纲》教育为主导，红十字工作基本游离在民族教育和生命教育之外，谁将它们结合在一起？怎样结合在一起？教育主管部门的导向是什么？这不是一个在学校不具有多少德育职责的卫生老师所能做到的。

### （五）脱离现实

一些红十字工作人员知识比较单调、空洞，相对于小学生来说，他们也不能很好地理解实际，比较脱离现实。而现实当中常发生的一些人道主义事件，又没有能够及时地与红十字教育结合起来，作积极引导。红十字并不遥远，但离学生、离学校确实很远。

实际上，小学的德育教育内容还是很丰富的，形式、内容也多样，但红十字工作不在教育局德育科和进修学院德研室的职责之列，而是列于卫生工作之中，这就造成了卫生老师负责红十字工作的现状，属于学校卫生方面可有可无的考核检查之列，故总是游离在一种边缘化的状态。

根据《中华人民共和国红十字会法》规定，“开展红十字青少年活动”是红十字会履行的七项职责之一。《中国红十字会章程》也做出了“开展有益于青少年身心健康的红十字青少年活动”的规定。中国红十字会总会与国家教育部门共同规定了学校红十字会工作的基本任务：学习、宣传人道主义宗旨和红十字运动的基本知识；根据青少年的不同年龄、不同知识层次，开展由浅入深的相应的卫生救护知识教育和有关活动；在校内外广泛开展体现红十字精神的救死扶伤、扶危济困、敬老助残、尊师爱幼、助人为乐等活动。由此可见，红十字青少年活动是学校教育的组成部分，隶属于德育工作，不应游离于一种边缘化的状态。作为一名热爱红十字工作的学校基层工作者，为此感到焦虑和痛心，为了使学校红十字工作摆脱现状，作了如下设想。

### （一）加强组织领导

明确领导是最好的加强领导，最好由分管德育的校长做会长，德育主任做秘书长，红十字活动的布置和考核由红十字会和教育局德育科联合进行，这样才能落到实处。由班主任、少先队等组成的教育网络也能发挥实效，工作才能顺利开展，而不是浮于表面。卫生老师作为领导小组的成员之一，只负责部分具体事务，如红十字会务知识的宣传、救护知识的培训、协助德育室主任进行资料收集整理等工作。

红十字工作要切实纳入学校的工作计划，而不是几句书面文字，要有具体工作措施和总结考核。

学校红十字网络要与德育网络交叉融合，而不是另成一体，要名副其实，能真正开展起工作。

### （二）活动常态化

红十字活动如果每年只开展一两次，会让学生有距离感，不能深入人心。常态化，就是与德育的常规工作紧密结合，不生硬地划分社会主义的价值观与国际人道主义的价值观。

（1）在常规教育中渗透红十字精神。民族精神教育和社会主义的核心价值观教育与“人道、博爱、奉献”的红十字精神并无冲突，如在“善言、善心、善行”的“日行一善，善行一生”道德实践活动中，就可以渗透人道主义的价值观教育。

（2）助人为乐、尊老爱幼的民族文化传统教育，可以引申出富含红十字精神的国际文化教育。

（3）与生命教育相结合。在一些相关的主题教育中，都可以与人道主义、珍爱生命、救死扶伤等相联系，让孩子们有一个“大生命”的观念，培养他们热爱生命、热爱和平。

（4）与安全教育相结合。如学校经常开展防空消防演习，可以结合红十字救护知识进行后续教育，即发生伤害怎么办。平常的演练中没有这些要求，但这些却是现实中可能发生的。

（5）与家委会工作相结合。家长中人才济济，可以请有红十字工作经验或有救护知识、技能的家长，来校做讲座或培训，能够提升德育工作和红十字工作的质量。可以把它作为每学期的常规工作，与课程教学并不冲突，相信学生会很感兴趣，学校和社会都是双赢。

（6）红十字会务知识可以进入课本。在小学的《品德与社会》课本中，涉及的知识很广，可以在高年级的课程中讲解红十字会务知识，提高孩子们对红十字的正面认识，增大影响力。

### （三）与现实密切联系

小学生因为年龄的原因，应以红十字精神教育为主、实践为辅，但教育不是漂浮在说教的层面，而是要让学生有所触动、有所感受。

（1）少儿住院互助基金的宣传，让孩子知道这是红十字会的一项实事工程，惠及了许多生病的孩子，充分体现了自助互助的红十字精神。

（2）当学校内发生一些需要救助的事件时，及时引导学生献爱心，激发他们人道主义的热情。

（3）当国内国际发生一些灾难事件时，及时引导学生关注红十字机构的动向，认识红十字的功能和价值。如最近我国南海寻找失事船员的救援船和飞机上都有大大的红十字标志；一些动乱国家的街道上，除了有 UN 的车辆，还有红十字的车辆等。

（4）红十字日活动与助残周活动相结合。每年的“5·8”红十字日紧邻上海助残周，活动各自为战，也是流于形式的多，如果两者紧密结合，可以产生很好的活动效果，让同学们感到助人我也行，爱心我也有。

总的来说，要让学校红十字工作摆脱边缘化的状态，必须转变现有的组织领导模式，把红十字工作和德育工作相结合，给德育工作者补课，还红十字青少年工作一个应有的位置。

以上只是本人从现实出发提出的一些构想，缺少理论依据，仅供专家们参考。

（作者单位：嘉定区南翔小学）

# 百家争鸣

# 中国红十字会的困境与出路

池子华　丁泽丽等

主讲人：池子华

参与讨论者：苏州大学历史系硕士生彭腾飞、王云鹤、戴娟、葛琦、阚晨霞、朱煜洁、黎蕖妍、徐文娟、洪松、王同灿、丁泽丽

整理者：丁泽丽①

主讲人简介：

池子华，男，1961年出生，安徽涡阳人。1985年毕业于安徽师范大学历史系，留校担任《安徽师范大学学报》编辑。1991年考入南京大学攻读博士学位，师从著名历史学家茅家琦、方之光教授治中国近现代史，1994年毕业，获历史学博士学位。1995年12月任安徽师范大学副教授。1996年7月任河北大学教授，中国近现代史、人口学硕士研究生导师，河北省职称评审委员，河北大学学位委员会委员。2001年任苏州大学教授。现任教育部普通高校人文社会科学重点研究基地苏州大学中国特色城镇化研究中心、华中师范大学中国近代史研究所、南京大学中华民国史研究中心、上海师范大学近代中国社会研究中心兼职教授，苏州大学社会学院博士研究生导师，江苏省重点学科苏州大学中国史一级学科博士学位点负责人、红十字运动研究中心主任、江苏红十字运动研究基地负责人。独著有《中国近代流民》《张乐行评传》《晚清枭雄苗沛霖》《中国流民史：近代卷》《流民问题与社会控制》《红十字与近代中国》《农民工与近代社会变迁》《旷世名相曾国藩》《咸丰十一年》《中国红十字运动史散论》《红十字运动：历史与发展研究》等，主编"红十字书系""红十字文化丛书""近代国家与社会"等系列丛书，在海内外发表学术论文近400篇。





① 按：此文系根据课堂讨论整理而成。

**池子华**：自2011年“郭美美事件”以来，中国红十字会负面新闻不断。“万元餐事件”“苏田田事件”“募捐箱发霉事件”等，将中国红十字会推向舆论的风口浪尖。近日，随救援雅安芦山地震而起的“大陆红会要求台湾红会先捐500万再进震区”“中国红十字会未入国际红十字会”“虚开发票”“金佛珠项链事件”“浪琴表事件”“8000多万善款风波”“民众屡爆‘被捐款’”“社监委实为红会‘公关部’”等等，真真假假，矛头无不指向红会。红会可谓“四面楚歌”。中国红十字会自1904年成立至今，已有百余年，此次危机之深可谓前所未有。以往享有盛誉的红会何以处于如此尴尬境地？今后红会又该如何发展？现在，同学们就此谈谈自己的见解。

**彭腾飞**：池老师说的是。自“郭美美事件”以来，红会一直深陷舆论的旋涡。“郭美美事件”发生后，广大网友在网络上发起针对红会的“扒粪”运动，使该事件持续发酵。2012年夏季北京暴雨，红会号召捐款，有网友直呼“捐你妹”。雅安地震后红会第一时间发出募捐倡议，满屏喊“滚”。如今，红会公信力已降至冰点，陷入“塔西佗陷阱”（当权力遭遇公信力危机时，无论说真话还是假话、做好事还是坏事，都会被认为是说假话、做坏事）。我认为，红会之所以陷入“塔西佗陷阱”，原因在于红会未有效应对来自媒体的压力和质疑。以雅安地震为例，面对满屏“滚”字，表示“救灾要紧，网上暂不管它”，固然不错，但漠视舆情，绝非明智之举。

**王云鹤**：表面上看，红会公信力丧失是大家对“郭美美事件”的真相不够了解，实际上与红会应对不够有力也有关系。我认为红会公信力跌入谷底的主要原因与崛起的关键在于公关。当然，好的公关必然伴随必备的雷霆手段与一系列的春风举措，但节点之变，咫尺千里。如今，重建公信力大势所趋，具体措施如何，关键是区分个人角色与其他角色的协作套路，操刀者：红会；关键因素：政府；活棋：社会与网络力量。

**池子华**：两位同学所说有一定道理，纵然红会陷入“塔西佗陷阱”与“郭美美事件”休戚相关，但并非症结所在。所谓“无风不起浪”，尽管已证实大部分舆论实属谣言，但不可否认有真实成分存在，并且于危机应对中，红会确有失当之处。如今红会深陷危机，如何使公信力回暖，今后红会应如何发展，是当务之急。下面同学们就此谈谈看法。

**丁泽丽**：我认为恢复公信力首在宣传。宣传是活动的先导，目前公众对红会的了解较为片面，似乎仅仅停留在募捐救灾层面，而红会的活动实为“三救”“三献”六个方面，救灾、救护不必言说，救助为红会定性范畴，即中国红十字会是从事人道主义事业的社会救助团体，即使如此，其中品牌活动如“红十字博爱送万家”“红十字博爱家园”“红十字天使计划”等似乎只有受助者得知，更不必说平常的救助活动了，“三献”更是鲜为人知。目前，谣传的“深圳红会逼迫移植医院捐款十万换取相关信息”实为有力说明。如何使宣传遍及每个角落是关键，当前红会的宣传主要是利用媒体、网络等信息化手段，借助“5·8”世界红十字日、世界“防艾日”等特殊时日进行宣传。除此之外，我认为进行红十字文化宣传刻不容缓，2011 年华建敏会长已明确提出“挖掘红十字文化内涵”，并于第九届常务理事第五次会议上再次强调须进行红十字理论研究，可见理论建设一直较为滞后。红会系统应结合地方特色，开展理论研究，宣传红十字文化。

**王云鹤：**我同意丁泽丽同学的看法，这里我想补充的是红会应根据事件的性质有侧重地宣传。一、对不良事件切割的精明宣传，如“郭美美事件”。在此应注意：（1）切割的事不宜多，要典型，选关注度高、一办就能奏效的事；（2）办的过程比结果更重要，太容易切割，会让人觉得早该如此。相反，要在曲折复杂、艰难困苦的办事过程中，争取让民众在感情与道义上逐步倾向红会。二、对红会光辉事迹的宣传。在完成不良事件切割的有效宣传后，红会可顺应民众心理变化周期，开展光辉事迹宣传，通过扎实、谦虚、巧妙的宣传打一个翻身仗。三、对红会举办的活动广为宣传。人们对红会事业了解较为片面，不了解，就容易误解；误解，在公信力面临挑战之时，最易为他人利用，成为攻击红会的武器。我想当大家对红会“三救”“三献”工作有了更多的了解之后，会对红十字会树立信心，为红会摆脱公信危机提供心理契机。

**阚晨霞：**我觉得红会宣传还应当重视对新媒体的使用。公益广告是社会的一盏明灯，作为慈善机构，制作属于自己的公益广告很有必要。利用央视平台，邀请一些形象良好的公众人物或受助者或捐赠者担当宣传大使，不仅能扩大红会影响力，且易于贴近百姓，形成共鸣。通信工具也应该给予重视。目前全国手机用户超过 10 亿，这个巨大的消费市场对于红会来说也是潜在的宣传平台，可以尝试与中国移动、中国联通等通信公司合作。当然，在与企业合作的过程中，应谨慎签订合作协议，杜绝类似“募捐箱发霉事件”的再次发生。之后，可以短信的形式将红会近期重要活动或业务告知公众，在节假日也可以红会名义为手机用户送上祝福短信，赢得公众的信赖。

**戴娟：**重建公信力宣传固然很重要，我认为增加红会透明度更为关键，据人民网“红会舆情”网友观点倾向性抽样调查显示，透明开放占28%，位居首位[①]；无独有偶，75.5%的受访者认为“透明且易得”对于公益慈善组织而言至关重要[②]。如此可见增加透明度的重要性，我提出的建议有二：其一，充分发挥信息捐赠平台的作用，对于民众的善款要建立网络查询系统，虽然现在总会捐赠信息平台已经上线，但是仍然很不完善，尚未做到每笔善款、不论数额大小都可查询，这项工程虽较为复杂，但若能全面实现定能打消民众心中的疑虑，大大提升公信力；其二，人员聘用须公平、公正、透明，特别是监督人员背景须公布于众，与红会存在直接利益关系者切勿刻意隐瞒，否则曝光之后再想补救，难如登天。

**黎蕖妍：**说起红会系统信息捐赠平台，我觉得昆山市“红十字网上捐赠救助公共信息平台”值得借鉴。它是国内首家基于WEB实现在线注册、登陆、捐赠、求助和捐赠物信息管理网上平台，核心工作是建立捐赠救助行为人数据库和捐赠物数据库。该服务信息平台既可服务于红会机关，加强捐赠救助事务管理和物资流转控制的计算机化，也可使社会公众方便、放心地通过网络渠道体现爱心、提供服务[③]。该平台由四个子系统构成：一是求助行为人基本信息管理数据库子系统；二是捐赠行为人资格验证、审核信息管理子系统；三是捐赠物资数据库子系统；四是捐赠物资赠与、受赠对接和流转信息管理子系统。作为捐赠者、受赠者与红十字会三方沟通联系的平台，在当事人信息和物资流转方面能提供相当的透明度。所以建议在全国以县级市为单位，建立对应的数据库系统，进而建立省级的、国家级的数据库。

**丁泽丽：**除了昆山信息平台已实现全方位的查询以外，青海省红会信息捐赠平台也有新突破——《让每一分钱“来有影去有踪”》，各地红会可结合自身实际情况分别借鉴。红会陷入困境，主要原因在于款物问题，如“郭美美事件”“万元餐”“捐款箱发霉”“善款挪用”等等。我认为，收支状况、款物公布不能仅限于网络、报纸，可以想见会有多少

---

① 人民网：《解构近一个月中舆情场中的红会舆情》2012年7月5日，http：//society.people.com.cn/n/2013/0705/c1008-22087030.html。

② 人民网：《98.7%受访者知道“郭美美事件”，红会自救如何奏效》2013年7月3日，http：//society.people.com.cn/n/2013/0703/c86800-22056783-2.html。

③ 祝闻华、刘超英：《网上红十字捐赠救助公共信息平台——基于SaaS模式的开发与应用》，《医学信息》2010年第4期。

捐赠者会对着网页、报纸在漫天捐赠者姓名中查找自己的姓名。我认为红会应主动出击，在借助网络、报纸公布收支信息的同时，可制作款物收支详表、援助计划的详细进程以电子邮件形式发送给每位捐赠者；对捐赠人，也可通过信件方式寄上爱心纪念物，以表感谢，这样也保证了红会与捐赠者之间的良好沟通。

**徐文娟：**我同意丁泽丽同学的看法。欲打造公开透明的红十字会，公众参与至关重要，正如北京师范大学中国公益研究院研究部主任章高荣所言："仅依靠提高透明度仍无法重建公信力。当前阶段只有加强公众的参与感，才能有效重建信任。公众参与感提升的一个有效途径，就是将具有社会影响力和资源动员能力的社会名流纳入红十字会的募款过程以及项目和管理中来，通过他们，将红十字会的价值及专业性等传递给普通公众。同时，还要考虑如何设计有影响力的项目，加强公众的参与感。"① 为此，我认为可从志愿者开辟路径，目前红会各项工作的开展志愿者可谓主力，因而加强志愿活动组织力度十分必要，要向群众展示志愿活动的真实过程，动员群众踊跃参与红会活动。当然，志愿活动的主题须贴近群众，与大众生活密切相关，能够揭示抑或解决一些真正的问题，只有这样才能引起公众的兴趣，调动群众参与的积极性。

**葛琦：**我同意大家的观点，但透明措施的制定是前提，实施方是关键。各级红会应按照规定严格执行信息公开制度，做到资金募集、财务管理、招标采购、分配使用等公开透明。关于这方面工作的实施，我觉得香港红会、美国红会的做法值得借鉴。比如，香港红会为确保专款专用，每年请国际会计事务所做审计，将结果于年报中详细呈现，长达50多页，市民也可通过网页或电话查询善款流向。美国红会亦是如此，不仅善款清晰可查，同时接受民众、媒体及国会的监督，而且其行政人员亦接受第三方机构审计。

**朱煜洁：**我同意葛琦同学的意见，红会提升透明度须接受第三方审核，这里我主要针对的是财务的审核，可选择口碑较好的会计事务所，而非国家审计署。因为红会具有官方背景，与国家权力机关有着千丝万缕的联系，如果通过国家审计署来公布，有一种既做裁判员又做运动员的嫌疑。如果交给第三方，则信服度更高一些。另外，从传播学角度说，危机发生时，人们往往更倾向于负面信息，因为恐慌、愤怒的心态更符合他们的心里期待。想要降低由人的思维和行动差异带来的负面影





① 《中国公益事业发展需要包容红十字会》，《东方早报》2013年4月23日。

响，就需要让双方看到沟通中彼此在同一问题的逻辑假设和推理上的差异，减小防范和控制危机产生的难度①。所以，将有关信息全盘托出至关重要，而后通过行动来与公众期待保持一致，重建信任度②。因而，当公众质疑红会财务时，最好的办法就是将财务报告上传网络，把掌握的全部信息诚实公布以澄清误解，换取公众信任和理解。

**徐文娟**：是的，民间慈善践行者邓飞指出："我们做的所有事情都是光明磊落的，没有国家机密、商业秘密，我们可以公开、透明和接受监督。"我也赞成由第三方审计机构对红会财务进行审核，其实一些地方红会在这方面已经有所行动，如《关于上海市红十字会人道救助基金2012年度财务收支情况审计报告》就是上海财瑞会计师事务所有限公司的审核结果，我想这份审计报告的说服力要高于政府审计部门。尽管费用高些，但相比行人见到红会沿街募捐就绕道而行的损失而言可谓微不足道！财物损失不足为道，声誉丧失何以立足？不可因小失大。我认为各级红会应结合自身条件开展此项工作，对于这项工作的开展，总会应给予适当支持。

**王云鹤**：我不是很赞成上面同学的建议。做账目的意义在于消除大家对红会贪腐的质疑，重建红会行业领头地位。要注意的是，尽快做出，并不意味着尽快做全。种种原因，红会账目肯定有不尽如人意的地方，若尽快全部做出，或全部交由权威会计所审计，暂不说费用高，其中可能出现的风险红会也不能掌控，所以我认为这两种想法未必可取。只能选重要的项目，尽快、有步骤公开，像壹基金等同类机构尚未做到重要账目完全公开，若红会率先而行，想必意义重大。另外，我建议重组"商红会"。当然，此事须在"郭美美事件"影响消除之后，方可进行。红会要做大改革，应对公关危机，充足的资金是前提，太依赖政府拨款，绝对不行。"商红会"运作模式，国际上有成功案例，我认为这也是我国红会必走的路径。

**池子华**：的确，"公开透明、廉洁高效"是大众对红会的要求，也是红会工作中理所应当遵守的基本原则。刚才同学们提出的建议着眼于宣传与款物透明，就目前群众对红会的了解而言，红会宣传工作确实做得不够到位，同学们提出的意见有可行之处。中国红会组织庞大，若做

---

① 刘少杰：《改革社会管理体制，化解风险型社会矛盾》，《科学社会主义》2010年第3期。

② 胡丹菲、张梦珺：《论中国红十字会在"郭美美事件"中的危机应对》，《决策信息》2013年第1期。

到在信息平台中可查询每笔款物的流向、使用等确属不易。不过昆山、青海红会既已实现，说明这项任务并非不能为，只能说任重道远。对于红会账目是否应聘请知名会计公司审核的问题，同学们意见有分歧。这项工作一些地方红会已经开始施行，效果也是显而易见的，至于是否全部如此，有待进一步讨论，这项工作也可以说是进行社会监督的方式之一。

**葛琦：**说到监督，我觉得红会目前在社会监督方面问题很大。去年，红会成立"中国红十字会社会监督委员会"，于《章程》中注明其身份为第三方监督机构。然而社监委委员并非社会公选，而是受红会邀请，以志愿者身份提供建议及监督，而且运行经费来自红会[①]，这样如何保证社监委能公平、公正地监督红会？因此，我觉得成立一个独立的第三方监督机构势在必行。该机构应受法律保护独立行使监督权，且经费来源以及成员选择与红会不应有任何关系，委员由民众公开选举，定期换届，使社会上每个有能力的人都可能成为监督委员。当然，在此过程中，民众也可更好地了解红会，这既是一种良好的宣传方式，也为红会与公众沟通架起一座桥梁。

**戴娟：**我同意葛琦同学的观点。中国红会确实缺少一个行之有效的监督机构，现有的纪检监察机构并不能满足公众的要求。中国红会属于国家导向型模式，这一模式下，人力、物力、财力都有国家参与，各级红会人员都由党政机关派入，这样的方式在风险控制上虽占优势，但是对社会需求的反应和人员监督方面却不够灵活有效。所以，应当成立一个独立的监督机构，加强对红会各项工作的运行、财力与物力的流向、使用效率等各方面问题的监督。此外，我认为，红会内部监督应有所加强：一方面，相互制衡，地方红会规模不大，人员构成简单，监督不力难免发生，可适当增设红会内部相关监督部门，分割权力，以达到相互制约和监督的效果。另一方面，形成上下级之间的有效监督。目前，红会没有形成上级对下级的监督模式，这一点我认为应当由法律规定，体现强制性与权威性。

**丁泽丽：**暂不说社监委是否应为独立的第三方监督机构及其今后何去何从，或是否应成立真正的第三方监督机构，就其目前困境而言，我认为网络监督不失为良策。如苏州红会聘请网络监督员，取得了一定成





① 中国红十字会官网：《中国红十字会社会监督委员会章程》2012 年 12 月 30 日，http：//www. redcross. org. cn/hhzh/zh/newscenter/jdxw/201212/t20121230_ 22289. html。

效，可以借鉴。

**洪松：**我同意丁泽丽同学的意见。这里我想说的是一系列舆论均由网络传出，可谓“网络群体性事件”，红会在此是不是应有所作为？那么，如何在网络时代重树红会“博爱、人道、奉献”的公益形象与品牌价值？如何于网络世界中重构公众对红会的信赖与支持？我认为应当采取以下措施：

第一，加深红会对网络群体性事件的了解与认知。网络群体性事件是网络时代党政机关和各类社会组织机构经常遭遇的一种新形式危机，中国红会加强对网络群体性事件的熟知程度尤为重要。基于事件本身，红会应当全面掌握涉及事件的人物、组织、议题等等，厘清其与红会的利益关联，以网民的角度设想困惑和关注点，从而做好应对方案。以“郭美美事件”为例，在媒体曝光后，红会应当全面分析该事件，设想公众可能关切的诸如郭的身份认证是否与红会有关、郭炫富的资本是否源于红会、郭的“背景”是否涉及红会相关人员等等话题。对各事项展开调查与取证，为后期工作夯实信息证据基础。

第二，高度重视网络舆论的演变与发展，增强对网络舆情的搜集、分析、甄别能力。所谓“智者千虑，必有一失；愚者千虑，必有一得”，无论红会如何详尽分析网络事件、制定完备的应对措施，在纷繁复杂的网络民意下都会显得不够周全、不够细致。因此，密切关注网络舆情发展动态，适时掌控网络舆论信息是危机公关能力建设的“必备功课”，对于身处险境的红会而言更是如此。我认为红会应当建立完备的情报信息搜集机制，做好网络舆情的信息搜集工作，分析与梳理信息，去粗取精、去伪存真。对严重影响红会形象与信誉的舆论应提高警惕、谨慎整理，为后期辟谣和保留责任追究权提供依据。对于这项工作的实施，还应注重学习、借鉴专业组织机构，如人民网舆情监测室、新华网“舆情在线”监测系统等对网络舆情的监测与分析措施，加强与新浪、腾讯、百度、天涯、猫扑等网络运营服务提供商的交流、互动与协调，预防危害红会声誉的不实言论广泛传播。

第三，完善红会新闻发言人制度，建立迅捷、有效的信息发布机制。前两项为危机公关能力建设的“前奏”，实现信息真实、有效发布则是重中之重。这是公众了解红会组织建设及其危机公关能力最直观、最有效、最清晰、最全面的表达方式和表现手法。中国红会早在2004

年就建立了新闻发言人制度，在全国有23个省级红会设立了新闻发言人。然而并未给予足够重视，直到2010年11月29日，红会才首次举办新闻发言人业务培训[①]。而此时距离“郭美美事件”发生不足7个月，这样明显滞后的危机能力建设自然造成了红会在处理公关危机中的被动与无助。赵白鸽常务副会长亦表明新闻发言人制度水平较低[②]，因此，完善新闻发言人制度刻不容缓。我认为完善措施有四：其一，做好红会人才选拔工作。通过公开选拔、竞争上岗等多种方式充实红会管理队伍，通过招聘项目人员等方式充实专业人才队伍，促进工作人员的轮岗交流和合理流动[③]。其二，加强培训各级新闻发言人，不断提升其业务能力。其三，建立及时、有效的信息发布机制。第一时间向公众发出红会的权威声音，坚持真实、全面的新闻信息发布原则，不规避、不遗漏、不马虎，说服力强，勿用假、大、空词句。其四，不断创新新闻发布会的形式与内容，注重运用微访谈等新型网络传播方式。在新闻发布会召开之后，可将视频放于红会相关网页，包括网站、微博等等，以供公众了解、监督。

**朱煜洁：**是的，合理利用网络媒体十分重要。从危机情境的沟通原则来看，一条行之有效的重要法则就是要和媒体保持良好的关系，它是维持组织与公众之间的纽带。然而，在现代信息传播手段的推动下，这种“纽带”不但没有给红会缓冲机会，反而将其在与公众的直接对话中暴露出的种种不规范操作揭示出来。现代媒体迅速放大事件的能力，使由于信息不对称导致的信息真空更容易被谣言、误传和诽谤所充斥，一旦媒体污染蔓延，公众对局势的认知就容易转变成现实[④]。因此，无论当前还是今后，红会应慎重在这方面的工作。

**黎蕖妍：**红会危机公关能力提升极为重要，我认为在此项工作中对红会工作人员进行公关能力培训至为关键。人员培训中，可与学校、公关公司合作，对红会工作人员，尤其是管理人员进行有针对性的公关能力培训，按照危机公关处理的五大原则——承担责任、真诚沟通、速度



① 三农在线新闻：《中国红十字会首次举办新闻发言人培训》2010年12月1日，http://www.farmer.com.cn/news/jsbd/201012/t20101201_598463.htm。

② 中国政府网：《中国红十字会的新闻发言人制度目前属于低水平的》2012年8月2日，http://www.gov.cn/wszb/zhibo527/content_2196438.htm。

③ 中国政府网：《国务院关于促进红十字事业发展的意见》2012年7月31日，http://www.gov.cn/zwgk/2012-07/31/content_2194990.htm。

④ 魏东云、蒋光清、刘航潮主编：《公共关系心理学》，转引自胡丹菲、张梦珺《论中国红十字会在“郭美美事件”中的危机应对》，《决策信息》2013年第1期。

第一、权威认证、系统运行——进行培训。面对危机，红会的高层管理人员当有主动承担责任意识，与公众真诚沟通，重视公众态度和反应，认真回应；于事件发生的第一时间，把握事态的主动权，迅速回应；回应事态权威科学，有理有据；面对公众质疑，讲究方法，系统协作。

**丁泽丽：**我觉得红会在应对危机中，应当采取适当的法律措施。纵观芦山地震后的舆论风波，事实证明谣言占据多数，严重损害红会名誉，然而红会只是辟谣并未采取法律手段进行维权。面对这种境况，我认为相应的法律措施必须提上日程，不能小视谣言的威力，“三人成虎”古已有之、今已成势。《法兰西风格》一书中呈现了谣言怎样使一个国家的政权反复更迭，谣言的力量不可忽视。红会当以法律手段维护自身名誉，国家互联网信息办公室网络新闻协调局局长刘正荣亦表示，“根据我国法律，对制造、传播谣言者的处理包括承担相应民事责任、行政处罚和承担刑事责任三个层面”①。

**池子华：**目前，红会监督体系确实不够完善，特别是社会监督这方面，独立的监督机构确有成立的必要。无论是账目还是红会工作人员的工作作风等都应受到监督，当前形势下，已被废除的监事会是否应重新恢复值得考虑。面对这些负面影响，事实上，红会已先后通过接受媒体专访、参与新闻发布会、与网民在线交流等多种形式开展危机公关，但效果并不明显。红会作为连接受助者与奉献者的桥梁，不断受到质疑的首要原因就是缺乏有效的沟通渠道。洪松同学的建议较为具体，值得考虑，推动建立以新闻发言人为核心的红十字信息发布制度，在危机第一时间发出红会声音，赢得引导舆论的先机，成为新闻的“第一提供者”，让真相走在谣言的前面。当然，对于制造谣言、严重损害红会名誉者，红会确实应当有所作为，采取相应的法律措施是有必要的。

**阚晨霞：**池老师提到的红会工作人员的工作作风，我认为红会深陷危机与其不无关联。如“8472 万元定向捐款”挪作他用而没有征得捐赠人的意见，连起码的尊重都没有，这种情况，在国际红十字运动史上也是少见的。

**丁泽丽：**我认为这种不良的工作态度源于红会工作人员的素质。提升红会工作人员素质，至关重要。红会工作人员应改进作风，时刻铭记“人道、博爱、奉献”宗旨。同时，应健全问责制，如 8000 多万善款改变用途，新用途虽也与“博爱”宗旨相符，但违背捐赠者的意愿，红会



① 《用法律和监管遏制网络谣言》，《环球时报》2013 年 5 月 27 日。

仅以道歉了事，如此怎能保证“下不为例”？没有问责，就缺乏约束，无助于自身健康发展。

**王云鹤：**我觉得红会工作人员工作失误与红会自身业务颇有关系。与其他国家相比，很明显我国红会承担的业务太多，“三救”“三献”六大类，有的国家红会仅以献血工作为“核心业务”。实际上，我国人口数量大、事情繁杂，做好任何一样都不容易，红会未完全具备相应的运作能力却担当过重的负担，难免顾此失彼。所以，我认为红会有必要适当地收缩业务范围，便于工作人员集中精力开展工作，有利于降低失误率，将核心业务做精做细、做大做强。

**池子华：**提升红会工作人员综合素质不失为提振公信力的方式之一。其实每年红会都开展各类培训活动，目前来看效果并不是非常明显。有的培训班真正上课时间短，参观考察的时间多，难以保证培训质量。同学们提及的工作人员个人业务定期考核值得考虑。另外，“人道、博爱、奉献”宗旨并非每位工作人员都能恪守。再则红会开展活动多、工作人员较少，部分地方红会只有“光杆司令”，孤掌难鸣，自然服务质量难以提升。红会编制较少，大多人员均为志愿者，可谓“临时工”，对于红会业务并不熟知，工作失误可以想见。人才队伍建设是红十字事业健康、可持续发展的重要保证，因此，在重修的《红会法》中有必要增加“加强人才队伍建设，创新人才选用、培训、考核、奖惩等工作机制，培养高素质、专业化人才”条文。至于红会业务是否应收缩来提高服务质量，有待于进一步探索。

**王同灿：**说到这里，我想行政体制改革问题不得不提。红会虽属半官方组织，但其采取的行政运作模式不可避免地带有易滋生腐败、效率低下、工作不透明等弱点。行政体制改革的突破点在于突破在编人员怕失去“铁饭碗”的观念，正因利益固化之深，改革尤显必要。目前，网络上关于红会“去行政化”的呼声不绝于耳，因世情、国情、会情，立即“去行政化”并不现实，我觉得“存量不改、改增量的办法”较为可行①。红会工作人员参照公务员管理的办法，原来的参公员工依旧保持公务员待遇，大量进行社会招聘，新进人员不再具有公务员身份。这样，在减小阻力的情况下，渐进地淡化“行政化”现状。近几年事业单位改革已经取得一些成绩，目前部分地区已经推行了事业单位全员聘任





① 和讯网：《媒体称社监委接受红会差旅费等致其丧失独立性》2013年6月16日，http：//news. hexun. com/2013-06-16/155181648. html。

合同制，红会可以借鉴。同时，我们也要看到红会已经做出了努力，逐渐增大聘任制人员的比例，自 2012 年至今，总会已进行了两轮公开选聘。据总会工作人员介绍，聘任制工作人员已经占到总会工作人员的三分之一，聘任制下的人员不参照公务员制度进行管理①。淡化红会的官方色彩是个长期的过程，应该逐步推进，这一举措持续下去，相信会取得一定效果。

**丁泽丽**：确实，目前“去行政化”呼声颇高，但将红会陷入困境的根源归结为半官方性质显然不理性。就目前而言，我认为总会联络部副部长孙志祥提出外“政”内“社”方略较为可行，即暂时不“去行政化”，在内部建立起适应社会组织自我服务、自我约束、自我发展需要的，以认同为前提、以章程为核心、以参与为基础、以合作为纽带、以自律为保障的社会化治理结构和运行机制②。这就需要总会做好这种平衡器，协调各级红会之间的关系。

**池子华**：目前红会的角色定位中官方色彩确实较重，红会拿了政府的钱，就应当协助政府工作。红会作为政府在人道领域中“助手”角色的存在，需要替政府分忧，这种状况，与国际红十字运动七项基本原则中的“独立性”是相悖的。并且社会发展的趋势是“小政府、大社会”，政府与社会组织之间应更多地合作。红会具有亦官亦民的“双重角色”，过去只强调了“助手”，而忽略了合作“伙伴”的关系。在修订《红十字会法》时，应更具前瞻性。对于“去行政化”的呼声，如果是简单地取消行政级别，将其推向社会，让其自生自灭，显然不现实，也行不通。至于总会与分会的关系，目前体制下，总会、省级红会、地（市）级红会、区（县）级红会、基层红会及行业系统红会的隶属关系还不是很清楚，上下级红会只是“业务指导”关系，结构松散。是否应从立法层面，加大各级红会之间的纵向联系，也就是通常所说的“垂直管理”，如通过人事任免、组织考核、财务监督等路径加以强化，值得思考。

红会深陷信任危机，改革刻不容缓。希望通过改革，走出困境，实现中国红十字事业的健康、有序发展。

（作者单位：苏州大学社会学院）

① 新浪财经：《红十字会改革：从上到下怕摘掉公务员帽子》2013 年6 月 12 日，http://finance.sina.com.cn/china/20130612/132815768330.shtml。

② 《枢纽型社会组织体系建设需处理好八个关系——论枢纽型社会组织系列之二》，《中国红十字报》2013 年 6 月 4 日。

# 对红十字会“去行政化”的几点思考

杨　业

红十字会作为从事人道主义工作的社会救助和社会服务团体，具有社会性和行政性双重性质。该性质决定其改革具有双重内涵，即位于社会与行政改革的交汇点上，改革既要向着社会化的方向发展，又要改革既有的行政管理体制。已有文献研究表明，学术界赞成对红十字会体制机构进行改革，并提出“去行政化”的方案步骤。然而，关键问题在于，应研究如何改变、克服红十字会“去行政化”实践进程屡屡受阻的局面。

## 一、“去行政化”任重道远

民间慈善组织是一个非政府性、非营利性组织，是联系公众与政府的纽带和桥梁。改革开放以来，民间慈善组织快速发展，为进一步加强对民间慈善组织的监管，政府制定了有关民间慈善组织登记管理方面的法律制度。但是，“这些法规在一定程度上不利于民间慈善组织的进一步发展，它所带有的控制、限定的基调和繁琐的手续规定及其制度性框架，在相当长的时期里都成为制约民间慈善组织发展的重要因素”①。目前红十字会遭遇的诸多问题，与现有法律法规的不健全、不完善密切相关。1993 年颁布的《红十字会法》被称为“我国立法历时最短的法律”。由于立法的仓促，导致其法律条文的粗疏、缺漏，难以有针对性地解决现实问题。《红十字会法》对红十字会法律定位的不明确，造成其混乱的双重身份，红十字会既是民间组织又是政府机构，进而形成政府化系统和行政化运作模式。这种运行模式使

① 石国亮：《社会组织参与服务政府建设的四维考察》，《唯实》2009 年第 12 期。

其难以避免地出现许多政府组织共有的官僚化通病。现行法律也造成红十字总会与分会之间分割局面，使得总会无权监督、管理分会的人、财、物，并且一个机构出现问题，连带影响整个红十字会事业。法规规定红十字会工作人员按照公务员制度管理，造成红十字会内部具有行政级别的结构。要想淡化红十字会“官方色彩”，重新树立其公信力，促使红十字会迈入良性轨道，必须给现行的《红十字会法》和有关法律“做大型手术”，但红十字会“去行政化”依然面临着相当大的困难。

改革阻力很大，举步维艰。红十字会“去行政化”的过程势必会影响很多人的既得利益。1996 年 11 月 15 日，中共中央组织部发布中国红十字总会机关参照《国家公务员暂行条例》管理的实施方案。方案规定：中国红十字总会机关中除工勤人员以外的工作人员参照《国家公务员暂行条例》进行管理；在红十字会兼任领导职位的人员，实行所在部门、单位的人事管理制度。红十字会系统工作人员，绝大多数害怕失去公务员的帽子，害怕失去工资、社保待遇方面的保障，“去行政化”改革的阻力之大可想而知。另外，工作人员参照公务员制度管理，领导阶层一般从公务员中调任并按照公务员体制晋升。这种组织特征，势必会导致“官僚化”倾向，使得组织机构臃肿缺乏活力和动力，工作人员不作为致使工作效率低下，也易滋生一系列贪污腐败问题，例如善款的非法挪用和贪污、救灾物资的非法交易等。红十字会已频频遭遇信任危机，表明“去行政化”改革势在必行，但是“去行政化”进程却相当迟缓。国家发改委将中国红十字会列为社会领域综合改革中唯一试点的社会组织。2012 年 10 月中旬，中国红十字总会公开选拔干部，拉开了酝酿一年多的改革序幕。但是，“去行政化”未直接列入改革方案，而是绕道而行，选择地方红十字会试点进行社会领域综合改革，向政府“出售”服务。

要想改变中国红十字会行政化的局面，必须使红十字会脱离政府序列，将红十字会工作岗位向社会公开。地方红十字会人员由红十字总会统一任免，打破原来的行政等级化体制结构，将行政级别改变为非行政机构的职级制，彻底改变其行政指令化运行模式。但是，在短期内让红十字会系统剥离全部行政拨款、人事编制并不现实，这样会让红十字会工作人员面临工资、社保和级别三方面的损失。体制的路径依赖并非一日就可以改变，因此可以预见，“去行政化”是一个任重道远的过程。

## 二、“掌舵而不是划桨”

红十字会自建立之初，就确立了人道、公正、中立、独立、志愿服务、统一和普遍七项基本原则，其基本含义是，从人道主义出发，不因国籍、种族、宗教信仰、阶级偏见和政治见解而有所歧视，任何时候不带有政治、种族、宗教和意识形态的争论；各国红十字会是本国政府的人道助手，必须保持独立；该运动是志愿运动，绝不以任何方式渔利。也就是说，自创立之初，红十字会就刻意与政治力量和商业力量保持距离，试图独立于政府之外。但在中国，本应属于民间组织的红十字会却异化为一种与权力体系结合甚密的官办组织。“红十字会掌握大量政府资源，又垄断公益慈善品牌，给权力寻租创造了可能”①。面对红十字会暴露的诸多问题，对红十字会进行改革，“去行政化”成为广大民众的呼声。红十字会作为社会团体应独立自主地开展业务，由其自身不断推进，经营管理主导权最终应该回到民间。但是“去行政化”不能走向“排斥政府的”另一个极端，需指出的是政府可能失灵的同时，社会机制也同样可能失灵。

科学界定红十字会与政府的关系至关重要。一方面，红十字会应是政府人道领域的助手，在灾害救援、人道救助和社会公益服务等方面是不可或缺的力量。另一方面，政府应对红十字会进行科学合理的监督和支持，双方应达成良性互动。实践也证明红十字事业的发展离不开政府的大力支持，如苏州市红十字会遗体（角膜）捐献工作于 2005 年正式启动，2006 年市政府颁布《苏州市遗体捐赠暂行办法》，对市红十字会遗体捐献工作进行具体规定，进一步推动了遗体捐献工作的开展。截至 2011 年 3 月底，苏州市红十字会遗体（角膜）捐献报名登记累计 2135 人，其中遗体捐献报名 1670 人、角膜捐献报名 465 人，成功捐献遗体 128 人，成功捐献角膜 4 人。再如，苏州市红十字会及辖下各市、区红十字会为四川汶川震区募集款物，民进苏州市委组织其成员画家捐出自己创作或收藏的作品，共计拍卖得款 101 万元，全部捐给市红十字会，用于灾民重建家园。与此同时，苏州市邮政局联合市红十字会发行的抗震救灾专题明信片义卖，获利 12 万元全部捐给市红十字会，有力支持





① 冯禹丁：《中国特色的红十字会》，《南方周末》2011 年 7 月 8 日。

了灾区的救灾和建设①。

理顺红十字会与政府的关系，实现组织的“去行政化”是中国红十字会改革必须解决的问题。但是，实现红十字会的独立运行还需要一段时间，政府应该逐步实现由对红十字会的直接管理向外部扶持、监督的过渡，改变以往在红十字会组织中的角色定位，打破领导与被领导的关系，实现二者的平等地位，真正做到“掌舵而不是划桨”。首先，通过立法手段确立中国红十字会的独立法人地位和民间属性，从立法、修法上支持红十字会“去行政化”是关键；其次，应进一步加大职能转移力度，把应由红十字会承担的社会服务职能及涉及民生的救助工作，从政府职能中剥离出来，交由红十字会去做；再次，改变过去每年定期大额直接拨款的资助方式，建立具有导向性的“激励拨款”机制。

## 三、在“去行政化”过程中重生

北京师范大学公益研究院院长王振耀认为，单纯的“去行政化”不足为据。他指出，“即使在发达国家，红十字系统与政府的联系也是相当密切的，红十字会的改革，还是要突出其社会化和开放性两个特点”②。长期以来，中国红十字会采取封闭式运作和管理模式，与外部系统缺少互动和交流，与其他草根组织缺乏合作，同时也忽视了公众的知情权和对其的监督，监管的缺失以及行政化运作导致中国红十字会问题频出。因此，简单的“去行政化”改革，不能从根本上解决红十字会面临的问题。红十字会在组织运作“去行政化”的同时，应彻底打破原来封闭式运作模式，建立一种开放式的社会化运作机制。社会化运作机制是一种有别于政府部门、充满生机与活力的独立自主的工作机制，实行社会化运作机制可以广泛动员社会各界力量投身红十字事业。

首先，红十字会财务和信息向社会开放，逐步建立完善的财务公开制度和严格的信息披露制度。从公益资金的筹集到具体使用情况及公益项目的进展全程进行信息公开，让公众详细了解红十字会运作细节。一方面，可以设立专门的捐款账户，供捐款者查询，使其详尽了解善款的流向，同时建立信息反馈平台，供受益者反馈相关信息，受益者对红十字会财务的监督更具有优势，因为受益者是慈善资金最终流向之处。另

① 严晓凤、池子华、郝如一主编：《苏州红十字会百年纪事》，安徽人民出版社 2011 年版，第 193—270 页。

② 曹伟：《重塑红十字会：立法与去行政化》，《小康》2013 年第 7 期。

一方面，信息发布要及时、规范、详细，真正做到“阳光”下的数据，消除公众对红十字会的神秘感。

其次，创新监督方式，使其社会化、多元化。中国红十字会可以借鉴美国慈善组织的经验，建立独立的第三方评估机制，由社会上有信誉的第三方组织对筹集的资金和具体使用情况进行全面、独立的监督与测评；也可以年末聘请外部专家、会计师事务所和财务部门组成监督测评小组做审计工作，包括对政府的拨款、募集的善款和层层上缴的会费三笔资金的收支情况进行审计。审计完成后，通过微博、报纸、电视、网络等各种渠道向社会公布审计数据，主动接受广大公众的监督和质疑。

再次，打破红十字会行政化系统下的权威，借助社会各方力量开展各项工作。可以邀请有号召力的社会公众人物和一些热心社会公益事业的人士，利用其在社会上的影响力开拓募款渠道，不断寻找社会上需要救助的弱势群体，用有限的善款实施最大化的救助；与社会各界爱心企业建立战略合作关系，设立专项基金，充分发挥其在大病救助、灾害救援、国际人道援助等方面的作用；与媒体建立良好的合作关系，充分利用媒体的舆论导向作用，广泛开展红十字基本知识传播，扩大红十字会的社会影响，树立红十字会的良好形象，重塑其公信力；与更多的草根组织合作，打破一家独大的局面，向“百花齐放，多元共治”的方向发展。面向草根组织公开招标，利用草根组织贴近社会、了解大众多样化需求的特点，共同开展更多的人道救助项目，拓展红十字会服务社会的途径和方式，从而在较短的时间内解决相关社会问题。

## 四、简短结语

不可否认，现实困境使红十字会面临严峻的挑战，也应该看到这同时是红十字会“去行政化”改革的重要机遇。中华慈善总会常务副会长李本公认为，“没有政府的鼓励和支持，慈善组织难以取得快速发展；但如果政府干预过多，则拔苗助长”①。发展与政府的合作伙伴关系，寻求与政府良性互动，不依赖于政府、不从属于政府，在政府的支持、资助和监督下独立自主地开展各项工作，是红十字会较为合理的现实路径。相信在红十字会、政府和社会各界的共同努力下，红十字会这只凤凰定能浴火重生。

（作者单位：苏州大学社会学院）





① 李海楠：《民间慈善组织需完善保障制度》，《中国经济时报》2010年9月20日。

# 中国红十字会社会监督委员会评析

阚晨霞

2012年12月7日，经总会筹备，中国红十字会社会监督委员会（以下简称“社监委”）正式成立。社监委的成立是红会完善监督制度的体现，红会欲借此回暖公信力，然效果不佳，社监委反陷入信任危机。本文对此进行考察，探悉社监委陷入危机的原因，并提出发展建议。

## 一、社监委的成立

“郭美美事件”后，红会负面新闻层出不穷，尽管红会已想方设法回暖公信力，然事与愿违，质疑之声一浪高过一浪，特别是雅安地震后，红会公信力跌至冰点。公众不断呼吁“公开透明”，可见完善监督机制已刻不容缓。事实上，“郭美美事件”后红会常务副会长赵白鸽已表示：红会有必要建立社会监督委员会，邀请社会各界人士对红十字会的社会捐赠款物使用、资助项目等进行监督，及时回应社会关切①。该消息一经公布就成为社会关注的热点。2012年7月，国务院发布的《关于促进红十字事业发展的意见》中亦明确指出，“红十字会要建立社会监督委员会，对捐赠款物的管理、使用情况进行监督”②。其实在此之前，中国红十字基金会曾试点成立社会监督委员会，由政府有关部门、监察、审计、学界、捐赠人、媒体等组成，任期初拟为3年，并面向社会招募监督员，负责监督善款的使用和各项工作。

2012年12月7日，红会社监委召开成立大会。常务副会长赵白鸽表示：社会监督委员会的成立，标志着红会在建立综合性监督体系方面

① 京华网：《红会成立社会监督委员会》，2012年12月8日，http://epaper.jinghua.cn/html/2012-12/08/content_1938056.htm。

② 中央政府门户网：《国务院关于促进红十字事业发展的意见》，2012年7月31日，http://www.gov.cn/zwgk/2012-07/31/content_2194990.htm。

取得重要进展，“中国红十字会的健康发展，离不开社会公众的参与和监督，只有公众的参与和监督，才能不断提高中国红十字会的生命力和公信力”，并承诺红会将全力保障社会监督委员的知情权、参与权和监督权，为监督委员会开展工作提供一切便利条件①。会上正式通过《中国红十字会社会监督委员会章程》，还听取了红会关于 2012 年财务收支、组织能力评估、冠名红十字（会）医疗机构整顿、信息化建设、核心项目执行、志愿服务工作等各项工作报告。

《章程》对社监委的组织、运行等做了明确规定。社监委成员由红会邀请具有深厚专业背景、广泛社会影响、热心公益事业的知名人士和志愿者代表担任，包括北师大公益研究院院长王振耀、中央编译局副局长俞可平及央视著名主持人白岩松等 17 人，涵盖学术、法律、医学、财会、媒体、志愿者等各领域，基本代表了社会各界的声音。根据《章程》规定，委员会成员最多 25 人，委员的增加或改选须经社监委三分之二以上成员同意，委员任期 3 年，到任后进行末位淘汰，比例为 1/3，既保证了选举的公平、公正，又保证其工作效率。监督内容涉及三方面：一、固定的监督项目，包括捐赠款物的管理、使用情况及重大项目的实施情况等；二、媒体和社会公众质疑的事项，社监委可主动开展调查监督，独立向社会发布监督公告；三、受红会邀请，监督特定事项。所有经社监委调查的事项须向公众公布。不仅如此，《章程》还对委员的权利、义务、工作机制等做了明确规定，无不体现其组织性、纪律性。王振耀院长表示：“作为一个准政府背景的机构，能让社会成员来监督自己，已经是一个很大的进步。”② 无疑，社监委的成立给处于风口浪尖的红会带来了希望，公众对其亦充满期待。

## 二、社监委的发展过程

社监委成立后即刻开展工作，着手调查“购买别墅案”及“成都捐款箱发霉事件”。

2012 年 12 月 12 日，微博爆料，北京奥运公园旁名为“御园公寓”的神秘别墅群为总会购置，公寓装修豪华，客房、游泳池、卡拉 OK 厅、

① 京华网：《红会成立社会监督委员会》，2012 年 12 月 8 日，http：//epaper. jinghua. cn/html/2012-12/08/content_ 1938056. htm。

② 京华网：《白岩松等 17 人组成红会监督委》，2012 年 12 月 9 日，http：//epaper. jinghua. cn/html/2012-12/09/content_ 1941208. htm。

舞厅、棋牌室等设施一应俱全，且已经营达10年之久。社监委以职责所在，要求总会配合调查。总会于13日即发布声明，表示从未在“御园公寓”购置房产，社监委则成立调查组，积极开展调查工作。经调查组讨论、协商后，从三方面着手工作：向有关人员进行问询、到别墅现场调查及查询朝阳区房屋管理局档案。经过多方调查，得出明确结论，目前并无证据能说明此别墅与红会及其直属人员有任何关系[①]。调查结果获得公众认可，红会最终得以洗刷“罪名”。

继“购买别墅事件”后，“成都红会募捐箱发霉事件”将红会再次暴露于聚光灯下，社监委即刻着手调查。28日，社监委组织调查组赶赴成都开展调查，首先前往现场取证、之后与成都市红会和当事公司交流了解情况。2013年1月4日，社监委在北京召开新闻发布会，公布调查结果：网络爆料确属实情，因成都红会与合作公司发生纠纷，募捐箱无人管理所致。鉴于此，社监委建议红会出台募捐箱管理办法，统一红会合作伙伴资格审查管理办法，以维护合作双方利益[②]。社监委建议得到总会认同。

此外，四川雅安地震后，社监委联合人民网向社会公开征集3名网友志愿者，全程跟踪参与、监督红会2000万芦山地震专项资金使用过程[③]。3名志愿者首先赶赴中标的企业调查监督物资生产运输情况，并对产品质量进行严格把关；其次是前往灾区监督物资接收和发放情况。志愿者们表示物资发放过程公开、透明、合理，但是也有一些需要改进的细节。社监委的此种做法深化了公众对红会的认知程度，也为红会回暖公信力奠定了良好基础。

总的来说，社监委的介入，引入了具有相对独立性的社会监督力量，改变了以往红会出现问题后自查自纠的处理方式，使得调查更加客观公正，结果也更具说服力，各项质疑事件可以很快得以平息。如此看来，社监委的设立实为明智之举，但是因其与红会之间的“暧昧关系”，其发展道路并非一帆风顺。

自成立之日起，与红会之间的关系，使得社监委在很多事情上往往处于被动地位，其中缘由莫过于其独立性问题。其一，委员会成员均受红会邀请，以志愿者身份参与调查红会事务，是否具有社会化、专业性

---

① 《红会被曝别墅经营10余年回应称系虚构》，《新闻晨报》2013年1月5日，

② 《“善款发霉”的学费不能白交》，《京华时报》2013年1月6日，

③ 人民网：《人民网与中国红十字会社监委联合征集3名志愿者》，2013年4月26日，http：//politics. people. com. cn/n/2013/0426/c1001-21293231. html。

和独立性是此次遴选过程中主要考虑的因素。但是仔细分析不难发现，所有委员均为社会知名人士，有些甚至为政府官员，这样强烈的“名人效应”不得不引起公众对“第三方”说法的质疑。这些“名人”能够触摸到社会底层吗？能够代表普通民意吗？如果不能，社监委的存在意义则需重新考量。其二，据社监委《章程》，红会当为社监委开展监督活动提供必要的经费保障，经费使用情况向社会公开。红会承担社监委运行经费，二者之间经济利益问题理所当然存在，难免网友指责“拿了你的钱，怎么监督你”？其三，社监委建会立章均在总会推动下完成，其人员组成亦由总会聘任，那么调查红会问题，无论账目抑或其他，应由社监委主动开展还是听从红会的建议？再则调查工作一旦展开，红会是否配合、调查结果是否真实可信？种种问题值得考虑。比如重查“郭美美事件”一事，社监委举棋不定，因与红会根本利益产生冲突，最终不了了之，社监委也因此陷入信任危机，5 名委员还相继被曝与红会存在利益输送关系。尽管社监委已多次做出回应，但仍未能化解民众质疑。

## 三、发展建议

目前社监委陷入信任危机，对其而言，是机遇也是挑战。欲摆脱信任危机，应注重以下两方面工作：

一是转化自身社会角色，与红会保持距离，坚持独立性。首先要解决成员的构成问题。诚然，红会已表明社监委大多数成员是法律、财务等各行业的精英翘楚且兼有社会影响力，意味着社监委既有能力可以有效监督红会财务账目、对项目进行合理绩效评估，又有自惜羽毛、维护个人社会名声或经营“品牌公信力”的必要。但是在公众看来这些无疑为红会添上了“傍名人”和“无草根”的舆论非议。因此，社监委的成员构成，范围应该更广泛，可通过网络平台票选公众心中满意人选或邀请记者团、志愿者、热衷公益事业的慈善家等等。此外，社监委应对监督人员进行专业培训，特别是对公关人员进行培训，如何监督、监督什么、怎么样回答公众质疑等。其次是关于运作经费问题。社监委的活动经费源于红会，这种制度存在的前提是其成员由红会聘请，为红会做事，红会提供经费无可厚非。但若社监委独立于红会，这样的“等价交换”亦应解除。作为一个独立的社会监督机构，应与政府进行合作，谋求经济保障，经费可请求民政部下拨或适当征收会费或者委员自筹。独立性问题的解决是其重获公信力的基础，以上两点值得考虑。

二是促使社会监督现代化。慈善事业监督体系现代化可谓大势所趋，自媒体时代，网络已经成为信息流通的最重要平台，社监委应借助网络成立相应的监督、评价体系。于网络上及时发布监督信息、定期开展社会调查等，拉近与民众的距离，使公众明晰社监委的工作，知晓慈善事业的运作模式，从而推进公众监督广泛、日常和非政治化。

社监委由红会筹建，与红会存在着千丝万缕、错综复杂的关系。但是作为红会力图重建公信力愿望下催生的监督机构，转化自己的角色，代表公众监督红会才是社监委存在的意义所在。解决好监督者和被监督者之间的利益共同性问题，社会监督委员会才能摆脱“小媳妇”的角色，以自身的独立性保证监督的客观性，进而获取社会公信力，成为慈善组织的有力监督者。

（作者单位：苏州大学社会学院）

# 观察思考

# “募捐箱发霉”事件与红十字会制度建设

丁泽丽

2012年12月25日，网友举报成都市红十字会募捐箱内善款发霉长出白毛。此事经媒体曝光后，一石激起千层浪，红十字会被推向舆论的风口浪尖。本文拟就“捐款箱发霉”事件略做梳理，并就制度建设问题提出自己的一些看法。

## 一

2012年12月25日，网友爆料称：成都红会于汶川地震后设立的募捐箱内善款，因长期未取，箱内纸币发霉。从爆料者拍摄的一些募捐箱图片看，箱内灰尘满满，善款上附着白毛，部分甚至腐烂，投资商及设置点业主多次向成都市红十字会反映，均无人理睬。同时，“爆料”还指出因汶川地震而预定设置1000个捐款箱，最后不仅未达预定指标，反而有500多个闲置于仓库之中。12月26日，此事经《新京报》披露后迅速成为焦点，各大网络媒体纷纷报道，一时舆论哗然，红会再陷舆论旋涡。2011年“万元餐”事件、“郭美美事件”等一系列事件的发生已使红会公信力严重受创。经一年多努力，公信力“修复”尚未完成，一波未平一波又起，红会因此招致百般讥讽：“‘第一名’阳光照不进发霉的捐款箱”，“‘发霉捐款箱’伤了谁人心，红十字难道真的不差钱”，“捐款箱发霉，红十字会是嫌钱少吗”，等等。微博中更是骂声一片，各种声音汇聚一堂：“请彻查”，“我肯定不会再给红会捐款了”，“官方所谓的慈善机构，一个都不可信”，“现在都不相信红十字会了”，“红心向善遇强盗，天理不容无处告”，“慈善机构最近很火”，“红会黑了、我心凉了”，等等。据统计，在爆料微博后的29条评论中，除两三名网友对红会抱有信心，要求彻查之外，其他均为责骂，声称不再给红会捐款[①]。影响所及，红会公信力的跌落更是雪上加霜，而弄清真相、澄清事实，红会义不容辞。

## 二

事情发生后，26 日上午中国红十字会在其官方微博做出回应："立即组织调查"。27 日下午，总会新闻发言人姚立新就此事召开新闻发布会，通报初步调查核实情况，称网络上发布的纸币发霉照片，初步分析是 2012 年 6 月前的照片。"5·12" 汶川特大地震后，成都市红十字会与成都天阙广告有限公司（以下简称"天阙公司"）、四川迈盛投资管理有限公司（以下简称"迈盛公司"）签订《视频募捐箱合作协议》。协议规定，成都市红十字会主要负责视频募捐箱设置和依法收取、管理和使用捐赠资金，两家公司负责视频募捐箱的出资制作、日常维护和广告投放等经营活动。2008 年，天阙公司设置了 726 个募捐箱。2010 年 6 月后，因部分设置点位不具备电源等条件，经双方协商同意，陆续收回部分视频募捐箱，存放在天阙公司库房，并由天阙公司负责保管。其间，因双方对项目合作存在分歧，募捐善款未及时收取。姚立新指出，中国红十字会十分重视捐款箱的管理工作，成都市红十字会在募捐箱管理方面确实存在"疏于管理"的问题。目前，总会已通过四川省红十字会责成成都市红十字会就募捐箱管理问题进行整改，并于 27 日下午发布通知，要求各级红十字会进一步加强各地募捐箱的设置和管理，迅速开展募捐箱的清查整顿工作[②]。

无疑，此次事件成都红会具有不可推卸的责任，而其对此的应对却招来众议。12 月 26 日下午，成都市红十字会接受《中国青年报》记者采访时说，"我们现正在核实和调查，但目前的调查和进展不清楚"[③]。在舆论的压力下，26 日晚，成都红会在其官方网站发布声明，但第二日该声明即被撤下，撤下缘由未经说明，引起网民质疑。12 月 31 日晚，

---

① 《成都红会爆料：举报信》，http：//t. qq. com/p/t/214347072438497 # p = 1&time = 1357265019&mid = 208457080532509&format = 1。

② 大江网：《红会回应成都捐款箱长毛：疏于管理责令整改》，http：//news. jxnews. com. cn/system/2012/12/28/012231440. shtml，2012 年 12 月 28 日。

③ 大江网：《汶川地震募捐箱遭弃置事件调查尚无结果》，http：//news. jxnews. com. cn/system/2012/12/27/012229762. shtml，2012 年 12 月 27 日。

成都红会在四川在线发布《关于成都市红十字会视频募捐箱监管的说明》，指出，“近日，有关媒体反映成都市红十字会视频募捐箱捐款情况，我们高度重视，对其有关情况进行了调查核实”，并表示媒体反映的情况，说明工作确有管理不善，“将深刻反省，举一反三，对存在的问题彻底自查自纠，促进成都市红十字会工作规范运行”[①]。但有网友发出微博“红会自查自纠何以杜绝‘募款发霉’”，指出对成都红会进行调查的是上级部门中国红十字会和四川省红十字会，这种“自查自纠”的方式令人担忧，它好比粮仓被盗让老鼠自查自纠不能解决问题，只有让猫来监督才能守住仓库[②]。

由此看来，独立于红十字会的“第三方”出面调查方能平息众怒。新成立的中国红十字会社会监督委员会（以下简称“社监委”）赴蓉调查可谓众望所归。

社监委于2012年12月7日设立于北京，因“郭美美事件”发生后，一再发布的红会自查的调查结果、再三声明仍不能取信于民。根据国务院《关于促进红十字事业发展的意见》中“建立社会监督委员会”之要求[③]，红会组建了社监委，并出台《中国红十字会社会监督委员会章程》。《章程》规定，该委员会的职责在于加强对红十字会工作、项目及捐赠款物使用情况的监督；对涉及红会的重要事件进行调查；征集并转达社会公众对红会工作的意见和建议，对红会行动战略和工作计划提出建议；根据调查和监督的实际情况，独立向社会公布年度或特定事项的监督工作报告。并规定开展监督工作时，必须成立3人以上的调查组，每3年改选三分之一以上的委员等等[④]。为保持独立性，委员不收取红会薪酬。由此可见，社监委完全可以胜任“猫”的职责，对红会工作进行监督调查。

在社会各界的呼吁下，社监委于12月28日下午派出3人调查组赴成都调查事件真相，调查内容包括募捐箱的来龙去脉、项目停滞原因、成都红会是否存在违法乱纪行为、抽样调查成都市各区县红十字会募捐

① 新京报网：《募款发霉长毛，成都红会道歉》http：//www.bjnews.com.cn/news/2013/01/02/242591.html，2012年1月2日。

② 《红会自查自纠何以杜绝“募款发霉”》，http：//news.sina.com.cn/o/2013-01-05/001325955363.shtml，2013年1月5日。

③ 《国务院关于促进红十字事业发展的意见》（国发［2012］25号），http：//www.gov.cn/zwgk/2012-07/31/content_2194990.htm，2012年7月31日。

④ 《“别墅”纯属虚构　“募捐箱”管理不善》，《中国红十字报》2013年1月8日。

箱管理是否完善四个方面。30日社监委返京，并于2013年1月4日召开新闻发布会公布调查结果："媒体披露信息基本符合事实，成都市部分募捐箱因疏于管理确实出现捐款发霉、积尘现象；签订协议时，成都市红十字会没有对合作方进行有效审查，没有预见到合作的复杂性，致使分歧产生；合作过程中，成都市红十字会确实存在管理不善问题；经过对成都市武侯区红十字会、金牛区红十字会的抽样调查，发现成都市各市区县红十字会募捐箱管理规范，已经建立了比较完善的管理制度，资金使用也没有发现问题。"① 该调查公布之后，紧张气氛逐渐缓和下来。

## 三

自该事件发生至社监委发布声明前后10天左右，其间中国红十字会、成都市红十字会积极着手处理此次公信力危机，全国各地红会组织响应号召，全面清查捐款箱。此次危机的处理相比前几次的应对措施不能不说是一次飞跃，再加上社监委的涉入调查很快将事实公之于众。但此次"募捐箱发霉"事件暴露出红会自身制度建设方面还不够完善，主要表现在以下两方面：

一方面，就捐款箱本身而言，它代表着红十字会的形象，是红十字"人道、博爱、奉献"宗旨的凝结。设立红十字募捐箱，对于传播红十字精神、弘扬中华民族传统美德、为爱心人士提供便捷捐款渠道意义重大，其管理好坏与红十字会的社会信誉休戚相关。成都红会募捐箱内纸币发霉一事直接暴露出其制度性的缺陷，北京师范大学公益研究院院长王振耀先生认为："全国的募捐箱都应该有统一的编号、统一的信息处理系统，各个募捐箱应该有规范的责任负责人。现在过于地方化管理，就会出现地方化的个案。"目前，全国募捐箱既无统一编号，亦无统一信息处理系统，总会新闻发言人姚立新坦言，中国红十字会尚不能掌握各地红会募捐箱的具体设置、运行和筹资状况，各地红会都可自行设置捐款箱并负责区域内捐款箱的筹资管理，一般不会报红总会审批②。相关制度建设的滞后可想而知。直至该事件发生，中国红十字会方才将制

① 《"别墅"纯属虚构　"募捐箱"管理不善》，《中国红十字报》2013年1月8日。

② 新京报网：《中国红会：将制定募捐箱统一管理办法》，http：//epaper. bjnews. com. cn/html/2012-12/28/content_ 400424. htm？ div=0，2012年12月28日。

定统一的《中国红十字会募捐箱管理办法》提上日程[①]，就红十字募捐箱的设置条件、审批程序、管理模式、取款流程、善款使用、公开透明以及社会监督等方面内容进行了规范。

当然，随着网络信息化趋势的加剧，是否应通过设置募捐箱的方式来凝聚爱心似乎值得商榷。清华大学公共管理学院创新与社会责任研究中心主任邓国胜先生指出，募捐箱效果到底怎样，还值得公益慈善机构反思，他建议，公益慈善机构要学会利用网络等现代化工具来筹款，这是国际发展的新动向[②]。事实上，在这次捐款箱事件中，因捐款箱设置地方化现象严重，管理监督困难，清点钱币工作量较大，致使部分捐款箱甚至成为垃圾箱，如此若无制度加以规范，民众善心将可能经不起再三考验。虽然制定统一的募捐箱管理办法不能说是凝聚善心的最佳方式，但亦不失为良策之一。

另一方面，成都红会工作疏忽、管理混乱。此次事件发生并非偶然，实则是成都红会工作疏忽、缺乏责任心之故。管理乃组织顺利运行之保障，成都红会在管理制度上存在严重漏洞。募捐箱本为汶川地震捐款而设，成都红会与天阙公司及迈盛公司签订《视频募捐箱合作协议》，规定成都市红会主要负责视屏募捐箱设置、使用捐赠资金等，两家公司则负责募捐箱的出资制作和广告投放，合作期限为20年，2010年6月后，因设置点不具备电源等条件，捐款箱或被盗或遭破坏，双方协商收回募捐箱存放天阙公司库房，其间因成都红会领导调整，双方出现分歧，善款未及时收回导致纸币霉变。事件发生后，成都红会称募捐箱视屏播放商业广告，违反国家有关红十字标志使用规定，但天阙公司称合作协议中包含商业广告。姑不论领导班子调整影响工作对接，就协议而言，成都红会草率签订协议，没有对合作方资质进行相关审查，导致合作出现裂痕，后期发生问题时成都红会亦没有积极妥善处理，王永说："这种表现对所有的爱心人士是不负责任的"，"我们认为这件事是成都红十字会的责任"[③]。有鉴于此，社监委建议中国红十字会出台合作伙伴资格审查管理办法，加强制度建设，以保障合作双方权益。这一建议得到中国红十字会的积极回应。

---

① 新京报网：《中国红会：将制定募捐箱统一管理办法》，http：//epaper. bjnews. com. cn/html/2012-12/28/content_ 400424. htm？div=0，2012年12月28日。

② 中青网：《成都红会欠公众一个交代》，http：//zqb. cyol. com/html/2013-01/07/nw. D110000zgqnb_ 20130107_ 5-07. htm，2013年1月7日。

③ 大江网：《红会社监委：爆料应提供证据　明显虚假的不调查》，http：//news. jxnews. com. cn/system/2013/01/05/012237790. shtml，2013年1月5日。

针对这次事件暴露出的问题，中国红十字会制定了统一的募捐箱管理办法，出台了合作伙伴资格审查管理办法，在此过程中，社监委功不可没。该事件虽将中国红十字会乃至整个中国慈善事业再次推向众矢之的的位置，但也为中国慈善事业敲响警钟，成为中国慈善事业制度建设的助推器。

## 四

“募捐箱事件”不是偶然现象，近两年红会“尴尬事”接二连三出现，追根溯源，与自身管理制度不健全不无关系。不断强化制度建设，对红十字会而言，至关重要。其中有两点应特别强调：

其一，修订、完善《中华人民共和国红十字会法》。《红会法》自1993年出台至今已20载，国情、世情、民情已发生重大变化，有些内容已不合时宜，不足以维护红十字会权益，“红十字会如何主张权利，对滥用、盗用红十字名义、标志而使红十字会遭受伤害者绳之以法，真正做到有法必依、执法必严、违法必究，应该在‘红十字会法’中鲜明体现出来”[①]，如此方能避免类似天阙公司利用红十字标志播放商业广告、影响红会社会声誉事件的发生。同时，修订《红会法》对红会人员也是一种行为规范。“募捐箱事件”发生与成都红会人员缺乏责任心有直接关系，目前的《红会法》较为粗略，应细化红十字会及其工作人员的权利和义务，明确红十字会及其工作人员的法律责任，使其成为红十字会履行职责的法律依据。事实上，这与《国务院关于促进红十字事业发展的意见》中“建立绩效考评和问责机制，严格实行责任追究”[②] 的要求一脉相承，并且与法学专家的呼吁一致，即根治“善款发霉”事件需从法律层面追责[③]。

其二，健全监督机制。有效的监督是红十字事业健康发展的保障。总会社监委虽然成立，地方各级红会也陆续组建社监委，并已形成初步的制度架构，在“募捐箱事件”事件的查处中社监委发挥了积极作用，

① 池子华、郭进萍：《关于修订“红会法”的几点建议》，《中国红十字报》2012年4月10日。

② 《国务院关于促进红十字事业发展的意见》（国发〔2012〕25号），http：//www.gov.cn/zwgk/2012-07/31/content_ 2194990.htm，2012年7月31日。

③ 凤凰网：《法学专家：根治“善款发霉”事件从法律层面追责》，http：//news.ifeng.com/mainland/detail_ 2012_ 12/29/20657461_ 0.shtml，2012年12月29日。

但制度安排尚处于初始阶段，如社监委是否设立独立办公室、办公室运行费用以及开展调查的经费支付等尚未明确。北京师范大学中国公益研究院院长王振耀指出，中国红十字会社监委还处在咨询性监督阶段，尚未步入体制性监督阶段，其自身运作也尚未规范。因而，不仅要将社监委推向正规化的轨道，还要“建立和完善法律监督、政府监督、社会监督、自我监督相结合的综合性监督体系”①。所有这些方面，都要求完善的制度做保障，才能打造公开透明的红十字会。

（作者单位：苏州大学社会学院）





① 《国务院关于促进红十字事业发展的意见》（国发〔2012〕25号），http://www.gov.cn/zwgk/2012-07/31/content_2194990.htm，2012年7月31日。

# 试论中国红十字会的危机公关

黎蕖妍

无论是战争年代的救伤瘗亡，还是和平时代的人道救援，中国红十字会秉持“人道、博爱、奉献”宗旨，声名远扬。然2011年6月，新浪微博爆料“郭美美炫富”，随后郭美美、“红十字会商业总经理”、“红商会”等与红会相关的敏感字眼如洪涛巨浪直击红会公信力之墙。在“郭美美事件”的影响下，公众尤为关注红会负面新闻：红会被曝多笔资金存在问题、原昆明红会副会长贪污受审、红会募捐箱发霉等等不一而足。潘多拉盒子一经打开，事态发展一发不可收拾。所有这些，与红会的危机应对不无关系。因此加强红会危机公关建设刻不容缓。

## 一、红会危机公关存在的不足

“中国危机公关第一人”游昌乔先生提出危机公关5S原则：“承担责任原则（Shoulder The Matter）、真诚沟通原则（Sincerity）、速度第一原则（Speed）、系统运行原则（System）、权威证实原则（Standard）”①。简单说来，危机发生后，考虑到大众利益和情感问题，企业应迅速反应，率先承担责任；处理事态的过程中，要以诚意、诚恳、诚实的态度，运用系统运行的方法，透过现象看本质，化害为利，并取得第三方认可，获得权威认证，以打消公众疑虑。此五大原则不仅被作为企业公关处理危机准则，政府方面亦应加以采用，如2011年上海地铁10号线追尾事故，造成271人受伤。事故发生26分钟后，上海地铁第一时间在官方微博通告救援情况，把握舆论主导权，秉着真诚沟通、主动承担责任的原则，直播救援过程，反复道歉，遏制了谣言传播。与之相反，红



① 游昌乔：《危机公关——中国危机公关典型案例回放及点评》，北京大学出版社2006年版，第1页。

会危机公关能力却相当缺乏，以“郭美美事件”为例，尽管这起网络事件由立二拆四、秦火火等恶意煽起，但从危机公关的角度而言，红会确有许多值得反思之处。

其一，反应不够及时，错失时机。“郭美美事件”爆料时间为2011年6月21日傍晚，因其认证身份——“红十字会商业总经理”受到特殊关注，一石激起千层浪，尤其在自媒体时代，传播工具便捷，消息迅速扩散。然涉事方红会却未意识到事态的严峻性，直至6月22日方公开声明郭美美与红会无关，红会没有“红十字商会”，没有“商会总经理”。事实上，红会声明发表前，网友已“搜查”出郭的家境状况、与红会副会长的关系等，甚至郭美美本人已于21日晚11点发微博称：“自己所在的公司是与红十字会有合作关系简称红十字商会，我们负责与人身保险或医疗器械等签广告合约，将广告放在红十字会免费为老百姓服务的医疗车上。之前也许是名称的缩写造成大家误会。”① 而此时红会还未发出官方声音，形势愈演愈烈，直至次日，红会方以单一、传统的声明方式进行澄清，虽亡羊补牢，但为时已晚，网民已“根据现有的信息”做出判断。红会声明既不及时，也过于简单，因而错失时机，事态主动权被网民掌握，情势愈发复杂。

其二，缺乏沟通，自说自话。先机已失，舆论导向无法掌握，红会理应承担责任，诚实、诚恳地与大众沟通，沟通中争取理解与谅解，将大事化小。但纵观红会种种表态，不得不说令人失望，暂不提事件之前申明迟迟不发，未能及时化解公众疑虑，仅之后网民“人肉”搜索郭美美身份、与红会相关人员关系等种种质疑，红会回应仅限于：2011年6月28日，红会召开记者通报会，只是重申没有“红十字商会”，没有“商业总经理”，没有“郭美美”其人；6月29日，红会秘书长王汝鹏认为，郭美美事件“实际上反映了公众仇富仇贪，红十字会很冤屈”②；7月1日，红会发表声明，暂停中国商业系统红十字会的一切活动③；2012年11月，新上任的中国红十字会常务副会长赵白鸽指出，“一个都没有被证实的网络事件，却可以用三天就把你打得稀里哗啦的”，“三天

---

① 郭美美，新浪微博，2011年6月21日，http：//weibo.com/u/1741865482？from=profile&wvr=5&loc=infdomain。

② 王卡拉：《红十字会谈“信任危机”：公众仇富仇贪我们很冤屈》，《新京报》2011年6月30日。

③ 王君平：《红十字总会：暂停商业红十字会一切活动》，《人民网》2011年7月1日，http：//society.people.com.cn/BIG5/41260/15053740.html。

毁掉一百年"[1]。要而言之，在时间上，红会的回应总是在事态白热化后姗姗来迟，显然诚意不足，进一步讲，忽视公众言论，难免造成公众排斥、不信任；在表态方式上以传统的新闻采访、新闻通告单方面通知与声明，缺乏与涉事方及公众面对面的沟通，加深了与民众尤其是网民之间的隔膜；回应内容上，仅是不断重复之前的论断，一味否定网友质疑，撇清自己，由此引起网民的不满。

其三，论证不足，缺乏权威。作为中国最大的慈善组织，红会有其威信和权威，但关乎自身名誉的公共事件危机发生时，红会权威受到挑战。所以，红会应于事件爆发之初，邀请第三方权威部门介入调查，包括郭美美身份、"红十字商会"、红会相关人士与郭美美的关系等众多公众关心的话题，第三方全权调查相比红会自说自话更有说服力。显然，红会声明未得认可，2013 年雅安地震后红会公信力降至冰点实为有力证明。鉴于此，红会社会监督委员会表示重查"郭美美事件"，却最终也不了了之，时隔两年，红会并未就"郭美美事件"给出令人信服的、权威性的解释，民众疑惑仍未释然，红会深陷公信力危机也在情理之中。

## 二、提高红会危机公关能力的建议

"郭美美事件"可谓近年来政府或组织公共事件中的典型，暴露出我国社会组织危机公关能力的不足。自媒体时代，如果坚持传统的危机公关处理方式，必然离民众越来越远。提高红会危机公关能力，虽不能立即改变红会现状，但对红会今后处理公关危机裨益良多。笔者认为可从以下几方面入手：

首先，常态机制的建立。所谓常态机制，具体说就是应对处理公共事件危机的常态化机制，既可在红会内部设立固定的公关部门，专职此事，也可独立红会之外，定向委托第三方公关企业或个人负责，形成固定模式。现有的红会组织机构中，并未设立专门的公关部门，红会虽然不是企事业单位，但与企业一样，与广大民众有着直接的联系。日常工作中，不可避免地会产生摩擦，甚至酿成公共事件危机，而公关部门可从中调和化解疑虑，为红会保驾护航，推进红会事业顺利发展。即使成立专门公关部门条件不成熟，可以尝试与第三方公关企业建立合作关

① 李妍：《让红十字会在骂声中变革——专访中国红十字会常务副会长赵白鸽》，《中国经济周刊》2011 年第 44 期，http：//paper. people. com. cn/zgjjzk/html/2011 - 11/14/content_960105. htm？div=-1。

系，聘请专业人士指导运作。

其次，员工能力的培训。危机公关能力的培训不仅仅是技巧的培训，更是提升整个机构责任感、办事效率的方式之一。作为红会工作人员，面对媒体、大众，应掌握基本的危机公关技巧，具体培训方式有两种，即开办培训班及开展志愿服务。红会高层管理人员需具备较为丰富的危机公关知识与技巧，建议与公关企业或学校联系，开办培训班，定期培训。红会基层工作人员的培训，可通过志愿招募，募集志愿者，以大众演讲的方式进行。

再次，形象的重新树立。尽管红会组织结构不够完善，但其“人道、博爱、奉献”宗旨始终未动摇，让大众感受红会传递出的正能量，亦是提升红会危机公关能力价值所在。因此，危机公关不仅要解决公共事件危机，涉及红会正面形象同样是其关注重点。但当前形势下，正能量的宣传须讲究技巧，面对新闻宣传，民众更愿意相信自己所见所闻，依托传统电视报纸中标语式的大而空的宣传，不一定能得到观众和读者的认可。因此，形象的重新树立，应从大众普遍关心的小事着手，寻找温暖的、感人心的细小闪光点，借助微博、微信等便捷的传播方式展开宣传。简言之，红会危机公关须承担重塑红会形象的重任，放弃传统的“大家闺秀”式宣传的模式，回归草根民众，拉近与民众的距离。

从深层次来看，中国红十字会此次信任危机的出现，是各方面因素综合作用的产物。但是，没能采用行之有效的危机公关化解公众的疑问与质疑，无疑使公众的不满进一步膨胀，危机愈演愈烈。特别是在诸如体制改革等方面措施不能一蹴而就的情形之下，掌握适当的危机公关技巧、建立行之有效的公关机制，面对危机时积极应对，不仅能在一定程度上挽救红会形象，更能构筑起红会与民众之间的沟通桥梁，促进红十字事业的良性发展。

（作者单位：苏州大学社会学院）

# 加强红十字会危机公关的几点思考

杨婷婷

危机公关，顾名思义就是应对危机的有关机制。具体是指机构或企业为避免或者减轻危机所带来的严重损害和威胁，从而有组织、有计划地学习、制定和实施一系列管理措施和应对策略，包括危机的规避、控制、解决以及危机解决后的复兴等不断学习和适应的动态过程。危机公关对于政府机构、企业单位、个人等都具有重要的作用。尤其需要指出的是，随着互联网技术的日新月异，以个人为中心的新媒体已逐渐成为主流。新媒体的快速发展一方面给机构或企业带来重大发展机遇，另一方面也意味着它们将面临巨大的挑战。由此危机公关的重要性逐渐凸显出来。对于近几年不断出现各种负面问题的中国红十字会来说，加强危机公关已成为当下亟待解决的问题。那么如何加强危机公关呢？笔者试提出几点思考。

## 一、建立危机处理应急机制

目前，对于机构或企业来说，危机公关事件的发生不可避免，因此要求机构或企业的管理者必须强化危机公关意识。红十字会作为一个庞大且关系复杂的组织，工作中出现的一些不良现象一经媒体，特别是网络的扩大性传播扩散，结果将会给红十字会带来或大或小的负面影响。而如果对这些问题不加以重视，任其发展，聚少成多，积小致巨，最终将会演变成比较严重的危机，可能造成不可挽回的损失。因此为了杜绝或减少这种情况的产生，红十字会必须强化危机意识，建立危机处理应急机制——在各级红十字会内部建立相关部门，专门配置具有公关意识和相应公关能力的专职人员；并在实际的工作中积极认真地研究、分析和发现可能出现危机的各种苗头，逐步增强专职人员对危机产生的敏感度。在互联网高速发展的今天，人们可以悠然地坐在自家的椅子上，跟全球的朋友分享各种各样的信息。而同样，利用互联网能够毫不费事地收集网络舆情，从而了解和分析各界对于红十字会的关注及其原因。而一旦出现关于红十字会的负面消息时，不论问题大小，负责公关的人员都必须加以重视，找到源头，了解事件的整个过程，并在第一时间主动把事情的调查真相传递出去，把危机化解于“无形”。危机管理着重在于预防和建立危机预警机制上，一个机构或企业是否能在危机发生后拟订危机应对计划、快速反应、协调沟通，是验证一个机构或企业能否长期生存和发展的重要环节。

## 二、强化危机公关 5S 原则

我国著名的危机公关学者游昌乔提出了危机公关 5S 原则：一是承担责任原则，无论对错，都应主动出面承担责任，当面主动承担责任是要付出代价的，但是从长远的角度来看，组织的长远利益更加重要。实际上媒体和公众心中都有“一杆秤”，对机构或企业也有心理上的预期。因此不能盲目地选择反抗，在危机处理中态度至关重要。二是真诚沟通原则，主要包括诚意、诚恳、诚实三个方面。机构或企业处于危机旋涡中时，是社会公众和媒介的焦点。所有的行为都将接受公众的关注，因此在这个过程中绝对不能有侥幸心理，认为可以避人耳目。而应该主动与新闻媒体联系，尽快与公众沟通，说明事实真相，赢得公众的同情和理解，消除公众的疑虑与不安。在这一过程中还必须做到“三诚”（诚意、诚恳、诚实）。三是速度第一原则，所谓“好事不出门，坏事行千里”。在危机出现的最初 24 小时内，消息会像病毒一样，以裂变的方式高速传播。而机构或企业面对危机之所以出现失控的局面主要是因为在应对危机时反应迟钝，不能抓住最佳时机解决危机问题。因此，机构或企业控制危机一定要争取在最短的时间内，用最快的速度控制事态发展，并在第一时间向公众公开信息，让公众看到机构或企业的积极处理态度。四是系统运行原则，在进行危机管理时必须系统运作，绝不可顾此失彼。在危机之中，必须向大众传递一致的信息。在面向媒体、公众甚至对自身内部人员时，言论都必须保持一致。若前后出现矛盾，将会对机构或企业的形象造成严重的影响。五是权威证实原则，即是在积极应对危机的同时，进行“曲线救国”，利用政府部门或社会权威部门出面为自己辩解，使公众解除对自己的警戒和逆反心理，重新获取公众的信任。这是机构或企业危机策略的重要原则。

危机公关5S原则对于红十字会加强危机公关，具有十分重要的意义。红十字会必须把承担责任、真诚沟通、速度第一、系统运行、权威证实等运用到危机公关中，才能最大化地取信于民，尤其承担责任与真诚沟通这两条原则更为重要。

## 三、学习借鉴危机公关的典型案例

对危机事件处理是否妥当，往往关系到机构或企业的信誉、形象、生存与发展，如果处理不好，它将给机构或企业带来“灭顶之灾”，如果处理得当，机构或企业会继续向前健康发展。近几年，红十字会遭遇多起负面报道被媒体热炒，其中“微博风波”更是导致红十字会公信力一落千丈的导火索。从这些事件的处理当中，明显看出红十字会危机处理能力的薄弱与不足。为了更好地处理危机，借鉴以往经验是一条捷径。在国内外，危机处理恰当的个案不胜枚举，其中不乏很多值得拍手称赞的精彩个案。因此，红十字会有必要潜心研究危机公关的典型案例，学习先进经验，从中吸取处理危机的各种方法和技能。美国强生公司“中毒事件”就是一起典型案例，值得借鉴。

20世纪80年代，美国强生公司曾面临了一场严重的“中毒事件”危机。其公司生产的治疗头痛的止痛胶囊“泰诺”一直受到消费者的青睐，然而在1982年9月29日却被曝出有人因服用“泰诺”止痛胶囊而死于氰中毒，一开始死亡人数只有3人，后来却传说全美各地死亡人数高达250人。其影响迅速扩散到全国各地，一时舆论哗然。“泰诺”胶囊的消费者十分恐慌，调查显示有94%的消费者表示绝不会再服用此药。医院和药店也拒绝销售此药。事件发生后，在董事长吉姆·博克的领导下，强生公司果断采取一系列措施，环环相扣，最终拯救了强生公司的信誉，并且使公司得到了更好的发展。首先，在全国范围内收回投入市场的“泰诺”止痛胶囊，并花50万美元向有关的医生、医院和经销商发出警报。然后，积极配合美国医药管理局的调查，抽调大批人马对所有药品进行检验，并在第一时间以真诚和开放的态度与新闻媒介沟通，迅速地传播各种真实消息，无论是对企业有利的消息，还是不利的消息。在中毒事件中回收的800万粒胶囊中，事后查明只有75粒受氰化物的污染，而且还是有人蓄意破坏造成的。公司虽然在回收药品上付出了1亿美元的代价，但其毅然回收的决策表明了强生公司在坚守自己的信条：“公众和顾客的利益第一”。这一决策受到舆论的广泛赞扬，《华尔街周刊》评论说："强生公司为了不使任何人再遇危险，宁可自己承担巨大的损失。"事后，强生公司为"泰诺"止痛药设计防污染的新式包装，以美国政府发布新的药品包装规定为契机，重返市场。强生公司处理这一危机的做法成功地向公众传达了企业的社会责任，受到了消费者的一致好评。原本一场"灭顶之灾"却为强生赢得了更高的荣誉，这归功于强生危机处理中的高超技巧。

这是一起成功案例，不论是企业、政府还是社会组织都可以从中得到启发：实事求是的精神、真诚的态度以及果断的策略。强生公司用暂时的损失获得了更大的收益，变不利为有利。一段时间以来，红十字会也面临信任危机，强生公司的案例无疑有着启发意义。当然还有很多其他案例也值得深入研究。

## 四、完善信息公开和沟通互动机制

完善信息公开和沟通互动机制是杜绝和减少危机产生的重要手段之一，也是危机出现妥善处理的重要途径。当代社会，以互联网为基础的新媒体掀起了网络化、数字化的潮流，信息的传递与分享可以在瞬间完成。虽然新媒体的即时、交互、共享等特性会使得危机信息的传播速度更快、范围更广，网络的隐匿性又可能使信息在传播过程中失真，影响更加恶劣。但是换一个角度考虑问题，如果因势利导，我们也可以充分利用新媒体的特性塑造红十字会的正面形象。

其一，红十字会相关部门应加快建立以互联网为基本载体的公开透明的全方位的信息披露平台，建立常态的信息发布或披露机制。要及时主动地向公众公开红十字会接受政府、企业以及个人的慈善捐助情况，善款使用、项目实施等情况以及详细的年度审计报告等信息，使红十字会在社会公众的全面监督之下阳光、健康地运行。这种机制不仅会减少危机发生的可能性，而且能够提高红十字会的诚信度，恢复公信力。必须指出，虽然经历了一系列的负面报道以后，红十字会开通了官方网站和微博等平台，但是并没有针对社会公众的需求发布相对应的信息，缺乏与公众的沟通交流。因此，要继续加强信息披露平台的建设。

其二，红十字会相关部门应积极主动地与主流媒体和网络媒体进行沟通互动。对于红十字会来说，与媒体的沟通与合作意义十分重大。首先，能够收集到社会公众对红十字会工作的意见和建议，进而改进工作中的不足之处，减少危机产生的可能性。其次，能够在危机爆发时尽快把事件的调查真相传递出去，同时能够不断地把后续处理情况及时公布出来，减少和控制负面报道的跟进，从而有效地降低危机的负面影响。再次，能够利用主流媒体的影响力进行红十字会工作的宣传和推广活动，塑造红十字会的正面形象，提高红十字会的影响力。

（作者单位：苏州大学社会学院）

# 雅安地震与红十字会的人道救援

丁泽丽

四川雅安7.0级强震，造成了巨大的人员伤亡和财产损失，各级红十字会秉承人道主义迅速开展救援行动。本文就此问题进行考察。

## 一、灾情概况

2013年4月20日上午8时02分，四川省雅安市芦山县发生7.0级强烈地震，断层破裂达35至40公里，震源深度集中分布于15公里至25公里之间，震源破裂持续时间为30秒左右，断层面最大滑动量达到1.6米。强震之后余震不断，截至24日8时，余震达4001次，其中5.0至5.9级地震4次[①]。

灾情如此之重，人员伤亡和财产损失不难想见。20日18时10分，死亡人数达124人，其中雅安市死亡113人，受伤3300人[②]。随着时间推移，死亡、失踪、受伤人数不断攀升，截至24日18点，全省累计200多万人受灾、196人遇难、21人失踪、13484人受伤。其中，雅安8县有110万人受灾、176人遇难、19人失踪、12030人受伤（重伤995人）。灾区房屋损毁严重，农村住房倒塌18.63万间、严重受损43万间；城镇住房倒塌6700多间、严重受损8万多间，其中芦山县龙门乡房屋坍塌率高达99%以上。公路、桥梁、电力、通信、水电站、水库等基础设施无不遭受破坏[③]。据估计，此次地震造成的直接经济损失约500亿元，灾后重建资金需求约为1000亿至1500亿元。若参照汶川地震损

① 《“感谢北京的救命医生”》，《北京晚报》2013年4月25日。

② 《雅安地震死亡人数已达124人》，《新京报》2013年4月20日。

③ 新京报网：《芦山地震已致196人遇难21人失踪13484人受伤》2013年4月25日，http：//www. bjnews. com. cn/news/2013/04/25/260617. html。

失的5%计算，估计直接经济损失可达422.6亿元①。尽管此次地震危害不及汶川地震之重，但它造成的各方面损失也是惨重的。

## 二、中国红十字总会统筹救援

面对突如其来的灾难，党中央、国务院高度重视。习近平总书记做出重要指示，把“抢救生命作为首要任务，千方百计救援受灾群众，最大限度减少伤亡，加强地震监测，切实防范次生灾害，妥善做好受灾群众安置工作，维护灾区社会稳定”②。作为国家减灾委员会成员之一，从事人道主义事业的救助团体——中国红十字会义不容辞，全力投入此次抗震救灾。

首先，紧急行动，有序推进。20日8时20分，总会接到地震消息后即刻召开执委会，成立雅安地震应急指挥部，中国红十字会常务副会长赵白鸽任总指挥，副会长郭长江、王海京，秘书长王汝鹏任副总指挥，启动应急预案，统筹领导全国各级红十字会开展救灾工作。华建敏会长在听取执委会报告之后，要求科学有效地开展救灾工作，确保灾民“有水喝、有饭吃、有房子住、病了有医生看”③。当天下午，赵白鸽率队赶赴灾区指导救灾。与此同时，总会启动一级应急响应。当晚，总会赈济部部长王平率救灾工作组到达芦山，与四川省红十字会、雅安市红十字会救灾工作组会合，成立由总会、省、市、县四级红十字会组成的中国红十字会芦山抗震救灾前线指挥部，统筹、协调红十字会系统的抗震救灾。“72小时黄金救援”阶段即将结束，副会长王海京发布过渡安置阶段的具体工作：“一是组织采购灾区群众急需的生活物资，配合政府做好群众安置的生活保障；二是做好大众卫生工作，在灾区群众生活安置点搭建厕所，并做好管理和维护工作；三是做好心理援助工作”④。为推进救灾工作全面有序开展，4月28日，由总会倡导，总会、北京师范大学、成都公益组织共同成立“4·20中国社会组织灾害应对平台”，集结慈善组织力量，发挥“1+1>2”的社会效应，推进灾后重建工作的

① 《芦山地震直接经济损失预计达500亿元左右》，《信息时报》2013年4月24日。

② 《人民日报》2013年4月21日。

③ 《哪里有灾情哪里就有红十字——中国红十字会雅安抗震救灾纪实》，《中国红十字报》2013年4月23日。

④ 中国红十字会网：《王海京谈“红十字会与芦山地震抗震救灾”实时播报》（二），转自人民网2013年4月24日，http://www.redcross.org.cn/hhzh/zh/newscenter/jdxw/201304/t20130424_24639.html。

有序展开。

其次，募集款物，调配物资。地震发生后，中国红十字会立即发出募捐呼吁，号召社会各界积极行动起来，发扬中华民族“一方有难，八方支援”的传统美德，踊跃捐款捐物[①]，并公布救灾专用账号、热线。各界人士伸出援手，奉献爱心，如李春平先生个人捐款600万元；泰康人寿总裁刘经纶代表公司捐款500万元；珠海远光软件有限公司董事长陈利浩个人捐款100万元等等。截至5月9日，中国红十字会官网首页显示，总会接受捐赠款物达15849.77万元，其中捐款12994.02万元，捐物2855.75万元。与此同时，总会不断向灾区调拨救灾物资。截至4月22日17时，总会、地方红会及港澳台红十字组织已向灾区提供救灾款物2933.7439万元，其中救灾物资价值2208.7439万元，救灾款725万元。随着救灾工作向安置阶段过渡，根据灾区需求，总会紧急招标采购价值2000万元的救灾物资。28日上午，总会举行紧急采购项目开标会，19家供应商参与招标采购[②]。5月8日救灾物资正式发放，截至17日，已向芦山县调拨大米93441袋、粮油41475桶[③]。

应该强调的是，在此过程中，中国红十字基金会（以下简称“红基金”）发挥了独特的作用。地震发生后，红基会立即推出“天使之旅——雅安行动”，开通雅安地震专项捐款账户。截至5月3日16时，红基会共收救灾款物2317.71万元，其中捐款1516.01万元、物资801.7万元[④]。同时派出救灾工作组前往灾区评估灾情、发放救灾物资，形成以“一站两中心”救灾模式（“天使驿站”、物流中心、信息中心）为核心，和芦山（救灾行动执行的救灾信息搜集）—成都（救灾物资接收采购和救灾信息整合）—北京（救灾款物募集和救灾信息发布）三级联动的救灾行动动员和实施框架。为保证安置过渡阶段灾民生活需求，红基金采购家庭箱发送灾区，截至5月6日，已发放价值322万元家庭箱，惠及8000个家庭、2.5万人。进入恢复重建阶段后，红基金积极签署援建意向书，援建芦山县龙门乡卫生院住院楼，资助龙门乡隆兴红十

① 《总会发出救助雅安地震呼吁》，《中国红十字报》2013年4月23日。

② 《总会救助震灾物资紧急采购开标》，《中国红十字报》2013年4月30日。

③ 人民网：《红会震区救灾物资发放工作有望十日内结束》2013年5月18日，http://www.redcross.org.cn/hhzh/zh/newscenter/wszdt/201305/t20130518-24.82.html。

④ 《红基会在灾区发放6600个家庭箱》，《中国红十字报》2013年5月7日。

字博爱中心小学和思延乡博爱初级中学的维修工程费用[①]。红基会的行动，为总会救灾增色不少。

再次，派遣救援队，深入第一线。20日下午5时，中国红十字999紧急救援队先头部队奉令奔赴灾区，随后第二梯队救援车队相继到达，开展医疗救护、后勤保障等工作[②]。这支救援队是总会于2009年5月10日成立的第三支专业紧急救援队。999急救中心院长、前线指挥部副总指挥李立兵表示，999将以“百姓命比天大，宁抢一分是一分，宁抢一秒是一秒”的院训为指导，为灾区人民提供优质服务。999紧急救援队员不辱使命，在灾区设置医疗点，为村民查体、换药、看病、提供饮食等。灾区56岁的罗大叔，双目失明，吃不洁食物，腹痛难忍，在999救援队的治疗下恢复了健康，罗大叔常说：“999紧急救援队是我的救命恩人。”为改善灾区卫生境况，999队员为灾区搭建厕所、定期卫生消毒、讲授卫生知识。尽管大震已过，鉴于余震不断，999救援队举办自救互救知识培训，教授村民自救互救知识和技能[③]。直至5月2日，救援队顺利完成救援任务，启程返京。自4月20日至5月2日，13天里999救援队在27个自然村巡诊万余人，救治灾民3000多人，转运重症患者30多人，发放药品、物资价值600多万元，运送物资里程4600多公里，为受灾群众提供就餐12200多人次。大同乡村民为表感激，亲手制作千纸鹤送别队员[④]。

最后，加强国际合作，合力应对灾难。地震发生后，总会一方面同红十字会与红新月会国际联合会、红十字国际委员会联系，通报灾情及救援情况。国际联合会立即派出救灾专家前往成都开展灾情评估等工作。美国、西班牙、加拿大、芬兰等国家红十字会纷纷致电总会询问灾情，表示随时准备为灾区提供所需帮助。其中，新加坡红十字会向灾区捐款15万新元（约合75万元人民币）[⑤]，日本红十字会捐款1.3亿日元（折合人民币840万元）[⑥]。另一方面联合红十字国际委员会开展重建家

① 《对每一份爱心负责——中国红十字基金会“天使之旅——雅安行动”纪实》，《中国红十字报》2013年5月17日。

② 《中国红十字会救灾情况通报》，《中国红十字报》2013年4月22日。

③ 《我与红十字人一起救灾的日子》，《中国红十字报》2013年5月9日。

④ 《送别》，《中国红十字报》2013年5月7日。

⑤ 中国红十字会网：《中国红十字会召开芦山地震救灾工作新闻发布会》2013年4月24日，http：//www. redcross. org. cn/hhzh/zh/newscenter/jdxw/201304/t20130424_ 24643. html。

⑥ 中国红十字会网：《日本红十字会向雅安灾区捐款1.3亿日元》2013年6月20日，http：//www. redcross. org. cn/hhzh/zh/newscenter/jdxw/201306/t20130620_ 24898. html。

庭联系工作。总会于4月24日紧急启动重建家人联系工作，与红十字国际委员会联合开设寻人网站，并制定《重建家庭联系信息搜集工作手册》。需要寻人者可登录中国红十字会官方网站，在“四川雅安地震寻人——重建家庭联系”栏目“寻找失踪者”页面进行查询，根据信息颜色断定亲人处境。红十字国际委员会寻人网站也开通雅安地震专页①，为灾民了解亲人状况提供便利。

## 三、各地分会协同救援

在总会的统筹指挥下，各省、市红十字会积极行动，以各种形式参与到抗震救灾工作中。

### （一）动员社会资源，奉献大爱之心

各级红会响应总会募捐呼吁，启动救灾应急响应预案，因地制宜，广泛进行社会动员，筹集款物，积极开展救灾工作②。这里以江苏省红十字会为例，以见一斑。

20日上午，江苏省红十字会向全省人民发出《江苏省红十字会救助四川芦山地震灾区呼吁书》，并公布捐款账号和热线。22日上午，省红会机关党委组织机关各部室、直属单位和江苏弘惠医药股份有限公司全体党员、职工举行“情系雅安，奉献爱心”捐款活动，现场募集捐款达2.21万元。各市红会积极响应，其中苏州市红十字会地震当日接受社会捐款逾千万，截至5月5日，共接受地震捐赠款物达2768余万元③。据统计，自4月20日至5月20日，江苏省红十字会系统共接收地震捐款4570.9万元，捐物价值2692.736万元④。

与此同时，一批批救灾物资发往灾区，以满足灾民日常需求。地震当天，江苏省红十字会即向灾区发去第一批价值154万元的紧急救灾物资。23日下午，全省红十字会系统集中向灾区发运第二批总价值620多万元的救灾物资，分别由南京、苏州、常州发运。28日发送第三批救灾

① 《总会紧急启动“查人转信”工作》，《中国红十字报》2013年4月30日。

② 《红十字在行动——全国各地红十字会积极开展救灾工作》，《中国红十字报》2013年4月23日。

③ 《关注生命传递爱——苏州市红十字会纪念第66个世界红十字日》，《中国红十字报》2013年5月7日。

④ 《江苏红会社监委审计芦山地震捐款》，《中国红十字报》2013年6月14日。

物资，包括帐篷、药品、服装、医疗耗材、饮水设备、香囊等，总价值1169.63万元，其中昆山宝成国际集团捐赠价值达1000.27万元服装，连同前两批和各地直接发往灾区的物资，全省红十字会系统已经累计发送价值达2135.19多万元的救灾物资①。

港澳台红十字组织也向灾区伸出援助之手。台湾红十字组织于4月21日捐款500万元救助灾区，23日组织地震灾情评估小组抵达芦山，了解灾情及救援情况，为灾区送来消毒剂等紧急物资②。澳门红十字会援助1000个家庭包③。截至5月3日，香港红十字会已收救灾捐款1200万港元，其中200万港元用于紧急救灾工作④。

在各级红会的努力下，截至6月21日，中国红十字会官网显示，中国红十字会系统共接受捐赠款物共计111711.70万元，其中地方各级红会接受捐赠款物即达88315.43万元，有力保障了救灾工作的顺利开展。

### （二）救援队奔赴灾区，开展专业救援

地震后，一些省市红十字救援队即刻集结待命，在总会统筹调配下，紧急救援队、医疗卫生救援队、供水救援队、心理救援队先后奔赴灾区，开展专业救援。

紧急救援队的主要工作是疏导交通、引导直升机着陆、物资装备卸货、搜救灾民、抬送伤员及维护灾民安置点秩序。因此，地震后第一时间奔赴灾区开展抢险救灾工作非紧急救援队莫属。20日上午9时，四川省红十字会应急救援队、四川省红十字应急通信保障志愿者大队、泸州红十字山地救援队等10支四川省内红十字救援队紧急赶赴灾区⑤。之后山东、青岛、新疆、辽宁红十字蓝天救援队、湖南省红十字志愿者紧急救援队、三亚红十字灾害应急救援队、重庆红十字应急救援队、广西红十字赈济救援队等先后抵达灾区。各救援队全力以赴，积极开展救援工作，其中红十字蓝天救援队规模较大，救援尤为得力。值得一提的是，此次抗震救灾中，三亚红十字灾害应急救援队为首次岛外救援，短短5

---

① 江苏红十字会网：《规范运作：用最低成本传递好江苏爱心》2013年4月28日，http：//www.jsredcross.org.cn/art/2013/4/28/art_62_6547.html。

② 中国红十字会网：《来自海峡那边的“爱”》2013年4月25日，http：//www.redcross.org.cn/hhzh/zh/newscenter/wszdt/201304/t20130425_24694.html。

③ 《中国红十字会救灾情况通报》，《中国红十字报》2013年4月22日。

④ 《香港红会：芦山地震收1200万善款》，《新京报》2013年5月5日。

⑤ 《哪里有灾情哪里就有红十字——中国红十字会雅安抗震救灾纪实》，《中国红十字报》2013年4月23日。

天中，9 名队员克服灾区生活不便，共救助灾民 60 余人①。

卫生医疗救援队，顾名思义主要负责灾区医疗卫生工作，为灾民送医送药，预防疫病。此次灾区医疗卫生工作主要由重庆市红十字会应急医疗救援队和云南省红十字会大众卫生救援队负责。重庆市红十字医疗救援队 15 人于地震当日 18 点奔赴灾区，带来两辆救护车、一辆物资运送车，满载 4 箱应急装备、50 公斤消杀药品、各类急救药品和器材②。救援队到达灾区后，一方面协助医院开展急救，一方面消杀救治点、居民生活点，监测饮水卫生及传染病。截至 23 日上午 13 时，重庆市红十字会医疗人员参与救治约 200 人③。震后灾区一片瓦砾，卫生厕所极为缺乏，22 日云南省红十字会大众卫生救援队抵达灾区，为灾区搭建安全、应急的简易厕所。截至 26 日已经累计搭建卫生厕所 28 个，并于受灾群众集中安置点开展卫生宣传，向受灾群众普及卫生防疫知识④。医疗卫生救援队的工作不仅方便了救灾人员、受灾群众，也改善了灾区环境，为各组织、各部门救灾工作的顺利开展创造了良好环境。

水为生命之源。为确保灾区有安全卫生的饮用水，总会调派湖南、湖北两支红十字供水救援队赶赴灾区。4 月 24 日，中国红十字会湖北供水救援队奉命出发，26 日下午 5 时抵达芦山县龙门乡五星村勘察地形、寻找水源。在全队人员共同努力下，28 日下午出水，且检测合格，可满足 6000 人需要。鉴于灾区供水紧缺，25 日总会又调派中国红十字会湖南供水救援队前往灾区，28 日救援队即为 4000 余名灾民供应上安全清洁饮用水 28 吨。为了保证水质安全，救援队实行 24 小时轮流值班，每 20 分钟检测一次水质，每两小时巡视一次送水点。“只要灾区有需要，我们将一直留守”，救援队队长吕军说⑤。两支供水救援队日夜工作，为灾区提供安全用水，工作成绩卓著，芦山县委县政府先后赠送锦旗以表感激之情。

各支救援队有条不紊相继奔赴灾区，提供专业服务。至 4 月 22 日

---

① 《海南 9 名救援队员返琼》，《南国都市报》2013 年 4 月 27 日。

② 中国红十字会网：《重庆市红十字会首支医疗救援队于当日奔赴灾区》2013 年 4 月 21 日，http：//www. redcross. org. cn/hhzh/zh/newscenter/wszdt/201304/t20130421_ 22551. html。

③ 重庆红十字会网：《重庆市红十字会应急医疗救援队抗震救灾工作情况》2013 年 4 月 26 日，http：//opera. cqnews. net/content. asp？ id = 3156&sid = 29&xid = 77。

④ 中国红十字会网：《红十字救援队芦山灾区工作情况一览（4 月 27 日）》2013 年 4 月 28 日，http：//www. redcross. org. cn/hhzh/zh/newscenter/wszdt/201304/t20130428_ 24740. html。

⑤ 《“放心水”红十字造——中国红十字会供水救援队支援地震灾区纪实》，《中国红十字报》2013 年 5 月 7 日。

17 时，共 25 支救援队、400 名队员、113 台救援车辆奋战在灾区①。至 4 月 28 日 18 时，各救援队累计救治伤病群众 1694 人，转运伤病群众 60 人，搜救排查 4474 户，设立医疗救护点 9 个，搭建厕所 28 个②。

紧急、医疗卫生、供水救援队为灾区提供了物质或外在的需求，满足了灾民的生存需要，但地震中灾民家园丧失、亲人离去，情绪极为不稳定，特别是对于正在成长的孩子，更是晴天霹雳。为此，总会先后调派江西、浙江红十字心理救援队奔赴灾区第一线开展心理干预。5 月 2 日，江西省红十字心理救援队到达灾区。经过精心准备，5 月 6 日，救援队于双石镇中学初三年级学生中开展“团结、信任、相亲相爱”为主题的团体辅导活动，同时私下进行个案疏导。在灾区期间，江西队共设立“帐篷心理咨询室”2 个，在 3 所学校开展团体辅导近百场，受益学生达千余名；提供个案心理干预 10 余例；培训老师 100 多名；走访附近灾民安置点 10 余次③。浙江省红十字会心理救援队亦不辱使命，进行心理健康筛查 1255 人次，个别心理辅导 108 人次，团体心理辅导 465 人次，学生家庭心理辅导 64 人次，社区团体心理辅导两场共 58 人次；举办心理沙龙 3 场，参加老师 38 人次；针对毕业班学生考前心理辅导专题讲座两场共 76 人次④。心理救援队的帮助，有助于灾区群众摆脱地震阴影，重新鼓起生活的风帆。

## 四、红会救灾工作之进步

在这次抗震救灾行动中，作为人道主义组织的中国红十字会，全力投入紧急救援工作，为抗震救灾前期工作立下汗马功劳，充分诠释了党和政府人道领域助手的角色。灾后重建是一项长期工作，中国红十字会及时将工作重心转移到灾后重建上来⑤。纵观此次救灾行动，以下几点值得注意：

---

① 《急灾区之所急　帮灾民之所需——中国红十字会常务副会长赵白鸽赴四川芦山地震灾区纪实》，《中国红十字报》2013 年 4 月 23 日。

② 中国红十字会网：《红十字救援队芦山灾区工作情况一览（4 月 28 日）》2013 年 4 月 29 日，http：//www. redcross. org. cn/hhzh/zh/newscenter/wszdt/201304/t20130429_ 24745. html。

③ 《奔赴雅安“解心结”——江西省红十字心理救援队赴芦山地震灾区开展心理救援侧记》2013 年 5 月 24 日，http：//www. redcrossol. com/sys/html/lm_ 8/2013-05-24/134542. html。

④ 《守望心灵　温暖灾区——浙江省红十字会心理应急救援队芦山灾区工作纪实》，《中国红十字报》2013 年 5 月 21 日。

⑤ 《总会工作组对接雅安灾后重建》，《中国红十字报》2013 年 5 月 28 日。

其一，应急协调能力提高。地震发生后，总会立即通电四川省红十字会了解灾情，召开紧急会议，成立雅安地震应急指挥部，发出募捐呼吁书，为灾区筹备救灾款物，火速向灾区调配救灾物资。四川省红十字会第一时间开展紧急救援，派出数十支红十字救援队赶赴灾区开展搜救工作。在总会的号召下，其他省市红十字会纷纷发出募捐呼吁，红十字紧急救援队、医疗救援队、大众卫生救援队、心理救援队迅速集结待命，由总会统一调配，既保证了现场救援秩序，又实现了救援效益最大化，应急协调能力明显提高。尽管"郭美美事件"的阴影挥之不去，但红十字会并未因此止步，而是负重前行，用行动践行"人道、博爱、奉献"的红十字精神，找回公众信任①。

其二，完善监督机制，做到公开透明。各级红十字会严格依照《中华人民共和国红十字会法》之规定开展募捐，于官方网站公布捐款来源与使用，并邀请社会监督委员会全程监督资金募集和使用情况，同时接受政府审计部门、红会内部纪检部门和社会组织、新闻媒体等第三方机构的监督。中国红十字会副会长王海京表示："我们一方面要做到接收捐款的公开，更要做到使用的公开，我们会把接收所有捐款的详细使用明细及时发布给大家。"② 招标采购2000万元救灾物资就是一个例子，4月26日至27日，总会发布招标公告，根据灾区要求紧急采购价值2000万元救灾物资（包括1300万元粮食、700万元食用油）。从发布招标公告到正式招标、评标，到物资发放，红十字会都接受人民网与中国红十字会社会监督委员会联合征集的3名志愿者全程跟踪监督，提供各中标企业救灾物品所有生产发货周期内的抽检批条及本次招标书及生产合同。5月8日正式监督物资发放，认为整个物资发放过程公开、透明、合理③。征集志愿者全程监督物资发放是前所未有的新举措，国际红会代表范马丁给予肯定："这种来自民间的监督是一种创新的、有建设性的方式……而且可以作为一个很好的范例推广到其他国家红会。"④ 这说明中国红十字会监督机制不断完善，透明度有所提高。

其三，应急救灾机制进一步完善。4月28日，中国红十字会总会牵

① 《用行动找回对红十字的信任》，《人民日报》2013年5月2日。

② 《王海京谈"红十字会与芦山地震抗震救灾"》2013年4月24日，http://www.redcross.org.cn/hhzh/zh/newscenter/jdxw/201304/t20130424_24638.html。

③ 《2000万元紧急采购物资开始分发》，《中国红十字报》2013年5月10日。

④ 人民网：《专访国际红会代表：希望大家能够认可中国红会努力背后的决心》2013年5月8日，http://society.people.com.cn/n/2013/0508/c1008-21399031.html。

头，联手北京师范大学、成都公益组织“4·20联合救援行动”，发起成立“4·20中国社会组织灾害应对平台”，旨在推动社会组织参与芦山地震救援和重建的信息共享，发挥同类型社会组织的特长和经验，提高社会捐赠资源的使用效率，探索社会组织互帮互助联合应对灾害新机制，推动中国各领域各层次社会组织的发展成长。三方各司其职，中国红十字会致力于和政府沟通协调、与国际社会合作、组织协调社会力量和资源；北京师范大学为平台提供技术支持和智力支撑；已加入成都公益组织“4·20联合救援行动”的60余家当地公益组织重在执行以社区为本的救灾、救助工作。该平台是社会组织按照平等、高效、协同原则合作应对灾害的平台，也是完善以社区为主导的基层社会治理模式的有效尝试[①]。这一平台，一经搭建，即受到好评，5月22日，中国初级保健基金会与中国社会工作协会社会心理健康指导中心等组织表示加入，共同致力灾后重建[②]。不难发现，这一平台的建立一方面最大程度地利用了社会资源，实现了救灾效益最大化，完善了中国红十字会救灾机制；另一方面也体现了中国慈善机构联合抗震救灾的意愿，有利于推动形成中国慈善事业发展的新方向，即联合社会组织，取长补短，互相支持，共同发展。

（作者单位：苏州大学社会学院）



① 《“4·20中国社会组织灾害应对平台”成立》，《中国红十字报》2013年4月30日。

② 《芦山地震灾后重建项目“对接”中国红十字会参与并与部分社会组织沟通》，《中国红十字报》2013年5月24日。

# 芦山地震期间中国红十字会的危机应对

丁泽丽

芦山地震后，各种负面新闻扑面而来，红会公信力降至冰点，陷入“塔西佗陷阱”，红会于危机应对中踏上改革之路。本文就此焦点事件做一探究。

## 一、舆论风波

自2011年“郭美美事件”以来，中国红十字会负面新闻不断，“万元餐事件”“募捐箱发霉事件”等等，接二连三将红会推向舆论的风口浪尖。2013年4月20日，四川雅安芦山发生7.0级强震，红会秉承人道主义宗旨迅速展开抗震救援行动，自募捐至救援，红会屡遭质疑，陷于重重危机之中。

地震发生当日，中国红十字会总会于官方微博发布第一条赈灾信息中的“考察灾情”表述被网友质疑“太官腔”。随后，“台湾红会先捐500万再进震区”，“中国红十字会未入国际红十字会”，“虚开发票”，“壹基金募得捐款须交红会”，“金佛珠项链事件”，“浪琴表事件”，“8000多万善款风波”，“民众屡爆‘被捐款’”，“社监委实为红会‘公关部’”，等等质疑声浪迭起，矛头直指红会。与此同时，譬如“郭长江炫富”“红十字会路虎车队”“名人大腕只捐1分钱”“捐款箱纸币为何发霉”“花冈基金事件”等“旧事重提”。各大网络媒体纷纷报道，一时间红会成为舆论焦点，深陷舆论旋涡。根据中青舆情监测室统计，“红十字会动态”成为震后60小时内排名第五的热度词[①]。人民网舆情监测平台显示，自5月27日至6月27日，关于中国红十字会的相关新





① 《红十字会的无奈凸显了什么》，《中国青年报》2013年4月26日。

闻达 17382 条，如下图[①]：

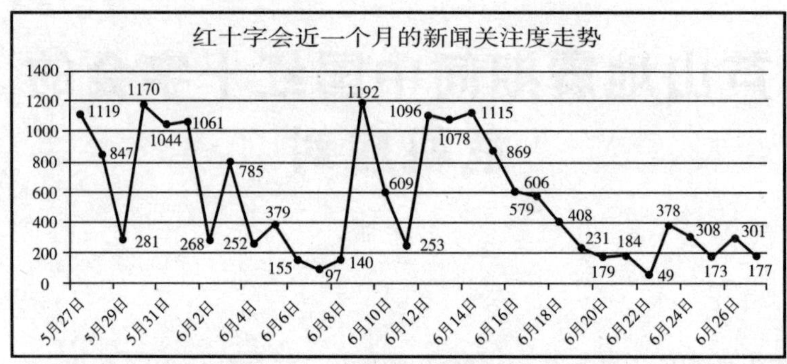


从新闻关注度走势来看，跌宕起伏，平均每天的报道量为 580 条，关注度之高，不难想见。

## 二、危机应对

面对质疑，中国红十字会一面全力开展抗震救灾人道主义救援，一面一一给予及时回应，既确保了救灾工作的顺利开展，也积极维护了红十字会名誉。但不可否认，其中一些回应有不尽如人意之处。纵观此次危机回应，大致可分为以下两种：

### （一）无中生有的，坚决否认

针对 IBTimes 中文网《台湾红十字会：大陆要求先援助五百万人民币》的报道，4 月 21 日，中国红十字会社会监督委员会（以下简称“社监委”）发布此事调查结果，“不捐 500 万就不能进灾区”说法纯属捏造，境外救援不取决于红会，由国务院抗震救灾指挥部决定，外交部掌握政策和协调。台湾红十字组织也挺身而出，声明大陆红十字会从未提出“‘不捐 500 万就不能进入灾区’，该消息为错误报道，绝无此事，期盼外界能够在灾难发生的当下，莫将人道赈济工作做出错误解读，引



① 人民网：《解构近一个月中舆情场中的红会舆情》2012 年 7 月 5 日，http：//society. people. com. cn/n/2013/0705/c1008-22087030. html。

发莫须有的误解”[①]。谣言很快得以澄清，IBTimes 中文网随即将消息删除[②]。与此同时，社监委发表声明，指出中国红十字会确为红十字会与红新月会国际联合会成员，1904 年上海万国红十字会创立，1912 年定名为中国红十字会，1912 年 1 月 15 日正式成为国际红十字运动成员之一，1952 年 7 月被确认为中国唯一合法的全国性红十字会。红十字会与红新月会国际联合会官方微博亦发表声明，称中国红十字会不仅是国际红十字运动的一员，而且是非常重要的一员[③]。国际红会代表接受人民网采访时，在肯定中国红十字会的合法身份的同时，一针见血地指出“‘中国红十字会不是国际红十字运动成员’的说法是完全错误的”[④]。事实如此，有理有据，红会很快沉冤得雪。

一波未平一波又起，4 月 21 日两张图片引发又一轮的质疑，即“壹基金仍是红会架构”及“浪琴表事件”。事实上，壹基金于 2007 年挂靠红会下成立，到 2010 年底于深圳市民政局注册独立。因壹基金英文页面介绍未能及时更新，引起误会，壹基金表示新的英文页面将立即进行调整。关于账户问题，壹基金指出，“2011 年 1 月，深圳壹基金公益基金会正式成立后，壹基金 Paypal 账户直接提入深圳壹基金账户，账户提出唯一定向为深圳壹基金公益基金会”。创始人李连杰亦声明，壹基金是具有公募权的独立法人组织，善款不会转给任何组织、个人，只会直接用于灾区救助。红会方面给予回应，现在壹基金已经完全独立于红十字会，二者没有任何关系，壹基金下拨善款不用经过红十字会[⑤]。关于“红会工作人员佩戴浪琴表”一事实属网友乌龙，此中“红会工作人员”实则《新京报》记者，所谓的“浪琴表”价值为 400 元人民币[⑥]。

4 月 22 日，“中江县红十字会开具虚假发票”“红会工作人员戴金佛珠项链”掀起质疑新潮。社监委调查指出，前者实属旧谣重炒，谣言缘起 1991 年，而中江县红十字会成立于 1992 年，“虚开发票”纯属谣言[⑦]。至于“红会工作人员戴金佛珠项链”一事，佩戴者彭措邓珠表示



① 人民网：《红会社监委回应“先捐钱再进震区”等传言欢迎社会监督》2013 年 4 月 22 日，http://society.people.com.cn/n/2013/0422/c86800-21231135.html。

② 《红会：未收台 500 万“买路钱”，称“不捐 500 万不能进灾区”为捏造，境外救援由国务院抗震救灾指挥部决定》，《新京报》2013 年 4 月 22 日。

③ 《红十字会的无奈凸显了什么》，《中国青年报》2013 年 4 月 26 日。

④ 人民网：《专访国际红会代表：希望大家能够认可中国红会努力背后的决心》2013 年 5 月 8 日，http://society.people.com.cn/n/2013/0508/c1008-21399031.html。

⑤ 《红十字会的无奈凸显了什么》，《中国青年报》2013 年 4 月 26 日。

⑥ 《对自己的救援　雅安地震中的中国红十字会》，《南方周末》2013 年 4 月 26 日。

⑦ 《红十字会的无奈凸显了什么》，《中国青年报》2013 年 4 月 26 日。

无奈，“我为红十字会工作有错吗?”“我觉得我有钱和做志愿者并不冲突，因为我做志愿者发自内心”[①]。常务副会长赵白鸽于新闻发布会上亦表示，所谓“金链哥”并非红会工作人员，而是参与救灾的志愿者[②]。

面对诸如此类无中生有的谣言，红会用事实坚决否认，将真相公布于众。

### （二）确属实情的，诚恳道歉

2013年4月25日，艺术家方力钧于微博中称：“2008汶川地震，一百多名艺术家义拍8000多万元，定向捐给青城山市，所有工作公开进行。至今日，青城山没收到，善款不知所终。我本人未得到善款使用的任何说明。”之后，多位参与义拍的艺术家转发“同问”[③]。一石激起千层浪，各界哗然。南都记者查阅红会博爱家园项目介绍、报告、讲话、报道，未得2008年义拍善款信息。各发起方共同表示：“希望中国红十字总会能够尽早给予艺术家们一个回应[④]。”

中国红十字会确认，收到8472万元善款，因捐方所提援建项目最终未能纳入四川灾后重建规划，所以立项选点工作未能落实。根据汶川灾后重建实情，总会执委会将捐款用于川、陕、甘等受灾省区援建博爱家园。该项目2011年启动，以“防灾减灾、健康促进、生计发展、人道传播”为主要内容，包括修建逃生路、防洪坝、避难场所、安全饮水工程、文化广场等，每个项目平均资助35万元，目前累计立项242个，使用资金8470万元[⑤]。4月29日，中国红十字会于官网公布“关于百名艺术家捐款使用情况的说明”，澄清善款用途的同时，亦表示，善款用于博爱家园建设，虽然与捐款人意愿大体一致，但在捐款使用及灾后重建上未能与捐款人及时沟通，对捐款人服务不够，“为此，我们向相关捐赠者致歉，并将在今后的工作中积极加以改进”。公布善款使用说明、公开道歉，并未能平息众怒。网友众议，善款未征得捐款人同意，改变具体用途，违反《中国红十字会募捐和接受捐赠工作管理办法》。事实上，善款另用虽与法不符，但并不违法。中民慈善捐助信息中心专家宋

① 《对自己的救援　雅安地震中的中国红十字会》，《南方周末》2013年4月26日。

② 《抹黑还是谜团——盘点红会那些事儿》，《新京报》2013年5月4日。

③ 《捐赠人质疑超8000万善款不知去向　红会承认未按指定项目用善款　红会：善款被用于建博爱家园》，《京华时报》2013年5月1日。

④ 《艺术家追问8000万善款去向》，《南方都市报》2013年4月28日。

⑤ 《巨额善款莫名走失，以何自救红会当思》，《南方都市报》2013年4月29日。

宗和指出，善款最终仍是用于汶川地震的相关救援项目，只是这种行为不合情理，没有顾及捐赠人的感受，合法不合情[①]。总而言之，红会难辞其咎，致歉改正理所应当。

## 三、重查“郭美美事件”未果，社监委陷信任危机

危机四起，红会陷入“塔西佗陷阱”，百口莫辩。之所以面临如此困境，社监委委员王永认为“解铃还须系铃人”，这种危机是“郭美美事件”后遗症的表现。为实现“刮骨疗伤”之效，4 月 24 日，王永提议重查“郭美美事件”[②]，明确说明重查“郭美美事件”原因：一则人们对红会善款使用的质疑，芦山地震后，红会官方微博十几万个“滚”实为有力证明。二则红会对“郭美美事件”的调查结果疑点重重，没有对公众质疑给予正面回应[③]。王永表示将于 5 月中下旬正式启动，准备征集志愿者扩充监督力量，并邀请社会公众、网友代表直接参与调查。

重查“郭美美事件”随即成为舆论焦点，各种报道扑面而来[④]。5 月 27 日至 6 月 27 日，一个月中有关红会与郭美美的报道达 11252 条，占红会总报道数的 64.7%。微博平台对此热议更是有过之而无不及，截至 6 月 27 日，有关红十字会的相关信息达 6500 万条[⑤]。大都指出，红会重塑公信力根本之道并非“切割”与“郭美美”关系，这只不过是“历史遗留的一笔呆账”。公众更关心“社会监督能否成为固态的机制？善款善物集散公开透明是否能够常态化？红会与公众的对话和沟通能否平等化？”[⑥] 事实上，对于此事社监委并未达成共识。红会则坚持原有声明，即红会没有商业总经理这个职务，郭美美在红会及商红会没有担任

---

① 《捐赠人质疑超 8000 万善款不知去向　红会承认未按指定项目用善款；红会：善款被用于建博爱家园》，《京华时报》2013 年 5 月 1 日。

② 《66 家基金会公开芦山地震捐款流向　红会社监委拟重查郭美美事件》，《南方周末》2013 年 4 月 24 日。

③ 中国网：《红会社监会未就重新调查郭美美事件达成共识》2013 年 5 月 6 日，http：//news. china. com. cn/live/2013-05/06/content_ 19809899. html。

④ 《红十字会的无奈凸显了什么》，《中国青年报》2013 年 4 月 26 日；《再查“郭美美”能否重塑红会公信》，《新京报》2013 年 4 月 25 日；《重查“郭美美”能否为红会救赎》，《新华每日电讯》2013 年 4 月 25 日。

⑤ 人民网：《解构近一个月中舆情场中的红会舆情》2012 年 7 月 5 日，http：//society. people. com. cn/n/2013/0705/c1008-22087030. html。

⑥ 《重查“郭美美”能否为红会救赎》，《新华每日电讯》2013 年 4 月 25 日。

任何职务，其炫耀的资产财富和红会及公众捐款没有任何关系。常务副会长赵白鸽表示，“如果那个声明有问题，我负全责”[①]。当然，如果调查正式启动，总会表示积极配合，但目前的任务集中于抗震救灾，此事暂放于救灾之后。直至6月社监委全体委员大会上，这一事件尘埃落定，社监委表示自身并无调查权，若公众提供新证据，社监委可建议红会会同有关部门重新调查，并表示不仅是“郭美美事件”，其他“美美”事件的调查，社监委亦无权启动[②]。

重查“郭美美事件”未果，社监委深陷信任危机。5月13日，知名爆料人周筱赟微博爆料：“中国红十字会社监委实际就是‘红会公关部’，红监会的核心人物王永作为发言人，听命于赵白鸽，绑架了其他委员”，并指出社监委办公费用由红会支出，资金无法独立何谈独立调查，且社监委新闻发言人王永的公司“品牌中国产业联盟”与红会有商业利益往来，近日红会常务副会长赵白鸽当选“2013年中国十大品牌女性”，王永为其颁奖，其中关系不言自明[③]。之后社监委委员王振耀、袁岳、张勇、金锦萍先后遭受质疑：王振耀挪用善款建公益研究院；袁岳为红会做项目；张勇与红会有直接利益关系；金锦萍为红会“卧底”，五位委员相继被“起底”，把社监委推向风口浪尖。

面对质疑，王永、王振耀、黄勇、金锦萍均表示与红会绝无利益关系。其中王振耀挪用善款建立研究院一事确属子虚乌有，壹基金传播部总监姚瑶已明确表明：“直接、间接的都跟红会没关系”，实为上海壹基金定向捐助[④]。但不可否认，其中不乏利益关系的存在，委员袁岳所在零点公司承接红会评估项目，收费6万元，确属实情，袁岳已承认，并表示退回委托款，改为义务支持，如有必要，将辞去社监委委员一职[⑤]。中国社会科学院于建嵘研究员指出，类似委员袁岳及其公司的这种行为是绝对错误的，违背了最基本的利益回避原则[⑥]。

---

① 《“3年不改红会印象就请辞”》，《新京报》2013年4月29日。

② 《红监会：难以调查“美美”们　定位由“监督机构”变为“沟通桥梁”　委员称现有机制缺乏监督能力》，《京华时报》2013年6月15日。

③ 《红会第三方监督为何引发质疑》，《新京报》2013年5月14日。

④ 人民网：《北师大回应挪用红会两千万建研究院：属凭空捏造》2013年5月28日，http：//scitech. people. com. cn/n/2013/0528/c1057-21645024. html。

⑤ 《身陷质疑漩涡6月9日将开全体委员大会　红会社监委身份或重新定位》，《京华时报》2013年6月3日。

⑥ 人民网：《社监委独立性再引质疑　三委员忙撇清与红会利益关系》，2013年5月28日，http：//politics. people. com. cn/n/2013/0528/c70731-21646868. html。

社监委之所以陷入危机，一则与其工作态度不无关系。就重查“郭美美事件”一事而言，之前社监委微博已声明社监委内部已对重查“郭美美事件”初达共识，之后又指出“社会监督委目前没有开会做出决定要重查GMM，真实情况是社监委王永、刘姝威两位委员的个人提议”①。前后不一，难以使人信服。两则爆料并非全属乌龙，王永公司并非公益社团，而是商业机构；袁岳零点公司收取项目评估费亦属实。为此6月9日社监委提出，委员任职一年及离任一年，不得参与红会的项目，提供有偿服务，并将社监委定性为红会与公众、媒体沟通的专业桥梁②，而非此前所称独立第三方。

社监委自2012年12月7日成立以来，并非无所作为，如调查“红会购买别墅事件”“募捐箱发霉事件”等，调查结果令人信服。在此次抗震救灾中，监督红会善款使用的同时，联合人民网征集志愿者监督总会2000万紧急救灾物资招标、采购、发放③，其中可圈可点之处不言而喻。但此次信任危机也对社监委敲响警钟，保持自身独立性，坚定公正、公开、公平原则，履行自身职责，方能更好提升自身信任度。

## 四、红会踏上改革之路

中国红十字会深陷舆论旋涡，社监委亦遭质疑。常务副会长赵白鸽表示，“红会改革势在必行，只有改革才能应对挑战”，并表示“如果两到三年，还是不能翻转‘黑十字’的印象的话，我自动请求辞职!”④事实上，“郭美美事件”以来，尤其是此次芦山地震抗震救灾行动中，红会改革不断推进，主要表现为以下几点：

其一，不断趋向廉洁高效、公开透明。地震当日中国红十字会立即发出募捐呼吁书，调配救灾物资，相继向灾区派遣紧急救援队、医疗卫生救援队、供水救援队、心理救援队展开救援工作。截至4月22日17时，已派出25支救援队，各救援队秉承人道宗旨全力救援，至28日18

---

① 《红会：我没说重查郭美美　红会社监委新闻发言人称调查决定权不在红会》，《京华时报》2013年4月27日。

② 《红监会：难以调查“美美”们　定位由“监督机构”变为“沟通桥梁”　委员称现有机制缺乏监督能力》，《京华时报》2013年6月15日。

③ 人民网：《现场监督红十字会两千万捐赠物资》，2013年5月2日，http：//society.people.com.cn/n/2013/0502/c1008-21335805.html。

④ 《赵白鸽：不翻转“黑十字”将辞》，《北京晚报》2013年4月29日。

时，累计救治伤病群众1694人，转运伤病群众60人，搜救排查4474户，为1458人次提供心理辅导帮助，设立医疗救护点9个，搭建厕所28个，设置应急供水站2个[①]。自“郭美美事件”以来，善款使用成为关注焦点。雅安地震，红会采购招标2000万紧急救灾物资，积极配合社监委、人民网志愿者全程监督，为志愿者提供招标企业救灾物品所有生产发货抽检批条、招标书及生产合同[②]。此种监督方式为中国红会首创，得到国际红会代表范马丁的赞赏：“这种来自民间的监督是一种创新的、有建设性的方式，……而且可以作为一个很好的范例推广到其他国家红会”[③]。这种廉洁高效、公开透明之举，值得肯定。

其二，提高开放程度，完善灾害应对机制。为推动社会组织参与芦山地震救援和重建信息共享，发挥同类社会组织特长和经验，提高社会捐赠资源使用效率，探索社会组织互帮互助联合应对灾害新机制，推动中国各领域各层次社会组织的发展成长，4月28日，总会联合北京师范大学、成都公益组织“4·20联合救援行动”共同成立“4·20中国社会组织灾害应对平台”[④]。该平台是中国红十字会首次联合社会组织共同推进慈善救助事业的表现。之后，中国红十字基金会亦发起成立“中国基金会4·20救灾行动自律联盟”。历史上，红会在慈善领域可谓一枝独秀。随着世情、国情变化，慈善领域“百花齐放”已为必然趋势，2012年全国共有社会组织49.2万个，比上年增加了3万个[⑤]。中国红十字会主动联合其他慈善组织共同行动，无疑是其社会性、开放性的表现。

其三，努力完善法律体系。在总会的努力下，修改《红十字会法》列入预备项目，将于2013年或者以后年度安排审议。2012年6月总会已启动修改《红会法》工作，组织专家开展基层调查与专项研究，经反复修改，已形成修订稿，提交全国人大常委会。总会对修法十分重视，

① 中国红十字会网：《红十字救援队芦山灾区工作情况一览（4月28日）》2013年4月29日，http：//www.redcross.org.cn/hhzh/zh/newscenter/wszdt/201304/t20130429_24745.html。

② 人民网：《现场监督红十字会两千万捐赠物资》，2013年5月2日，http：//society.people.com.cn/n/2013/0502/c1008-21335805.html。

③ 人民网：《专访国际红会代表：希望大家能够认可中国红会努力背后的决心》2013年5月8日，http：//society.people.com.cn/n/2013/0508/c1008-21399031.html。

④ 《“4·20中国社会组织灾害应对平台”成立》，《中国红十字报》2013年4月30日。

⑤ 《社科院发布〈中国慈善发展报告（2013）〉，去年红会接收国内社会捐赠总量下降近三成》，《新京报》2013年6月1日。

并于第九届常务理事会第五次会议上报告修法进展情况[①]。尽管修订后的《红会法》尚未出台，但重修《红会法》无疑体现了红会改革的决心与魄力，这对红十字事业的未来发展至关重要。

对于红会已有的改革，赵白鸽常务副会长总结称，“一是明确了赋权方向，二是形成了核心业务体系，三是为实现这些核心业务，加强和完善了人才队伍”。然而重建公信力实为当务之急，而要重拾公信力，必须在公开透明、公众参与、社会监督等方面不断改革创新。对此，赵白鸽指出，“第一，让公众了解情况，所谓知情，不光是把捐赠款物的数量公布，还应该告诉公众为什么要这样做、做了什么、未来要做什么，这样一个过程的管理，都应该做得更深、更细。第二，要让公众也参与决策，在这样一些过程中，要畅通更多的参与渠道，让公众更好参与进来。第三，必须完善公众监督机制，媒体就是公众监督的一个特别重要的载体和渠道”[②]。舆论风波将红会逐步推上改革之路，并指明了改革方向。从这方面看，客观上具有推动作用。笔者认为红会可借“三镜”（显微镜、放大镜、望远镜）审视自身，针对筹资“不得当”、财务“不阳光”、经费“不知情”问题[③]戴上显微镜，做到全面公开善款募集、使用；对于“宣传”不知晓、“谣言”难终结戴上放大镜，加强宣传、广结善缘，权责明晰、依法维权；勾勒红会未来发展蓝图则须戴上望远镜，开放怀抱、合作发展。在红会改革之路上把握好“三镜”，想必对公信力重建会有所帮助。

（作者单位：苏州大学社会学院）



① 《红会需维护生命和道德底线——中国红十字会召开九届五次常务理事会》，《中国红十字报》2013 年 7 月 30 日。

② 《赵白鸽谈中国红十字会发展不回避敏感话题》，《齐鲁晚报》2013 年 7 月 17 日。

③ 《恢复重建公信力要解决“五不”问题——在宣传、筹资、财务、参与、能力等方面分别解决不知晓、不得当、不阳光、不知情、不会干的问题》，《中国红十字报》2013 年 6 月 25 日。

# 2013年国际红十字运动新动态

池子华　徐　璐

红十字运动自1863年兴起，至2013年已走过了150年的风雨历程。150年后的今天，红十字国际委员会（以下简称ICRC）、红十字会与红新月会国际联合会（以下简称IFRC）与189个成员，在团结与合作中已然铸就起了全球最大的人道网络。作为开展人道行动以来的第150个年头，2013年对于国际红十字运动而言，依旧充满着严峻的考验和挑战。回顾这一年，红十字组织除了继续在战争或武装冲突、自然灾害情况中担任人道行动的主导角色外，至少有以下几点值得关注。

## 一、持续扎实推进人道行动

尽管和平与发展已成为时代的主题，但是世界各地仍有数百万人正在遭受日益复杂的武装冲突及其他暴力局势的影响，并且时至今日，他们的生活也鲜有大幅改观的希望。鉴于此种艰难的安全局势，ICRC在2013年持续扎实推进一系列人道救援行动，加大行动预算支出，以此应对突发与长期冲突并存下的各种需求。

一方面，面对突发性的社会暴力或武装冲突以及自然灾害带来的严重人道影响，ICRC积极设法达成其追求的目标也是其最基本的挑战，即深入一线，“接触受影响群体和个人并确保对他们的需求予以高质量的整体应对”①。1月，菲律宾在台风“宝霞”袭击的一个多月后人道需求依然巨大，ICRC与菲律宾红十字会继续加大联合应急行动的力度，工作重点包括加强当地急需的医疗服务，采取紧急措施解决临时住所问

① 红十字国际委员会网站：《红十字国际委员会2013年行动综述》，http：//www.icrc.org/chi/resources/documents/report/12-06-emergency-appeals-2013-overview.htm，2012年12月6日。

题，并为最贫困的人提供食品、饮用水和基本生活用品，从而保证人们集中精力重建生活[①]。3 月，利比亚奈富塞山区爆发部族冲突，ICRC 联合利比亚红新月会，为数千流离失所者分发食品、药品和其他基本援助物资[②]。与此同时，中非首都班吉的战斗愈演愈烈，暴力达到前所未有的程度，安全局势很不稳定，人员伤亡状况惨重，医院供不应求。自 3 月 23 日起，ICRC 与中非红十字会已为近 800 名伤员提供基本医疗服务，并为该国中部和北部地区的农村社区发放应急物资，建立流动医疗队，确保民众能够得到医疗服务[③]。除此之外，在刚果共和国北基伍省升级的武装暴力及缅甸的部族冲突中，ICRC 因地制宜，公正地开展暴力应对工作，确保平民与伤员不受歧视地获得医疗服务。11 月，菲律宾中部地区又突遭台风“海燕”的重创，ICRC 与 IFRC 共同为菲律宾的台风救灾工作发起捐助，并且紧急展开针对食品、洁净水、住所、医疗服务及其他需求的应急服务。

另一方面，从恢复生产的长远角度，ICRC 亦将改善受难者的脆弱性、增强援助对象的恢复能力以帮助其发挥主动性，作为人道应对的工作方向。2013 年，ICRC 全球行动的重点仍然集中在非洲与亚洲部分地区。在叙利亚，ICRC 大幅增加对平民居民的医疗支持，且不仅限于叙利亚境内，还帮助在约旦、黎巴嫩和伊拉克等周边邻国避难的叙利亚人，为之提供食品、水等基本生活物资[④]。而伊拉克数十年冲突造成的伤痕不但阻碍该国的经济复苏，而且不确定的暴力事件仍时有发生，ICRC 除了帮助探视监狱关押者、加强医疗工作与重建家庭联系外，更持续推动该国对国际人道法的遵守和对最脆弱人群的援助，特别是养家糊口的女性与流离失所人口，帮助他们实现经济独立。阿富汗地区作为 2013 年 ICRC 投入行动资金最多的地区，武装冲突一直没有任何缓和的

① 参见红十字国际委员会网站：《菲律宾：红十字为 28 万名台风灾民提供援助》，http：//www. icrc. org/chi/resources/documents/update/2013/01 – 15 – philippines – typhoon – bopha. htm，2013 年 1 月 16 日。

② 参见红十字会国际委员会网站：《利比亚：奈富塞山区部族冲突后数千人需要援助》，http：//www. icrc. org/chi/resources/documents/news – release/2013/03 – 07 – libya – displaced – tribal – clashes. htm，2013 年 3 月 7 日。

③ 参见红十字国际委员会网站：《中非共和国：在雨季到来前分发应急物资》，http：//www. icrc. org/chi/resources/documents/update/2013/05 – 31 – central – african – republic – emergency – aid. htm，2013 年 5 月 31 日。

④ 参见红十字国际委员会网站：《叙利亚：加大工作力度，应对人道需求》，http：//www. icrc. org/chi/resources/documents/news – release/2013/05 – 13 – syria – finances. htm，2013 年 5 月 13 日。

迹象，ICRC与阿富汗红新月会为该国当地医院提供医疗用品和专业指导，并支持阿富汗红新月诊所为伤病员提供治疗和护理。同时ICRC阿富汗代表处在7月制作了12集系列广播节目，通过阿富汗国内阿尔曼调频和阿库拉齐阿广播播出，作为向阿富汗民众开展人道宣传工作的有效途径[①]。另外，ICRC还不遗余力地为相对无人关注的国家提供至关重要的人道恢复服务。例如在菲律宾，从1月到4月，为确保受灾区民众恢复正常生活，ICRC工作迅速从救济转向生计支持，以工赈项目为社区成员创收[②]。

以上事实表明，在日益多样化的人道格局下，国际红十字运动不仅注重扎实有效地向暴力局势受难者提供紧急的应急支持，而且对于最脆弱人群的需要，正积极确保进行双向对话寻求反馈，并通过设法加强他们重建生活和应对未来危机的能力，来调整自身的援助策略与行动。

## 二、注重向人道发展领域投资

2013年，IFRC除在叙利亚、中非、缅甸等地区的动乱，尼日利亚洪灾，伊朗6.3级地震，波士顿马拉松爆炸，中国雅安地震与台风海燕等灾害造成的人道危机中进行紧急援助，提供食品给养和医疗急救之外，近年来，更不断将注意力转向人道发展领域，逐渐把发展工作与人道援助相结合。

在2013年5月13日于中国北京召开的“发展与人道”中非合作部长级研讨班上，IFRC秘书长比开利·格雷塔发表题为《红十字运动在发展领域的实践与前景》的演讲，其中就特别指出，灾害响应等紧急人道援助工作以外，IFRC在发展领域发挥了巨大作用[③]。这些发展工作涉及减灾备灾、粮食安全、生计、健康、水和卫生、倡导与能力建设等多个方面，这既是IFRC旨在使世界变得更美好的“2020战略”目标，同时也是IFRC在2013年力图得到认可、推广与发展的人道项目。

① 红十字国际委员会新浪微博：http：//e. weibo. com/icrc？type = 0 #！/icrc？type = 0&page = 3&pre_ page = 4&end_ id = 3647404614218879#1385184673033，2013年7月11日。

② 参见红十字国际委员会网站：《台风宝霞灾民恢复重建工作任重道远》，http：//www. icrc. org/chi/resources/documents/update/2013/05 - 15 - philippines - typhoon - bopha. htm，2013年5月15日。

③ 参见红十字与红新月国际联合会新浪微博：《柬埔寨：在洪水频发的地方开展备灾活动》，http：//gov. weibo. com/profile. php？uid = redcrossredcrescent&ref = page_ profile，2013年3月27日。

实践证明，如果加强人道主义项目的投入，干旱、洪水等灾害带来的损失可以被有效控制。2013 年 IFRC 继续进行降低灾难风险与灾后重建等方面的努力。在洪水频发的柬埔寨湄公河沿岸，欧盟人道主义援助办公室资助柬埔寨红十字会在经常受灾的地区开展“御灾力建设”项目，内容包括让社区居民在灾害发生时能更容易获得食物，重拾生计，进行安全用水和卫生健康知识的宣传。2013 年该项目增加了更多的内容：发放陶瓷净水器、抽水机、水稻种子，培训如何选择和种植抗洪作物①。这些看似很小的平常活动已经给当地居民带去了很大的变化。自 2009 年起，IFRC 支持中国红十字会在陕西省和甘肃省 30 个农村社区实施社区备灾项目，通过帮助社区建设小型减灾设施，进行备灾减灾、卫生急救知识技能培训，从而降低灾害风险。2013 年 5 月 27 日至 6 月 4 日，IFRC 组成评估团走访了陕南山区及甘肃陇南等项目点②。评估后发现：社区的备灾能力得到了加强，村民的卫生意识也有了提高，但是也发现了项目需要提高的地方，如项目的设计、管理、财务、技术支持等，而行为的改变还需要持续性的干预。此外，IFRC 还支持建立起中国红十字会云南分会大众卫生应急救援队与湖南分会应急供水救援队，这两支队伍在当地卫生服务与供水中均起到重要作用。

粮食安全方面，在自 1993 年爆发冲突内乱影响最为严重的布隆迪布班扎省西北部地区，IFRC 的志愿者开展了“向人道投资”的生计项目。他们组成了一支红十字会分队，为当地民众修建新房，捐献山羊与土地，为当地社区实现创收带去希望③。同样饱受粮食危机困扰的非洲萨赫拉地区，IFRC 帮助那里的妇女建立蔬菜种植园，保障人们的营养。不过由于该地气候干旱，用水是生活最大的挑战之一，布基纳法索红十字会粮食保障项目经理 Hortense 说：“我们正在寻找解决缺水问题的办法，但是村民也同样需要努力保护现有水资源并学着如何更好地利用它。”④ 健康卫生上，IFRC 通过针对性的宣传等形式来达到健康教育的



① 红十字与红新月国际联合会新浪微博：http：//gov. weibo. com/profile. php？ uid = redcrossredcrescent&ref = page_ profile，2013 年 5 月 13 日。

② 红十字与红新月国际联合会新浪微博：http：//gov. weibo. com/profile. php？ uid = redcrossredcrescent&ref = page_ profile，2013 年 5 月 28 日。

③ 参见红十字与红新月国际联合会新浪微博：《布隆迪生计项目“向人道投资”》http：//gov. weibo. com/profile. php？ uid = redcrossredcrescent&ref = page_ profile，2013 年 5 月 21 日。

④ 红十字与红新月国际联合会新浪微博：《布基纳法索粮食安全项目“在萨赫拉，播种美好的明天”》，http：//gov. weibo. com/profile. php？ uid = redcrossredcrescent&ref = page_ profile，2013 年 6 月 20 日。

目的。在乌干达进行的“传染病预防，红十字在运动”健康项目主要针对当地的流行性出血热这一传染疾病，志愿者以家访的方式向当地民众宣导如何预防以及处理可疑病例，并为出院患者提供物资上的帮助。在海地，结核病是成人死亡率高的主因，为了提高人们对结核病防治的意识，IFRC 与海地红十字会以发送短信、播放广播、在线答疑等形式在全国范围内宣传基本的相关知识，项目评估显示这些知识宣传在震后的海地非常有用①。在南非的结核病传染防治宣传中，则不仅停留在海报宣传，IFRC 的另一项重要活动是以已感染者为帮助对象的教育。由于结核病治疗是漫长而痛苦的过程，不少人可能放弃治疗，因此 IFRC 工作人员与志愿者的工作即为帮助这些病人完成治疗过程。津巴布韦的水和卫生项目计划开始于 2011 年，2013 年仍在继续。红十字会为宣传志愿者配备了自行车，方便他们去更远的地方宣传。除了开展卫生宣传、提供供水设备以外，项目还对社区进行培训，教授怎么管理饮水点、如何建造公共厕所和修理水泵等②。

青少年是行动改变的推动者，IFRC 一直重视红十字青少年工作，也倡导各国红会在能力建设上应注意加强对青少年的动员与赋权。2013 年 7 月，在云南德宏开展了“青年领袖社会发展夏令营”，IFRC 为营员提供了社区评估、与儿童沟通的技巧、组织发展与生计、互动式培训及基本的急救安全知识等相应培训。7 月 20 日，东亚红十字青年峰会在香港召开，来自东亚地区 6 个国家和地区红十字会的 20 余名青年代表接受 IFRC 的 YABC（青年作为行为改变的推动者）培训③。8 月，韩国首尔举行了第二届 IFRC 模拟大会，亚太地区 27 个国家 160 多名青年志愿者模拟 50 个国家代表，“参与讨论如何对流动人口中的脆弱人群，特别是青少年进行人道援助，促进社会包容等”④。IFRC 力图通过这些培训活

---

① 参见红十字与红新月国际联合会新浪微博：《海地：用短信宣传结核病防治知识》，http：//gov. weibo. com/profile. php？ uid = redcrossredcrescent&ref = page_ profile，2013 年 3 月 28 日。

② 红十字与红新月国际联合会新浪博客：《津巴布韦净水和卫生项目：“自行车上的红十字志愿宣传”》 http：//blog. sina. com. cn/main_ v5/ria/private. html？ uid = 2591046030，2013 年 6 月 21 日。

③ YABC 培训，即 Youth as Agents of Behavior Change，青年作为行为改变的推动者，其重要内容为人际关系技巧的培训，让青年尝试用“积极聆听”“独立思考”“鉴别偏见”“平和沟通和调解”等方法进行有效沟通，激发自身改变，从而改变周围环境，促进社会包容和非暴力和平文化的传播。

④ 红十字与红新月联合会新浪微博：http：//gov. weibo. com/profile. php？ uid = redcrossredcrescent&ref = page_ profile，2013 年 8 月 2 日。

动鼓励青少年能够努力成为人道领域的未来领袖。

以上行动表明，国际红十字运动越来越重视“向人道投资”，并以长远发展的角度来规划其人道行动。不过，尽管许多发展项目已经收到良好的效果，但在迅速变化的新形势下，如何更多更好地促进弱势群体发展、改善人民福祉，仍然是摆在红十字运动面前的重要课题。

## 三、在总结成长经验中展望未来

红十字运动自1863年兴起以来，始终不变的是竭尽全力缓解人类遭受的苦难。2013年是红十字运动150周年，ICRC、IFRC与全球各国家和地区红会以各种形式庆祝这一运动一个半世纪以来共同携手在人道领域做出的独特贡献，同时也借此时机回顾与总结过去的、具有历史意义的成长经验，而那些象征意义的数字无疑又鼓舞着红十字与红新月运动更好地走向未来。

年初，纪念世界红十字与红新月日的庆祝活动，包括各种宣传、演出和特别的展出等便已开始。2月11日，ICRC与索马里红新月会、英国红十字会联合在伦敦皇家地理学会举办了索马里照片展，反映过去30年人道组织为索马里人所开展的工作及索马里平民百姓的坚忍不拔。8月1日至31日，ICRC又与盖蒂图片社合作举办“战地救护面临危险：我们这个时代的问题”图片展。这场在日内瓦湖畔展出的96张震撼人心的照片“展现了针对医务人员、医务机构和医疗车辆的暴力事件所产生的影响以及在战争中奋力提供医疗服务的场景”①。此外，关于国际红十字运动的总结报告也陆续出炉。IFRC在今年发布的《2013年世界灾害报告》中对于科技力量在人道行动中的作用进行了全方位的解析，不仅细数了科技的介入特别是社交媒体的广泛应用，是如何使得备灾救灾的整个灾害应对变得更为有效便利的，另一方面又强调了科技运用的有限性仍然需要传统媒介的补充支持。在不断演变的大环境下，危机和战争中一线志愿者和工作人员同样遭受着最严重的影响，ICRC通过各种渠道汇成了相关报告，作为医疗工作者的指南与建议。一是《战地救护面临危险：武装冲突和其他紧急局势中的医疗工作者的责任指南》，该

① 红十字国际委员会网站：《战地救护面临危险：我们这个时代的问题》，http：//www.icrc.org/chi/resources/documents/event/2013/07-29-photo-expo-health-care-in-danger-150-years.htm，2013年7月29日。

指南以简练的语言介绍了医疗工作者在武装冲突和其他紧急局势中的权利和责任，并对保护医疗工作者、病者和伤者，医疗服务标准，特殊脆弱人群的医疗需求，医疗记录和传递医疗信息等方面给出了实用建议①。一是《影响医疗服务的暴力事件》，此报告系 ICRC 在 22 个国家搜集了 921 起在武装冲突和其他紧急局势中影响医疗服务的暴力事件总结而成的，暴力事件包括针对医务人员、伤病员、医疗设施和医疗车辆使用暴力或进行暴力威胁，报告中对这些暴力的主要特点进行了重点分析②。这些报告如今都能够在 ICRC 网站上下载获得。

在总结成绩的过程中，红十字组织越来越清晰地认识到无私奉献的工作人员的重要贡献，他们是有效开展人道工作的坚实基础，然而在持续的不安全局势下如何更好地保障一线工作者的安全，仍旧困难重重。另一突出性挑战来自于不断增长的一线行动的预算需求。2013 年 9 月，ICRC 举行发布会，请求捐助方追加共 1.37 亿瑞郎的资金以满足筹募数目，这一预算已从年初的 9.9 亿瑞郎追加到 10.42 亿，并且在某些国家的行动依然面临资金缺口③。这些国家和地区往往没有受到同等的关注，这意味着 ICRC 不仅将继续加大援助受危难的人群，还要积极与捐助方保持交流与沟通，从而获得更多的资金支持。

面对种种挑战，ICRC 与 IFRC 在 5 月 8 日发表的联合声明中表达了国际红十字与红新月运动应对未来的决心，即将始终一视同仁、不偏不倚地服务弱势人群，并强调了“适应性”一直是红十字组织生存和发展的关键。据此，ICRC 与 IFRC 一方面将不断加强与拓宽与各组织的深入合作，不单是行动层面，更可能是规划层面。而除了与红十字工作方法与援助方式最为契合的优先合作伙伴加深合作外，ICRC 基于在武装冲突地区的工作经验，还意识到需要建立与商界之间的对话，尽量避免商

① 参见红十字国际委员会网站：《战地救护面临危险：武装冲突和其他紧急局势中的医疗工作者的责任指南》，http：//www. icrc. org/chi/resources/documents/publication/p4104. htm，2013 年 8 月 8 日。

② 参见红十字国际委员会网站：《影响医疗服务的暴力事件》，http：//www. icrc. org/chi/resources/documents/report/2013-05-15-health-care-in-danger-incident-report. htm，2013 年 8 月 15 日。

③ 参见红十字国际委员会网站：《呼吁为资金不足的行动筹款》，http：//www. icrc. org/chi/resources/documents/press-briefing/2013/09-20-renewed-appeal. htm，2013 年 9 月 2 日。

业运作对武装局势产生负面影响的可能性①。另一方面，国际红十字运动还将继续改进工作方法，多样化人道行动，使之适应未来环境的变化。包括使用新技术，例如许多红十字会与红新月会已经开发了与备灾、急救和应急活动相关的手机应用软件，以便适应人们迫切希望掌握救生信息方面变化的需要。再如，在某些情况下，受助者可以在任何地方通过短信或社交媒体与援助组织进行交流，基于可靠的一手信息就能够根据其需要来调整活动；还包括吸引更多当地群众、青年人的加入以拓展人道服务、贴近一线，帮助人们和社区发挥主动性，为他们所在的城镇和乡村带来积极的改观。与此同时，国际红十字运动亦对今后的人道工作进行了展望与规划。2013 年 11 月 12 日，两年召开一次的红十字与红新月国际联合会第 19 届全体大会及红十字与红新月运动代表会议在悉尼开幕。会议内容是根据“2020 战略”进行规划，确定 IFRC 在 2015 年后的发展目标的战略定位、接纳新成员等。其中中国红十字会常务副会长赵白鸽当选为红十字会与红新月会国际联合会副主席，引人瞩目，表明中国红十字会在国际事务中影响力日益增强。

以上可见，国际红十字与红新月运动抓住对 150 年过往工作的回顾这一契机，对未来工作进行了长远考虑与展望。尽管人道领域正不断经历重大变化，但可以肯定的是，国际红十字运动将竭尽全力，坚持人道、博爱、奉献的核心价值与原则，并充分利用多样化的人道格局更好地为身处危难中的人们提供最大可能的人道援助。

（作者单位：苏州大学社会学院）



① 参见红十字与国际委员会网站：《红十字国际委员会与商界对话》，http：//www.icrc.org/chi/resources/documents/interview/2013/china-interview-claude-voillat-2013-05-14.htm，2013 年 5 月 6 日。

# 历史研究

# 《韩非子》《商君书》中的社会救济思想

王云鹤

本文拟就《韩非子》《商君书》中有关社会救济思想的简单讨论，粗略勾勒战国时期法家对转型期政府职能重建的理论架构，以期对红会与中国社保事业的发展有所裨益。

讨论《韩非子》《商君书》中的社会救助思想，以下几点应该考量：(一)《韩非子》《商君书》为社会大变动、大重组的战国时代的产物，所以面对现实斗争的残酷，言论难免过激，也唯此方能标立特色，彰显己派文明；(二) 处理社会实务问题，从政府的角度建构治世理论体系，为法家学派最为显著的派系特征，然而激扬过度，难免对民生问题体谅不足，渊源唯此、优劣也唯此；(三) 限于时代与学派的局限性，《韩非子》《商君书》并未对社会灾害救济做系统论述，而将更多的精力集中于料定天下的政略与打造国家运行的力量架构。因此，高远灵澈或在此，空洞散漫也实生于此。即便如此，若能细心探查，宽容汲取，想也不废于援一瓢于即饮了。

应该承认，《韩非子》中有关社会救济思想的论述是矛盾的：

1. 圣人之治民，度与本，不从其欲，期于利民而已①。

2. 今上急耕田垦草以厚民产也，而以上为酷；修刑重罚以为禁邪也，而以上为严；征赋钱粟以实仓库，且以救饥馑、备军旅也，而以上为贪；境内必知介而私解，并力疾斗，所以禽虏也，而以上为暴。此四者，所以治安也，而民不知说也②。

3. 秦大饥，应侯请曰："五苑之草著：蔬菜、橡果、枣栗，足以活民，请发之。"昭襄王曰："吾秦法，使民有功而受赏，有罪而受诛。今发五苑之蔬果者，使民有功与无功俱赏也。夫使民有功与无功俱赏者，





① 高华平译注：《韩非子》，中华书局2010年版，第757页。

② 高华平译注：《韩非子》，中华书局2010年版，第737、738页。

此乱之道也。夫发五苑而乱，不如弃枣蔬而治。”一曰：“令发五苑之蓏、蔬、枣、栗，足以活民，是使民有功与无功互争取也。夫生而乱，不如死而治，大夫其释之。”①

很明显，引1、2所述的圣王思想与引3所定的政策截然对立。果饥民而不救，任其自生自灭，决然承托不起圣王之治之美名；不仅如此，果如此而行，很难想象实践之国于战火频仍的大争之世，如何安内攘外，克静四方，治强王天下？而王天下，本就是《韩非子》一书念兹在兹的不懈追求！需要指出的是，《韩非子》此书，理论性重于史实性，其中引3并非历史史实，但更能彰显韩非子的治世理论。即便如此，其内在逻辑何在？是什么保障了它，既能成全自己的圣王之治的理想，又安然度过现实政治的重重危机？

不仅如此，《韩非子》中又有言：

4. 夫民之性，恶劳而乐佚。佚则荒，荒则不治，不治则乱，而赏刑不行于天下者必塞。故欲举大功而难至其力者，大功不可几而举也；欲治其法而难变其故者，民乱不可几而至也。故治民无常，唯法为治。法与时转则治，治与世宜则有功②。

5. 使民不衣不食而不饥不寒，又不饿死，则无事上之意。意欲不宰于君，则不可使也。今生杀之柄在大臣，而主令得行者未有也。虎豹不必用其爪牙而与鼷鼠同威，万金之家必不用其富厚而与监门同资。有土之君，说人不能有利，恶人不能害，索人欲畏重己，不可得也③。

6. 今世之学士语治者，多曰：“与贫穷地以实无资。”今夫与人相若也，无丰年旁入之利而独以完给者，非力则俭也。与人相若也，无饥馑疾疚祸罪之殃独以贫穷者，非侈则惰也。侈而惰者贫，而力而俭者富。今上征敛于富人以布施于贫家，是夺力俭而与侈惰也。而欲索民之疾作而节用，不可得也④。

7. 齐景公之晋，从平公饮，师旷侍坐。始坐，景公问政于师旷曰：“太师将奚以教寡人？”师旷曰：“君必惠民而已……景公归思，未醒，而得师旷之所谓：公子尾、公子夏者，景公之二弟也，甚得齐民，家富贵而民说之，拟于公室，此危吾位者也，今谓我惠民者，使我与二弟争

① 高华平译注：《韩非子》，中华书局2010年版，第508页。
② 高华平译注：《韩非子》，中华书局2010年版，第759页。
③ 高华平译注：《韩非子》，中华书局2010年版，第678页。
④ 高华平译注：《韩非子》，中华书局2010年版，第629页。

民耶？于是反国，发禀粟以赋众贫，散府余财以赐孤寡，仓无陈粟，府无于财，宫女不御者出嫁之，七十受禄米。鬻德惠施于民也，已与二弟争民。居二年，二弟出走，公子夏逃楚，公子尾走晋……或曰：景公不知用势，而师旷、晏子不和除患……国者，君之车也；势者，君之马也。夫不处势以禁诛擅爱之臣，而必德厚以与天下齐行以争民，是皆不乘君之车，不因马之利，释车而下走者也。”①

8. 魏惠王谓卜皮曰：“子闻寡人之声闻亦何如焉？”对曰：“臣闻王之慈惠也。”王欣然，喜曰：“然则功且安至？”对曰：“王之功至于亡。”王曰：“慈惠，行善也。行之而亡，何也？”卜皮对曰：“夫慈者不忍，而惠者好与也。不忍，则不诛有过；好予，则不待有功而赏。有过不罪，无功受赏，虽亡，不亦可乎？”②

《韩非子》是一本论述帝王统御法术的著作，虽然它张扬王道法治的政治理想，但一接触现实的政治操作，难免务实、敏感，所以引 4 激荡着一股济世情怀，引 5 至引 8 则充盈着一派浓烈的帝王心术，也正是二者的矛盾与张力形成了《韩非子》一书理论的纠结、犀利与荒谬。事实上，传统社会王道圣治囊括了法、儒、道、墨等诸家共同治世的追求，在他们的意识范畴中，君主本为个人、天下、道与圣世的最大连接体，甚至统一体。所以他们既时时刻刻努力打造一位圣主明君，也常常自觉不自觉地把国家、人民的利益向君主倾斜、转化甚至同化。《韩非子》一书中，上述矛盾的破题，也就在于此。

至于现实的政治操作，非引 3 叙述的那么苛刻，1975 年 12 月湖北省云梦县睡虎地秦墓出土的睡虎地秦墓竹简《为吏之道》即有言：

9. 吏有五善：一曰中（忠）信敬上，二曰精（清）廉毋谤，三曰举事审当，四曰喜为善行，五曰龚（恭）敬多让。五者毕至，必有大赏③。

10. 除害兴利，兹（慈）爱万姓。毋罪毋（无）罪，毋（无）罪可赦。孤寡穷困，老弱独传，均?（徭）赏罚……④

其中引 9 的“喜为善行”与引 10 的“慈爱百姓”，明显与引 3 的记述背道而驰。



① 高华平译注：《韩非子》，中华书局 2010 年版，第 465 页。

② 高华平译注：《韩非子》，中华书局 2010 年版，第 335 页。

③ 睡虎地秦墓竹简整理小组：《睡虎地秦墓竹简》，文物出版社 1978 年版，第 285 页。

④ 睡虎地秦墓竹简整理小组：《睡虎地秦墓竹简》，文物出版社 1978 年版，第 286 页。

更为有力的事例有：

11.（始皇四年）十月庚寅，蝗虫从东方来，蔽天。天下疫。百姓内粟千石，拜爵一级[①]。

此时政府纳粟，显然在于救荒，不惜破爵赏赐，足以见国家赈灾的力度。

如果说，《韩非子》中的论述过多地缠绕了君主利害、帝王心术的盘算，那么《商君书》的阐述则纯粹以国家为本位，是一种比较彻底的国家社会主义的设计。

12. 法者所以爱民也，礼者所以便事也。是以圣人苟可以强国，不法其故；苟可以利民，不循其礼[②]。

13. 凡人主之所以劝民者，官爵也。国之所以兴者，农战也……凡治国者，患民之散而不可抟也，是以圣人作壹（指农战），抟之也。国作壹一岁者，十岁强；作壹十岁者，百岁强；作壹百岁者，千岁强，千岁强者王[③]。

14. 国治，断家王，断官强，断官弱。重轻，刑去。常官则治。省刑要保，赏不可倍也。有奸必告之，则民断于心。上令而民知所以应，器成于家，而行于官，则事断于家。故王者刑赏断于民心，器用断于家。治明则同，治暗则异。同则行，异则止。行则治，治则乱。治则家断，乱则君断。治国者贵下断。故以十里断者弱，以五里断者强，家断则有余。故曰：日治者王。家断则不足，故曰：夜治者强。君断则弱，故曰：宿治者削。故有道之国，治不听君，民不从官[④]。

通览上文，不难发现，正是由于对时代命题的紧扣其弦，给予了《韩非子》《商君书》论述社会治理的充分底气，也正缘于此，不偏不倚，成就了秦国的一统霸业。总结《韩非子》与《商君书》中有关救济与治世理论，可见其重建的国家职能特征如下：(1) 戮力实务，厉行法治，弘扬国家社会主义，以君权集中国家力量，抟民于王道法治的社会；(2) 严苛赏罚，奖励耕战，激扬百姓奋力耕作致富达荣，绝不滋长

① 司马迁：《史记》第1册，中华书局1959年版，第224页。

② 王承略、刘保贞整理：《高亨著作集林》（第7卷），清华大学出版社2004年版，第370页。

③ 王承略、刘保贞整理：《高亨著作集林》（第7卷），清华大学出版社2004年版，第395、404页。

④ 王承略、刘保贞整理：《高亨著作集林》（第7卷），清华出版社2004年版，第435页。

疲懒散漫社会风气；（3）倡扬尊尊卑卑、上上下下的礼教秩序与治世康乐的政治理想深切切合一体。

当下红十字事业正处于重振与发展时期，过多研讨“关于国家职能的重塑与探讨”，确非其职权与效能所能料定，但古人有言，“不谋全局者，不足谋一域；不谋万世者，不足谋一时”。如今，在百业更新、万物蓬勃的时代浪潮冲击下，于中国社保发展新趋势中谋划红会发展大战略，未尝不是解决阶段性危机的釜底抽薪之计。

（作者单位：苏州大学社会学院）

# 走出家庭：慈善活动与近代中国女性角色的转变

戴　娟

近代中国，两千多年封建体制走向尽头，残存的封建势力与近代文明相冲突。转型期中，长期处于男子和家庭附属地位的女性逐渐转变自我角色认同，不再屈于低下的社会地位，认为“家庭”是自己的全部，她们开始走出家庭，实现自我价值。在这一过程中，慈善事业为其提供了契机。

## 一、近代女性地位的转变及原因

中国传统女性社会地位低下，被认为是男性的财产。据陈望道先生总结：在生理家眼中，妇女是“制造儿女的器具”；在法律家眼中，妇女是“无能为力者”，“夫权底下的人”，丈夫的统治权“把那压在残酷的伦理底下，气息奄奄的女子，束缚的动弹不得”①。束缚在儒家伦常中的女性从属于家庭。就日常生活而言，单一的家庭劳动，孝敬舅姑、相夫教子，“昼则佐理家政，夜则篝灯事女红”②。长期束缚于家庭烦琐事务，与外界社会联系甚少，更别说参与社会公共事业了。就文化素养而言，“女子无才便是德”，大部分女性远离文化教育，知识匮乏、视野狭隘，难以发挥社会价值，进而“加固”其家庭生活的牢笼。伴随着中国近代化的步伐，广大女性生活状况亦逐渐改变。

近代以来，西方自由、平权的思想涌入中国，晚清社会出现震荡，由最初的基本人权缺失，到争取男女同权，进而女子与男子一道，为现



① 陈望道：《恋爱婚姻女权，陈望道妇女问题论集》，复旦大学出版社2010年版，第94页。

② 《陈烈女殉夫事略》，《申报》1918年6月22日。

代国家国民各项权利努力奋斗[1]。这一历程表明女性解放、走出家庭的呼声愈演愈烈，一部分先进女性开始不满足屈从于夫权、奉献一生于家庭之中，希望实现自己更多价值。于是，从事慈善事业成为她们实现自身价值的最佳选择。

其一，女性的特质适合从事慈善事业。男女平等思想在社会上的广为流传为女性转变命运开启了一个新时代，男尊女卑的陋俗逐渐被否定，而“男女无贵贱上下之差别也”[2] 的认识更为其走出家庭奠定了舆论基础。但从妇女的性格、体质等诸多因素综合考虑，从事慈善是最佳选择。“慈善事业顾名思义非鲁莽灭裂之辈所得，而奏功必具有慈性与热肠者方能着手”[3]，无疑心思细腻、富有善心是女子的特性之一，因此，“妇女之当于慈善性此世界所公认者也，且其对于恩义与人情又常能体贴入微”[4]。这样不仅满足了女性实现自我价值、转变自身角色的需要，亦将其在走出家庭过程中与男性争夺其他政治权利而引发冲突的可能性“转而移之于慈善事业”[5]。

其二，教育与宗教信仰为其走出家庭奠定思想基础。近代女子教育兴起开始冲击根植于中国社会的传统女性道德，是实现“女性的自我意识的觉醒和心理素质的改善”的“首要条件”[6]。开明之家将女儿送入女子学校，学习图画乐歌、文法字法等。随着女性接受教育进程的推进，男女平权、公民权利等近代观念为先进女性所接受，其角色认同也逐渐发生转变，她们意识到女子不能仅被封闭于家庭之中，家庭之外的世界理应涉足。此外，基督教“救世”思想与慈善事业的出发点相契合，因此，宗教团体在宣传女性走出家庭、从事慈善活动等方面亦发挥了重大作用。他们认为“吾国妇女不应以‘良妻贤母’为终身之目的”[7]，除“井臼”之业之外，应有更伟大的事业，尤其对于信奉耶稣、心存仁慈的妇女来讲，应该从事慈善事业。事实上，基督教在慈善事业中有贡献者颇多。信教者提出，女性也能够“率我千万之圣教妇女以

① 夏晓虹：《晚清女性与近代中国·导言》，北京大学出版社 2004 年版，第 4 页。

② 朱仍：《妇人与慈善：开放主义》，《妇女时报》1913 年第 11 期。

③ 朱仍：《妇人与慈善：开放主义》，《妇女时报》1913 年第 11 期。

④ 皕诲：《少年耳目资：社会服务谭》（二）《妇女之于社会慈善事业》，《进步》1915 年第 6 期。

⑤ 朱仍：《妇人与慈善：妇人之性质》，《妇女时报》1913 年第 11 期。

⑥ 乔素玲：《教育与女性——近代中国女子教育与知识女性觉醒（1840—1921）》，天津古籍出版社 2005 年版，第 15 页。

⑦ 严大司铎：《公进妇女与慈善事业》，《主心月刊》1937 年第 2 期。

参加慈善事业之运动，此固为吾妇女界之光荣，抑或为好教友应为之事”①。宗教界妇女秉持不甘束缚于家庭、愿继承上帝的仁慈之心的态度推动女性踏上慈善事业之路，慈善事业则以其对女性特性的契合，能够满足女性角色转变需要等诸方面的优势，在近代女性群体中扮演着重要角色。

## 二、近代女性从事慈善事业的主要活动

中国慈善事业分为两派，一为旧派，以男子主事；一为新派，“即医院、孤儿院、老人院、盲瞽院、留养院、红十字会之类是也”②。妇女或参加已有的慈善组织的活动，捐款捐物、举办募捐活动，或自行创办新的慈善组织提供社会救助，其中在参加已有的慈善组织中，中国红十字会为广大妇女提供了走出家庭的平台。

### （一）参与红会慈善活动

女性最初以参与慈善团体的形式展开活动。下面以参与红会慈善活动为例而窥知一斑。中国红十字会为人道主义救助团体，自 1904 年成立以来，在战地救护、救灾、防疫等方面开展人道主义援助行动，它为热衷于慈善事业的人们提供了一个平台，广大女性则借助这一平台，走出家庭，积极从事慈善活动。

较高社会地位的妇女较先涉入这一领域，其中缘由主要在于所受教育较早，观念转变较快。这类女性几乎均为政府官员夫人，如 1911 年黎元洪的夫人至红十字会医院慰问伤员，“伤兵感之如慈父母”③。这里展现的不仅是都督夫人对属下的关怀，更重要的是其不再是从不抛头露面的贵族妇女，而是一个希望以自己的影响力调动士气、抚慰伤病员的近代新女性。无独有偶，1918 年《申报》登载的《女学界赞助美红会》一文中提及，前司法次长徐谦之夫人推动了南洋女子师范全体学生加入红会，她以自己一人之力推动了女性从事慈善事业的开展，为女性慈善事业做出了巨大的贡献。

在先进女性的影响与感召下，越来越多的女性以捐款捐物的形式从事慈善事业。如 1912 年，顺天、直隶、温州、处州多地发生水灾，红

① 严大司铎：《公进妇女与慈善事业》，《主心月刊》1937 年第 2 期。

② 中清：《广东妇女在慈善宗教农业工业各方面之职业》，《生活》1926 年第 46 期。

③ 《中国女慈善家：黎夫人、施淑贞女士》，《医药新报》1914 年第 5 期。

十字会发起捐助活动，女性纷纷响应，节衣缩食尽己绵薄之力，“为此于合家衣食日用之间，择其缓之可省者，缓之可缓者，省之极力撙节积此百元，用以助赈”①。“顺直、温处灾民奚止百万，迩来女界捐助，尤为热心，徐云仙女士富于慈善观念，乐助百元”②。妇女参与慈善，款项或多或少，积少成多，尽管杯水车薪，但有助于解燃眉之急：“本会赈灾恤难，毫无的款，全赖薄海同善解囊协赞，方足以及时进行。兹蒙李邓太夫人慨助宝塔捐银一百元，一滴杨枝，群沾实惠”③。妇女收入较少，其所捐的款项几乎都来自日常做工，如刺绣等。随着妇女参与红会慈善活动的影响逐渐扩大，更多女性参与红会人道行动，至1915年掀起一个高潮。1915年山东遭遇兵灾、水灾，女界积极行动，“陈素芳女士拨洋二千元正”，杨徐太夫人“助洋一百元”等等，她们处于不同的年龄，来自不同等级的家庭。她们认识到自己不仅是家庭生活中的“人妻”“人母”，亦是社会中一份子，应尽一定的社会义务。

除捐款之外，女界亦凭借其手工技巧制作赈灾物资。“时近隆冬，穷民无衣之苦甚于无食，特沛仁施，捐助新棉衣一百三十件”④。奔赴前线的医疗队所携带的物资也不乏出自女界之手的，“第一医队，随带女界红会寒衣筹备会所制手工御寒之具”⑤。这些捐赠不但体现了妇女的仁慈之心，也是她们与社会慈善组织共同援助社会弱势群体、救助灾荒和兵灾的表现，她们所关注的不再仅仅是家人，已经向家庭之外的社会群体扩展开来，这对千年以来关注对象仅限于家庭的妇女而言是一个巨大的进步。

女性通过红会参与慈善事业，成就颇著，使得红会重视这一支新兴的慈善力量。红会登报致谢的同时，亦给予奖励，如陈素芳女士“爰于自己养膳费内特拨洋二千元正”，红会将其“推赠本会名誉会员”⑥。此举不但是对女性参加慈善事业的肯定，更希望“薄海仁人闻风兴起”⑦。在红会的鼓励下，女性参与红会活动从事慈善事业的前景较为乐观，为其走出家庭、实现自身角色转变开拓了道路。

---

① 《中国红十字会谨谢吴詹淑女士》，《申报》1912年12月18日。
② 《中国红十字会谨谢徐云仙女士》，《申报》1912年12月21日。
③ 《中国红十字会谨谢李邓太夫人》，《申报》1915年2月26日。
④ 《上海县知事沈韫石君之太夫人》，《申报》1915年12月15日。
⑤ 《红会组边防第二医队》，《申报》1918年11月26日。
⑥ 《中国红十字会敬谢陈素芳女士》，《申报》1915年3月12日。
⑦ 《上海县知事沈韫石君之太夫人》，《申报》1915年12月15日。

### （二）自创慈善组织

女性除参与其他慈善团体开展慈善活动外，亦积极创办慈善组织。因为“关吾光辉灿烂之女界为吾中国历史增光荣，一洗黑暗了历史之耻”①，所以，中国妇女会、中国妇人会及北京、天津等地的女界红十字会等相继成立。相比参与其他慈善团体从事慈善活动而言，自办组织以推进女性慈善事业则需投入更多时间精力，从而也更能推进女性摆脱家庭事务束缚、参与社会之进程。以张竹君为例，可窥知一斑。

张竹君是近代女权运动中的杰出代表，认为“女人不可徒待男人让权，须自争之”②。女性要获得权利，须积极投身社会事业，而从事慈善是较好选择。因此，她在慈善事业上颇有建树。她在李平书支持下创办具有慈善性质的上海医院，苦心经营，积极活动，面对经费“每年尚缺数千元，竹君极力维持三载于兹矣”③。该医院于战时“收医伤军颇众，以助红十字会之不足。……已将院中看护、茶房等各项人役一律添雇，以待应用”④。此外，1911 年她还创办中国赤十字会，辛亥革命期间积极募集物资，奔赴前线实行战地救护。张竹君是中国近代史上女性争取权利、走出家庭运动中的佼佼者，其开办的慈善组织声名远扬，慈善事业让她重新自我定位，打破传统，追寻自我价值。

近代中国女性组织的慈善团体不胜枚举，尤其是辛亥革命前后，天灾人祸横行，女性慈善团体如雨后春笋般纷纷设立。她们通过举办慈善音乐会、义演等方式进行筹款，借助自身特长缝制棉衣、纱布等救助物资。在女界的参与下，慈善界大放异彩。

晚清以来，受西方女权运动的影响，中国妇女解放运动初见端倪。妇女解放即要求改变妇女自古以来束缚于封建礼教的处境，走出家庭。参与慈善，不但适合女性，也为她们摆脱家庭束缚提供了一条路径。女性在慈善事业中已取得不少成就，救灾、救护、募捐等贡献颇著，为社会赞扬。这也证明女性的能力并不输于男子，只要给她们提供机会，其自身价值定能得到充分发挥。

（作者单位：苏州大学社会学院）



---

① 张佩芬：《论女学慈善会》，《直隶教育杂志》1907 年第 8 期。

② 《余录：女士张竹君传》，《新民丛报》1904 年汇编，第 955—956 页。

③ 《张竹君以南市上海医院推归公办通告》，《申报》1916 年 4 月 4 日。

④ 《张女士尊重人道》，《申报》1913 年 7 月 19 日。

# 清代吴江善会善堂研究

董梅娜

自20世纪80年代中后期以来，慈善史研究越来越受到学界的瞩目，研究成果蔚然可观，明清善会善堂史研究更是成果丰硕。本文以地方志资料为依据，对清代吴江县善会善堂发展、运行状况进行考察，或于善会善堂史的区域研究有所裨益。

## 一、清代吴江县善会善堂发展概况

在中国传统的慈善事业中，与现代慈善事业最接近的是善会善堂。清代吴江县的善会善堂也是异常发达，出现这种现象的背景，有学者认为是江南市镇的繁荣，为慈善事业提供了经济基础，同时也吸引了很多生活无助的外来人口，因此社会有其客观需要①。

**表1：清代吴江县善会善堂简况表**

| 名称 | 建立时间 | 地址 | 功能 | 备注 |
| --- | --- | --- | --- | --- |
| 养济院 | 宋淳熙中建；明洪武十三年改建，弘治元年重建；清乾隆十一年重建，咸丰十年毁，同治六年重建 | 初在县西北栅，明洪武十三年改建于衍庆昭灵观西，正德十一年移置北门外 | 收养孤贫 | |





① 王卫平、黄鸿山：《清代江南地区的乡村社会救济——以市镇为中心的考察》，《中国农史》2003年第4期，第94页。

（续表）

| 名称 | 建立时间 | 地址 | 功能 | 备注 |
| --- | --- | --- | --- | --- |
| 县城育婴堂 | 清乾隆二年建，咸丰十年毁，同治六年重建 | 东二保重庆桥东南 | 育婴 | 初称留婴堂，乾隆七年改称育婴堂 |
| 黎里镇育婴堂 | 清光绪十九年建 | | | |
| 种善堂 | 清嘉庆十一年建，道光五年毁，九年重建，光绪四年拓建 | 盛泽大适圩东栅 | 办理掩埋 | |
| 留婴堂 | 清嘉庆二十一年建，光绪时废 | 盛泽大适圩东黎里稹作字圩 | 收留弃婴，雇妇乳养 | 于光绪五年，以留婴处为公所 |
| 众善堂 | 清嘉庆十七年建 | 黎里染字圩 | 施棺、惜字、收埋 | 附设义冢，设栖流所，后有惜字炉，增建仁寿祠 |
| | 清嘉庆中设 | 平望关帝庙东庑 | | 附设义冢 |
| 黄溪堂 | 清嘉庆十八年设，道光三年废又设，今废 | 万寿庵西偏屋 | | 又名广善，实无堂也 |
| 仁仁堂 | 清嘉庆初建，同治三年重整 | 同里东桧概圩 | 施棺掩埋 | 附设义冢 |
| 北坼种善堂 | 清道光□年公建 | 北坼市 | | 之前附于仁仁堂 |
| 同善堂 | 清道光二年建 | 芦墟非角圩 | | |
| 仁善局 | 清道光三年建 | 平望通济禅院西偏 | 施棺掩骼 | |
| 庆善堂 | 清道光初建 | 雪巷沈楙德宅 | | |
| 施棺局 | 清乾隆六年建 | 盛泽火神庙内 | 施棺、救灾 | 又添置水龙以备救灾之用 |
| 普仁堂 | 清雍正□年建，乾隆六年拓建 | 盛泽大适圩白漾北岸 | 施棺、保婴 | 附设保婴局 |

（续表）

| 名称 | 建立时间 | 地址 | 功能 | 备注 |
| --- | --- | --- | --- | --- |
| 同仁堂 | 清嘉庆五年建，同治三年修 | 盛泽大适圩白漾北岸 | 办理掩埋、施棺，并施医药、寒衣、月米 | |
| 漏泽园 | 明弘治十一年建 | 在北门外三里桥西南 | 骼埋胔 | 即义冢 |
| | 清乾隆九年设 | 同里玉清洞真观西 | | |
| 接婴所 | 清同治九年建 | 平望三镇地太平尼庵废址 | 接婴 | |
| 水龙公所 | 清光绪六年建 | 平望殊胜寺内东偏 | 遇有失火，齐集驰救他坊 | |
| 月湾义渡 | 清康熙初年设 | 黎里月湾漾南濒使字圩北浒奎廉圩 | 为舟人栖息之所 | |
| 同里代赊兼葬会寄冢 | 清道光年创立 | 同里镇 | 代赊棺木，代葬 | |
| 义冢 | 清乾隆二十二年设 | 盛泽镇 | 掩骼埋胔 | 田 2 亩 3 分 |
| | 清乾隆五十九年设 | 黎里镇 | | 田 3 亩 |
| | 清乾隆三十九年设 | 平望镇 | | 田 6 亩 4 分 |
| | 清嘉庆初设 | 同里镇 | | 田 4 亩 |
| | | 芦墟镇 | | 田 19 亩 2 分 7 厘 |
| | | 黄溪市 | | 一在根字圩萧墩汇，一在根字圩西圣堂之右，一在西依圩陲龙庵，亩数及捐置岁月无考 |

资料来源：光绪《吴江县续志》卷二《营建一》；光绪《平望续志》卷四《营建三·善堂》；嘉庆《同里志》卷三《建置志上》；道光《平望志》卷五《众善堂》；光绪《黎里续志》卷二《善堂（义渡义庄附）》；乾隆《盛湖志》卷二《建置志》；乾隆《盛湖志》卷四《公署》、卷五《历坛》、卷六《祠庙》；康熙《吴江县志》卷八《公署》。

从表 1 中可以看出，清代时吴江县善会善堂的数量是非常可观的，有29处之多，说明该县慈善救济机构的发展状况相当不错。

从建立时间可见，大部分善会善堂建于乾隆、嘉庆年间。笔者认为，这得益于当时国力的强盛，国家能拨出大量资金用于慈善救济事业。有些善会善堂毁于咸丰十年，又在同治、光绪年间重建。原因在于，咸丰十年至同治三年，太平军进占苏州地区。吴江县和江南其他地区一样，受战火牵连，大量流离失所的难民需要社会救助，这就加速了同、光年间吴江县社会慈善救济机构的建立。

笔者通过对文献中记载的善会善堂功能进行梳理，发现清代吴江县善会善堂功能上的几个特点。第一，各善会善堂功能有所重叠，交错相通，施衣、施药、施棺、收埋、育婴、养老等功能，在一个善会善堂中可以兼任几项。但也存在具有专门针对性的善会善堂，如月湾义渡，就是专门作为舟人栖息之所；水龙公所，是遇有火灾之时，齐集驰救他坊之用的。第二，许多善会善堂所服务的地域范围有限。“所限各圩之外，目前概不往查，倘婴口不多，经费有余，再议推广”①。对于各圩之外的婴儿，就不在这所育婴堂所服务的范围之内了。“给棺须有限界也，凡取棺者，无论世居、寄居，总归本镇十三圩之内，其余离镇各圩及在客寓舟次者，因经费不敷，未能遍及”②。由于经费原因，导致了这些善会善堂在服务范围上的地域局限性。第三，善会善堂存在祭祀、供奉神明的现象。“火神堂祀祝融之神，一在大适圩（即普仁堂，详公署）……”③；“华大仙师祠祀汉医士华佗（谨案神字元化，谯人，年且百岁，犹有壮容，人以为仙，举辟皆不就精于方药，后为魏武所害）在大适圩同仁堂”④。

## 二、清代吴江县善会善堂的运行状况

在吴江地方志中，至光绪年间，单列“善堂”篇，而之前是附于“公署”之后。由此可见，吴江县善会善堂的发展至晚清时已具规模，涵盖内容较广。

① 光绪《吴江县续志》卷二《营建一·院堂》。
② 光绪《吴江县续志》卷二《营建一·义冢》。
③ 乾隆《盛湖志》卷六《祠庙》。
④ 乾隆《盛湖志》卷六《祠庙》。

### （一）善会善堂的设立主体

第一类是官方主办的。吴江县养济院、育婴堂在咸丰十年毁于战火，后由官方重建。“养济院废，同治六年，知县沈锡华重建……同治三年，知县沈锡华，禀请以清粮单费提充收养，栖以民间破屋，口粮日折给钱三十文柴布银”①。“育婴堂废，同治六年，知县沈锡华重建”②。第二类为民办善会善堂。这类善会善堂的创办者有地方乡绅，“仁仁堂在同里东桧概圩，嘉庆初，里人王钢、叶尧蚩等建。同治三年，尧蚩子、嘉棣等重整之，王元榜为记”③。还有民众共同集资建立，“道光年，闲候选训导附贡生任酉，创立代赊棺木会，遭庚申兵焚废弛。其子任艾生与叶嘉棣、金凤标、王琇、王偕达、黄嘉锡、朱元善、叶邦骥、严上镛、庞怀籍、潘洪树、张钰等于同治八年重建，是会加以代葬”④。

### （二）善会善堂的投资规模

各义冢规模不大，田亩数多在二十亩以下。除了漏泽园“明弘治十一年知府曹凤建易民辅德田五十三亩，今存四十四亩又在乡都各有义冢，总为三十三所云”⑤。而育婴堂等则规模可观，上百亩的有：“留婴堂……堂之初建，凤书捐置本邑田一百八亩……同治八年，瑞珍子致和，续置田五十亩”⑥；“仁善局，道光三年，翰林院编修，费兰墀即家设之，集有江震两邑田六百四十四亩，费氏世董之，无常所”⑦。上千亩的善会善堂有：“育婴堂……按留婴堂绅士苏弘遇、费元衡、吴然、沈廷光等，呈请两县详建震泽，徐起凤等捐田二十四亩入租，司月绅士各捐资以给经费，实未尝转送苏州育婴堂。会乾隆七年巡抚陈大受檄各县并就本处设法收养弃婴，郡堂不得收受，吴江县遂改称育婴。八年署吴江知县张日谟清丈九里湖九里等圩草荡一千一百亩有奇，归堂收租济用，缺则两县知县设法资助”⑧。“育婴堂废，同治六年，知县沈锡华重

① 光绪《吴江县续志》卷二《营建一·院堂》。
② 光绪《吴江县续志》卷二《营建一·院堂》。
③ 光绪《吴江县续志》卷二《营建一·院堂》。
④ 光绪《吴江县续志》卷二《营建一·义冢》。
⑤ 康熙《吴江县志》卷八《公署》。
⑥ 光绪《吴江县续志》卷二《营建一·院堂》。
⑦ 光绪《吴江县续志》卷二《营建一·院堂》。
⑧ 乾隆《吴江县志》卷八《营建二·公署》。

建，堂产田荡四千二百九十亩有奇，刻于石”①。笔者认为如此规模，得益于官方的巨大资助。其余没有明确记载田亩数量的善会善堂，笔者认为规模不会很大。

至于各个善会善堂的运营经费，从清代吴江县来看，养济院这样的官办组织全部由官府报销。而其他善会善堂，包括官民合办以及纯民办，大多依靠各自所占田亩的租税或房租息运营。“接婴所在三镇地。同治九年，里人黄庆澜，以太平尼庵废址改设，余地造市房三间，取息充接婴经费”②。“仁善局在通济禅院西偏，今无定所。道光癸未大水，邑人费兰墀，买田数顷，以岁所入，在平波台振贫”③。

### （三）善会善堂的管理机制

清代吴江县的各类善会善堂都制定了明确的规章制度。以同里代赊兼葬会寄冢为例：“规条：一棺费以愿钱凑办也。凡棺价每具五千文，小者减半愿钱。每会出钱五十文，各同志书愿时，先收十愿付店定棺，用去五具，再行持票收愿，补足轮流接济。一给棺须由司事查明也。凡取棺者，须凭会中之人经手，到司事处，报明姓氏、住居、年岁实系贫苦病亡，并无别故，司事根查无异，填票给棺；如来历不明，概不给发。用棺必兼埋葬也。凡取棺时，会中代雇脚夫抬至丧家。其棺木概不牵眼，丧家自备铁钉，成殓之后，有坟者饬夫代为安葬，无坟者代埋寄冢，立石记认，统由司事督，同以期实济葬费，由会给发，不取丧家分文；如不愿葬，概不给棺”④。除了有规章制度的保证，经费富裕的善会善堂往往设有“监堂”“董事”，起到监督作用。

## 三、清代吴江县善会善堂发展的特点

在对清代吴江县善会善堂发展状况有所认识之后，笔者发现其管理方式上出现了现代化趋势。以同里代赊兼葬会寄冢为例，会内制定了明确的规章制度，“给棺须由司事查明也。凡取棺者，须凭会中之人经手，到司事处，报明姓氏、住居、年岁实系贫苦病亡，并无别故，司事根查

① 光绪《吴江县续志》卷二《营建一·院堂》。
② 光绪《平望续志》卷四《营建三·善堂》。
③ 光绪《平望续志》卷四《营建三·善堂》。
④ 光绪《吴江县续志》卷二《营建一·义冢》。

无异，填票给棺；如来历不明，概不给发”[①]。会内取棺要经过一系列验查、登记，体现了机构运转的程序化。“经理须有专司也，凡司事十二人内，公举一人总理，收愿给棺等事十一人随时襄理，始终毋懈以冀久远”[②]。会内还有专门的司事，共 12 人，并通过选举，选出一个总理，总揽大局，体现了管理的民主化，并要求司事做事不许懈怠、拖沓，体现了对高效率的追求。“零费须有承认也。凡司事督葬，或遇风雨，或出远途，须办船饭及雇工收愿工食，应用纸张刻字等费，按月会数，由十二司事摊认，与各愿无涉”[③]。关于费用报销问题，需有纸张刻字等费，这就相当于在现代凭发票报销。

又如在同治六年，由知县沈锡华重建的育婴堂内，司事要先查验属实情况，才决定发放补贴与否；“司事查验婴儿，须记其手足指螺箕若干及项发螺纹单双、偏正，注明册上”[④]；“会内之婴期满，即将联单缴还，销号，或未满期，而婴孩夭亡，亦即报局缴销”[⑤]。这些都体现出机构运转的程序化、制度化。“贫妇重病、断乳，婴儿寄养，如病愈出门做工，寄养之钱减半支给。倘有取巧伪云断乳，婴儿寄养他家而自己出门为乳媪者，该保报明，追还原领钱文；该保隐匿不报，议罚充公”[⑥]。对于那些违反规定的，同时也设立了相应的惩罚制度。“会中钱文不准移作别项善举之用，年终将所保婴数、所收钱数、所用钱数，刊征信录分送”[⑦]。体现了操作运转的透明化、信息的公开化。

另外，笔者还发现在清代吴江县善会善堂的发展事业中，社会群体的种类不断增加，女性成为其中的一部分，这也从另一个侧面说明慈善救济事业越来越得到社会各界的参与，实现了更大程度上的普及。

对于女性群体的加入情况，最直观的显现就是救助对象中女性的出现。中国封建王朝对妇女的重视程度远远不够，对于妇女生活的具体保障，也是微乎其微。在清代吴江县，育婴堂就是这样一个既育婴，又保障妇女生育、补贴妇女生活的机构。“产妇未满一年，本夫病故，于本夫病故之月，给钱一千四百文。以后每月七百文，或以满一年而夫死

① 光绪《吴江县续志》卷二《营建一·义冢》。
② 光绪《吴江县续志》卷二《营建一·义冢》。
③ 光绪《吴江县续志》卷二《营建一·义冢》。
④ 光绪《吴江县续志》卷二《营建一·院堂》。
⑤ 光绪《吴江县续志》卷二《营建一·院堂》。
⑥ 光绪《吴江县续志》卷二《营建一·院堂》。
⑦ 光绪《吴江县续志》卷二《营建一·院堂》。

者，亦准报明，照给扣至两年为满”[①]。“产妇或死亡，或病重断乳，不能自育者，报明局中司事，随同察看，设法寄养，另给贴费若干，临时酌定”[②]。笔者认为，这样的善会善堂，才能真正关注妇女的生活需要，肯定其作为一个社会独立体的最基本的生存需要。

尽管清代吴江县慈善救济事业中出现官民合办甚至民办为主体的善会善堂，但官府无疑还是处于主导地位的。至光绪年间，慈善组织依然也只是政治的附属，属于国家政策的一部分，“以上各堂局，或以栖流，或收养弃婴，或施给衣药等项……亦以见善堂之与政治实相表里云尔”[③]。“大政府，小社会”的基本格局依然如故，这就启示我们，在大力建设和谐社会的今天，国家应该多多放权，给社会组织更多的空间，扩大公共领域，努力构造更为民主自由的“小政府，大社会”。

（作者单位：苏州大学社会学院）



① 光绪《吴江县续志》卷二《营建一·院堂》。
② 光绪《吴江县续志》卷二《营建一·院堂》。
③ 光绪《吴江县续志》卷二《营建一·院堂》。

# 试论传统慈善事业的转型与红十字登陆中国

王同灿

中国传统慈善事业历经唐、宋、明、清等朝，出现繁荣景象。晚清时期，传统慈善事业开始发生变化。在西学东渐浪潮的冲击下，具有近代色彩的慈善理念得以萌生，旧式善堂善会逐渐转变为近代慈善团体。伴随着传统慈善事业的转型，红十字逐渐登陆中国。本文就此问题进行一些考察。

## 一、慈善事业转型的原因

传统慈善事业以“民本主义”，“儒家‘仁爱’思想”，“佛家慈悲心和因果报应”，“道家劝善思想”等为思想基础①，然历经千余年演变，弊端日见暴露，如“重养轻教”等问题日见突出。近代以来，慈善理念开始转变，由“重养轻教”转变为“教养兼施”②，其中缘由可归结为以下两点。

### （一）民间有识之士的反思

鸦片战争打破了“天朝上国”的迷梦，一些有识之士开始面对现实，“师夷长技”学习西方先进的思想文化。近代慈善理念得以酝酿萌生，慈善观念逐渐发生变化，中国传统慈善事业开始踏上近代转型之路③。

冯桂芬是较早主张学习西方的典型代表。早在太平天国战争时期，冯桂芬避居上海，其间阅读大量西方书籍，认识到中国的落后与改革的必要性。他主张“以中国之伦常名教为原本，辅之以诸国富强之术”，后被概括为“中学为体，西学为用”。与此同时，他的慈善思想也发生了

① 王卫平：《论中国古代慈善事业的思想基础》，《江苏社会科学》1999 年第 2 期。

② 黄鸿山：《中国近代慈善事业研究——以晚清江南为中心》，天津古籍出版社 2011 年版，第 174 页。

③ 王卫平：《论中国传统慈善事业的近代转型》，《江苏社会科学》2005 年第 1 期。

巨大变化，其《收贫民议》一书即主张学习西方教养贫民的方法，且详细介绍了荷兰的养贫、教贫二局，乞丐、老幼残疾均可入局养之，少壮则入教局。冯主张在传承我国古代慈善救济优良传统的基础上吸取荷兰、瑞典等国经验，于传统善堂中收养“民间子弟不率教、族正不能制”及“赌博、斗殴、窃贼初犯未入罪而遇赦若期满回籍”之人，教授以“耕田治圃及凡技艺、严扑作教刑之法，以制其顽梗”，化良局则“专收妓女，择老妇诚朴者，教之纺织，三年保释”①。这些主张明显突破传统慈善机构偏重“养”的观念，转向“教养并重”，扩大了传统慈善事业的内容，可以说冯桂芬是推动中国传统慈善事业近代转型的领军人物。

无独有偶，著名的思想家陈炽的慈善思想与冯不谋而合。陈认为“彼泰西诸国之善举，法良意美，规制精详，有必应仿而行之者厥有八事”，其中八事即施医院、育婴会、义学堂、养老院、老儒会、绣花局、养废疾院、养瞽堂。陈强调须学习西方慈善机构“教养兼施”之法，以克服我国传统慈善机构“重养轻教”的不足。大慈善家经元善则于实践行动中得出“教养兼施”的理论，同仁辅元堂及协赈公所为其筹建，在救济华北灾荒、教养贫民方面成就显著，因此声名远扬。然晚清以来，特别是戊戌维新时期，经元善认识到传统救济方法的不足，提出“养与教同为仁政”，主张救急不如救贫，强调“善后之法”，即“兴农开荒”和“课工教艺”，注重教授谋生技艺，主张将善堂改为工艺院，学习外国先进生产技术②。

在有识之士的倡导和推动下，西方慈善理念在中国广泛传播，并与中国传统慈善思想不断交融，为传统慈善事业的转型奠定了思想基础。

### （二）官方的积极推动

清政府在镇压太平天国的过程中，逐渐认识到西方科技的先进性，开始从“天朝上国”迷梦中清醒。以恭亲王奕䜣为代表的中央和以曾国藩、李鸿章为代表的地方实力派，主张“师夷长技”，掀起了以“中学为体，西学为用”为口号的洋务运动。在“师夷”气氛的渲染下，西方的先进思想包括慈善理念也陆续传入中国。

此外，近代以来西方列强的武装入侵，西式思想观念、科技文化的不断冲击，以及中国内部天灾人祸横行、政局急剧变革、经济社会不断



① 转引自王卫平：《论中国传统慈善事业的近代转型》，《江苏社会科学》2005年第1期。

② 虞和平编：《经元善集》，华中师大出版社1988年版，第246—247页。

变迁、人口跨区域大流动等诸多因素导致传统慈善事业日渐式微，由此共同推动近代慈善事业日益勃兴①。

在官方和众多民间思想家的共同作用下，西方慈善理念在中国慈善界广为传播，且得到认可，由此成为传统慈善机构转型的原始动力。中国传统慈善思想不断吸取西方先进慈善理念和方法，大大加速了传统慈善事业的近代化步伐。为红十字——西方先进慈善思想文化结晶顺利登陆中国奠定了基础。

## 二、慈善事业转型的表现

在新的慈善理念的导向下，中国传统慈善事业开始转型，主要表现在以下两方面：

一则范围的扩大。慈善机构救助范围扩大包括两个方面：（一）救助对象范围的扩大。传统慈善机构的救助对象往往仅限于本地区，且具有严格的道德要求，即道德不良者不在救助范围之内。近代以来产生的慈善救济机构，如洗心局、迁善局、济良所等，专门以无业流民、不肖子孙、地痞无赖、轻罪犯人和妓女等为收容改造对象，救助对象范围明显扩大。（二）慈善机构的多样化。近代新出现的慈善机构如工艺局、戒烟所等，尤其是戊戌维新时期新出现的阅报会、阅书会、戒烟会、不缠足会、新学堂及地方保卫局等机构②，较之传统的恤孤、养老、恤嫠、施医药棺冢等更为多样，慈善机构已经开始向具有近代色彩的社会公益机构转型。

二则救助内容的转变。传统民间慈善活动的内容莫过于育婴、恤嫠、施棺、施粥等方面，属于救人生命之类的急赈或散赈，受助对象均为遭灾遇祸、生计困窘之人。这种办法“重养而轻教”，为治标不治本的临时性救济。近代以来的慈善机构“教养兼施”色彩较为浓重。王卫平先生以天津广仁堂为例窥探慈善事业的近代转型，他认为：广仁堂与传统善堂不同，它对收养的孩童根据其资质分别进行读书识字、刊印制衣，对老农教以种法，对妇女教其纺纱织布。它是一个“兼筹教养”，于教、养中更重视教，并能因材施教的近代机构，天津广仁堂可以视为一典型的教养并重慈善救济机构。后来出现的“工艺局”“贫民习艺所”中分设小





① 周秋光、曾桂林：《近代慈善事业与中国东南社会变迁（1895—1949）》，《史学月刊》2002 年第 11 期。

② 朱英：《戊戌时期民间慈善公益事业的发展》，《江汉论坛》1999 年第 11 期。

学堂和工艺所，“工艺，男孤分藤、木、农、织四科；女孤分缝纫、烹饪、图画、造花、刺绣五科”；“凡男女贫儿合格者，得保证入院，照两等小学章程，分班教授，高等毕业者入艺科〔或酌送中学〕，艺科为木工、漆工、印刷、图画、音乐、保姆、产婆、看护妇、农桑、裁缝、刺绣编物、造花、机织、革工、烹饪等科”①。教以技艺为传统慈善机构未闻，“教养兼施”可谓中国传统慈善事业近代转型中最明显的体现。

传统慈善事业转型的一个重要表现就是具有近代慈善理念的新型慈善机构的出现。红十字会作为西方慈善组织，采用西方慈善理念和救济方法致力于战争、灾荒救济，于中国慈善事业转型期间登陆中国。作为西方舶来品，红十字会之所以登陆中国，无疑迎合了中国传统慈善事业近代转型的需求。

## 三、红十字登陆中国

红十字会孕育于西方慈善思想，从“救伤瘗亡”到“人道、博爱、奉献”均与中国传统慈善思想大致相通，可谓红会得以登陆中国的最主要原因。中国红十字会成立前，经历了启蒙宣传的过程，《申报》《大公报》《中外日报》等报刊对红会理念进行传播，尤其是《申报》的宣传尤为得力。红十字会逐渐为国人所认识。1904 年 3 月，在日俄战争的强力推动下，中国红十字会诞生并开展人道救援行动，也体现出转型时期中国慈善事业的特征。

一则救助范围的广泛性。红会于战争救护中“不分畛域、一体救护”②，救护伤兵的同时，亦不忽视对难民的救助。如日俄战争的摧残导致东三省地区“生产凋敝、难民身无长物、流离失所、嗷嗷待哺”，上海万国红十字会积极行动③。据统计，三年内救护出险、收治伤病、留养资遣、赈济安置灾民总人数达 46.7 万人④。红会通过散放急赈，设立平粜局平抑粮价，开办留养院救助妇女、儿童、老弱残疾，资遣难民等救助受灾民众，在社会各界的积极捐助下取得了巨大成效⑤。红会副会长沈敦和指出，“遇战事，疗伤瘗骼，固其天职，而平时济荒赈济，亦

① 转引自王卫平：《论中国传统慈善事业的近代转型》，《江苏社会科学》2005 年版第 1 期。

② 池子华：《红十字与近代中国》，安徽人民出版社 2004 年版，第 7 页。

③ 池子华：《红十字与近代中国》，安徽人民出版社 2004 年版，第 46 页。

④ 池子华：《红十字与近代中国》，安徽人民出版社 2004 年版，第 51 页。

⑤ 池子华：《红十字与近代中国》，安徽人民出版社 2004 年版，第 148—156 页。

其当尽之义务”①。表明红会顺应时势开始由单纯的战争救护向赈灾救荒、社会服务等方面扩展。尤其值得一提的是，红十字会为国际性组织，救济对象没有国家、种族、宗教、党派之分，远比转型时中国慈善事业的救济范围更广。

二则救助内容上注重“教养兼施”。红会秉承人道主义从事战争救护、灾荒救济的工作，但并非简单的救人性命。红会在救伤瘗亡、开办平粜局调节粮价赈济灾民的同时亦开办留养院、妇孺留养所等，对救济对象进行教育培训，《申报》中关于这方面的记载俯拾皆是，如“在留养院里对遭难妇孺、幼孩，不仅使妇孺得以寄宿，并且‘每日教以浅近工艺、并略识字母’”②；“教授妇孺以浅近字义及寻常手工，每日以二、三小时为教课时间”③；“红十字会妇孺留养院日来留养妇孺骤增至一百九十余人，日间教以字义、手工、唱歌运动，诚无微不至”④；“妇女、手工幼童体操后，请来宾参观寄宿所、养病室、浅近识字处、手工处及沐浴室，成衣处布置井然”⑤。除此之外，红会积极与学校合作，进行慈善教育宣传，如“沪上各学校发行之慈善，其第一期所收之报资分缴中国红十字会救济妇孺会及孤儿院等处充作善举，今第二期亦特通告各处即日清缴以便分送各善团，至第三期业已发刊订于阴历十一月十五日出版……不久将通告招生云”⑥。由此可以看出，“教养兼施”亦为红会救助理念，这与近代慈善事业不谋而合。

红会在战地救护、灾荒救济、社会救助等人道主义行动中，无不体现“兼筹教养”慈善理念，推动红会由单纯战争救护团体发展成为从事人道主义救助事业的社会团体。红十字会和其他慈善组织互为表里、相得益彰，并以自身的不断发展加速着传统慈善事业的近代化步伐。如果说中国传统慈善事业要破旧立新的话，红十字会正是转型时期中国慈善事业的不二选择。

（作者单位：苏州大学社会学院）

---

① 沈敦和：《〈人道指南〉发刊词》，中国红十字会总会编：《中国红十字会历史资料选编（1904－1949）》，南京大学出版社 1993 年版，第 104 页。

② 《红十字会纪事》，《申报》1913 年 8 月 4 日。

③ 《中国红十字会临时妇孺留养院简章》，《申报》1913 年 8 月 9 日。

④ 《红十字会纪事》，《申报》1913 年 8 月 23 日。

⑤ 《红会留养院开幕记》，《申报》1913 年 8 月 28 日。

⑥ 《慈善与教育》，《申报》1914 年 12 月 25 日。

# 晚清义赈与中国红十字会的诞生

朱煜洁

闵杰先生曾指出，“在西方红十字会传入之前，中国已经具有相当普及的社会救济组织，并一直保持着历史悠久的慈善会的传统，这与红十字会的人道主义精神有相通之处”①。周秋光先生也认为，“中国红十字会的成立，是中西慈善文化相互融合的结果”②。那么为什么中国红十字会诞生于清朝末期的上海？朱浒先生认为，“上海的义赈系统一直保持着与红十字会实践的密切联系，为实现中西合作提供了某种铺垫”③，“红十字会在中国本土化的这个过程，并不能简单归结为中西慈善文化的相通性，而是由一条相当具体的依赖路径，即与标志着中国救荒事业重大发展的晚清义赈所提供的社会机制有着密切的关联”④。因此“晚清义赈”与中国红十字会的成立休戚相关。

## 一、晚清义赈概况

中国历史上类似于义庄、义仓、义田等的慈善机构较多，其部分慈善赈济活动，在某些特定的场合下，也称作“义赈”。但此种“义赈”多由官府主导，通过募集捐助形式赈济灾区，而且有明显的地域性和对象性，从某种意义上讲，是政府对地方事务的一种参与和调节，甚至可以理解为官方管理地方的手段和途径，是其行政职能的一种延续。明末清初，荒政逐渐衰敝，官赈日趋低效，因此经济发达的江南一带民间社

① 闵杰：《近代中国社会文化变迁录》第2卷，浙江人民出版社1998年版，第181—183页。

② 周秋光：《晚清时期的中国红十字会述论》，《近代史研究》2000年第3期。

③ 朱浒、杨念群：《现在国家理念与地方性实践交互影响下的医疗行为——中国红十字会起源的双重历史渊源》，《浙江社会科学》2004年第5期。

④ 朱浒：《中国红十字会起源的本土化途径与晚清义赈》，红十字运动研究中心，http：// www. hszyj. net/ article. asp？articleid=586。

会的赈济活动逐渐活跃起来，主要形式为绅商捐资输粟，协助官府于灾年赈济灾民。然而，这种早期的赈济活动，从形式和规模上看，明显具有零散性和局部性，尚未构成完备的社会赈灾体系，仅仅是对传统荒政的补充。晚清时期，列强入侵，灾荒频仍，经济凋敝，粮食短缺，数以百万的人民流离失所，严重冲击传统的荒政体系。在这种急剧的社会变迁中，民间大规模的义赈应运而生。

1876 年，中国北方发生罕见的自然灾害（史称“丁戊奇荒”），拉开了晚清义赈的序幕。灾害持续时间长达四年，是近代中国最为严重的一次大面积旱灾，以山西、河南为中心，旁及直隶、陕西、甘肃全省及山东、江苏、安徽、四川部分地区，灾区之广、灾情之重，实属罕见，“赤地千有余里，饥民至五、六百万之多，大浸奇灾，古所未见”[①]。《申报》报道河南的情况：“及抵汴城，讯问各处情形，据述本年豫省歉收者五十余州县，全荒者二十八州县……非特树皮草根剥掘殆尽，甚至新死之人，饥民亦争相残食。而灵宝一带，饿殍遍地，以致车不能行。”[②] 然“官赈勿给，而民气刚劲，饥则掠人食，旅行者往往失踪，相戒裹足”[③]，谓之清朝“二百三十余年来未见之惨凄，未闻之悲痛”是毫不夸张。

为此，无锡富商李金镛“独慨然往抚视，至则图饥民流民状”[④]，特致信江苏、浙江、福建、广东沿海一带众多绅商，劝捐筹资。一呼即应，胡雪岩、徐润、唐廷枢等富商积极支持，募集资金达十余万，是为“义赈之始”[⑤]。义赈初次开展十分顺利，大量灾民从中受益。但灾情仍在继续，受难人数不断攀升，于是 1877 年春，李金镛等人从江北入山东境内，与扬州绅商严作霖率领的助赈人员会合，于青州设立江广助赈局，借助《申报》刊登《劝捐山东赈荒启》，号召各位绅商乐善好施，踊跃捐款。各界积极响应，募集赈款达五六十万两白银[⑥]。至此，大规模的义赈活动在中国东部地区渐次展开。

1877 年，晋豫两省旱荒加剧，义赈迅速推广，逐渐形成一套颇具规模的组织体系和比较科学的运作模式，其中上海协赈公所成绩尤为

① 李文海、林敦奎等：《近代中国灾荒纪年》，湖南教育出版社 1990 年版，第 349 页。
② 李文海、周源：《灾荒与饥馑（1840—1919）》，高等教育出版社 1991 年版，第 136 页。
③ 李文海、林敦奎等：《近代中国灾荒纪年》，湖南教育出版社 1990 年版，第 357 页。
④ 李文海、林敦奎等：《近代中国灾荒纪年》，湖南教育出版社 1990 年版，第 357 页。
⑤ 李文海、林敦奎等：《近代中国灾荒纪年》，湖南教育出版社 1990 年版，第 358 页。
⑥ 《李金镛传》，《清史列传》第 20 册卷 77，中华书局 1987 年版，第 6371 页。

显著。

上海协赈公所由上海富商经元善于 1877 年创立，专为办理陕西、山西、河南各省义赈。协赈公所成立后，积极开展募捐赈济灾民，自 1878 年 5 月至 1879 年年底，由上海协赈公所解往直隶、河南、陕西、山西四省灾区的赈款共计 470763 两[①]，而清政府用于此次赈灾的财政拨款也不过 70 余万两[②]，可见民间慈善团体于救荒赈灾中地位之举足轻重。除上海之外，苏州、扬州、杭州、镇江等地相继设立筹赈公所，与上海协赈公所相互配合，共同办赈。在上海协赈公所的影响下，其他地区亦纷纷创设类似名目的义赈机构，澳门协赈公所、台南协赈公所、台北协赈公所、烟台协赈公所、湖北协赈公所、宁波协赈公所、牛庄协赈公所等相继设立，甚至海外华侨聚居的美国旧金山、日本长崎和横滨等地也设有筹赈点。

“丁戊奇荒”后，民间义赈活动并未随之结束，反而日趋兴盛。江南地区绅商仍继续组织全国各地义赈活动。如 1883 年，黄河水灾严重，经元善等人成立山东捐公所，开展救济行动。1887 年黄河水患再起，祸及河南、安徽、江苏三省，盛宣怀、经元善等人成立多个赈捐处，负责办理义赈事务。以上几次义赈活动，先后募得数百万两，拯救灾民达百数十万[③]。

## 二、晚清义赈对中国红十字会成立的铺垫作用

“晚清义赈”虽然未直接导致中国红十字会的成立，但却为中国红十字会的诞生奠定了基础。

首先，其义赈活动理念、行动与红十字运动的原则极为相似。

一是晚清义赈体现“独立”性。江浙地区义赈组织的开展模式不同于之前出现的各种带“义”字的慈善组织。晚清之前，各类慈善活动几乎均由政府主导；晚清时期则为民间自发，“不必受制于官吏，而听其指挥”[④]，属于真正的民间活动，不带有任何官方色彩，与红十字会的性质相同。放赈过程中，他们强调义赈系“民捐民办”，避免封建官僚机

① 《公启》，《申报》1879 年 4 月 8 日。

② 《劝赈公启》，《申报》1878 年 3 月 28 日。

③ 李文海：《晚清义赈的兴起和发展》，《清史研究》1993 年第 3 期。

④ 《送两弟远行临别赠言》，参见虞和平编：《经元善集》，华中师范大学出版社 1988 年版，第 12 页。

构插手干预，甚至从中侵渔的可能，但也注意与地方政府“和衷共济，以免掣肘”。放赈办法则因地制宜，或自己“设局举办”，或委托当地官员代办，由义赈工作人员“暗中查察之”，不论采取何种方式，坚决“不假胥吏之手”①。这无疑说明晚清义赈是纯粹的民间慈善运动，与红十字运动中的“独立”原则颇为相似。

二是晚清义赈倾向“公正”性。晚清以前义赈多为零散的、小规模的民间赈灾活动，具有很大的地区局限性。某个地方发生灾荒，就在该地区范围内进行募捐活动，至多扩展至旅居个别大城市的本籍同乡，募捐赈款仅为赈济本地灾民。可以想见，这种地方局限性，必然极大地限制了赈灾活动的规模与成效。然光绪初年兴起的义赈则完全不同，它突破了狭隘的地区局限。赈济对象往往为全国重灾区，如上海协赈公所虽设于江浙一带，却于中原地区展开赈灾行动，且上海协赈公所创立之初，本欲专办豫赈，后得知山西、陕西、直隶受灾均重，赈济范围随即扩大到直豫陕晋四省。可见晚清义赈救济已突破传统的地域性，虽然未遍及国际，但也是其倾向红十字运动中的“公正”的表现。

三是晚清义赈募捐中呈现“普遍性”。晚清义赈的筹赈机构由上海逐步扩散到整个东部沿海，甚至扩散到了海外，这些筹赈机构之间互为呼应，形成一种网络化格局，募捐活动往往遍及全国各地，包括了海外爱国华侨。此外，义赈的倡导者李金镛、经元善、郑观应等人借助近代媒介广泛宣传动员，如在《申报》等报刊上发布劝捐启事，商界、学界、文艺界等人士积极响应，纷纷解囊相助，这就从侧面呈现出红十字运动的“普遍”原则。

四是晚清义赈服务中彰显“志愿服务”原则。赈款筹集后，义赈工作人员需要长途跋涉，跨越省区前往灾区放赈。在此过程中，众多参加义赈的工作人员均“不受薪水”，其中有些人员甚至“自备资斧”，以免情急之下使用赈款。如无锡人李金镛去苏北赈灾，路上一切开销均为自费，未挪用赈款分毫②，无疑彰显了红十字运动中“志愿服务”精神。

其次，晚清义赈行动的开展与红十字人道活动如出一辙。晚清义赈创造了一套十分高效的工作程序。灾情发生，义赈倡导者首先成立义赈组织（如协赈公所、筹赈公所、赈捐处、协赈处、赈捐收解处等），其

① 李文海：《晚清义赈的兴起和发展》，《清史研究》1993 年第 3 期。

② 《沪上协赈公所溯源记》，参见虞和平编：《经元善集》，华中师范大学出版社 1988 年版，第 326 页。

领导者均为社会名流。然后大力开展宣传活动，如在一些报刊上发表劝赈启事、印发反映灾区灾情的传单（为了提高可靠度，吸引人们捐款，传单往往图文并茂）等等。之后，统一印制募捐册，交由各地代理机构或联络点使用，各地代理机构即以此向社会各界开展募捐。最后，募得款项统一汇交上海义赈中心组织，赈款数额相当时，即派人专赴灾区散发，同时在报上刊登消息，告知各界赈款用途及去向，赈款往往是筹集一批，就公布一次，如“豫皖镇扬协赈处”先后19次于《申报》公布起收赈捐消息，先后7次于《申报》公布起解赈款消息①。待整个赈事结束，即刊行“征信录”，公布全部账目清单。整个流程，环环独立，均由专人负责，各司其职，但又紧密合作，协调一致办理赈务，从而保证赈济的高效率。可以说，晚清义赈展现了慈善事业的新气象，表现出慈善事业的近代化，为红十字会进驻中国打下了体系上的基础。

晚清义赈加速了中国慈善业的发展，《申报》借此机会在中国报道红十字会新闻，1898年5月9号《申报》特刊登《创办红十字会说》，明确提出于中国建立红十字会的主张。1900年庚子事件后，几大义赈组织如中国施医局、救济善会、济急善局等迅速崛起，成为晚清义赈活动中的领军团体。其创办地、人员构成、运作模式等均可谓晚清义赈组织的延续，且均冠以“红十字”名义，试图将“红十字”的组织原则和运行模式与其本体“嫁接”，极大地推动了红十字会在中国的诞生。因此，晚清义赈为红十字会在中国诞生提供了肥沃的土壤。

（作者单位：苏州大学社会学院）



① 李文海：《晚清义赈的兴起和发展》，《清史研究》1993年第3期。

# 民国前期慈善组织的现代化转型

## ——以中国红十字会为例

顾 洪 袁 玲

中国传统的慈善组织起源于明清之际兴起的善堂善会，偏重慈善救济，常有济鳏寡、育婴、恤嫠、施粥等举措①。进入近代，其“养民”救济模式既不能为受助者谋得长久生计，又不能缓解社会压力，因而备受时人指责，“养而不教而无异于制造莠民”②。鸦片战争后，中国踏上了现代化的征程，传统的慈善组织不断调节自身以适应现代化要求。红十字会这一舶来品，“伺机”登陆中国，成为近代中国慈善组织现代化转型的领头军。

## 一、中国红十字会源起

1859 年 6 月 25 日，亨利·杜南于意大利商业旅行时，途径索尔弗利诺，目睹了意法联军与意大利军队的鏖战，4 万伤兵惨遭遗弃，“枪炮打在散落遍地的死伤者身上，脑浆在车轮下涌出，四肢断裂，人体被残害的辨认不出原来的样子。泥土混伴着鲜血，尸横遍野”③。亨利·杜南极为震撼，特向“文明世界”的良知呼吁呐喊，要求成立伤员救护组织，“制定一些国际准则，由一个不可侵犯的公约批准”④。在亨利·杜南的不断努力下，1863 年国际红十字会诞生。

此时的中国尚处于“蒙昧”状态，对于“红十字”为何物不甚了

---

① 周秋光、曾桂林：《近代慈善事业的内容和特征探析》，《湖南师范大学社会科学学报》2007 年第 6 期。

② 高劳：《慈善事业》，《东方杂志》1915 年 10 月号。

③ 亨利·杜南：《索尔弗利诺回忆录》（杨小宏译），山东友谊出版社 1998 年版，第 5 页。

④ 亨利·杜南：《索尔弗利诺回忆录》（杨小宏译），山东友谊出版社 1998 年版，第 65、66 页。

了。有关红十字会的记载最早见于1899年《申报》，“有中国妇人金氏者……遂与泰西某女医同立红十字会”①。甲午战争中，中国人第一次感受到红十字组织在战争救助中不可替代的作用：许多日本赤十字社社员远赴辽东进行战地救护，他们严守中立，不分畛域，伤兵难民从中受益颇多。这一系列举措引起了中国进步士人的注意，后经孙中山、孙淦、沈敦和等人介绍，“红十字”渐被国人知晓。

1904年上海万国红十字会宣告成立。成立之初，上海万国红十字会以战时拯伤瘗亡、平时救灾恤邻为宗旨，于日俄战争、辛亥革命中积极开展战地救护：抢救难民出险、救治伤兵、掩埋暴尸。民国肇始，中国红十字会得到红十字国际委员会的正式承认。近代中国天灾人祸频仍，红会积极开展人道行动为其职责所在，“原为遇有战争医救伤兵之用，近年来，宗旨日见扩充，即水旱、灾患时疫流行亦当设法拯救。是故，红会不惟于战时应尽之义务，平时亦有应救之患灾”②。红会善举愈推愈广，涉及施医给药、开办医学堂、参与社会保障等各个方面。

## 二、中国红十字会的现代化特征

### （一）踏上法制化轨道

中国传统善堂善会大多为地方性组织，只有简单章程约束，并未上升到法律层面，而中国红十字会则不然。1912年京、沪两会统一，《中国红十字会章程》通过，为红会史上第一个正式会章，至1914年9月24日，北京政府公布《中国红十字会条例》（共11条）③，规定政府对红会的监督权、管理权，红会的职责与任务、红会的组织结构及人事任免。该法规为我国第一部红十字会法规，也是我国慈善组织的首例立法。为进一步贯彻条例，1915年北京政府公布了由陆军、海军、内务三部拟定的《中国红十字会条例施行细则》，详细规定红会的各项事业、

① 《宸翰褒功》，池子华、严晓凤、郝如一主编：《〈申报〉上的红十字》第1卷，安徽人民出版社2011年版，第1页。

② 周秋光、曾桂林：《近代慈善事业的内容和特征探析》，《湖南师范大学社会科学学报》2007年第6期。

③ 《中国红十字会条例》，池子华、严晓凤、郝如一主编：《〈申报〉上的红十字》第1卷，安徽人民出版社2011年版，第604页。

会员、议员、资产、奖励及惩罚[①]。1920 年 5 月，因形势所需，陆军、海军、内务三部又修订了《条例》《施行细则》。至此，民国前期我国红十字会立法已具雏形，中国红十字会谨遵国际红十字运动原则，按照《中国红十字条例》实践人道主义。这从其战地救护中的“公正性”可见一斑。

传统慈善机构受宗族、地域、观念的影响，亲缘、地缘及业缘色彩较浓[②]，其慈善救济范围较为狭窄，多囿于同地、同宗、同行。中国红十字会为全国性的慈善组织，各分会纵向发展至市县乃至乡镇，若灾情发生即派员前往，如胶东兵灾时济南分会派出第一、二医队出发即墨、胶州救护，救济灾民数千；辛亥湖口之战江西九江分会组织救护掩埋队赶往战地设立野战医院，救护伤兵等等。此外，红会为国际性组织，亦不分国籍开展人道行动。如 1914 年日本鹿儿岛火山喷发，红会捐 2000 元；1918 年派出救护队 19 人，赴海参崴参加国际救护；1919 年募款 7700 元、棉衣 1500 套托美国红十字会驻沪办事处携往西伯利亚，救济俄国难民；1923 年成立“中国协济日灾义赈会”筹募赈灾款项，前后共募集善款 17217 元[③]，救济日本震灾等。

### （二）注重人才培养

中国红十字会自其成立之日便积极开办医学堂、护士学校，培养近代新兴的医护人才。1908 年红会首先招收 10 名医学生赴读德文医学堂，要求入学者“粗通英文及算学业，华文能作短简论”。红会欲通过筹办医学堂培育医学救护人才，引进西方先进技术，与国外著名医学校共同办校。于是，“民国元年，美国哈佛大学拟设分校于中国，因见本会院宇器械并剖解室等一切设备适合医学堂制度，请与合办，以成一完备之大医校，由哈佛每年补助银九万元以作经费”[④]，鉴于此，红会“力求扩充，所有医药、仪器、课程等事，均经分别添置”[⑤]。红十字会开办医学

---

① 《中国红十字会实施细则》，《政府公报》1915 年 10 月 8 日。

② 周秋光、曾桂林：《近代慈善事业的内容和特征探析》，《湖南师范大学社会科学学报》2007 年第 6 期。

③ 《中国红十字会救护日本震灾概要》，《中国红十字会月刊》总第 27 期（1924 年），第 12 页。

④ 《中国红十字会总医院与哈佛合办缘起》，池子华、严晓凤、郝如一主编：《〈申报〉上的红十字》第 2 卷，安徽人民出版社 2011 年版，第 267 页。

⑤ 《红十字会纪事》，池子华、严晓凤、郝如一主编：《〈申报〉上的红十字》第 1 卷，安徽人民出版社 2011 年版，第 583 页。

堂为慈善事业储备了救护人才。

与此同时，红会亦极力筹办护士学校，招收学员。要求“女性年龄十八至二十六岁，粗通文字，身体强壮，三年毕业，膳宿学费一概免收”[①]。女看护习得护理知识后即投入战场救护，1911 年辛亥之役“东西女看护均系熟手，治法毋虞不速”[②]，“武汉血战，伤亡极众……杨智生诸医博士暨男女看护三十余人，驰赴战地，普救两军受伤兵士及被殃人民”[③]。可见，红会开办护士学校培养护理人才以供战时救护之需，从看护人员性别中可知，女性已充当战时救护角色，可谓现代化、西方化浪潮中中国慈善事业女性参与度提高的表现。

### （三）人道救援行动开展方式与时俱进

首先，募捐形式多样化。慈善事业的发展离不开经费，为筹集资金，红会运用了各种新式募捐手段：报刊募捐、电车广告募捐、举办义演游艺会。报刊募捐为最常用方式。自新式报纸于清末出现后，逐渐兴盛，于是红会以《申报》《大公报》《民立报》等有影响力的报刊为喉舌，刊登启事，报告灾情，其中《申报》刊登的募捐启事可谓俯拾皆是。与此同时，红会先后自创刊物《红十字会月刊》《人道指南》等，介绍红会人员组成、会务工作等情况。1913 年，上海总办事处得上海电车公司赞助，可免费在电车上悬挂募捐牌，由此开始了电车广告的募款模式[④]。义演募捐为红会筹措经费的新渠道，如 1912 年天津红会因款项短绌，于广东会馆开办慈善音乐会，“是晚中西男女客位为之满，当晚捐款甚多”[⑤]；李长山、高福安为募集红会经费，特地在丹桂茶园义务演戏三天，“男女座客一千四百余人，所得捐款全部捐出”[⑥]。此外，红会学习西方各国举办游艺会形式筹集善款，出售游艺会门票、小食，该方式形式新颖，增加了捐款人数。红十字会通过义演、游艺会等形式拓宽

---

① 《中国红十字会招女看护生广告》，《民立报》1912 年 1 月 27 日。

② 《红十字会医队战地来书》，池子华、严晓凤、郝如一主编：《〈申报〉上的红十字》第 1 卷，安徽人民出版社 2011 年版，第 187 页。

③ 《急募红十字会捐款启》，池子华、严晓凤、郝如一主编：《〈申报〉上的红十字》第 1 卷，安徽人民出版社 2011 年版，第 192 页。

④ 《申报》1913 年 4 月 26 日。

⑤ 《音乐会志盛》，池子华、傅亮、张丽萍、汪丽萍主编：《〈大公报〉上的红十字》，合肥工业大学出版社 2012 版，第 103 页。

⑥ 《戏界善举》，池子华、傅亮、张丽萍、汪丽萍主编：《〈大公报〉上的红十字》，合肥工业大学出版社 2012 版，第 103 页。

了筹募范围，演剧、游艺会等新式募捐方式无疑表明红会筹集善款的方式朝着现代化、西方化转变。在新闻媒体的推动下，促进了募集善款工作的开展，拓宽了灾情及赈济情形的传播面，扩大了红十字会影响力。

其次，救济运作快捷性。近代中国，新式传播媒介不断涌现，红会广泛利用其快捷之效展开人道行动。民国时期红会广泛运用新式交通工具进行战场救护、社会救济，如1913年癸丑之役，南京城内伤亡惨重，被灾民众困于城内，既受炮火威胁，又面临断水断粮的险境，中国红十字会知悉后立即租得英国太古洋行商船“大通号”作为红十字救护医船，运送难民于沪。“大通号”两度赴宁，救济难民出险3000余人，伤兵伤民160余人[①]，此为近代慈善救护史上运用轮船救护难民、伤兵的最早记载。大灾之后必有大疫，为防治时疫，红会创办时疫医院，配备专用救护车辆，“专为救护病人”[②]，分文不取，若遇不能自行来院诊治者则派车接来[③]。红会运用轮船、汽车、火车等新式交通工具开展救护行动，极大地加快了救护速度，众多伤兵难民从中受益。

## 三、结　语

“慈善”二字，在中国传统文化典籍中被释为“仁慈”“善良”，是“恩被于物、慈爱于人”之意。在古代，我国传统的慈善事业以善堂善会为依托，偏重于对受助者“养”，是一种授之以“鱼”的理念。1840年后西方慈善观念的传入，善堂善会踏上了现代化、西方化的征程。

中国红十字会诞生后，其救伤瘗亡、拯饥扶困的人道行为传承了传统慈善组织“养”的轨迹，此外，其筹办社会保障机构，开办医学堂、护士学校培养专业医护人才，与传统善堂善会大相径庭，并且更为注重对受救助者的“教”，发扬授之以“渔”的救护理念。由此可见，近代以来以中国红十字会为关照点，中国慈善组织逐渐调整自身，踏上现代化之路，由“养”而“教”，积极参与人道活动。

（作者单位：江苏师范大学历史文化与旅游学院；苏州大学社会学院）





① 《红会宴劳职员记》，《中国红十字会杂志·记事》1914年第2号，第19页。

② 《中国红十字会时疫医院简章》，《中国红十字会月刊》1922年第7期，第18页。

③ 《红会组织急救队之通告》，《申报》1922年11月10日。

# 1912至1937年天津红十字会灾害救助述略

## ——以《大公报》为中心

庞向南

天津红十字会是天津最大的社会救助团体，自1911年成立至今，已有百余年的历史。本文以天津《大公报》为中心，对1912至1937年天津红十字会灾害救助活动进行考察，以期对当代慈善公益事业的发展提供一些历史借鉴。

## 一

中国红十字会发轫于1904年的日俄战争，初以战地救护为己任，后救助范围逐渐扩展至灾害救助等方面。中国红十字会天津分会（以下简称天津红会）也是如此。当灾害发生时，筹款募捐、赈灾等，不遗余力。1917年顺直水灾、1920年华北五省旱灾救助等，都是典型的例子。

### （一）筹款募捐

红十字会属于非营利性的慈善机构，因此筹款募捐成为红会一大基本会务，也是其灾害救助工作顺利开展的前提，“非筹有大宗款项，恐难持久”①。为有效劝募，天津红会诸君赴戏院、茶馆登台演说，以激发社会各界的救灾热忱②。此外，图像可生动直观地表现灾区惨况，形成强大的视觉冲击力，从而引起民众的恻隐之心，于募赈良有裨益。因此，天津红会及时地留下影像资料以广为宣传。1917年9月5日，《大



① 《广筹会费》，《大公报》1911年11月19日。

② 《十字会劝捐》，《大公报》1914年8月30日。

公报》报道："天津红十分会散放铜元，并摄影以作纪念。"[1] 同年10月14日，天津红会致电上海总会总办事处："前承命拍照灾情像片，今已将恒利金店物华楼及各灾区皆经拍照成像。"[2] 10月25日，《大公报》又报道："有照像技师沿路拍照受灾惨情，藉作纪念而动人心。"[3] 为扩大宣传范围，天津红会还将拍好的照片邮寄到其他地方。如1920年华北五省旱灾时，天津红会将灾民照片寄给上海华洋义赈会，使南方同胞均得目击北方灾况，从而激发他们的救灾热忱[4]。

天津红会的劝募，得到社会各界的响应。1917年8月21日，权仙捐演电影[5]；10月29日，天津售品总所新剧社慨演新剧三晚，将所得款项汇齐后寄给天津红会[6]。当时的津埠著名演员在得知红会因办救济事业经费拮据时，热忱贡献所长，演出义务戏，将票资捐给天津红会，如1928年8月，尚小云、朱素云等名角就曾暑夜挥汗，募得大洋一千六百六十三元零六分[7]。

官方在灾发后，也会给予天津红会经费上的援助，且一般都是大宗款项。1917年8月14日，《大公报》在报道中提及天津红会因需款浩繁，陆军部特捐洋一千元[8]。同年10月11日，大总统侍从武官赵镜波由北京来津，特到红十字会捐助赈款洋一千元[9]。10月14日，黎元洪大总统捐助红会一千元以购办米粮[10]。面对天津大水灾，民国政府特组织各院部总、次长集体捐款，合计捐得5100元[11]。1920年华北发生大旱灾，天津红会电请国务院拨发助款，国务院很快给予回复，并令财政部筹款拨发[12]。天津红会言辞恳切，各政府官员、军界都统在红会仁慈义举的感召下，纷纷慷慨解囊，以尽绵力。

天津红会也通过设立募捐箱的方式广集社会慈善人士的善款，如该会曾于城东北角放置募捐箱，并在箱中发现无名氏捐献的十两足银一



① 《救急会散放铜元》，《大公报》1917年9月5日
② 《大水灾近事汇志》，《大公报》1917年10月14日。
③ 《中国红十字会天津分会查放灾区日记》，《大公报》1917年10月25日。
④ 《赈灾事宜汇志》，《大公报》1920年11月19日。
⑤ 《中国红十字会天津分会广告》，《大公报》1917年8月21日。
⑥ 《中国红十字会天津分会鸣谢》，《大公报》1917年10月29日。
⑦ 《天津红十字会义务戏鸣谢》，《大公报》1928年8月26日。
⑧ 《红十字会派员领款》，《大公报》1917年8月14日。
⑨ 《大水灾近事汇志（节录）》，《大公报》1917年10月11日。
⑩ 《大水灾近事汇志（节录）》，《大公报》1917年10月14日。
⑪ 《天津水灾急赈募捐启》，《大公报》1917年10月16日。
⑫ 《关于赈济灾民近闻汇志》，《大公报》1920年10月2日。

锭。也有部分善士将钱款直接捐给天津红会，其中不乏忧国忧民的巾帼。如津埠人士钱玉振之令慈在诞辰之际，因水灾谢绝亲友馈赠，并捐洋十元以作赈款①。1917年，大总统侍从武官赵镜波的夫人及其千金随同来津，听闻津埠水灾严重，将手戴之金镯两副、金戒指四枚尽行脱下，捐入红会充作赈款②。红会在查放物品的过程中，曾出现过善士现场捐款的义举，如《大公报》曾报道："于西沽、于庄查放时，见有隐名氏施舍现洋四十元，当交该会（红会）散放。该会因大洋不便分布，向义涌金店兑换小洋，乃该店店东刘先生不计行情，慨然换给小洋一千角，足合十二五之数，堪称乐善好施，人有同意。又有邱先生名荣廷浙江人，旋放铜子大口六十枚，小口三十文。"③

外国红会尤其是美国红会及其他组织也给予了红会及时的援助。如1917年顺直水灾发生后，美国红十字会捐助5万金元④，后又再捐助美金20万元⑤。另日本的一些组织经由天津商务总会转交给天津红会赈款共计日金1405元⑥。1920年华北五省发生旱灾，美红会救济会会长亲到德州办理救济事宜。该会还从东北购买大宗赈粮，由大连运到天津⑦。纽约美孚洋行对于华北旱灾捐助赈款2.5万元，并电请该行驻华总经理就近拨付，以期迅速到账并省手续费⑧。

作为分会，毕竟财力有限，况且灾区广阔、灾民众多，因此，天津红会电请总会支持，如1917年大水灾时，天津红会"惟事巨款绌，杯水车薪，难以普及，恳祈总会俯念灾黎，设法协助"⑨。11月27日，上海中国红十字会总办事处因沧县受灾甚重，特运面粉多袋由天津红会查放⑩。

另据史料所载，天津红会所筹款项中有部分为会员所缴的会费，这既是红十字会会员的义务，也是成为红会会员的先决条件。天津红会要

---

① 《撙节寿款助赈》，《大公报》1912年8月31日。
② 《大水灾近闻汇志（节录）》，《大公报》1917年10月11日。
③ 《天津大水灾近状》，《大公报》1917年8月12日。
④ 《美红十字会义举》，《大公报》1917年10月24日。
⑤ 《关于筹赈之种种（节录）》，《大公报》1917年10月28日。
⑥ 《红会谢赈》，《大公报》1917年12月23日。
⑦ 《赈灾事宜汇志（节录）》，《大公报》1920年11月23日。
⑧ 《赈灾事宜汇志（节录）》，《大公报》1920年11月23日。
⑨ 《救灾助赈之要电》，《大公报》1917年8月15日。
⑩ 《关于筹赈之种种》，《大公报》1917年11月27日。

求会员在春秋两季交纳会费，每次 2 元[1]。

总起来说，天津红会的经费来源主要有：义务戏和电影票价收入；政府部门及人员的捐款；上海中国红十字会总办事处的支持；社会贤达的捐助；其他组织的援助。天津红十字会的劝募方式主要有：娱乐公司慨助电影；知名演员及戏院发起义务戏；红会诸同志登台演讲；放置募捐箱；举行书画及其他物品售卖会；灾区图像宣传等。

正是这源源不断筹募到的善款为天津红会的救助行动提供了基本的物质前提，使其得以顺利进行灾害救助。

### （二）灾害救助

随着灾害的发生，天津红会深知救民于水火之中，刻不容缓，因此迅速展开救助行动，并且声明“不论何方面，一律看待，必达到慈善本旨”[2]，充分体现了红会“对于救护上本不分畛域，不分国界”[3] 的中立性。如 1917 年水灾时，天津红会派出救生船，编号分赴各区救援，其中就专门派船赴英法德租界救护灾民[4]。灾害救助，主要体现在如下方面：

首先，调查灾情。灾害发生伊始，天津红会的首要任务就是调查灾情。1917 年顺直水灾发生后，天津红会举定灾区视察员分查灾区状况，并携带药品以便随时医治[5]。根据灾情，“先仅最重之村散放，如有余款，再赈次重之区”[6]。1920 年华北五省旱灾爆发后，上海红会总办事处电请天津分会调查灾情[7]，天津红会很快派出了视察员出发各县，会同地方绅民勘察灾情，并每五日汇报一次[8]。红会会员在调查后，还将具体情形制成调查表及灾区地图各一份寄回红会，以便作为将来救灾的依据[9]。

其次，散放物品。灾害发生后，“田园庐墓均成泽园，居民荡析离居”[10]，衣食无着，温饱成为一大问题。天津红会派员携带大米、小米、



① 《中国红十字会天津分会广告》，《大公报》1912 年 2 月 3 日。

② 《红十字会开会纪》，《大公报》1920 年 7 月 16 日。

③ 《红会董事会议记》，《大公报》1920 年 7 月 22 日。

④ 《关于筹赈之种种》，《大公报》1917 年 10 月 21 日。

⑤ 《关于赈济灾民近闻汇志》，《大公报》1920 年 10 月 4 日。

⑥ 《办理徐赈》，《大公报》1918 年 1 月 6 日。

⑦ 《总会电请调查灾区》，《大公报》1920 年 9 月 26 日。

⑧ 《关于救灾事务之汇志（节录）》，《大公报》1920 年 10 月 7 日。

⑨ 《赈灾中之近闻汇志》，《大公报》1917 年 10 月 17 日。

⑩ 《天津水灾详记》，《大公报》1917 年 8 月 8 日。

大饼、馒头等食物沿路查放。也有社会贤达捐助食物交由红会发放，如1917年大水灾时邑绅严范荪特备玉面、窝头2000斤，备船请由天津红会散放[①]。另，津海关还曾将扣留赃物送与红会充赈，相应散放灾民[②]。1920年华北五省爆发旱灾，又受大米出洋影响，米价倍增，而东三省大豆丰收，大米百斤之价可购大豆三四百斤，可多活饥民三四倍，因此1920年天津查放的食物主要为大豆[③]。在物资匮乏的灾荒时期，这些物品挽救了灾民性命，减轻了灾民痛苦，给受灾人民带来了希望。

再次，安置灾民。1917年大水灾发生后，红会会员发现灾民因房屋被水淹没，无地栖身，日熏露濡，惨不忍睹。故该会会员当即置办草席、茅竹等搭盖窝棚，以便栖身[④]。也有一些灾民因房屋倒塌，无处栖身，而城内有亲族，于是红会会员就把这些灾民送到亲族处[⑤]。无法就地安置或无亲族投奔的，天津红会就将灾民安置在有接纳能力的其他慈善机构。《大公报》曾报道："男子送与教养院，女子送与北马路女子家庭传习所后院住宿。该所长又派女职员二名照料一切"[⑥]。对于无处栖身之妇孺，天津红会特在宜兴埠设立临时妇孺留养院。到3月份时，天气和暖，天津红会遂资遣灾民，按成人4元、小孩2元发给赈款，以资回里[⑦]。

又次，水中救人。发现有在水中被困之灾民，红会会员也竭尽全力及时救出[⑧]。《大公报》曾报道："（天津红会会员发现）左右有住房二十余间被水浸泡，房欲倾圮，实深危险，偕同巡警用小船将一切灾民救出。"[⑨] 救人时，天津红会得到了直隶水产学校的鼎力协助，该校"教职员以及学生二十余人，每日分路出发，雇乘船只，查放食物"[⑩]。

随着天气渐冷，御寒也成为要解决的一大问题。1917年大水灾后进入10月份，天气转寒，美国红十字会捐募巨款，委任裴太太在美丰洋

---

① 《邑绅慈善》，《大公报》1917年10月2日。

② 《获赃充赈》，《大公报》1917年12月23日。

③ 《关于灾务近闻汇志（节录）》，《大公报》1920年10月6日。

④ 《天津大水灾近状（节录）》，《大公报》1917年8月12日；《水灾救急会报告书》，《大公报》1917年9月2日。

⑤ 《红十会掩埋浮尸》，《大公报》1917年10月8日。

⑥ 《关于水灾之种种（节录）》，《大公报》1917年8月19日。

⑦ 《津红会资遣灾民》，《大公报》1918年3月26日。

⑧ 《水灾救急会报告书》，《大公报》1917年9月2日。

⑨ 《关于水灾之种种（节录）》，《大公报》1917年8月19日。

⑩ 《中国红十字会天津分会查放灾区日记（续）》，《大公报》1917年10月13日。

行赶做棉衣几千套[①]。12 月份，天津红会会员随同上海红十字总会会员携带棉衣三千套赈恤灾黎[②]。次年 1 月份，俄警察局以现存旧皮袄三十五件捐给天津红会，请红会斟酌分配给灾民以作御寒用[③]。进入 2 月份，年关在即，天津红会加紧查放赈济品，以保障灾民可以安稳过年[④]。

### （三）掩埋尸骸

瘗亡也是红会救灾的重要职责。灾害的发生势必带来死亡，若不及时掩埋尸骸，一则无可告慰亡灵，二来很容易引起疫病流行。尤其是水灾时，“淹毙人口久置水中，恐生疫疠”[⑤]，从而加重灾情和救灾难度。为防治时疫，天津红会派出消毒队、防疫队。如 1917 年大水灾，因各处暴露浮尸颇多，天津红会每日派员赴各处打捞并带药粉等物消毒[⑥]。对于浮尸的处理，部分由红会成员装棺掩埋[⑦]，另一部分则由天津红会请求督军派遣军队运赴远地埋葬，并用石灰消毒[⑧]。对于被大水冲毁之棺木、暴露之尸骸，天津红会拟购买义地一区，统为掩埋[⑨]。此外，水灾发生后，“所有淤集洼下不能通流之水日久最易发生菌虫，若不设法预防，将来疫疠难免蔓延”，红会经研究后得出的防疫之法为，如有淤水，附近居民可用石油洒散，如此能够灭菌无患[⑩]。此外，天津红会在 1917 年顺直水灾时设妇孺留养院，每日院中妇孺早晚饭添小米绿豆粥，以清内热而防疫气[⑪]。

除此之外，为了及时治疗伤者，天津红会设立了灾民诊治医院[⑫]，又恐灾民困苦无力购买药品，于是请卫生医院捐助药品，凡经红会诊治之病，可持药方到卫生医院领药，不取分文[⑬]。

① 《大水灾近闻汇志（节录）》，《大公报》1917 年 10 月 17 日。
② 《施放棉衣》，《大公报》1917 年 12 月 24 日。
③ 《红会谢赈》，《大公报》1918 年 1 月 8 日。
④ 《红会放赈》，《大公报》1918 年 2 月 3 日。
⑤ 《大水灾近事汇志（节录）》，《大公报》1917 年 10 月 14 日。
⑥ 《大水灾近事汇志（节录）》，《大公报》1917 年 10 月 14 日。
⑦ 《红十会掩埋浮尸》，《大公报》1917 年 10 月 8 日。
⑧ 《大水灾近事汇志（节录）》，《大公报》1917 年 10 月 14 日。
⑨ 《大水灾近事汇志（节录）》，《大公报》1917 年 10 月 11 日。
⑩ 《大水灾近事汇志（节录）》，《大公报》1917 年 10 月 22 日。
⑪ 《防疫事宜之汇志（节录）》，《大公报》1918 年 1 月 22 日。
⑫ 《大水灾近事汇志（节录）》，《大公报》1917 年 10 月 13 日。
⑬ 《大水灾近事汇志（节录）》，《大公报》1917 年 11 月 10 日。

## 二

天津红会的灾害救助亮点纷呈，但也出现了一些问题，在此做一些分析。

救助中做得比较成功的地方，主要表现在如下方面：

其一，关注弱势群体。天津红会历来关注弱势群体，体现了其人性化的一面。《大公报》曾刊载天津妇女红十字协济会开办售品会的广告，该会售卖的原因主要是帮助穷苦人："天津自遭兵灾以来，有钱有产业的虽然受伤，还可以过活。最可怜那些个穷苦的黎民，一天到晚难得一饱。如今又从各处来的难民很多，男的可以卖力气挣饭，那些个女人孩子们，可有什么能力，若竟指着一个男人卖力气养三五口人，众位想这一家子可能吃得饱吗?"[①] 在救灾过程中，同样如此。1917 年 10 月 19 日《大公报》报道："天津红十字会英界事务所日昨查放员在孟庄查有产妇一名，无衣无食，露宿于野，其情殊为可悯，即回会报告，随经该会特派查放员携带白米数斗速至该庄赈济该产妇。"[②] 11 月 27 日又报道："本处（天津红会）收到湖南傅督军捐助旧棉絮一千四百件，现拟捐给津地六十以上老人及产妇。"[③] 所有这些，无不体现出对弱势群体的人道关怀。

其二，以工代赈，教养结合。平心而论，虽然存在经费短绌、时局不靖等问题，天津红会还是竭尽全力地对灾民进行了救济与安抚。但是，在全国贫困落后的国情下，便注定了灾民困苦的厄运。明智之举，应使他们自力更生，寻到一种谋生的途径。当时已有人认识到这一点，向社会大声呼吁："何若为之宽筹生计，俾得有自食其力之途，可免无穷之后患也。"[④] 有鉴于此，天津红会在能力所及范围内，对灾民寓教于养，在救济的同时，教之以谋生的技能。当时最普遍的方法，便是将救济院改设为贫民工厂。如 1917 年顺直水灾发生后，天津红会成立女子工艺传习所[⑤]。此外，京兆尹王子襄推行以工代赈办法，召集灾民数万人修筑马路，自京城直达汤山，除由美国红十字会资助外，又商请中国

① 《天津妇女红十字协济会开办售品会广告》，《大公报》1912 年 5 月 27 日。

② 《关于筹赈之种种（节录）》，《大公报》1917 年 10 月 19 日。

③ 《关于筹赈之种种（节录）》，《大公报》1917 年 11 月 27 日。

④ 《时评·安插难民方法》，《大公报》1918 年 4 月 11 日。

⑤ 《中国红十字会天津分会查放灾区日记（续）》，《大公报》1917 年 10 月 13 日。

红十字会酌助棉衣数件[①]。此举不仅能够使灾民得受饱暖之惠，而且便利了交通。无独有偶，红十字会总办事处在水灾发生后拟在沧县挖河以泄洪[②]。开办工厂也不失为一长久之计。1919 年天津红会利用赈济余款开办贫民工厂，“召集本埠贫民，授以技艺，俾得自食其力，不致谋生无路，较之赈济为益尤大”[③]。

其三，公示及登报鸣谢。慈善组织的公示制度由来已久，中国古代就有“征信录”。到了近代，红会有定期开会的惯例，在救灾期间依然如此，且议程较之以往更多了报告款项用途一项并对外发布。此外，天津红会还将会员赴各灾区救护之情形“造具清册呈报”[④]。如此公示不仅能将募集物资公开化，增强民众对其的监督，以免滋生物资不尽其用的贪污腐败行为，而且通过增加透明度可打消民众疑虑，激发群众捐款捐物的热忱。对社会贤达的捐款行为，天津红会除将“捐款各大善士衔名贴于门前以便观瞻”外，也不时登报鸣谢。如 1917 年顺直水灾时，天津售品总所慨演新剧三晚，天津红会特登报鸣谢[⑤]。1928 年尚小云等名角出演义务戏募集赈款，天津红会在《大公报》鸣谢：“蒙各界人士到场赞助，虽暑夜挥汗，而座位已满，豪情义举，曷胜感慰，诸艺员尤各尽所长，热忱贡献。”[⑥] 这种登报鸣谢的方式笔者认为能够激发社会各界为慈善事业出力的热忱。这也是值得当代红会学习借鉴的地方。

其四，红会会员精神可嘉。在救助过程中，红会会员不辞劳苦、奋不顾身，其无私奉献、见义勇为的精神实为可嘉。如 1917 年顺直水灾时，“查散之艰险以普乐茶园为尤甚，以其水深楼高无法出入，灾民盘聚于此，众口嗷嗷。各查放员奋不顾身，于船上挂梯由楼窗钻入，按名查放，可谓见义勇为矣。且近两日来，河水二次暴发，查放员每早七八钟出发，至晚十一钟回会稍息”[⑦]。难能可贵的是，“所有职员办公、车费、饭食等项均由本会备办，不动丝毫捐款”[⑧]。

其五，协助其他地区及组织。在救助过程中，天津红会得到了其他组织的协助。感恩之余，天津红会也在力所能及的条件下帮助别的组



① 《实行以工代赈法》，《大公报》1917 年 11 月 21 日。
② 《准备挖河》，《大公报》1918 年 1 月 18 日。
③ 《贫民工厂之计划》，《大公报》1919 年 6 月 1 日。
④ 《红十字会之热心》，《大公报》1917 年 10 月 15 日。
⑤ 《中国红十字会天津分会鸣谢》，《大公报》1917 年 10 月 29 日。
⑥ 《天津红十字会义务戏鸣谢》，《大公报》1928 年 8 月 26 日。
⑦ 《红十字会之热心》，《大公报》1917 年 10 月 15 日。
⑧ 《水灾救急会报告书》，《大公报》1917 年 9 月 2 日。

织，有些时候这种帮助还是跨区域的。如1918年广东发生水灾，天津红会在津组织广东水灾筹赈会，召集职员开会讨论救助办法①。又1923年日本发生地震，天津分会召开紧急会议，议决通电及致函慰问②，并且将女校所做的日本服交由驻津日本领事，再由领事转寄日本红十字会，同时电询上海中国红十字会总办事处：东京横滨现状如何，再定行止③。

存在的问题也是显而易见的。主要有：

首先，心有余力不足。民国以来，由于连年的天灾人祸，各省均经费短绌。在全国普遍贫困的情况下，救助的常态是“需款浩繁，杯水车薪”。面对境内衣食俱无的众多灾黎，各地政府均备感压力，更无须说移境就食的灾民。各级地方长官对此虽无不痛心疾首，但却经常陷于“驱之不忍，赈之无力”的两难境地。“心有余而力不足”的困境各省皆然，红十字会等慈善救济机关尤其如此。

其次，富户冒领赈粮。在红会办理赈务过程中，有一些富户杂入灾民队伍冒领赈粮。本来救灾就需款浩繁，查放物品的常态是粥少僧多，而一些富户竟然还冒充灾民以图自肥。1917年水灾时就发生过此类情况。对此，天津红会恨之入骨，认为“此种贪毒行为与人相食何异?”因此必要严惩不贷。具体的惩治办法为“先查明其私财，悉数充入赈捐，然后查明其丁口，按名给以最下等之赈粮”④。显示出人道救助的公平公正。

再次，警察阻难赈济。1917年顺直水灾之际，天津城内有的地区已得到赈济两次，而西关一隅被灾之家一直未得到赈济，原因为天津红会与西区警察署长朱夔章生有嫌隙。起初，该会曾派王姓会员前往西关勘灾，到达之后声明来意，但朱夔章不仅不予延见，反谓红会有意役使警察，且态度极其恶劣，王会员因此未能勘明西关灾情，这也是导致两次施赈后西关灾民却未得丝毫的原因。警察本有辅助地方慈善的义务，而朱无故拒绝红会勘灾，致使处于水深火热之中的灾民因之同与受累⑤。

① 《红会筹款之省令》，《大公报》1918年12月28日。

② 《红十字会消息汇志》，《大公报》1923年9月7日。

③ 《红十字分会开会纪事》，《大公报》1923年9月15日。

④ 《严惩冒领赈粮》，《大公报》1917年10月27日。

⑤ 《灾民未蒙赈济之波折》，《大公报》1917年12月11日。

# 三

总体来说，在救灾过程中，中国红十字会天津分会在筹款以及在查放物品、派遣医疗队、防治疫病等行动方面都完成得相当出色，充分发扬了人道主义精神，得到了多方的表扬。如1918年陆军部奖给天津红会六至九等文虎章，天津红会再发给各看护生佩戴，以资鼓励[①]。同年，冯国璋大总统颁给天津红会“量宏煦与”的匾额，以表彰其在1917年水灾中的贡献[②]。

救灾的成效也是可观的。现仅就《大公报》上登载的《中国红十字会天津分会查放灾区日记》，对天津红会在1917年顺直水灾期间的救助情况作一初步统计[③]，红会的尽心尽力或可见一斑。

| 日期（1917年） | 拯救灾民（单位：人） | 散放大饼（单位：斤） | 散放馒头（单位：个） |
|---|---|---|---|
| 9月22日 | 300 | 125. 5 | 2305 |
| 9月23日 | 30 | 100 | 4365 |
| 9月24日 | 450 | | 3250 |
| 9月25日 | 2400 | 200 | 270 |
| 9月26日 | 3800 | | 4063 |
| 9月27日 | 83 | | |
| 9月28日 | 1720 | 2560 | 1830 |
| 9月29日 | 1960 | 共2650斤 | |
| 9月30日 | 2500 | 共2670斤 | |
| 合计 | 13243 | | |

当然，天津红会在救助中出现的问题，如富户冒领赈粮、红会会员借机敛财、和地方相关单位没有协调好关系导致救助受到阻难等，也需要我们正视。

---

① 《奖励红会》，《大公报》1918年1月6日。

② 《京畿水灾善后处纪事》，《大公报》1918年2月26日。

③ 《中国红十字会天津分会查放灾区日记》，《大公报》1917年10月13、14、18、19、21、22、23、25、26日。

我国对于红十字运动的历史研究始于20世纪末，十多年来学术成果不断问世，逐步形成了相对独立的研究领域。这些研究成果主要集中于整体研究和断代研究，但区域研究即对于地方红十字会史的研究却未能深入。因此，论者呼吁：“在进行整体性研究的同时，区域性或地方性研究方面也要打破‘不平衡’。”① 梳理天津红会的历史，将进一步拓展近代天津慈善史研究的广度和深度。本文的研究，对于丰富红会整体历史的研究，再现地方红会的历史来说，或不无裨益。

（作者单位：苏州大学社会学院）



---

① 池子华：《关于深化红十字运动研究的几点构想》，《史学月刊》2009年第9期。

# 中国红十字会常州分会筹备处的历史及其贡献

张　涛

常州分会筹备于1914年10月，正式成立于1921年2月，在这六年半中，分会都做了哪些工作？有哪些历史贡献？笔者根据新近发现的历史材料，简单进行梳理，以尽可能还原历史。

## 一、分会筹备的情况

1911年辛亥革命推翻清政府，大清红十字会更名为中国红十字会。全国各地50多处红十字分会纷纷成立，如苏州、无锡、江阴、镇江等分会，它们大多依靠教会和教会医院，并广泛参与了辛亥革命的战地救护。由于常州地区战争不是很剧烈，加上缺少教会医院，因此没有在第一时间成立红十字组织。1914年6月，这种状况得到了扭转，基督教监理公会常东牧区与长老会联合在局前街创办常州福音医院，院长由长老会王完白牧师担任。

1923年，王完白曾在《十年之回顾》中写道："民国三年，余尚主任江阴福音医院，常州监理长老二公会西教士，屡次相邀来常组织正式医院，以应教会及地方之需要。……就局前街福音堂原址，创办福音医院。六月一日行开幕礼。"① 也就是说常州福音医院的创办时间为1914年6月1日。

王完白，1884年4月2日生于浙江绍兴，出身于牧师家庭，毕业于苏州伊利萨伯医学校，1909年获得医学博士学位。1913年赴日本千叶医学专门学校，研究细菌学。历任沪宁铁路医官（1909年）、江苏省江阴县福音医院代理院长（1910—1914）、常州医学校校长及常州福音医





① 王完白：《十年之回顾》，《兴华》第20卷（1923年）第12期，第22页。

院院长（1914—1931）。因为王完白在江阴就主持成立了江阴红十字分会，并参与过南京及津浦路上的救护事业，因此在其来常州创办医院之际，筹建常州分会的重担自然就落到了他身上。

王完白说："医院中尚有二种联属之事业，一为福音医院医学校。二为中国红十字会常州分会。光复之际，余方主任江阴医院，曾组织红十字医队，参与南京及津浦路线之救护事业。迨来常创办医院后，上海红十字会总会沈仲礼前会长，即以筹备常州分会事相托。开院后，遂以筹备处名义办理红会事业。"① 这也就是说在1914年10月，年仅30岁的王完白受中国红十字会总会沈敦和副会长的委托，负责创建中国红十字会常州分会，并在局前街福音医院设立常州分会筹备处，自任理事长。从某种意义上说，王完白是常州红十字会的奠基人与创始者。

## 二、参加战地救护工作

分会筹备处成立不久，江阴发生战事，这也给了分会筹备处一次锻炼的机会。1916年4月16日，江阴革命党人策动江阴要塞官兵反对袁世凯称帝，并发表《江阴独立宣言》。萧光礼率"江靖护国军"1000人向无锡进军，终因后援不继而败，时称"锡澄之役"。

王完白回忆道："江阴炮台发生战祸，炮声相闻。常州大起恐慌，急与地方领袖共谋救济之法，乃组织伤兵留养院于第五中学，妇孺留养院于女子师范。教会西女士五六人，担任义务看护。"② 也就是说，在锡澄之役刚开始不久，常州积极主动地应对，分别组织了伤兵留养院和妇孺留养院，安排教会的牧师和修女们承担看护的工作。他的这段回忆，笔者在《武进报》上找到了相应的史料："澄台告警，战讯频闻，伤病军民，亟待救护，前经王完白君设立分会于局前街福音医院，已有年所。兹因风云紧急，特扩充会务，筹备救伤事业。由美国罗孙霍诸女士担任义务，看护伤兵。又增设妇孺留养院于县立女子师范学校内，由校长任女士兼理院务，以收被殃妇孺。"③ 妇孺留养院为此还在分会的指导下制定了《办法》④，该院参照上海总办事处1913年制定的《救济妇孺

① 王完白：《十年之回顾》，《兴华》第20卷（1923年）第12期，第23页。
② 王完白：《十年之回顾》，《兴华》第20卷（1923年）第12期，第23页。
③ 《红十字会分会之扩充》，《武进报》1916年4月27日。
④ 《妇孺留养院之办法》，《武进报》1916年5月1日、5月2日。

办法》，定院名为“中国红十字会常州分会附设妇孺留养院”。该《办法》包括定名、宗旨、院址、院务、职员、制限、时期、经费、医药、余则等十个部分，内容十分详尽，在《武进报》上分两天载完。

当年4月26日的《申报》报道：“常州昨到有省军千余名，闻驻团部。此间闻有隆隆炮声，昨商会绅商集议，维持常州治安。事旋即电宁请示办法。福音医院院长王完白现已组织红会筹备处，预备开赴战地救济。”说明早在4月25日之前，常州分会筹备处就已经做好开赴江阴的准备了。

4月28日的《申报》再次报道：“本埠（指上海）红十字会因见近日江阴宣战，苏常一带谣言亦盛。特分请江阴福音医院华尔德医士、常州福音医院王完白医士、苏州齐门外福音医院魏更生医士、葑门天赐庄博习医院芮真儒医士筹备救护，即以各该医院为红十字会临时机关，应需经费，悉由该会担任。如苏常一带不幸有事，均可就近将受伤军民送院疗治，昨该会已电致各军司令知照矣。”① 这是总会针对锡澄之役提出的救护要求，即各地依托教会医院成立临时救护机关，以就近原则，开展受伤军民的救治工作，所需经费，全部由总会承担。

值得庆幸的是这次事变持续时间较短，常州一带并未受大的影响。然而常州分会未雨绸缪的具体措施，却为地方红十字会应对突发事件提供了范例。战争结束后，为了将红十字会这个永久的慈善机构做下去，第五中学童伯章校长特意将校舍划出一部分作为临时病院，另外参加救护者多达六人，全系义务劳动，不取报酬。中西人士的热心赞助，着实让人感动。

## 三、发出简章，招募会员

分会筹备处成立后，王完白按照总会的要求，推行捐款入会制度，向社会广泛征集会员。锡澄之役中，王完白为筹备救伤事业，亟须发展会员，筹募资金。为此他亲手拟定了《中国红十字会常州分会章程》，并刊发于1916年4月27日的《武进报》上。当年6月21日，该章程再次在《兴华》杂志第13卷第24期上刊发，详细规定了入会条件和本会坚持的宗旨与主要业务。这是目前为止，笔者所见最早的江苏地方分会章程，为了保存这一珍贵史料，现将全文抄录于下：



① 《红十字会之思患预防》，《申报》1916年4月28日。

## 中国红十字会常州分会章程

### 第一章

一、本分会名为中国红十字会常州分会，筹办处设于局前街福音医院。

二、本分会所用旗帜袖章均由中国红十字会总会给发，本分会须尽力禁阻滥用。

三、本分会须遵照总会章程办理。

### 第二章

一、本分会在会同各处分会协助总会按照一千八百六十四年各国会订之《日来弗条约》暨一千九百零六年七月六号中国在保和会签押之《陆战时救护病伤条约》（一名《日来弗红十字约》）办理。

（甲）在战时应遵守本国海陆军部定章及临时军司令官命令协助医队救护病者伤者。

（乙）在平时应筹募款项设立医院，造就医学人才，置办医务材料，并预备赈济水旱偏灾，防护疫疠及其他各项危害之用。

### 第三章

一、凡纳捐二十五元以上者均认为正会员（未满二十五元者，酌赠福音医院优待诊券，聊申谢意）

二、凡纳捐洋二百元以上或募捐洋一千元以上，由本分会函请总会办事处议决，举为总会特别会员。

三、凡独捐洋一千元以上或募捐洋五千元以上，由本分函请总会办事处议决，举为总会名誉会员。

四、本分会会员中有犯刑事案或其作事有违本分会章程者，本分会得褫夺其会员资格。

五、凡分会会员出会，无论告退、被退，所收入会费概不发还。

六、凡本分会所收会员会费，至少应将一半之数，按季汇交总会办事处。

以上章程系由中国红十字会总会所订，俟会员满三十人时即开成立大会，选举职员，同理会务。会所常州局前街福音医院，电话一百五十号。

**六月廿一日**

中国红十字会常州分会筹办处王完白启

为了更加有效地筹募资金，王完白还连续多日在《武进报》上刊发

《中国红十字会常州分会筹办处入会简章》，简章的主要内容为："捐洋在二十五元以上即由总会举为正会员，二百元以上特别会员，一千元以上名誉会员，皆有徽章凭照（未满二十五元者谨赠优待诊券）。"[①] 这一招果然很奏效，第一个积极响应的是武进县立女子师范学校校长任幺珠女士，接着就有省立第五中学校长童伯章、教员黄颂林，武进县知事翁志吾，常州本地士绅汪世铨、汪葆钧、龚瑞蓂、沈漱六、贺杏村等人缴纳会费，成为常州分会的第一批红十字会会员，其中翁志吾知事捐款达50元，其余均为25元。

1920年10月，王完白发出《常州红十字分会筹备处紧要启事》："按照红十字会章当地欲设分会，须集会员三十人以上之志愿书寄由总会核准。本筹备处前因常地会员未满定额，迄未正式成立分会。兹查先后入会者已逾三十人，自应将正式分会早日组成，以立永久慈善机关。现由本筹备处拟就志愿书稿，凡我同会诸君（无论在何处入会，凡籍隶武进者均可）务请于双十节以前驾临局前街福音医院签名盖章，以便寄呈总会核准，事关公益，至为企盼。常州分会筹备处理事长王完白谨启。"[②] 也就是说此时分会的会员人数已经达到了30人以上。至1921年初，筹备处共征得正式会员36人，超过组织分会的法定人数，于是请求总会批准成立正式分会，经总会汪大燮（字伯唐）会长呈报陆军、海军、内务各部及江苏省长官备案保护，获准成立永久慈善机构——中国红十字会常州分会。当年1月，总会发给分会图记。2月21日（正月十四日），中国红十字会常州分会在福音医院召开成立大会，并选出首任会长屠寄、理事长王完白、理事董伯章、资产委员龚承祖、议事员恽宝骏等12人，当选者均为地方知名且热爱公益人士，自此分会筹备处圆满完成了它的历史使命，退出历史舞台。

## 四、参与赈灾工作

除参与救护、征募会员外，分会还开展力所能及的募捐活动，参与赈灾工作。王完白在《十年之回顾》中写道："如丙辰京直水灾，庚申北省旱荒，或捐募赈款，或出发救护，均曾稍尽绵力。"[③] 这里需要指出





① 王完白：《中国红十字会常州分会筹办处入会简章》，《武进报》1923年4月29日。

② 王完白：《常州红十字分会筹备处紧要启事》，《晨钟报》1920年10月21日。

③ 王完白：《十年之回顾》，《兴华》第20卷（1923年）第12期，第23页。

的是，因为记忆错误"京直水灾"不是发生在1916年，而是发生在1917年夏秋之际。当时北京、河北等地发生严重水灾，常州分会筹备处代募赈灾款。劝募书说："顺直水灾，异常重大，为百年所未有。各埠团体及慈善士女，或慷慨解囊，或热心筹募，莫不踊跃从事。红十字会尤竭诚赞助，不遗余力。如开会筹款，调查灾区，散放衣食，掩埋尸骸等，均引为己任。兹闻吾常局前街福音医院内之红十字分会，因吾常素号繁富，当不乏大慈善家乐为捐助，惟吾常地无收款机关，故该分会愿效收解之劳。如捐洋在二十五元以上者，由总会推为红十字会终身会员云。"① 这次劝募从当年10月持续到次年1月，从残存的史料看已经累计募捐到善款超过了100元。

1919年夏，长江流域发生水灾，分会再次发出劝募倡议，不少人纷纷响应，现存一条《分会谨谢》："各省天灾人祸相继而来，救济事业无时或歇，本分会特常年代收捐款，汇交总会，稍尽天职。兹承临江会馆罗国祥君急公好义，慨捐银洋二十五元正，除汇交上海总会并推罗君为红十字会正会员外，谨登报征信，奉扬仁风。"②

1920年，华北发生最重旱灾，赤地千里。常州分会筹备处再次进行劝募："今岁北方大荒，据西报所载：灾区之广达百万方里，灾民之众至三千五百万人。灾情严重，为从所未有。现方由中外各埠尽力筹捐，以救灾黎。吾常不乏大慈善家，乐捐之心，当不落人后。敝分会爰按会章中救恤兵灾之旨，愿任代解之劳，捐无巨细，均当登报征信。凡捐数在二十五元以上者，请总会推为红十字会终身会员，特赠庄严华美之徽章凭照，并将台衔分呈政府及万国红十字会，以表敬仰。未满二十五元者，由福音医院谨赠优待诊券，聊尽微意。故赈款之经由红十字会转放者，既可使灾黎必受实惠，无意中复得无上荣誉，尚希各界热心君子，本人类互助之义，慷慨捐助，至深盼祷。"③ 王完白甚至为灾民大声疾呼："我们生在南方福地，应该省点银钱，去救他们的命。银钱本是身外之物，俗语说的好：'生不带来，死不带去。'但是我们若用他来做好事，得那精神上的快乐，倒是享的真福。比藏在银箱或留与子孙，还稳当千万倍呢。大家快来，不要失却这救命的机会！"④ 这次的劝募成绩不错，仅正会员就多达6人。由王完白先生主持开展的这三次成功的赈灾

① 王完白：《红十字分会代募水灾赈捐》，《武进报》1917年10月17日。

② 王完白：《中国红十字会常州分会谨谢》，《晨钟报》1919年10月1日。

③ 王完白：《常州红十字分会代募北方赈捐》，《晨钟报》1920年10月21日。

④ 王完白：《救命》，《商报》1921年1月7日。

劝募为分会的早日成立奠定了群众基础和物资基础，也为以后开展更大规模的募捐活动积累了宝贵的经验。

总之，自1914年至1921年，常州分会筹备处热心公益、身先士卒，致力于地方红十字事业的发展，这也决定了常州的红十字运动有着独特的资源和先天的优势，作为慈善之城、爱心之城的常州，拥有这么一段宝贵的历史财富，值得珍视和传颂，更值得我们学习和研究。

（作者单位：常州市红十字会）

# 历史记忆：中国红十字运动的苏州实践

## ——以《吴语》为中心

李欣栩

红十字运动是近代中国社会发展中不可忽视的力量。近年来，相关研究层出不穷。笔者在借鉴已有成果的同时，以苏州地方报纸《吴语》[①]为中心，探究中国红十字运动在苏州的实践。

## 一、吴县分会重建

苏州红十字分会始建于1911年的辛亥革命。革命爆发后，战火殃及南京，上海中国红十字会万国董事会立即组织救援，并在沪宁铁路沿线设立分会。苏州红十字分会由此诞生。但民国之初的十余年，苏州地区红十字运动发展相对沉寂，这种局面到1924年才有所改变。

1924年江浙战争爆发，苏州红十字运动在人道救援的呼声中再次兴起。据载："民国九年七月十五日，吴县地方士绅请成立吴县红十字会，根据《中国红十字会通则》规定，需满红十字会会员三十人以上者得立红十字分会，分会未成立前应称红十字会筹备处。遵照这一规定于民国九年（1920）成立了中国红十字会吴县分会筹备处。至民国十三年九月份正式成立民国红十字会吴县分会。"[②] 1924年9月，吴县分会在张仲仁、宋铭勋等地方绅士倡导下得以重建，并把分会办事处设在"本城王废基公园图书馆"[③]，负责苏州及毗邻战区的救护活动。

---

① 《吴语》是1916年马飞黄（又名马千里）创办的"社会通俗日刊"，在读者中具有广泛影响。1928年更名为《吴县日报》，原来的报名作为副刊名。抗战爆发后，日军入侵并烧毁报馆，该报停刊。

② 虞立安：《民国时期的苏州红十字补遗》，载《苏州史志资料选辑》第21辑。

③ 《中国红十字会吴县分会紧要启事》，《吴语》1924年9月30日。

同年9月，吴县分会进行第一次议事员改选，据载“当日选出议事员廿四人后，即于次日先选正副议长。结果，宋绩成（铭勋）当选为正议长，季小松当选为副议长。遂公推宋议长主席，开会讨论选举理事人数问题。当经公决，除正会长一人副会长二人外，应另选理事长一人、理事四人、资产委员三人，迨通过后，即依次逐一选出”①。经选举，确定会长贝哉安，副会长潘子义、潘振霄，理事长钱梓楚，正、副议事长为宋绩成、季小松。重建之后，17日吴县分会派副会长潘振霄、议事长宋铭勋前往上海，向中国红十字会总办事处汇报改选情况。

吴县分会重建之后，在江浙战争及疫病防治中广泛开展人道救助活动。而这些活动的顺利展开，离不开经费的物质保障。

## 二、经费筹措

吴县分会经费来源包括会员的会费、医院诊所收入、社会善士捐助等几方面。在会费方面，按照1922年中国红十字会会员大会的规定，不同会员会费不等，如规定普通会员须一次缴纳会费10元以上，学生会员须缴纳1元②。而医务费主要是号金、药费等，十分低廉。据载，在时疫救治期间，医院所发药物“每二十瓶收回成本洋一元”③，施诊所取号金“每人只收铜元六枚”④。总的来说，会费和医务费收入数目都不大，而社会人士的捐助实为主要的经费来源。

苏州地区向来有施德行善的传统。近代苏州也出现了很多著名的大善士，例如费仲深、周渭石、陆仲英等。颜忍公曾登报启事：为答谢亲友，又鉴于时疫盛行，于是将儿子周岁筵资洋100元移助红十字会，以表善心⑤。

借助《吴语》等大众传媒募捐，是吴县分会常用的筹款方式。江浙战争期间，吴县分会鉴于“当此军事倥偬，官应罗掘已穷，实苦无从补助，亟宜召集地方各界人士，妥筹永久经费，俾资应用”⑥，再加上“收养伤兵数已逾千，近又经热心义务人员前往昆山及嘉太一带救济难民，

① 《改选后之吴县红会》，《吴语》1924年9月17日。

② 《中国红十字会修正章程》（1922年6月25日修正），参见《中国红十字会历史资料选编，1904—1949》，南京大学出版社1993年版，第230页。

③ 《中国红十字会吴县分会第一临时时疫医院代制及赠送痧药水》，《吴语》1927年7月25日。

④ 《中国红十字会吴县分会紧要启事》，《吴语》1925年8月19日。

⑤ 《颜忍公启事》，《吴语》1926年8月29日。

⑥ 《昨日县署会议红会筹费》，《吴语》1924年9月22日。

日内即可到苏。举凡医药饮食以及护送掩埋等费开支浩繁，罗掘已穷”[①]，于是恳求“各界诸大善士、淑媛名姝慷慨解囊，源源接济”[②]。类似情况，在《吴语》中摭拾即是。

此外，红会还邀请社会团体或个人代为筹募。据载，1922年宁波发生水灾时，举行的筹赈游览会就是“既足引助雅兴亦所以乐襄善举”[③]，节目内容丰富多彩，带有很强的娱乐性，为吴县分会募集款物提供了新的渠道。1927年“时疫医院因红分会经费无着，由地方热心人士组织临时经济委员会募款，设立预算”[④]。这说明了吴县分会有效动员各界人士，多方筹集善款的能力。

捐赠款物也是公开透明。1924年至1927年间，当战事平靖、时疫消退后，吴县分会前后九次在《吴语》刊登鸣谢广告，公布社会各界人士所捐款物明细。这种做法既利于宣扬仁风，鼓励更多的人投身于慈善事业，也利于树立红十字会公开透明的形象，提高红十字会的公信力。

善款流向，主要用于战争救护、灾害赈济、医疗卫生等方面。其中，对江浙战争救护的顺利开展裨益良多。

## 三、江浙战争救护

1924年9月，直系齐燮元、皖系卢永祥为争夺上海等地区兵戎相见，此即第一次江浙战争，又称“齐卢之战”。两军“相持于昆山至上海之间，该处已完全划入战线”[⑤]。战争发生一个月，“苏州上海交通断，嘉定浏河起狼烟……枪炮放得弗断连，好像过年放黄鞭”[⑥]，战事激烈。北京政变后，卢永祥为苏皖宣抚使，引发1925年初第二次江浙战争。战争造成大量生命财产损失，难民、伤兵大批涌入苏州。例如，当浙军失利、嘉定失守时，“伤格伤，死格死，兵士死伤二千几，红十字会里，救匣来弗期，赛过猪猡猡，一车一车拖得……弃”[⑦]。在此过程中，总会总办事处及时开展人道救护，包括吴县分会在内的江浙地方分会也积极救援难民和伤兵。

① 《中国红十字会吴县分会紧要启事》，《吴语》1924年9月30日。
② 《中国红十字会吴县分会紧要启事》，《吴语》1924年9月30日。
③ 《浙东宁波水灾筹赈游览会露布》，《吴语》1922年12月6日。
④ 《中国红十字会吴县分会第一第二时疫医院劝募经费启事》，《吴语》1927年8月28日。
⑤ 《昆山上海间战线调查》，《吴语》1924年9月11日。
⑥ 《战事新苏滩》，《吴语》1924年9月11日。
⑦ 老苏州：《战事新苏滩（六）》，《吴语》1924年9月16日。

为应对战争带来的重大伤亡和救助难民，吴县分会采取如下措施：

首先，建立妇孺收容所，接济周边难民。江浙战争爆发后，“被灾难民无计数……少吃无穿真难过，身浪亦是冷，肚皮亦是饿，上天天无门，入地地无路”[①]。为此，吴县分会在各界臂助下，建立多处收容所，收留来苏难民，“仅齐门外，一天收容难民达五百余人”[②]。在城区，“红会在草桥省立第二中学设临时妇孺收容所，专门收容城区的妇女儿童”[③]。在其他地区，如山塘一带，红会人员“发起组织妇孺收容所。主任为韩慕陶、张成琅等，职员为董朝麟、鲍翔云等，并定该所为中国红十字会吴县分会第八十二收容所”[④]。当时苏州有多处收容所，为妇孺难民提供救助。

其次，设立临时医院和伤兵收容所，救治受伤士兵。江浙战争期间，虽然苏州受灾较轻，但在枪林弹雨下，“西园寺院巍巍巨刹，今亦作红会医院”[⑤]，苏州饭店也“将楼下房间暂由中国红十字会组织临时医院”[⑥]。为救护伤兵，“吴县伤兵收容所设在阊门外上津桥第五团团部，并另开有医药部……驻所医生，由更生医院邀请城内仓米巷西医赵膺生君担任。又派看护生二人，帮同包缠伤痕”[⑦]。红会不仅设收容所，还为之另开医药部，并派看护生协助医生工作，说明红会的救助活动细致周全。

再次，成立救援队和掩埋队，做好资遣和防疫工作。随着战事的越演越烈，吴县分会逐渐构建起较为严密的组织和救护体系，有救援队和掩埋队之设。救援人员“分为三队：第一主任为李云生，第二主任为盛庭华，第三主任为范水□。近数日内，以事忙日夜不能安眠，辛苦异常。昨由该三队长面谒理事长，请仍照旧章，另派童子军协助，闻童子军方面业已允可矣”[⑧]。可见在战地救护过程中，红会不仅要做好自身的救助工作，还要寻求童子军协助，保证救护活动有序展开。同时，设立掩埋队，“收死尸，葬棺材”[⑨]，防止瘟疫疾病发生。对于收容所难民，“分别资送回乡”[⑩]，做好善后工作。



① 《时事新苏滩》，《吴语》1924年11月10日。
② 虞立安：《民国时期的苏州红十字会》，载《苏州史志资料选辑》第9辑。
③ 虞立安：《民国时期的苏州红十字会》，载《苏州史志资料选辑》第9辑。
④ 《山塘亦设立妇孺收容所》，《吴语》1924年9月8日。
⑤ 江南浪蝶：《平岩徒步记》，《吴语》1924年9月30日。
⑥ 《苏州饭店启事》，《吴语》1924年9月10日。
⑦ 《伤兵收容所之近讯》，《吴语》1924年9月25日。
⑧ 《红会救护队之勤劳》，《吴语》1924年9月18日。
⑨ 老苏州：《时事新苏滩》，《吴语》1924年10月17日。
⑩ 老苏州：《时事新苏滩》，《吴语》1924年10月28日。

此外，吴县分会还与总会总办事处及其他地方分会相互配合，合力开展救护。据载，战争期间，苏沪水陆交通中断，吴县分会特与总会总办事处接洽，“雇用轮船派队护送居民避往上海”①，并运送日用品，保障居民的基本生活，协助江西九江分会“在阊门外设立伤兵医院，组织救护队”②。密切合作，不仅有助于推动苏州红十字运动的深入，同时也利于中国红十字会组织在地方上的共同发展。

## 四、疫病防治

“大兵之后，必有凶年”。江浙战争不仅造成人口的死亡，而且难民云集，极易发生疫病。1925年夏季，“苏州各城……镇，发现霍乱虎烈军，其势来得真凶勇，碰着无不小性命，前敌先锋将，就是瘟将军，一路冲下来，如入无人境”③。到1927年，“连日秋热，酷烈异常，本城霍乱之传染，亦猖獗异常，其来势之迅速与危险，已不减去岁之剧烈状况，且所患多系干霍乱。其病发觉至死，不过三四小时”④。疫疠蔓延，人心惶惶。面对江浙战争后来势汹汹的疫疠，吴县分会从容应对，采取了如下防治措施：

其一，分队设点，对抗疫情。虎疫发生后，“红会十字军，信息得来早，先事才端正，分兵六大队，扎在六城门”，其中“第一路在天赐庄，美国老将柏乐文，第二路在四摆渡，小辈英雄惠更生，第三路司令，阊门林苏民，第四路是余生佳，第五路是陈鲁珍，第六路是徐维达”，各队齐心协力，“用注射药水针，以备虎军杀进……城”⑤，层层设防，严加管控。

其二，建立医院，延聘名医。1925年夏季时疫发生后，吴县分会“特设临时时疫医院两处：一在城内旧学前平江书院，一在城外钱万里桥更生医院附近铁房子内”。另以阊门外省立医院、燕家巷县立医院、天赐庄博习医院、齐门外福音医院、阊门外铁香炉苏民医院、张广桥下塘持德医院为“分院”⑥。居民到这些医院“就诊七千余人，留院治疗

① 《中国红十字会吴县分会紧要通告》，《吴语》1925年2月2日。

② 虞立安：《民国时期的苏州红十字会》，载《苏州史志资料选辑》第9辑。

③ 《虎疫入境》，《吴语》1925年8月15日。

④ 《绝命霍乱来了》，《吴语》1927年8月27日。

⑤ 《虎疫入境》，《吴语》1925年8月15日。

⑥ 《中国红十字会吴县分会临时时疫医院通告》，《吴语》1925年8月13日。

者达五百余人之多”[①]。1926年，吴县分会聘请上海宝隆医院名医方嘉谟来苏，救治疫病患者[②]。1927年，吴县分会“仍循旧例开办，分中西两部：中医特聘名医王廉钦、任松孙、费石嵚、洪次青等担任；西医延请松陵医院林应璧”[③]。吴县分会设立临时时疫医院，延聘名医，保证了时疫救治活动的顺利展开。

其三，多措并举，施诊送药。春秋布种牛痘，夏秋施诊给药，是吴县分会防治疫病的“常态”。如1927年，吴县分会开办的第一临时医院鉴于市面上医药水质量无法保证而价格昂贵的状况，发表声明，“依照德国最新方法拟定新方，配置痧药水……各市、各乡、各机关可以视其需要之多少委托代制，而资普及……另行提出五千瓶赠送各界”[④]。同时，呼吁市民“虽一息仅存以至最后五分钟之危境，亦必为之设法救治……即他处拒绝，幸勿即认为绝望，亦不妨送院一试”[⑤]。随着疫情的发展，第二临时时疫医院应时而设，“专治轻、重霍乱痧症，与第一医院一律办理”[⑥]。两时疫医院相继开诊，施诊送药，大大提高了时疫救治的效率。

其四，宣传防疫知识，防治结合。1927年，北寺红会时疫医院防疫宣传队曾登报称：“近数日，本城东区第四分所辖境张香桥一带发现剧烈之真性霍乱。敝队前往宣传时，经调查所知，二日内不及救治而死者已四五人，送至敝医院求治亦有三四人。推厥原因，其传染之速均由于饮料不洁及苍蝇群集之故而市民复不知自防。若不设法扑灭，不但该处一带市民生命可危，势将蔓延及于全城。除由敝医院函请公安局严行取缔该处一带水灶混用不洁河水及设法严防外，请该处市民从速起而自谋扑灭，并严守敝队所发各种防疫规则或来院注射防疫针。”同时，向市民介绍预防方法：“（一）附近河内之生水，于洗涤碗盏及煮物，千万不可使用；（二）一切饮食物，临食概须煮熟；（三）扑灭苍蝇；（四）服侍病人之人，临食必须将碗盏沸水泡过及洗手洁净；（五）稍有病状嫌疑，即至医院求治；（六）水灶之水，必须见其确曾煮沸者方可饮用。”[⑦] 为防止霍乱波及全城，红会时疫医院“于苏地城厢内外各处，宣



① 虞立安：《民国时期的苏州红十字会》，载《苏州史志资料选辑》第9辑。

② 《介绍名医德医方嘉谟》，《吴语》1926年1月6日。

③ 《吴江红分会施诊给药》，《吴语》1927年7月29日。

④ 《中国红十字会吴县分会第一临时时疫医院代制及赠送痧药水》，《吴语》1927年7月25日。

⑤ 《红会第一第二时疫医院敬告市民之传染时疫险症者》，《吴语》1927年9月4日。

⑥ 《中国红十字会吴县分会第二临时时疫医院开幕通告》，《吴语》1927年7月28日。

⑦ 《警告东区市民》，《吴语》1927年8月21日。

传防疫必要方法，并散发传单痧药，以期使社会人士咸知自动防疫”①。广泛宣传，有助于市民养成良好的卫生习惯，遏制疫情的蔓延。

其五，与其他市政机关协作，合力应对。据载，1926 年 7 月，因时疫方兴未艾，吴县参议会、农会、教育会、市民公益事务所等团体组成卫生处，以红十字会为主，增设第三时疫医院②。1927 年，随着时疫的发展，红会时疫医院及苏州卫生会共同向公安局及市政筹备处致函，建议“从速谋设第三医院，容纳病人及扩大宣传，从事扑灭。或依照去年成例，召集地方人士共谋救济之方。事机急迫，民命堪危，务请立予施行”。并“请公安局、市政筹办处函请华严医院收受患疫病人，协助救济；由市政筹备处、公安局、苏州卫生会、第一医院防疫宣传队，组织联合防疫宣传队，并请公安局于卫生捐项下，及市政筹备处，指拨经费；请公安局市政筹办处两卫生科合作，沿道路取缔饮料及种种不洁食品”③。吴县分会鉴于疫情严峻、病患增多，与苏州卫生会合作，寻求公安局、市政筹备处支持，谋求救治方法，保证了疫病防治工作的有效进行。

综上所述，吴县分会重建后，在总会总办事处指导下，积极开展战争救护、疫病防治等活动。作为中国红十字运动在近代苏州的实践，它充分发挥《吴语》“广而告之”的作用，及时对社会各界公开其经费筹措、救援工作的执行情况。从经费上说，吴县分会每次所筹经费都一笔笔清楚地记录在案，最后公开征信。对于每年、每阶段经费使用情况也都公之于众。公开透明之举，使吴县分会赢得了社会大众的支持与信任，吸引了更多的人投身于人道公益事业。从战争救护方面看，吴县分会积极有效的救护成效既得益于中国红十字运动的实践经验，更源于吴县分会较为完善的救助机制和社会各界的大力支援与配合，彰显了“博爱”“恤兵”的人道宗旨。从疫病救治方面看，吴县分会防治结合、中西兼用，在鼓励注射疫苗、研究推广药物、宣传防治常识上都有切实可行的措施，起到了积极的社会效果。最后，吴县分会利用报纸发布公告的做法，提升了红十字会的社会公信力，对今天的红十字会建设有重要的借鉴意义。

（作者单位：苏州大学社会学院）



① 《防疫声中之宣传工作》，《吴语》1927 年 9 月 10 日。

② 虞立安：《民国时期的苏州红十字会》，载《苏州史志资料选辑》第 9 辑。

③ 《时疫医院有人满之患》，《吴语》1927 年 8 月 31 日。

# 1927至1933年南京国民政府对红十字会的管控

徐文娟

自1927年南京国民政府建立至全面抗战爆发前是中国红十字运动史上的“适应与变革”时期。其间，南京国民政府对红会的影响和控制不断增强，1933年6月《中华民国红十字会管理条例》的颁布，红会完全成为官方事实上的附庸机构。本文意在对南京国民政府如何影响和控制红十字会进行初步探究。

中国红十字会作为国际红十字大家庭中的一员，遵循《日内瓦公约》，以博爱为怀，秉承人道宗旨从事救护、赈灾、施医等慈善事业，声名远扬。然据1864年《日内瓦公约》之规定，“各国红十字会必须以得政府批准辅助军医卫生勤务为承认其正式成立之主要条件”①，暗含红会的半官方性质。当然，红会从事人道主义行动中，因场地、资金、运输等问题须寻求政府帮助。尽管如此，一直以来红会以“民间社团”自居，正如胡兰生所言：“中国红十字会自1912年改组后，具有纯粹民主社团之性质。其章程虽向政府备案但系由全国会员代表大会拟定并通过后生效，其监护人名誉总裁虽为大总裁，但会长，副会长均为全国代表大会直接选举产生之常议会所选举，选举产生之会长副会长，亦不过请政府核准任命而已。”② 然1927年南京国民政府成立后，不断强化对中国红十字会的管控，并在1933年6月颁布《中华民国红十字会管理条例》，使红会成为官方事实上的附庸机构。在此过程中，南京国民政府采取了种种措施，其主要手段分述如下。

---

① 胡兰生：《红十字会的性质与任务》，参见中国红十字会总会编：《中国红十字会历史资料选编，1904—1949》，南京大学出版社1993年版，第119页。

② 胡兰生：《中华民国红十字会历史与工作概述》，参见中国红十字会总会编：《中国红十字会历史资料选编，1904—1949》，南京大学出版社1993年版，第500页。

## 一、以慈善之名介入红会事务

1927 年，因红会在北伐战争救护中表现消极，与人道宗旨不符，国民革命军总司令部特成立“彻查上海红十字会委员会”，表示“为红十字会历年积弊太深，并此次前方救护工作，不但不予协助，竟敢置若阁闻，殊失创办红会宗旨”①。此次彻查使南京国民政府得以介入红会会务，有悖创办红会的宗旨。不过是南京国民政府的借口，其最终目的意在控制红会。

“彻查”后，南京国民政府屡以开展慈善活动为名干预红会事务，通函红会积极募捐赈灾。如 1930 年华北、西北五省遭遇大灾，南京国民政府特函红会，指出“贵会办理慈善、救济灾荒成绩昭著，为社会所钦仰，应请贵会连同出面参加组织中外混合委员会筹募振款，以救灾黎”②。笔者以为，此举为南京国民政府借红十字会慈善特质要求其赈灾，一方面干预红会救济行动，一方面展现国民政府普世救人形象，实现“双赢”之效。

除此之外，以红会为国际性慈善组织为由，国民政府在管理上给予其“特殊”待遇。为监督红会，1928 年南京国民政府发函称：“中国红十字会既已办理救护，协助振灾、施疗等为事业，自系慈善团体之一种；所办各事，虽有时不以国境为限，但不得谓系国际法团，在未另定关于红十字会法规以前，应依监督慈善团体法及其施行法规，受主管官署监督。”③ 由此不难发现，南京国民政府一方面强调红会慈善特性，在专门条例未定之前要求其接受主管官署监督；另一方面因其具有国际性，故将为红会量身制定管理条例（亦即之后的管理条例）。

国民政府以慈善为名，于红会开展人道行动中干预红会，于管理条例上以法律条文的形式将红会纳入内政部，无不体现出国民政府想控制红会之用意。

## 二、借《日来弗红十字条约》加以干预

《日来弗红十字条约》即 1906 年 7 月 6 日颁布的《日内瓦改正红十

① 《彻查红十字会昨日集会》，《申报》1927 年 8 月 14 日。

② 许世英：《函中国红十字会为准外交部函以我国振灾》，《振务月刊》1930 年第 1 卷第 5 期，第 36 页。

③ 《中国红十字会应受地方官署监督》，《江苏省政府公报》1930 年第 561 期，第 2 页。

字条约》（日来弗即日内瓦的最初译名，《日来弗原议》是指《1864 年 8 月 22 日改善战地陆军伤者境遇之日内瓦公约》，通称《日内瓦公约》），共 9 章 33 款。条约主要规定战时交战双方对伤病及红十字救护人员、机构应承担的保护责任，要求各会员国尊重红会神圣性，不得滥用各种标识从事红会事业之外的各种活动。作为国际红十字运动成员之一，中国红十字会应遵循《日来弗红十字条约》规定，首先须得本国政府认可，然后才可得到瑞士红十字国际委员会承认。1912 年 1 月 15 日，中国红十字会获得国际红十字委员会的正式承认。南京国民政府成立之初，为强化对红会的控制，一方面要求红会向国府备案，借此以官方身份介入红会；另一方面，南京国民政府援引《日来弗红十字条约》的相关规定，对红会施加影响，使红会民办性质不断弱化，官办性质逐渐突出。国民政府具体干预措施如下：

一是要求红会征求会员需向国府备案。1928 年，南京国民政府援引《日来弗红十字条约》之规定，致函中国红十字会总办事处，要求红会将主要会员情形及其最近会议状况告知政府，将中国红十字会会长、副会长、理事长暨常议会议长、议员及财产委员顾问、理事等的姓名、籍贯、年龄、职务、履历暨选聘入会年月、通讯住址分别列表送内政部备案，并将最近会员大会何时举行及有何议决案件详细见复以备查考①。以此干预红十字会的人事安排。

二是滥用红十字标识，影响红会形象。近代中国战祸频仍，滥用红十字标识现象泛滥，南京国民政府建立之初按照《日来弗红十字条约》发布政令，禁止滥用红十字标识，保护各地红十字分会，因为滥用红十字标识影响中国形象，容易“贻外人之口实，影响国际，至重且巨”②。但值得玩味的是，永泰红十字油商标的查禁一事引起争议。总会指责永泰红十字油商标为非法，特委托律师致函永泰公司，言明其违背《日来弗红十字条约》并予以警告，希望其取消红十字标识，永泰公司却拒不接受，声明其商标曾在国民政府注册，总会不得已去函工商部，工商部始通令全国取消永泰红十字油。可见，永泰红十字油商标为政府授权。国府一边高呼保护红十字标识，一边却利用红十字标识，获取利益，影响红会形象。





---

① 薛笃弼：《函中国红十字会总办事处：请将日来弗条约等项分别详复由》，《内政公报》1928 年第 4 期，第 209—210 页。

② 《令取缔滥用红十字标记》，《江苏省政府公报》1929 年第 144 期，第 2—3 页。

此外，近代中国战乱不断，各地分会难免受到冲击。如商丘分会曾数次被来往各军占领，使得商丘红十字分会办公无地，不得不函请转令各军嗣后不得再行占驻。针对上述情形，1929年南京国民政府特发布政令："查红十字会，为国际慈善法团，东西各国对于本国红十字会之发展，多由政府加以提倡，民众信仰，遂觉风从草偃，故能于最短期间收至巨之效果！务祈贵政府体念时艰，转行省内各机关相助为理，并通令各县长一体妥为保护，以坚人民之信仰，俾中国红十字会得充量办理慈善事业，以为收拾天灾人祸之补助。"① 国民政府言明政府提倡红十字会的必要性，并进一步指出政府应借助红会以赈灾救灾。由此不难理解南京国民政府欲借保护红十字之名以实现笼络人心，维护其统治的目的。

## 三、直接干预红会会务

1929年，南京国民政府致函中国红十字会，要求整顿红会会务，修改章程，并责外交、内政、卫生三部委派专员进行监督。此次整理虽由官方介入，但顾及红会"国际性社会救济事业之团体"的性质，故"该会系慈善关系，且所有会内一切事务均由会员分配办理，对于如何整理，该会拟日内召集本埠各会员开会讨论进生整理计划"②。南京国民政府要求红会改革，无疑意在淡化其"民办"性质，强化"官方"色彩。

1930年中国红十字会召开第三届会员临时大会，决议修改红会章程，特成立修改会章委员会并数次召开会议，最终通过章程。值得注意的是，《章程》第一条"本会为法律之社团法人，应改为国际之慈善法团"，第五次会议在《章程》中明确了中国红十字会为国际之慈善法团并将中国红十字会定名为"中华民国红十字会"，简称中国红十字会。美国学者格雷对社团法人做过经典定义：社团是国家已授予它权力以保护其利益的人的有组织的团体，推动这些权力的意志是根据社团的组织所决定的某些人的意志③；而"法团"仅仅是"旧时为政府所承认的群众团体的通称"④。简而言之，慈善法团即南京国民政府所承认的慈善团体，相对于国家授予权力并保护其利益的社团法人而言，慈善法团需受政府监督，它仅仅是政府承认的群众团体，其对政府的依赖性强、独立

① 《民政：令保护及协助中国红十字会》，《江苏省政府公报》1929年第173期，第35页。

② 《整顿中国红十字会》，《申报》1929年11月5日。

③ 龙卫球：《民法总论》，中国法制出版社2002年版，第336页。

④ 《汉语方言大词典》第3卷，中华书局1999年版。

性弱。红会社团性质及其名称的修改，体现了南京国民政府对红会干预力度的增强。此次整理为1933年中国红十字会由内政、卫生、外交三方共同负责埋下伏笔。

更有甚者，国民政府还干预红会经费。中国红十字会的资金主要来自该会基金、政府补助金、会员会费、经募款项及该会所有动产、不动产及利润。早在1927年“彻查”大会上，杨杏佛便建议：凡在国民政府服务官员，概助月薪十分之一，为红会救济费用①。此举虽有利于增加红会会费，但笔者以为，这更有利于南京国民政府干预红会经费，笼络人心，毕竟红会资金主要来自于捐款，会费仅占1%。这一倾向于1930年南京国民政府改组赈务委员会一事上表现更为明显，国府规定：赈务委员会隶属行政院，办理各灾区赈务事宜。可见，赈务委员会是一个官方机构，其意图凌驾于各民间慈善机构，统筹办理各灾区赈务。南京国民政府意在红会内部设立筹赈处，虽经常议会同意，但最终以王一亭、虞洽卿辞职而告终。虞不赞成红会内附设筹赈处，“筹赈并不反对，但不能把筹赈处设在红十字会内。致将红会每年之收入捐款，完全被筹赈处支用，开销激增，来源告竭，数十万基金，不数年间，必当提取净尽。届时点金乏术，红会非实行倒闭不可”②。尽管南京国民政府借筹赈处干预红会资金的尝试没能成功，但仍可见其干预红会资金的别有用心。

1927至1933年间，南京国民政府屡次以官方身份介入中国红十字会。1927年南京国民政府以红会在北伐战争救护中表现消极为由彻查红会，使其以官方身份干预红会成为可能；之后，南京国民政府借《日来弗红十字条约》，对红会施加影响，以期增强红会官方色彩；同时，直接干预红会会务，整顿红会，修改红会《章程》，将红会由“社团法人”变为“慈善法团”，并更名为中华民国红十字会。直至1933年6月《中华民国红十字会管理条例》颁布，中国红十字会成为官方事实上的附庸机构。

（作者单位：苏州大学社会学院）





① 《彻查红十字会昨日集会》，《申报》1927年8月14日

② 《红十字会昨开会欢迎虞洽卿视事》，《申报》1930年2月21日。

# “孤岛”闪耀“双红十字”

## ——抗战时期上海节约救难运动

葛　琦

淞沪抗战打响后，上海成为兵燹之地，难民流离失所，公共租界被日军紧紧包围，成为“孤岛”。在上海有识之士的推动下，节约救难运动于上海普遍开展。

## 一、节约救难运动发起背景

1937 年 8 月 13 日，日军进攻上海，淞沪会战打响，经过 3 个月的拉锯战斗，11 月 12 日中国军队完全撤出上海。由此直至 1941 年太平洋战争爆发，4 年间，公共租界苏州河以南区域和法租界被日伪势力包围，成为“孤岛”。在战火的驱使下，难民流离失所，纷纷逃到租界避难。一时间，租界人满为患，达 70 万左右①。虽然当局采取了一些救济措施，力图解决难民生存问题，但杯水车薪，大量难民仍衣食无着、流落街头，据统计，仅 20 余日内饿毙人数已达万余②。1938 年，人口由战前的 167 万攀升至 400 多万，形成空前规模的消费市场，从 6 月份的食品供需可见一斑：米 175441 袋、面 31781 袋、蔬菜 10217 袋、猪 31091 头、牛 2623 头、鸡 1071 只③。由于各类物资紧张，供需矛盾日益突出，“于是抢米风潮日有所闻，此固战争之遗祸”④。国难当头，民不聊生，上海市各界有识之士组织成立“上海节约救难委员会”，发起了一场以节约救难为宗旨，以募集捐献、减少浪费为主要手段，以救济难胞度过时艰为目的的节约救难运动。

---

① 熊月之：《上海通史》第 7 卷《民国政治》，上海人民出版社 1999 年版，第 352 页。

② 《沪 1 月 23 日之间饿毙万余人》，《申报》1938 年 1 月 27 日。

③ 熊月之：《上海通史》第 7 卷《民国政治》，上海人民出版社 1999 年版，第 352 页。

④ 孙棋亘：《节约救难说》，《乐文社文会文刊》1941 年第 1 期，第 19 页。

# 二、“点亮”双红十字

## （一）建会立章

运动发起，组织章程不可或缺。1938 年 10 月 9 日，在上海有识之士的组织下，节约救难委员会召开成立大会。到会委员 30 余人，会上虞洽卿指出：“目前救济工作，虽感困难，但合全市四百万人，能实行节约，解衣推食，即不难解决。”一语道出运动的基本措施即“节约”。救难委员会成立的同时，简章①相继确立，内容如下：

——本委员会以倡导节约救难为宗旨，定名为“上海节约救难委员会”；

——本委员会之委员由本市各界推定，并得由委员会之通过加聘之；

——本委员会设常务委员十一人，由委员会就委员中互推之；

——本委员会分四组办事：（甲）总务组，主持会计、文书、人事及不属于其他各组之事务；（乙）推进组，主持设计及推进各种节约办法等事务；（丙）劝募组，主持劝募事务；（丁）宣传组，主持宣传事务；

——各组设组委员，无定额，由常务委员会推任或聘任之；

——各组设主任一人、副主任一人，由常务委员会就该组委员中推定之；

——本简章由委员会通过施行，其修正时亦同。

由简章不难看出，该组织结构严密、分工细致、目的明确，且委员“由本市各界推定，并得由委员会之通过加聘”，如此，该会委员当为上海名流，借助其声望号召民众参与，保证了参与者的广泛性，为节约运动的顺利开展奠定了基础。

建会立章的同时，委员会亦发行“双十字”徽章。该徽章圆形搪瓷质，上弦青蓝色，中段白色且上节有双红十字标识，下节有蓝色“节约救难”四字，下弦为红色，其中青蓝表示仁爱、白色表示纯洁、红色表示热忱。而“双红十字”标识，一表示“救人”，一表示“救己”，含有“人己一体，救人亦即以救己”之意。徽章由收款团体机关于收款时





① 《本仁民爱物之怀 广救死扶伤之德 节约救难运动开始》，《申报》1938 年 10 月 10 日。

随时分发，不单独发售，发行对象为认缴“月捐”和“特捐”的市民。由此可见，徽章是作为一种特殊的荣誉赠予捐赠者，以资鼓励、宣传救难运动的同时，极大地推动了运动的开展。

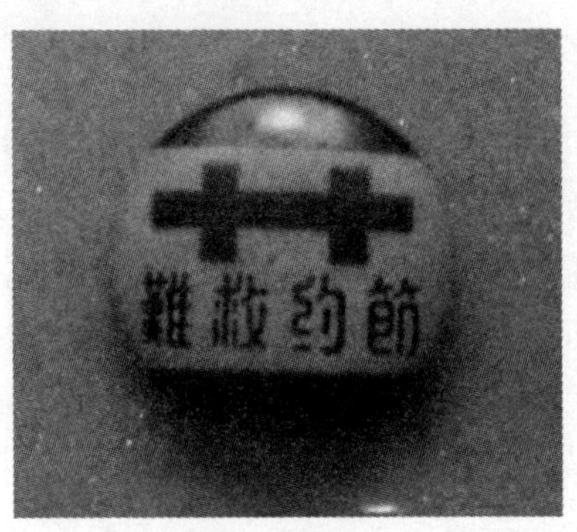


双红十字徽章

### （二）节约救难运动的实践

组织章程确定后，委员会即公布募捐方法，筹集救难资金。在成立大会上委员会即发布募捐启事：“死伤遍野，流亡载途，沪滨收容难民现尚数逾十万，内地伤兵灾黎当更十百倍于斯……本仁民爱物之怀，广救死扶伤之德……薄小己以裕大己，俭一家而活万家”，鼓励大家积少成多、由近及远，为拯救中华贡献力量，言辞恳切、直入人心，具体办法如下：

募捐办法：（一）捐款分月捐及特捐两种。每月捐助者为月捐，一次捐付者为特捐。（二）各学校、团体、厂号、机关，自行设法向各同仁友戚劝募者，得自定办法，但不得另发捐册。

收款办法：（一）由各报馆、银行、钱庄、信托公司代收捐款。（二）捐款无论月捐、特捐、团体、个人均填给收据，并登报公布，惟团体捐款收据只开该团体名义。（三）团体经募之款，须附捐户捐额清单，如不愿发表个人或团体名义者听之。（四）收据由上海节约救难委员会印就送交各收款处，随时填发①。

从募捐方法可知，一则此办法分两种，充分考虑认捐者经济状况，灵活性较强，便于操作；二则代收机构种类较多，方便市民捐款；三则填发收据并登报公布，如收款征信报告第一号刊登：“中国银行代收苏祖泰五元，余鹤亭五元九角，陆嘉言一元五角，陈廷祯一元，翁木良、



① 《本仁民爱物之怀 广救死扶伤之德 节约救难运动开始》，《申报》1938年10月10日。

李介夫各一角，王泊萍、王宿飞各三角，刘述基二角，夏习时二元，陈廷洪三元，俞雯青一元，章名勋五角，周尔奇二角，徐星三角，李宾南二角，卢鸿声、郭永渭、徐鸿基、戈根生各一角，方中、郁明才、耿少甫各五分……”① 无论捐款多少，都予以详细记录发布，体现了对捐献者的尊重及运作过程中的透明性、公平性，激发了市民捐款的积极性。

募集捐款的同时，委员会发布具体“节约”建议，共七十则，包括“一般”与“特定”两种，为各界励行运动提供指导。其中“一般”包括八方面，即“服用”“饮食”“居住”“交通”“酬应”“娱乐”“喜寿丧事”“其他”，内容极为详细。如饮食方面：不吸香烟、雪茄烟，有吸的必要时，减少次数，并降低所吸的烟的等级，或以板烟、水烟、旱烟代之；不饮酒，少饮酒，饮国产酒等。“特定”则根据对象不同分为三种：学生应爱惜课业用品，男生多着学生装，女生不烫发，少用化妆品等；家庭妇女应不打牌，缝洗衣服非有必要时不假手他人等；团体机关应严格管理文具印刷品的收发，制止职员工役滥用公有物品等②。建议内容均源自日常生活，大多民众均可做到，建议的发布为公众切实地执行节约救难运动提供了行动指南。除此之外，善心人士纷纷于各类报纸杂志上刊登自身厉行节约方法，不仅为民众提供了其他节约方法，也激励民众积极厉行节约行动。

尽管以上建议已经较详细，但为保证节约落到实处，委员会利用特殊节日专门指导节约活动的开展，为行动树立典范。如 1938 年圣诞节，委员会吁请全沪人士，节约圣诞礼物：“亲友馈送礼物，联络情谊为习俗惯例，惟当此非常时期，民生艰难，提倡节约，实为急务，往来存问，固属必不可少，但情谊之增进并不全恃礼物之多寡，即为投报起见，亦不妨以价值较微之物品，表示情意深挚之心怀。同时以节约所得，救济难民……于此圣诞节日，正发挥基督精神之大好机会，解衣推食，博施济众”③ 等等，这种大型节约行动的开展不仅将节约运动广泛传播，亦使节约观念深入人心。反之，浪费钱物又无益之事，委员会则发文批评，倡导公众加以抵制。如民间流传打醮斋鬼，委员会表示：“国步艰难，民生困苦，凡可节约之物，均当尽量省俭，况打醮斋鬼，事属迷信，语云：‘未能事人，焉能事鬼，未知生，焉知死。’当此救人





① 《节约救难会收款徵信报告》，《申报》1938 年 11 月 19 日。

② 《节约救难会建议：节约救难方案》，《兴业邮乘》1938 年第 82 期，第 11 页。

③ 《节约救难会吁请耶诞节节约救难》，《真光杂志》1939 年第 1 期，第 61 页。

不遑，求生为难，又何能以大好之精神，珍贵之物质，付之媚鬼乎！……还请本市各同乡会馆公所各机关团体、各里弄住户，均能以实心实力，革除打醮恶习，移共所费，节约救难，随时送交本市各银行，收入本会户下，积少成多，普救难胞所得福德，当在救鬼以上万倍矣！"①

在委员会全力倡导下，该运动于上海各界尤其是教育界、商界、妇女界广泛地开展起来。各业分队先后成立，制定救难歌两首。值得一提的是，各级学校针对大中小学生专门制定节约办法："大学生每月节约一元，中学生每月节约一角，小学生每月节约一分"②。在学校的鼓励下，学生发起成立"节约救难十人团"③ 等组织推进运动开展。

在各界的推动下，仅及半月，成效既已凸显，"计（一）由委员会办事处发出之双红十字救难徽章，共有一万零三十七枚，内发给团体者九千六百八十四枚，发给个人者三百五十三枚。（二）收到每月认定节约款项证计四百四十五张，认定款项为每月六百五十六元。（三）各代收机关报告收到节约款项者，截至本月二十五日为止，已有上海信托公司、永大银行、同润钱庄、通易信托公司、浦东银行、四川美丰银行、新华银行、中孚银行、交通银行、中一信托公司、中国信托公司、文汇报等十二家，共计款项一千零三十六元二角"④。一年后，共发布收款征信报告九十七号，"所收款项共约十万元，其已缴交上海难民救济协会者，先后计十八批，为数八万五千元，如以以前每两元供给难胞一月之食粮而言，则难胞之赖以活命者当有四万二千五百人，即以最近每四元供给一难胞计算，亦有二万一千人"⑤。所收款项逐批汇送难民救济协会支配，上万难民从中受益。至1941年4月，为节省转解手续起见，节约救难委员会发布公告，停止活动，各界送缴节约款项直接收入难民救济协会户下。

## 三、运动的评价

战火无情，难民枕藉，节约救难运动的发起意义重大。在思想方面影响尤为显著，作为上海众多慈善组织之一，节约救难运动既弘扬了中

---

① 《节约救难会公告　救鬼不如救人》，《申报》1939年8月5日。

② 《各学校推行节约救难运动》，《申报》1938年10月14日。

③ 《节约救难有什么意义》，《学生生活》1939年第30期，第12页。

④ 《节约救难工作报告》，《申报》1938年10月27日。

⑤ 《救难委会告同胞书》，《申报》1939年10月10日。

国传统乐善好施、扶贫济困的慈善观，且融入了平等、理性和社会化等慈善理念，将人道、博爱、奉献等现代慈善理念彰显得淋漓尽致，为将慈善事业发展为全民积极参与式的社会事业提供了经验。民族存亡之际，该运动以挽救民族危亡为口号，对团结民众、加强民族认同感和使命感亦作用重大。因而运动得以广泛动员民众，以同舟共济之心凝聚全市力量救助难胞，不仅为民众排忧解难，也推进了人道主义事业的发展。它与国际上一些同类型运动——如美国发起的“一碗饭宴会”募款一百万美元救济我国难民、英国妇女界提倡不穿丝袜节款援助中国[①]等，不谋而合，共同构筑起全球性的节约救难运动体系。

此外，运动还留下一些弥足珍贵的经验，诸如完备实用的活动章程、健全而不臃肿的领导机构、广泛地发动参与者、充分运用报纸杂志的媒体力量等。特别是其公开透明的运作过程，可为后来者榜样。以收支账目清晰明确为例，委员会自成立之日起至1940年1月31日，其善款进出清晰可屡：

（甲）收入款项：捐款收入97053.29元；利息收入167.71元，合计97221元。

（乙）支出款项：解上海难民救济协会88100元；徽章费2650元；文具印刷费1499.34元；制版费30.50元；广告费387.28元；邮电费152.23元；职工津贴479.50元；杂费45.46，合计93344.31元。结存3876.69元[②]。

当然，运动也有一些不足之处。其一，参与阶层以一般劳动阶级、小店员小商人和青年学生为主力，中产以上的上层分子鲜有作为，致使所捐款比较微薄，远远达不到每月10万元的运动目标。其二，作为难民救济协会的协助，运动未能深入开展，只是停留在募集款项的表层活动。但总的来说，节约救难运动仍是一次比较成功的善举，意义深远。

（作者单位：苏州大学社会学院）





① 《实行节约运动》，《节约救难》1938年10月刊，第1—3页。

② 《上海节约救难委员会公告》，《申报》1940年3月16日。

# 调研报告

# 我国慈善组织“透明之路”探究

## ——以红十字会为例

课题组

社会的进步促进了各类社会组织的兴起与发展，中国红十字会作为其中最具有代表性的一员，于1904年成立，以弘扬“人道、博爱、奉献”的红十字精神、保护人的生命和健康、促进人类和平进步事业为宗旨，积极从事各项人道主义活动，在开展民间外交、宣传卫生防病知识、保护人民生命与健康等方面做出了不可磨灭的贡献。但中国红十字会在百年的发展过程中，或多或少存在一些问题，它的运作与国人的期望有相当的距离，近几年更是因为“郭美美事件”使国人对红十字会的信任度呈急剧下滑趋势。尽管这一事件最近证实为秦火火、立二拆四等人的恶意炒作，但要消除影响、提升对红十字会的信任度，尚需时日。

一个慈善组织的公信力就如一家公司的信誉，是一项至关重要的无形资产，而在如今一系列负面新闻和众多的怀疑声中，中国红十字会的公信力无疑受到影响。如何提升中国红十字会公信力，迫在眉睫，而在此基础上，我们又提出一系列问题：人们对红十字会的认识如何？红十字会在民众心中的形象是什么样的？红十字会公信力流失的具体表现有哪些？提升红十字会公信力可以从哪些方面着手？带着这些问题，苏州大学社会学院调研团队通过问卷和访谈等形式来了解城镇居民眼中的中国红十字会，并得出了直观具体的数据。经过对这些数据的深入剖析，我们竭力探索、努力寻求提升红十字会公信力的办法，并从透明度切入，为红十字会走出困境提出积极有效的建议。

## 一、调研设计

### （一）调查时间、地点、对象

本次课题调研为期一个月，主要的实践日程安排如下：2013 年 7 月 12 日—16 日，问卷修订及印刷，调研团队成员分工；7 月 17 日，沧浪区双塔街道问卷发放；7 月 18 日，金阊区金阊街道问卷发放；7 月 19 日，问卷数据录入与处理；7 月 20 日—21 日，数据初步分析；7 月 22 日—8 月 15 日，调研报告撰写及修改。

此次调研地区主要集中在苏州市市区的双塔街道和金阊街道，共六个社区。调研团队分为两个小组进行入户问卷调查以及访谈。

此次调研对象主要是苏州市城镇居民，根据后期整理的数据显示，受访者中苏州本地有 255 名，外地有 57 名；男性有 124 名，占 39.74%，女性有 188 名，占 60.26%。年龄结构方面：调查者中 18 岁以下有 31 人，占 9.94%；19—30 岁有 80 人，占 25.64%；31—40 岁 52 人，占 16.67%；41—50 岁 53 人，占 16.99%；50 岁以上 96 人，占 30.77%。各年龄层均有分布，但以 19—30 岁、50 岁以上居多。此次调研受访者职业结构涉及行政机关、企事业单位、学生、自由职业者、农民、退休人员等。

### （二）调研方式

在调研准备阶段，调研团队通过网络查询、数据库查询等多种方式获取慈善组织信息公开方面的相关文献，并借助中国红十字会官方网站，以及之前的一些调研成果形成对此次课题的一个初步认识，为后续实地调研奠定基础。

在实地调研阶段，主要分为线上和线下两个调查方向。在线上调查方面，调研团主要是在专业问卷网站上设计并生成网络问卷，同时进行线上填答。在线下调查方面，主要采用问卷调查的方式。本次调研团队分为两个小组，分别到双塔街道和金阊街道进行问卷发放。在双塔街道，第一小组的成员在街道负责人的联络下对附近的三个社区进行集中填答；在金阊街道，第二小组则采用随机发放和入户填答相结合的方式。本次问卷共计 400 份，回收 350 份，有效问卷 312 份。

在后期数据处理阶段，基于对所收集资料的整理和审核，采取定量与定性分析相结合的方式。同时采用SPSS数据统计软件，对问卷数据进行处理分析，统计结果为调研报告提供了有力的数据支持。

## 二、调研数据分析

### （一）受访者捐助状态

1. 社会公众捐款概况

此次调研针对公众捐款数额、捐款频率等进行了简单统计，以反映我国公众在公益慈善事业方面的热情以及对慈善组织的信心。

在312名受访者中，有220人曾经向慈善事业捐款，约占71%。每年捐款数额在100—200元之间的约占49%；每年捐款数额在200—500元之间的约占39%；每年捐款数额在500元以上的约占12%。捐款频率达到每年1—2次的有184人，约占86%；捐款频率达到每年3—4次的约占13%；约有1%的受访者捐款频率达到每年5次及以上。

以本次调查的受访者为样本，反映了在当下慈善组织出现众多信任危机的时刻，社会公众仍然具有较强烈的助人意识，对具有官方背景的慈善组织重新树立形象保持较高的信心，对于慈善事业的意识与参与度也是较为乐观、值得期待的。但是，在捐款金额方面，与近年来GDP快速发展、国民收入普遍提高的势头相比，民间慈善捐赠是相对短缺的。

2. 捐款流向

在220名曾向慈善事业捐献款项的受访者中，其捐款流向呈现多渠道的特征。调查数据如图1。

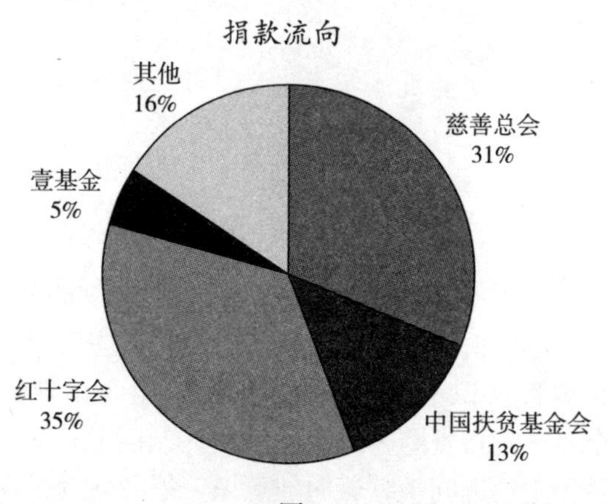


图1

通过分析图中数据可见，一些民间公益组织如壹基金等正在发展壮大，我国发展较为成熟、规模较大、关注度和知名度较高的慈善组织如红十字会、慈善总会等曾经是许多民众支持公益事业的选择，红十字会在慈善募捐方面占据较大的份额。当然，因此次调研的条件局限，数据只能反映部分的、片面的状况。

3. 捐款途径

在 220 名曾向慈善事业捐助款项的受访者中，通过邮局汇款进行捐款的占 3%；通过银行转账进行捐款的占 4%；现金捐款的人数占 55%；通过外设募捐箱捐款的占 9%；通过单位募捐捐款的占到 29%。其中多数受访者的捐款途径都不止一种，可见慈善组织为公众提供的捐款方式较为多元化、便捷化。目前，现金捐款是主要途径，单位募捐同样是重要的途径之一。通过单位的倡导和鼓励进行集体募捐方便快捷，募捐效果良好，因此，单位募捐所占比重也是可以理解的。当然，在单位募捐的过程中，促进后期捐款信息反馈也是募捐单位不可推卸的责任。

4. 是否询问捐款去向

从捐款主体出发，在本次调研的问卷中，设置了“您询问过捐款的去向吗”这一单选题，有“经常询问”“偶尔询问”“从未询问”三个答案可供选择。调查结果显示如图 2。

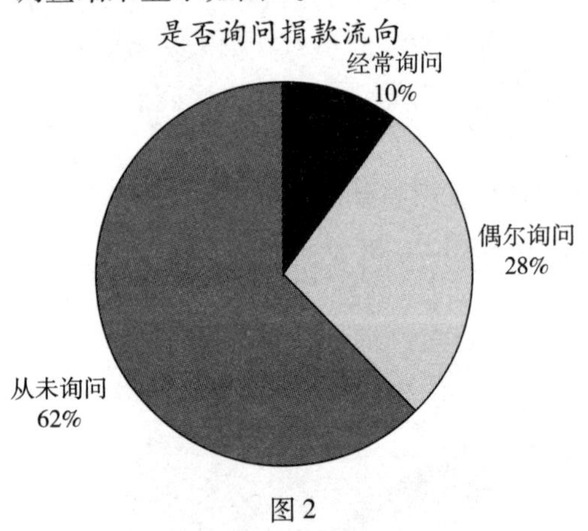


图 2

观察图中数据可以明显发现，从未询问慈善捐款的受访者高达 62%，数字令人吃惊。这部分捐款者对于捐款的去向并未主动留意，显然对于捐款信息公开的重要性认识不够。因此，在慈善组织出现信息公开问题之时，一方面，众多舆论指责慈善组织的透明体制问题；另一方面，在事实上有部分公众并无主动询问捐款流向的意识。笔者认为，在慈善组织的透明之路上，社会公众应当提高自身的权利意识，从外部监督和督促我国慈善公益组织在信息公开方面迈出具有历史性意义的一步！

5. 如有网上查询平台，是否会主动查询

紧接着“是否询问捐款流向这一问题”，问卷中提出“如果红十字会建立捐款信息网上查询平台，您是否会主动查询”这一问题，统计结果显示，会主动登录网上查询平台查询捐款信息的受访者为65名，约占22%；不会主动查询捐款信息的受访者为144人，约占48%；不一定会主动查询捐款信息的受访者为90人，约占30%。根据这些数据，假设在慈善组织自觉创造信息化条件的情况下，约有一半的捐赠者有可能主动查询善款流向等信息，可见公众的透明慈善意识依然有待提升，同时也说明慈善组织建立开放的信息公开平台是有必要的，并且，慈善组织应使该平台的操作更为便捷高效、一目了然，同时建立除网络平台以外的多种捐款流向公开体系，以方便更多捐赠者查询到善款信息。

### （二）受访者对于慈善组织的态度

1. 关于慈善组织信息公开

红十字会募捐一般采取集体募捐的形式，多以学校或公司为发起者。这种形式覆盖面广、受众多、效率高，能以最快的速度募集到所需善款。集体募捐的发起者通过“征集善款”和“集中转款”两个环节，连接了捐助者与红十字会，起到中心节点的作用，如图3。

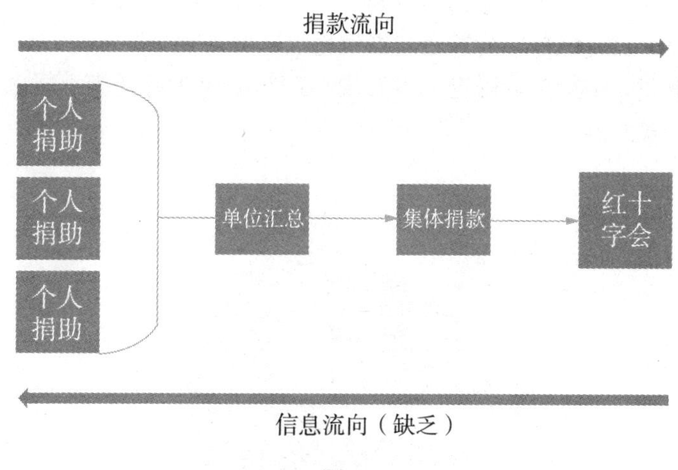


图3

图3是调研团根据慈善组织捐款现状构建的，图中，“捐款流向”应与当前十分缺乏的“信息流动”构成闭合，从而促使社会公益环境良性循环。因此，无论个人或是集体捐助，捐款后的信息反馈成为目前慈

善组织亟须努力之处！

针对集体募捐这一常用的慈善捐款方式，调查问卷中通过“学校或公司往往通过红会捐出募自学生或员工的款项，您认为学校或公司是否有责任促使红会信息公开”这一问题征求受访者的相关意向，调查数据如图 4 所示：

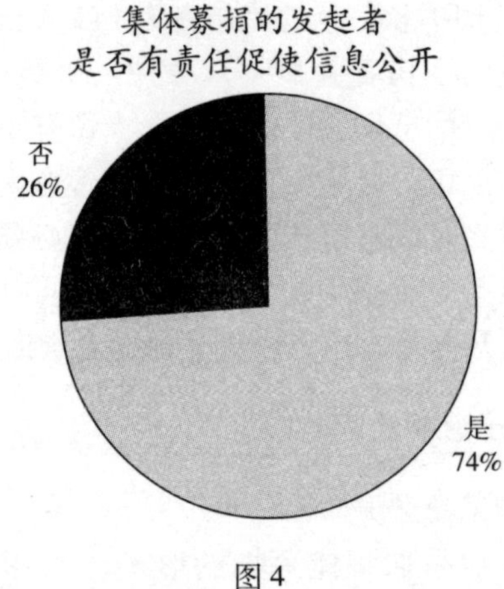


图 4

根据图中数据，可以发现近四分之三的受访者认为，集体募捐的发起者有责任促使红十字会信息公开。因此笔者认为，作为慈善组织募捐的重要形式之一，集体募捐的发起者应当与相应的慈善组织保持畅通的信息沟通渠道，将募捐情况及时准确地反映给募捐个人。

从下图 5 中数据可以进一步发现，79% 的受访者认为，捐款信息反馈是有必要的。

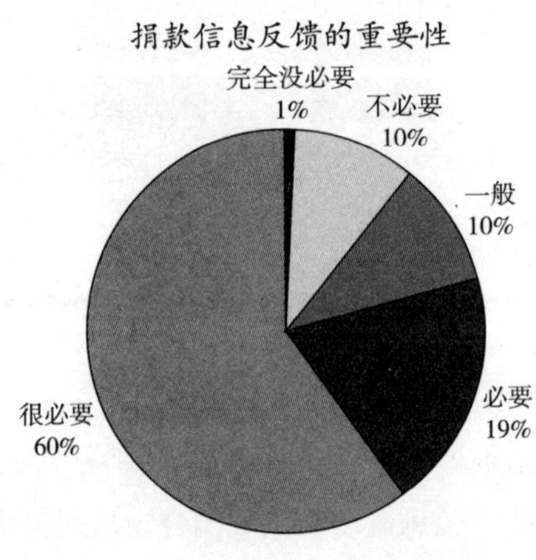


图 5

2. 关于舆论事件的影响

2011 年 6 月 20 日晚，微博认证身份为“中国红十字会商业总经理”的新浪微博博主“郭美美 Baby”在网上公然炫耀其奢华生活，引起网民极大关注与愤慨，质疑其财产来源与红十字会有关。随着“郭美美事件”的持续发酵，红十字会被推上风口浪尖，陷入信任危机。2012 年 4 月份，雅安地震募捐，红十字会饱受抨击。

根据调查，61% 的受访者了解“郭美美事件”，59% 的受访者表示“郭美美事件”对自己给红十字会捐款产生了影响，可见公共事件对社会群体行为具有导向作用。在关于“红十字会雅安募捐受挫”的问题上，38% 的受访者认为是大众对红十字会失去了信任，19% 的受访者认为是受到了“郭美美事件”的牵连。

一个组织的社会形象通过信息传播塑造，正面消息与负面消息的对抗与博弈，决定了该组织在公众心目中的形象。在 Web 2.0 时代，负面新闻通过社交网络途径传播，传播速度快、传播范围广，对社会组织的形象造成巨大影响。在“郭美美事件”出现后，网络上出现了大量有关红十字会的负面新闻，根据调查，79% 的受访者认为这些负面新闻不是空穴来风，仅有 21% 的受访者认为负面新闻可能是为了故意抹黑红十字会。这项调查结果表明，相当大比重的公众对于红十字会已经失去了信任，红十字会陷入信任危机（见图 6）。

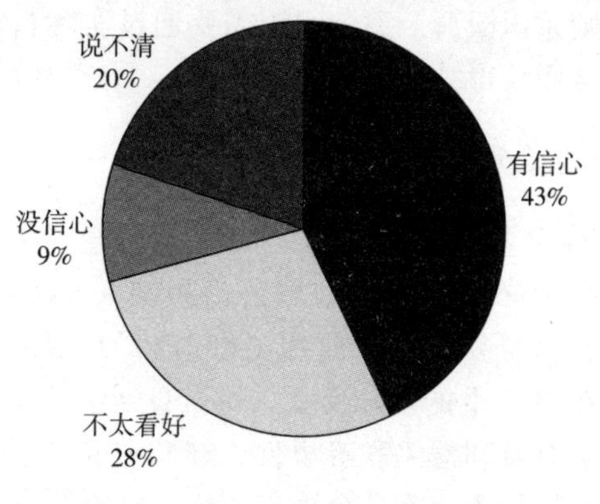


图 6

所谓公信力，从本质上说是公众的信任程度。按主体层面，红十字会公信力可以理解为红十字会在社会中被公众、政府、受捐方、捐赠方及第三方专业机构认可和信任的程度[1]。受访的公众中，如图6所示，有43%表示对红十字会重建公信力有信心，红十字会重建公信力要经历漫长过程。

### （三）我国慈善组织发展面临的问题

根据此次调研所得数据分析，笔者认为，从整体而言，我国慈善组织的发展主要面临以下几大问题。

1. 透明度不高，公信力不足

以红十字会为例，主要体现在四个方面：官办色彩浓重造成行为公信力弱化、财务信息不透明造成资信公信力弱化、工作效率低下造成能力公信力弱化、慈善丑闻频发造成形象公信力弱化[2]。

2. 内部组织结构冗余，运行体制机制不完善

我国慈善组织体现出两大特点，一是成熟组织的结构冗余（如红十字会官僚化），二是新兴组织的运行体制机制亟待完善。对于红十字会这类已经发展成熟的慈善组织，应着手去官僚化。而新兴的慈善组织则需要通过自身探索与社会支持相结合，摸索出一套适合自身发展的体制机制。

3. 社会环境不能提供有效支持

"捐款"不能等同于"慈善"，捐款是慈善的一种形式，慈善还体现在社会救助、志愿活动等各个方面。目前社会上对于捐款事宜表现积极，但对于慈善则意识淡薄。慈善组织需要通过实际行动在社会公众中产生正面影响，从而获得社会环境的支持。

### （四）对红十字会重建公信力的建议

1. 强化"红监会"的监督权

不受监督的权力必然导致腐败和公信力缺失。2012年12月7日，中国红十字会社会监督委员会（简称"红监会"）成立，此后半年，因在"重查郭美美事件"上的暧昧反复、对自身定位的不清，以及部分委员被曝与红十字会有着利益关联等事件，红监会受到质疑，红监会的监督机制饱受争议。据红监会委员金锦萍介绍，目前的《红十字会法》在监督问题上的规定严重不足，在治理结构、财产规划、财产标志使用、



① 顾辰：《红十字会公信力的弱化与重建》，《改革与开放》2011年第24期。
② 顾辰：《红十字会公信力的弱化与重建》，《改革与开放》2011年第24期。

信息公开等方面都没有规范，红会和政府的关系、总会和分会的关系都没有理顺，红监会的监督权缺乏明确的立法保护。对此，国家应加强立法，确保社会对于红会的监督作用，从而减少红会自身产生负面新闻的可能性，提升公信力。

2. 借助大众传媒，进行正确的舆论导向

注意到部分有关红十字会的负面新闻后来被证实为虚构或者与红会并无直接关联，红会有必要借助信息传播工具，及时辟谣，树立正面形象，进行舆论引导。Web 2.0 时代以微博为主的社交网络是信息传播的主要工具，红十字会应利用好微博等新媒体，发布正面消息与辟谣相结合，塑造新形象。

3. 完善信息公开平台，及时对捐款人进行资金流向反馈

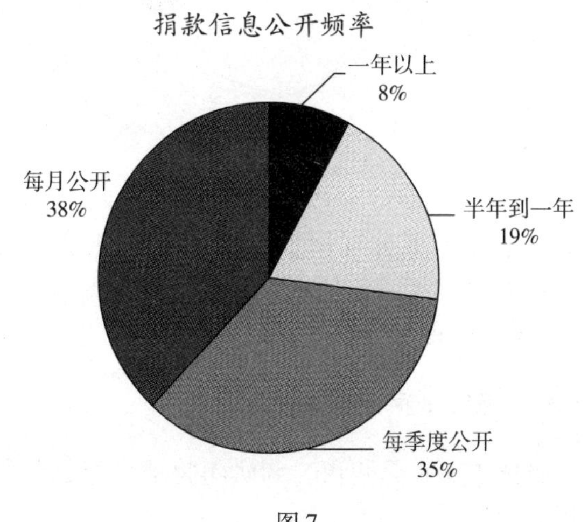


图 7

2011 年 7 月 31 日，中国红十字会总会捐赠信息发布平台上线试运行。目前捐赠信息发布仅能查询青海玉树地震，可通过捐赠人姓名（或机构名称）查询2010 年1 月 11 日以来向中国红十字会总会捐赠的信息。而在 2011 年发布后不久，该网站就停止了更新，网页列出的“甘肃舟曲泥石流”“云南盈江地震”“日本地震”等项目虽时隔久远，却仍然显示在“建设中”。网站提供的“财务收支审计报告”也只提供到了2011 年。此次调研中关于慈善组织信息公开的频率，统计结果如上图 7。

信息具有时效性，信息公开只有在特定时间内完成才能实现价值最大化。图 7 显示，38% 的受访者认为捐款信息应当每月公开，35% 的受访者认为捐款信息应当每季度公开。这反映了公众对于要求捐款在短时

间内得到反馈信息的诉求。

针对信息公开平台，调研数据分析如下图8，公众对善款流向、账目细则以及受助对象的反馈等相关信息均有相当的信息需求，认为公开平台应注重这方面的信息公开。

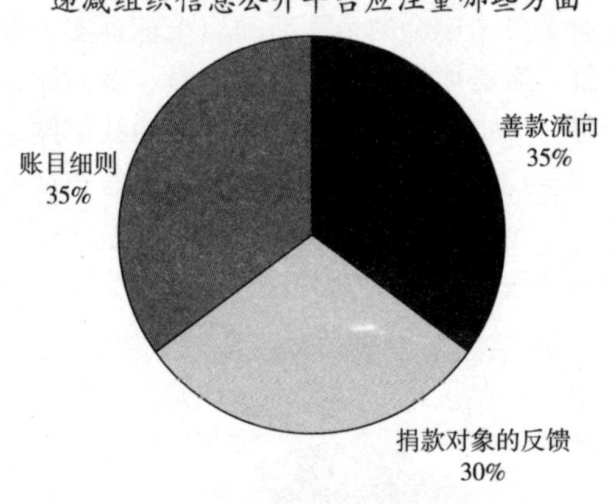


图8

因此，红十字会应当充分利用自身的信息公开平台的信息发布功能，及时定期发布捐赠信息（包括捐助对象、使用情况、流通渠道、结余等），以公开、透明博得公众信任，重建公信力。

### （五）关于苏州市红十字会

本次课题调研地主要在苏州市，调研团特地针对苏州红十字会公信力状况进行了相关调查。

据调查，仅有32%的受访者对苏州市红十字会有所了解，51%的受访者关注信息公开，26%的受访者对苏州市红十字会信息公开状况满意。虽然苏州红十字会在《苏州日报》、“中国苏州”官方网站等公布了捐赠收入和支出情况，但少有关注，并不让公众满意。这反映了苏州市红十字会在本市影响力有限，信息公开渠道、内容亟待多样化。苏州市红十字会应通过各种方式对自身公益活动进行宣传，提升自身知名度与美誉度。慈善项目的推广可注重以下三个方面：学校、单位、社区宣传，大众传媒（报纸、广播、电视、网络等），慈善机构或基金宣传。

# 三、我国慈善信息公开的走向

调研团通过文献分析以及对调研数据的研究认为，目前我国慈善组织信息公开主要面临的矛盾是：信息公开制度的不健全与公众日益高涨的公民意识和信息需求之间的矛盾。近年来，一方面，我国的慈善组织发展迅速，这也是人们慈善热情高涨的原因之一，直接带来的是巨额的善款；但另一方面，慈善组织缺乏有效的社会监督，用于慈善的善款甚至沦为私人财产，进而抑制了慈善事业的发展。连接这两方面的是信息的披露与获取，即慈善组织与捐助者之间在信息上的一场“博弈”，而在这场“博弈”中，身为捐助者的普通百姓往往处于信息劣势，而主办方的慈善机构却是处于信息优势。在慈善机构不主动公开信息的情况下，捐助者一般很难获得详细的使用情况，因此矛盾的核心可以归结于慈善组织信息披露与否。而影响信息披露的因素又是多方面的：首先，信息披露是有成本的；其次，还需要保护捐赠人的隐私；最后，一些公益组织认为，涉及组织核心竞争力的信息也不宜对外披露。

从以上详细的矛盾分析可知，信息公开过程中主要涉及捐助方、信息监督机构和慈善机构。因此，影响信息公开的是由以上三者衍生出的捐助方对于公开信息的需求、信息监督制度、信息公开制度的制约。不过，从这些因素及现在的趋势分析，慈善组织的信息公开可能朝着透明化、监督多样化、制度详细化方向发展。

## （一）捐助方对于公开信息的需求

从本次的调查数据分析结果来看，除去失效数据 13 人，在 299 名受访者中，会主动登录网上查询平台查询捐款信息的受访者为 65 名，约占 22%，不会主动查询捐款信息的受访者约占 48%。因此，在条件允许的情况下，一部分人对公开信息有需求，但仍有不小比率的人对此并不关心。在对公开信息有需求的人中，一部分人强烈地需求却又不愿主动地去查询，另一部分人则是主动查询却无法获取所需的信息。对于那些对信息公开并不关心的人而言，他们并没有认识到信息公开的必要性，简而言之，信息公开是弥补信息劣势的重要途径，并且能够实现信息反馈，也是信息监督的动力来源，因而信息公开需求的丧失将可能导致慈善组织向腐败的方向发展，对信息公开需求的培养是极有必要的。脱离本次小范围的调查数据，结合 Web 2.0 时代人们对于慈善事业的舆论及态度来看，绝大部分人对于信息公开抱有期望，因此现今的捐助方虽作为影响信息公开的因素之一，但在实质上却并不是制约慈善事业的信息公开的根本原因。

### （二）信息监督机制

信息监督机制的不完善是导致信息公开不透明的主要原因之一。如中国红十字会的监督工作主要由中国红十字会社会监督委员会完成，但近年来，社会上的舆论不仅针对红十字会，而且同样会针对监督机构，人们对监督工作也产生了较大的怀疑。以“郭美美事件”为例，根据调查，61%的受访者了解“郭美美事件”，59%的受访者表示“郭美美事件”对自己给红十字会捐款产生了影响，而身为监督机构的红监会竟表示无权重查郭美美，并据知名爆料人周筱赟曝光，包括王永、袁岳、黄伟民等在内的共计9名委员与红会有直接利益关联。为了消除这种忧虑，在未来的慈善机构信息透明化的道路上极有可能出现第三方的民间慈善监督机构。

### （三）信息公开制度

慈善组织信息公开制度是指依法登记成立的慈善组织依据国家法律法规的规定，基于维护社会公众知情权与促进慈善组织健康发展的目的，在慈善组织运作过程中以规范的格式及程序将慈善组织的治理结构、筹资进展、财务报告、年度重大事项等主要信息真实、准确、完整、及时地向政府、捐助人、受益人及社会公众公开或依申请而向特定的个人或组织公开，并在此过程中形成的规范的慈善组织信息公开行为的法律制度，包括法律、法规、部门规章及行业自律监管相关规定等一系列法律规范，这是慈善组织立法与监管的重要组成部分。

目前，中国并没有统一的法律来规范每年数以百亿计的捐赠，而近段时间出台或酝酿出台的法规，也多为《指引》《意见》《指导》等文件。从文件称谓就可以看出，目前的慈善领域缺乏强制性的法律，也缺乏对信息不公开的问责规定，其对信息公开化的制度性建设作用有限。而分散在其他各种法律中的相关规定，也没有对慈善组织信息公开做出很明确的规定和罚则。这些立法上的特性决定了中国的慈善领域法律法规在问责方面的缺位，因此，信息公开制度的法律化、细节化是信息公开透明的必要基础。

总之，我国慈善机构提高信息公开的透明度是必然趋势，但在此之前，必须解决第三方监督机构制度的完善问题以及与慈善机构信息公开制度相关的诸多因素。在中国的慈善组织信息公开问题上，法律法规的完善是必要而且紧迫的，但立法和执法环节的真正显效却有赖于官办慈善组织的制度建设。而对于民间慈善组织来说，更重要的是通过法律指引帮助其建立规范，以及社会对其进行外部披露支持。

最后要说明的是：在调研的过程中，苏州市红十字会为调研团队提供了许多专业性的指导建议以及各方面的协助，非常感谢他们对调研工作的支持和帮助！此次调研过程中的入户调查环节得到了苏州市金阊街道、双塔街道办事处的大力协助，十分感谢街道工作人员的帮助！非常感谢团队指导老师池子华教授和宋言奇教授的指导与支持！感谢社会学院董娜老师、郝珺老师等的关心与帮助！

（课题组成员：谢晓萍、李佳蔚、刘智、顾宸恺、张燕超、刘钦瑶、刘晓钰）

# 图书评论

# 源于积累和思考的红十字文集

## ——《红十字文化传播：实务与理论》述评

池子华　李欣栩

2012 年 10 月 31 日，为红十字事业奋斗了 22 年的苏州市红十字会前专职副会长兼秘书长郝如一从工作岗位上告退。但退而不休，他将长期以来对红十字实务及理论所做的探索进行整理，结集为《红十字文化传播：实务与理论》一书，作为池子华教授总主编的“红十字文化丛书”之一，由合肥工业大学出版社出版发行。此举使他成为全国地方红会干部出版个人文集的第一人。全国人大常委会前副委员长、中国红十字会前任会长彭珮云对该书厚爱有加，欣然亲笔题词；江苏省红十字会吴瑞林会长对本书颇为青睐，专门作序，均给予高度评价。通读该书，受益匪浅，谨此将读后感触笔述数端，与读者分享。

### 一

全书 37 万字，凡七章（不包括序言和后记），收录了作者 22 年来，尤其是近 10 年来已发表的作品，既是作者红十字工作经验的结晶，又是其工作勤奋、笔耕不辍的生动体现。该书根据内容，析分为“高端访谈篇”“工作研讨篇”“新闻报道篇”“理论研究篇”“杂谈随笔篇”“出访考察篇”及“附录”等专题。

在“高端访谈篇”中，通过对彭珮云、吴瑞林、吴锡军、谭颖、王鸿声等各级领导视察、访谈活动的回顾，从当时工作情况、过去工作业绩的总结，到未来的发展目标、在政府工作中的角色定位等角度，对苏州红十字事业予以阐述。例如，2006 年年底彭珮云会长视察苏州红十字会工作期间，先后考察了市红十字中心血站、红十字老年康复医院、工业园区的红十字博爱学校、外企飞索半导体有限公司等。考察后，彭会长又听取了苏州市红十字会的工作汇报，她对苏州红十字会的对台工作、“一老一小”、“善”字系列救助计划、与外企合作、宣传与理论研究等给予了高度评价并做出重要指示，勉励苏州要做得更好。而彭会长的行程及讲话，为苏州红十字事业指明了未来的努力方向和发展前景。

在“工作研讨篇”中，作者对苏州红十字会的内外宣传、国际人道法的传播培训、救助工作的创新与实施、志愿服务的标准化和人性化、参与艾滋病预防和反歧视宣传等工作进行了总结和研讨，从而对苏州红十字会工作的可持续发展建言献策。以苏州红十字会2012年的宣传工作为例，作者遵循吴瑞林会长提出“体内循环”与“体外循环”并举的宣传策略，加大宣传力度。首先，红十字会自身要强化宣传意识、明确宣传重点、抢抓宣传时机，以此拓宽正面的社会影响。其次，红十字会要通过与媒体沟通、与部门协作、与社会交流等方式争取多方合作，营造积极的舆论氛围。最后，红十字会还要通过扩大报刊征订、积极组织比赛、建立新闻发言人制度、编印工作简报、制作公益广告、开通网站、设置轨道交通宣传点等活动，拓展传播渠道，树立良好的人道形象。

“榜样的力量”是巨大的，发挥红十字事业中一批杰出人物及其感人事迹的表率作用，有助于红十字文化的传播。为此，在“新闻报道篇”中，作者精选了部分已发表的人物新闻作品，诸如王美德、阮长耿、池子华、马姚娥、杭彬等；还有诸如“两岸三地”造血干细胞捐受者“生命相髓”大型见面活动的纪实等。在《用我的爱心为你帮忙》一文中，作者追溯了苏州广电总台主持人朝晖与苏州红会的结缘之旅：作为苏州红十字会形象大使的朝晖在“郭美美事件”后依然对红会坚信不疑的形象跃然纸上，同时记述了朝晖爱心基金在红会事业中的卓越贡献。再如《患难“最”见姑苏情》一文，作者以“最大、最好、最快、最多……”这样的独特视角，再现了2008年四川抗震救灾活动中苏州人民捐款捐物的感人场景，让读者感受到姑苏人民浓浓的人道情，从而带给读者心灵的震撼。此外，作为全国红会系统资深的兼职记者，作者不忘对红十字会自身建设的关注。例如，对内蒙古鄂尔多斯市红十字会的人才战略、对托克托县红十字会探索农村建会等，不但进行报道还专门配发了短评。

理论与实践是驱动红十字事业发展的“双轮”。在“理论研究篇”中，作者将视角从前述的红十字人物及实践活动转向红十字事业发展的理论探索。内容包括对红十字事业理论研究的模式、手段和内容的探讨，对苏州红十字事业理论研究基地——红十字运动研究中心工作进行的回顾和前瞻，对红十字事业建设“国际接轨”与“中国特色”的辩证思考，对“人道”理念变革与进步的认识，对近代历史上的一些重要的红十字人物及事件的论述，对苏州红十字运动历史轨迹的考察等等，其中与池子华的合作更是不乏两人独到的理论创见。例如在《提高研究理论做学问的能力》一文中，提出了研究红十字相关学问和理论应成为红会干部具备的较高层次的能力，同时还要培养研究人员的“问题意识”，采用“新的综合”的研究方法，构建利于理论研究的保障机制。

作者勤于思考的品质不仅体现在对红十字文化传播的理论研究中，还体现在对实际问题的评论中。在“杂谈随笔篇”，作者针对红十字宣传、筹资、街头募捐信任缺失、对捐髓抱有疑虑、社会上存在不人道行为、当今学校红会的新功能等问题进行思考和评述。以红会街头募捐中遇到的不信任问题为例，作者指出这是社会诚信缺失在募捐上的具体体现。尽管如此，作者相信，“随着诚信制度的建立健全，随着社会主义荣辱观教育的深入人心，随着‘八荣八耻’逐渐成为广大市民的行为规范，街头募捐将会被市民广泛接受”。再如针对社会中贫富差距问题，作者撰文《构造公平》，从人道主义的角度提出红十字会要构造的公平是一种以缩小贫富差距，让弱势群体的生命权和生存权得以延续、得到保障的公平。

除了对我国大陆红十字事业的关注，作者还另设“出访考察篇”，报告了作者在荷兰、德国、日本、韩国、美国、法国等国及我国台湾地区的考察过程，向读者介绍了这些国家和地区红十字事业发展状况，并对中国当今红十字事业建设提出宝贵意见。例如早在1997年，作者在关于荷兰和德国红十字事业的考察报告中介绍了两国红会在“组织机构和工作内容”“资金筹集和志愿服务”“无偿献血和血液管理”“现场救护和医疗急救”“老年服务和助残培训”五个方面的考察见闻，并对中国红十字事业进行反思，认为中国政府应更多关注红十字事业发展，不必过多包揽在国际上普遍由红十字会经办的事务；国内红十字会尚需加强宣传、多办实事、扩大影响；红会本身应加强对志愿者队伍的组织和指导，进一步做好红十字志愿服务工作；大力推进无偿献血事业，对血液质量进行严格把关；政府在急救事业上应加大投入，加快设备更新步伐；红十字会应创造条件积极参与老年事业和助残事业等。

在最后的“附录”部分，作者援引其他媒体对自己的报道，对奋斗了22年的红十字人生做了事迹记载和评述。这一专题虽只收录了三篇文章，却比较全面地展现了作者在红十字事业第一线是如何勤奋敬业尽职、帮扶弱势群体、解囊救助灾民、节俭廉洁奉公的故事，同时也展现了苏州人关爱同胞、博爱大众的精神风貌，这从《口述人生：我是一个爱心中介》一文可见一斑。文中，作者叙述了四川地震后苏州红会接受社会各界、不同年龄群体、外籍人士排队捐款捐物等场面，回顾了自己到江西九江、黑龙江大庆救灾的实况和历险。简而言之，附录是对作者本人以“第三人称”口吻来写的红十字工作的回顾及其人生感悟。

## 二

本书作为郝如一所发表作品的集萃，将实务与理论结合，既对我国红十字文化传播进行了纵向的历史维度和横向的现实维度的介绍，又对海外红十字文化传播的实践经验进行学习总结，并对国内红十字事业的未来发展提出了自己的看法。本书的出版，恰逢其时地反映了红十字文化的发展要求。总体而言，本书特色鲜明，以下几方面尤为值得称道：

其一，本书具有鲜明的时代性与启迪性。随着我国改革开放和社会主义市场经济的深入发展，各种思想文化相互碰撞和交融，不可避免地给人们的世界观、人生观、价值观带来影响，也给我们在新的历史时期加强红十字文化传播特别是红十字品牌的打造带来挑战和机遇。本书顺应时代需求，重视对实务的反思，将近年来红十字文化传播的实践以及部分理论研究成果进行归纳、总结和提炼，形成了较有特色的红十字文化传播和建设的独特理论观点。例如在论述宣传与筹资的部门设置问题时，作者认为：宣传与筹资不宜整合到一个部门，否则容易导致歧义和误解。一方面，红会机关各部门都应承担各自的宣传工作，形成人人都会做宣传的局面；另一方面筹资也不该只是筹资部门的事情。作者的理论探讨是对我国尤其是苏州地区红十字事业发展实践的总结和贡献，既对当前红十字运动研究有“添砖加瓦”的作用，又对中国特色红十字事业发展具有借鉴意义。

其二，本书具有显著的创新性与系统性。较为突出的是对“红十字文化”内涵的参考界定：从精神理念文化层面讲，是指人道主义宗旨、博爱与奉献精神；从法律制度文化层面讲，是指人道救助所遵循的国际人道法、“七项基本原则”、我国1993年实施的《中华人民共和国红十字会法》及其后颁布的《中华人民共和国红十字标志使用办法》和《中国红十字会章程》；从标志形象文化层面讲，是指全球公认的人道主义标志——红十字旗帜及其保护性和标明性用途；从理论研究文化层面讲，是指对国际、国内、地方红十字运动的历史、实践、经验、创新、制度、人物等方面进行系统深入的研究，以期将欧洲传入的红十字文化“中国化”，并形成指导我国人道主义实践的红十字运动理论。这既为全书内容确立编纂体系奠定了基础，而且有助于读者系统地认识红十字事业，也更利于红十字文化的传播。

其三，本书具有社会性和可读性。字里行间凸显了人道博爱精神，贴近作者的工作实际、贴近群众的社会生活，具有鲜明的社会性特征。以“新闻报道篇”为例，作者所报道的人物既有专家学者，又有普通百姓，将红十字文化真正与普通群众生活相联系，有利于实现红十字文化的大众化。在表现手法上，作者扬其擅长总结归纳的特点，尽量运用形象、直观、通俗、顺口的语言记述人物或事件，使之更易于被阅读理解。例如，为便于社会人群更好地理解中国红十字事业，作者归纳并首创出好懂好记的“一二三四五”，即：一百历史（红十字会成立 100 多年）、两大特点（红十字会法、国家主席出任名誉会长）、三人理念（人道、人权、人文关怀）、四救职能（救护、救灾、救济、救助）、五捐业务（捐款物、捐血液、捐骨髓、捐器官、捐遗体）。如此“创新”的理论观点和宣传方式，既有利于认识红会，又便于读者记忆，更有利于红十字文化的广泛传播。

其四，本书结构清晰，语言严谨。作者是一位心思缜密的红十字会人，善于观察思考，勤于动手写作。而身为苏州市红十字会主持工作的前专职副会长兼秘书长的经历，更给了他“我手写我心”的良机。长期的写作使作者积累了多种文稿，正如他在本书《后记》中所说：“我有别人不一定具备的优势。”为此，作者采用专题介绍的结构形式收录多种文稿，包括人物访谈、工作研讨、新闻报道、学术论文、杂谈随笔、考察报告等，全书结构一目了然。专题的不同，带来本书语言风格的差异。记录人物访谈内容时据实书写，报道社会救助新闻时也遵循“秉笔直书”原则，而在抒发个人见解的随笔中，作者则用诙谐讽刺的语言妥善地表达个人观点。例如为了劝告世人约束自己的不人道行为，作者以果子狸的口吻规劝人类吸取教训，幽默通俗之余发人深省。但不管文章归属于哪一专题，思维逻辑、文章布局的严谨性是作者一贯的写作风格，反映出作者踏实认真的态度。

其五，本书体现了作者的人文关怀，彰显了姑苏人的红十字精神。作者从事红十字工作 20 余年，红十字运动中的人道、博爱、奉献精神对其产生耳濡目染的影响。作为红十字人，作者说：“红十字会的工作和服务对象大都是弱势群体，我们要代表他们的根本利益，多帮助他们解决一些困难，就是我的愿望”。他的话虽然朴实，却体现了作者关注现实问题的人文关怀。而本书文章多以实务为切入点，对工作中存在的问题进行审视并提出自己的想法，体现了作者从事红十字工作的使命感和责任感。另外，全书大部分篇幅的记录和论述以苏州红十字事业发展中的人或事为例，使苏州市民的人道精神得以彰显，反映了红十字文化传播在苏州文明城市建设中的实践及成效。

## 三

阅读该书，可以感觉到，作者正是以高度的社会责任感关注现实问题、关注弱势群体。这启示我们，落实华建敏会长不久前提出的“两论一动”（舆论、理论、行动）重要指示，既要对历史上的红十字运动多加研讨，还要密切关注当今红十字事业发展中的现实问题；在研究红十字运动中的人物时，既要重视名声显赫、功绩卓著的人士，又要关注普通大众中默默为红十字事业做贡献的群体和个人；在关注当今红十字文化传播时，既要注重文化内容的丰富，又要追求传播形式的多样，使红十字文化日益大众化。

不可否认，这本书还有值得商榷的地方，比如理论研究不够宽深，红十字救护培训、学校红十字活动等方面涉及较少。但是，瑕不掩瑜，该书紧紧围绕“红十字文化传播”的主题，介绍红十字文化传播中的实际问题与理论研究成果，叙事论理，述评兼备，既具现实性又具思想性，给读者以力透纸背之感。该书的出版，对于增强人们对红十字的了解，弘扬“人道、博爱、奉献”的精神，对于今后红十字事业发展，无疑具有积极作用。

江苏省红十字会会长吴瑞林在该书序言中指出：“本书既可供同行交流阅览，更可为后来者捧读研习。”郝如一虽然离开了他无比热爱的红十字会工作岗位，但该书是其为红十字事业不懈奋斗的写照，向读者诠释了其割舍不断的红十字情缘。在22年的工作中，他以新闻记者的社会洞察力、社会学家的问题分析法、专家学者的认真钻研态度、红十字工作者的敬业奉献精神，向读者展示了红十字文化的内涵、传播的途径、存在的问题、发展的目标等。作者对红十字事业的理论研究和实践经验将成为中国红十字文化传播的宝贵财富。

（作者单位：苏州大学社会学院）

# 《红十字：近代战争灾难中的人道主义》述评*

崔龙健

由池子华、曹金国、薛丽蓉、阎智海合著的《红十字：近代战争灾难中的人道主义》（以下简称《红十字》，文中引用该书内容只注明页码）一书，作为“红十字文化丛书”（池子华总主编）之一种，近期由合肥工业大学出版社出版发行。现结合该书内容作一简要述评，以与读者共飨。

## 一

1863年2月9日，瑞士银行家亨利·杜南（Henry Dunant）高举人道主义旗帜，与日内瓦知名家族中的四位主要人物古斯塔·莫尼（Gustave Moynier）、吉勒姆-亨利·达福（Guillaume-Henri Dufour）、路易斯·阿皮亚（Louis Appai）和西奥多·莫诺（Theodore Maunoir）共同创建“五人委员会”，随之更名为“伤兵救护国际委员会”（1880年改名为红十字国际委员会，即International Committee of the Red Cross），旨在促进人类持久和平的红十字运动由此兴起。

亨利·杜南发起红十字运动并非是一时所兴，而是源于一场战争对他的巨大触动。1859年6月25日，法-撒联军与奥地利军队在意大利小镇索尔弗利诺（Solferino）发生冲突，仅仅一天之内，交战双方四万余名士兵或伤亡或失踪，由于没有健全的军队护理体系，这些受伤将士没有得到及时救治，哀鸿遍野的惨状让途经此地的亨利·杜南感到震惊，在其后的几年里，他无法忘却这次沉重的经历，遂写成《索尔弗利诺回忆录》于1862年自费出版，并呼吁成立一个中立的国际性的伤兵救护组织。故而可以这样认为，国际红十字组织肇始于战争。无独有偶，“中国红十字会的诞生，同样得自于战争的强力推动，这场战争，就是





* 苏州大学2013年度研究生卓越人才培养计划博士研究生学术新人奖子项目阶段性成果。

发生在中国领土上的日俄战争。正因为如此，战争与红十字结下了‘不解之缘’，战争救护于是成为红十字的神圣职责”（第257页）。

近代中国历史某种程度上就是一部战争史，每一次战争留下的必然是满目疮痍的战场、流离失所的百姓和生灵涂炭的局面，伤亡的将士如何救治和掩埋、妻离子散的难民如何救济和安置等等许多因战争而产生的问题如何解决，历史上没有一个中立的组织来进行这一工作，直到红十字会的出现。不管是国际红十字会，还是中国红十字会，都是发轫于战争，所以自其诞生之日起，就注定红十字会要担负起战争救护的神圣职责。无怪乎，前人亦曾感叹：“讲起今日的红十字会就要说到战争，当战争的时候，却可算是红十字会出力的时候。”（第80页）

战争救护是红十字会的主要职能之一，理应成为红十字运动研究的一个主要方面。随着红十字运动研究的深入，战争救护问题得到进一步挖掘和探讨，红十字会战地救护和人道主义救援的场景愈来愈具体地呈现出来，红十字人奔梭在枪林弹雨中将生死置之度外的大无畏精神给人以精神洗涤。作为一部专门论述红十字会在近代战争灾难中进行人道主义救护的著作，该书的出版因而更具学术价值和历史意义。

## 二

《红十字》凡29万言，通过对中国红十字会在日俄战争、辛亥革命、两次江浙战争、抗日战争四个历史时期人道主义救护的梳理和研究，以及对国际红十字组织在全面抗战时期对华人道主义援助的概述和评析，呈现了红十字会在近代中国历史上的战争救护行动，生动再现了红十字的人道主义博爱情怀。全书共分五章，分别是“上海万国红十字会对日俄战争的救护与赈济”“红十字会辛亥战时的救护行动”“江浙战争与中国红十字会的人道救援”“红十字会在江苏的抗战救护”和“全面抗战时期国际红十字组织对华人道援助”。兹分述如下：

第一章全面考察了上海万国红十字会对日俄战争的救护和赈济行动，其中包括上海万国红十字会的组建、救护行动的准备和次第展开以及兵灾之后的赈济等内容。1904年至1905年，日本与沙俄为侵占中国东北和朝鲜而进行了一场帝国主义战争，由于在中国土地上作战，东北人民深受其害。为了给他们提供救助，1904年3月10日，中、英、法、德、美五国在上海联手组建“上海万国红十字会”，中国红十字会也由此诞生。作者在此不仅考察了上海万国红十字会组建的过程，还深刻剖析了其成功组建的历史渊源。“上海万国红十字会成立后，即着手日俄之战的救护”（第 11 页）。通过著者的研究，可以看出万国红十字会对救护工作的展开有着充足的准备，可分为三步：首先是争取国际和交战双方的承认，为进入战地救护铺平道路；其次是建章立制，以保证救援行动的开展有章可循；最后是筹款募捐，为救护提供后援支持和物资保障。而整个救援又分为战地救护和灾后赈济，其中战地救护是通过设立牛庄等分会进行的。

第二章通过对红十字会四大救护主力——中国红十字会“沪会”与“京会”、红十字会旁系中国赤十字会、中国红十字会麾下的留日医药界红十字团和中国红十字会地方分会在辛亥革命爆发后开展人道主义救援行动的分述，以及对战事惨烈的武汉战场、南京战场和其他战场救护行动的考察，从救护力量和战地救护两个方面生动再现了红十字会在辛亥战时的战地救护实况，认为“在辛亥革命的腥风血雨中，作为民间社团，红十字会组织的人道救援是积极的、富有成效的，而对其自身发展的影响也是深远的”（第 66 页）。不仅赢得了官方和民间的广泛认可，还为事业发展和走上国际大舞台打下了厚实的基础。

第三章详细阐述和全面评析了中国红十字会在两次江浙战争中的人道主义救援行动。作者具体介绍了两次江浙战争发生的历史背景和过程以及战争损失问题，“两次战争中，江浙两地遭受严重损失，尤以江苏为甚”（第 75 页）。并从预筹救护、战地救援、医院救伤、资遣与赈济工作四个方面全景再现了红十字会在第一次江浙战争中的救护行动，然后以江阴分会为个例呈现了红十字会在第二次江浙战争中的救援过程，认为“从实际救护情形来看，江阴红十字分会基本承担了地方救护的重任，为分会救援树立了典范”（第 114 页）。此外，还进行了详细的战争救护绩效分析和救护成功的原因分析，认为红十字会早期的救护经验、充分的实地救护准备与积极努力和社会各界的支援是此次战争救护成功的主要原因。最后从总会和江苏红会、浙江红会三个角度总结了两次江浙战争救护与红十字会自身发展的相互影响和作用。

第四章是关于红十字会在抗战时期江苏战场救护的区域研究，“从抗战救护的准备、人道救援活动的开展、战时的评价等方面，对红十字会在江苏的抗日战争救护行动进行探究。从总体上看，抗日战争期间，江苏境内的红十字会组织以战争救护为首要任务，积极开展组织建设、会员征求、会费筹集、救护培训等准备工作，特别是组织了 1932 年、1937 年两次淞沪抗战救护活动，以及南京大屠杀时期的人道救护活动”

（第 136 页）。由于抗日战争爆发以后，江苏多数县市相继沦陷，江苏红十字各地分会大多停止活动，有的甚至被迫解散，所以作者在抗战救护的准备方面详尽考察了中国红十字会江苏各地分会在抗战时期的数量变化和建设情况。又详述了 1932 年、1937 年淞沪抗战和南京大屠杀期间的救护工作，以及在开展救援过程中遇到的困难、阻碍和救援行动的不足之处。

第五章旨在系统梳理全面抗战时期国际红十字组织对华援助的主要经过，在全面论述其在财力、物力、人力以及其他道义方面对中国援助之前，详细追溯了国际红十字组织援华的历史渊源和国际背景，以及中国积极争取外援的情况。全面抗战爆发后，在中国红十字会艰难救护的情形下，"国际红十字组织高扬人道主义旗帜，或对华援以捐款，或助以医药等物资，或直接派员来华协助战时救护"（第 205 页），成为抗战时期一支独特的国际援华力量。但是国际援助并非一路顺畅，而是充满各种制约因素，故而作者又进一步探析了"国际红十字组织在援华期间与各种政治势力进行的沟通和交涉，以及其为改善援华困境而作的种种努力"（第 225 页）。国际红十字组织对华援助可谓不遗余力，呈现出援华主体的国际性、援助对象的特定性、援华内容的丰富性、援华形式的多样性、援华时间的持久性等特点，"作为独特的援华力量，为救治伤兵和难民做出了贡献，其人道行动跨越国界，红十字成为战争年代和平的象征"（第 247 页）。

## 三

目前学界关于战争救护的论著并不多见，但近年来从红十字角度研究近代中国战争救护问题则多有收获，前有戴斌武博士的《抗战时期中国红十字会救护总队研究》（天津古籍出版社 2012 年版）和《中国红十字会救护总队与抗战救护研究》（合肥工业大学出版社 2012 年版）两本研究专著，就中国红十字会救护总队的救护行动展开研究，但时空仅限定在抗战时期；而今《红十字》一书的推出，则以发生在近代中国历史上的几次战争为"典型"，探讨了红十字组织在这几次战争中的救护行动，著者"希望通过几次大战，再现红十字会人道救援风采，在丰富近代史研究内容的同时，也为社会史研究提供别样的视角"（第 257 页）。毫无疑问，本书达成了这一目标。遍览全书，还有诸多独到之处，在此仅述一二。

其一，结构合理，风格统一。该书内容从日俄战争开始到全面抗战结束，时间跨度近半个世纪，这是一个战争频仍的时期，不易从整体上去把握，本书选取日俄战争、辛亥革命、江浙战争和抗日战争四次战争为例架构体系，在结构上极力呈现均衡之感，各个章节内又有简单的变化，可见作者在结构安排上颇费心思。全书始终紧扣历史本位，基本以追溯历史背景为开头，然后进行救护行动准备和展开的阐述，最后做出自己的评述，这种三段式看似简单，却起到了统一风格的作用。《红十字》是一部集体之作，“第一章、第二章由池子华撰写，第三章由曹金国撰写，第四章由薛丽蓉撰写，第五章由阎智海撰写”（第257页）。集体著作优势明显，缺陷也难以避免，由于作者思维方式和写作风格的差异，在结构架设和写作风格上殊难统一，而本书却成功地避免了这一缺点，可以想见池子华教授在最后的统稿中必定下了一番大工夫。

其二，史料翔实，运用得当。《红十字》一书所参考文献即达163种之多，其中包括档案资料40种、报刊和文史资料24种、方志17种、专著75部、论文26篇，征引资料之翔实可见一斑，尤其是大量档案等第一手资料的发掘，无疑为研究增加了足够的厚度，为“典型性”地呈现红十字会在近代中国战争中的救护行动打造了坚实的基础。然而丰富的史料并不一定能产生优秀的作品，史料运用极考验研究者的功力。从本书所引用的文献来看，作者在文献整理和爬梳方面倾注了大量心血，前期工作做得相当扎实，如文章中引用最多的是池子华等主编的《〈申报〉上的红十字》（安徽人民出版社2011年版，共4卷）。正是因为作者有极强的史料意识，所以在史料的运用上才能自如，本书在史料运用上也自有其独到之处。全书大段大段堆砌史料的情况极为少见，更多的是将史料进行了高度的概括和提炼，采取了直接引用与间接引用间用的方式，这不仅达到了引用的效果，还增强了文章的可读性。

其三，视角多维，新见迭出。前已述及，各章节在结构安排上相对统一，却没有出现千篇一律的情况，除阐述的内容不同之外，最主要的原因还在于研究视角的多维性，譬如在追溯战争救护的历史背景和准备情况时，第一章详细考察了上海万国红十字会的组建背景和过程，第二章则直接分述了中国红十字会“沪会”与“京会”等四支救护力量，第三章阐述了江浙战争及其损失问题，第四章对救护准备工作的研究也很详备，第五章不仅考察了国际红十字组织援华的历史渊源，还分析了全面抗战爆发前夕的世界形势。多层视角的考察，才使得战争救护这一问题在四次战争中有着不同的呈现面，避免了研究落入重复的俗套之中，也才使得新见迭出。比如在分析上海万国红十字会成功组建的原因时，一般认为“上海万国红十字会，乃为应对日俄战争救护而设”（第 1 页），自然其成功组建是日俄战争的推动，但作者通过研究认为不仅仅是日俄战争的强力推动，战前红十字启蒙运动的“铺垫”也至关重要。中日甲午战争后，红十字启蒙运动在中国兴起，“中国施医局”“中国救济善会”“对俄同志女会”等具有红十字会性质的慈善组织在上海出现，这些都是上海万国红十字会成功组建的重要原因。凡此种种，不再赘述。

其四，选材有致，研究老到。在力避“重复性”问题上，除了研究视角的多维，选材也同样能起到避免的效果，该书并非是单纯地论述历次战争中红十字会的救护过程，而是常常结合个案分析，例如在阐述红十字会第二次江浙战争救护时，以江阴分会作为地方救护的典范来重点考察，又如论述江苏分会在 1937 年淞沪抗战中的救护时，选择吴县分会为例。一般与个案研究相结合，定性与定量分析亦相得益彰。文中引用了大量的数字和表格，以定量分析的方法向读者尽显红十字会在战争中的救护努力和功绩，基于红十字会的人道主义精神，作者也毫不吝惜赞美之词，给予了红十字会极高的评价。多种研究方法的运用也显示出作者史学研究功底的深厚。

尽管《红十字》有诸多称道之处，但也有一些不尽如人意的地方：第一，作为一部史学论著，该书在述的方面相当丰富，但在论的方面尚显不足。第二，仍有个别细节问题没有处理到位，比如“推定孙逸仙医院院长□云为正会长”（第 219 页），此处院长名字不清楚，作者既未作进一步考证，也未做任何说明，但在“美国□（字迹模糊）荣华医士”（第 50 页）处同样的情况却做了说明，这就显得前后不一致了。第三，基于红十字会救护功绩，作者在阐述救护行动和做出评价时基本都是正面的、积极的，但作为一部学术著作是否有失偏颇？第四，本书五章其实是五个专题的研究，专题之间缺乏必要的联系。显然作者也意识到了这些问题，故而池子华教授在后记中谦虚地表示：“毫无疑问，本书并非系统的学术论著，只是呈现了近代战争灾难中红十字会人道主义行动的几个侧影，不妥之处，敬请读者批评指正。”（第 257 页）但瑕不掩瑜，就总体而言，《红十字》一书饱满而厚重，不失为一部关于红十字战地救护研究的优秀作品。

（作者单位：苏州大学社会学院）

# 《新中国成立初期中国红十字会研究（1949—1956）》序

池子华

中国红十字会作为从事人道主义工作的社会救助团体，具有不同于一般社会组织的四个明显特征：一是历史悠久，二是影响力广泛，三是政府背景深厚，四是国际性。即便如此，中国红十字会真正引起社会大众广泛而高度关注的时间并不算太长，大致是从 2008 年汶川特大地震发生之后开始。因为在此次震灾救援中，红十字会如同其他众多社会组织，尽显人道主义风采，令人刮目。也正是这一年，学界视之为中国公民社会元年。此后，2011 年“郭美美事件”再次将红十字会推向社会舆论的风口浪尖，因而有更多的人了解了红十字会。2012 年年底中国红十字会社会监督委员会成立，红十字会以引领社会组织改革的崭新姿态出现在世人面前，其自身发展开始实现新的跨越。

实际上，红十字被引入理论研究和学术视野，从上世纪末算起，至今也不过 10 余年。从红十字被社会关注，以及被学界发现的历史，可以反观出当前我国社会建设及其学术研究是何等的缺乏和滞后。所以，近年来，党和政府提出并强调社会建设也就不难理解了。而研究最具社会影响力，同时接受政府和社会资助、监督的红十字会，对其进行学术研究对于当前的社会建设，无疑具有重要的理论参考价值。

红十字运动作为新兴的学术领域，目前史学界对此的研究，主要集中在晚期和民国时期，新中国时期的相对薄弱。我的博士生徐国普，先以江苏省域红十字运动为切入点，展开对新中国红十字运动研究，完成博士学位论文并纳入“红十字书系”系列丛书中出版。后在此基础上，开始研究新中国成立初期的红十字会，继而写就这部专著。新中国成立初期，是中国社会，同样是红十字会发生深刻变革的重要转折期，它影响此后中国社会的走向，同样也影响此后红十字会的走向。因此，研究新中国成立初期的红十字会，意义重大。

通阅这部专著，除作者在前言所述的创新处之外，感觉还有以下几处优点值得推介：

第一，理论视野开阔。作者大处着眼、小处着手，将新中国成立初期红十字会纳入整个20世纪历史，以及百年红十字会史的宏观范畴加以考察，并进行新中国红十字会与民国时期红十字会、前苏联红十字会的纵横比较研究。如此，更能清晰地揭示新中国成立初期红十字会的组织演变和事业发展的脉络，同时能更好地在国家与社会互动的框架内，把握红十字会与政府、社会间关系。

第二，资料丰富扎实。资料是研究的基础。只有尽可能全面地占有史料，才能客观、公正地认识历史、诠释历史。本书运用多种史料，包括档案、期刊、报纸、地方志、文献等，特别是有些资料是首次征引，弥足珍贵。资料丰富鲜活，著作显得厚重而扎实，再现了新中国成立初期红十字运动的历史场景。

第三，观点新颖正确。以新中国成立初期社会环境为背景，作者多角度多层次地研究红十字会，并提出一系列观点，如新中国成立初期红十字会先后两次组织整顿是国家政策、社会意愿、自身发展以及苏联经验等国内外诸多因素共同影响的结果；红十字会医防队不仅具有业务功能，而且承担了一定的政治功能；红十字外交是政府外交的有益补充；红十字运动呈现转折性、过渡性和革命性的重要特征，在一定程度上反映出一个时代的变迁，并与社会运行呈正相关关系，等等，令人耳目一新。这些观点新颖正确，体现出作者对本课题的研究准确而透彻。

毋庸讳言的是，虽然本书具有结构合理、视野开阔、史料丰富、观点正确等诸多优点，但同时也存在一些不足。如运用多学科的理论方法开展研究显得不够；因资料缺乏，在考察1956年红十字会组织整顿时，仅以江苏红十字会为个案，难以把握其全貌；同样是资料因素，对红十字会开展的国际救助，除朝鲜外，其他国家尚没有涉及等。这些不足，自然有待于今后研究作进一步的完善与补充。

不过，瑕不掩瑜，作为第一部以新中国成立初期红十字会为专门研究对象的学术论著，本书奠定了新中国红十字会研究的基础，对于推动当代中国史研究向纵深和宽广发展，多有裨益。是为序。

按：《新中国成立初期中国红十字会研究（1949—1956）》一书于2013年6月由人民出版社出版发行。

# 《红十字运动：历史与发展研究》简评

丁泽丽

《红十字运动：历史与发展研究》是池子华教授多年来研究红十字运动的论文结集，作为“红十字文化丛书”之一种，2013年2月由合肥工业大学出版社出版发行。全书近40万字。通读全书，以下几方面具有特色。

一是内容较为广泛，涉及“古今中外”。首先，从时间上看，该书的时间跨度为150余年，从1863年红十字运动之父亨利·杜南组建“伤兵救护国际委员会”标志着红十字会运动的诞生到2011年国际红十字运动研究新动向之观察，从1904年日俄战争中中国红十字会的前身上海万国红十字会的成立到目前中国红十字会的发展状况，“古今中外”均有涉及。其次，从空间上看，该书分为文化建设、能力建设、理论探索、历史研究、国际视野五部分。从这五个专题题目不难看出，该书不仅为读者勾勒了红十字会从事人道主义救助事业波澜壮阔的历史画面，如战争救护、灾害救助、社会服务等等，使红十字会百余年之盛业一目了然。同时红十字运动研究已步入新世纪新阶段，文化建设、能力建设、理论研究随之应运而生。再次，从学术上看，该书内容有研究、有考证、有分析，也有学术信息，资料翔实，微观与宏观相结合，相得益彰。最后，该书丰富了“红十字文化丛书”的内容。“红十字文化丛书”已出版者有《〈大公报〉上的红十字》《中国红十字历史编年，2005—2009》《中国红十字外交，1949—2009》《中国红十字救护总队与抗战救护研究》《红十字文化传播：实务与理论》《中国红十字运动的区域研究》《〈红十字运动研究〉2013年卷》。该书的出版，为“红十字文化丛书”的新成果。

二是历史与现实结合，求真致用。史学的基本任务在于还历史之本来面目，其最高境界莫过于经世致用、服务社会。该书历史感、现实感十分浓厚。首先，“文化建设”“能力建设”“理论探索”部分汇集16

篇论文，从专题题目不难看出其现实性所在。中共十七大以来，“文化”一词成为社会各界的关注焦点，红十字文化建设对提升红十字会“软实力”而言，至关重要。作者提出建设“红十字文化工程”——编纂出版《中国红十字志》《中国红十字运动资料长编》、筹建中国红十字历史博物馆、建立继续教育基地、构建红十字文化传播的“多媒体”等，都是不可忽视的系统工程。同时，当前红十字事业要取得可持续发展，能力建设势在必行。近年来，中国红十字会负面新闻不断，如“微博风波”“万元餐费”“募捐箱发霉事件”等等，公信力严重滑坡，如何提高危机应对能力、筹资能力、执行能力、监管能力，至关重要，对此，作者都有专文探讨。理论是实践的“向导”，红十字会理论研究较为滞后，近年来红会的“祸不单行”与此不无关联。如“募捐箱发霉事件”，红十字会无法用法律手段维护红十字标志，因 1993 年《红会法》出台以来，一直未修订，20 年来世情、国情、民情已发生重大变化，作者指出修订《红会法》刻不容缓并提出若干建议。其次，“历史研究”部分亦汇集 16 篇学术性论文，按照时间顺序论述红十字会的起源及其在中国的传播、中国红十字会的创建、辛亥革命中的战争救护、“二次”革命中的人道救援、军阀混战时期的救灾与救助、抗战时期的救护与救助、新中国成立后的国际交往及历史发展等，向读者呈现出红十字会百年嬗变的历史场景，使人感受到中国红十字运动的波澜壮阔。最后，“国际视野”部分，对 2006 年、2007 年、2008 年、2009 年、2010 年、2011 年国际红十字会运动最新动向，进行“扫描”，有助于与国际接轨。中国红十字运动毕竟是国际红十字运动的有机组成部分。作者强调，各国红十字会应注重交流，以合作应对挑战，同时，中国红会也应放开国际视野，学习借鉴一些国家红会的成功经验，如加拿大红十字会、肯尼亚红十字会、塞尔维亚红十字会重建公信力的措施（保持和捐赠者的联系、明确红会成员职责与义务、修订红会法律文件等）。历史与现实结合，以史鉴今，对推进红十字事业发展不无裨益。

三是恪守史学本位，融合多元研究。如今社会史逐渐成为史学舞台上耀眼的明星，对于研究方法，跨学科研究受到众多学者青睐。但追根溯源，社会史为历史学之细胞，坚守历史学学科本位特征是理所当然的。对此，王先明教授指出：“在‘多元化’和‘跨学科’研究潮流中，我们更应该关注把握历史学的本位特征，这是社会史‘胜利浮出水面，登上彼岸’的不二选择”[1]。霍布斯鲍姆亦指出：“社会的历史不能依靠运用其他学科内容（社会学）贫乏的现成模式来写，它需要构架恰当的新的模式——或者起码需要把现有的框架发展成模式”[2]。该书在写作方法上在“传承”的基础上构架“新的模式”，如该书“国际视野”部分，作者从社会学视角聚焦国际红十字运动发展现状及态势，运用历史学方法进行实证研究，勾勒出国际红十字运动的运行动向，既有历史学的“味”，亦不乏社会学的“鲜”。

四是定性、定量结合，相得益彰。王爱云、李荣田先生指出：“国内史学研究较多运用的是定性分析，也就是通过逻辑分析、相互比较和基本推理来认识事物固有的本质特性，而定量分析是通过对数据的研究来表征事物的特征。国外通常认为，在某种程度上讲，认识事物的本质特性，定量分析比定性分析更具有客观性和可操作性。”[3] 定量分析纵然可取，定性分析亦不可或缺。事实上，近年来计量史学已逐渐被众多学者应用于史学研究中。本书作者也一直注重二者的结合，即计量史学的应用，该书亦不例外。全书通过数据分析论证较为普遍，特别是“历史研究”部分，摭拾皆是，如辛亥革命时期中国红十字会新建数量的考证将定量分析与定性分析结合，得出结论为“新建分会分布于 17 省市（按当时行政区划），共计 57 处，其中 1904 年设立、1911 年重建的分会有 6 处，新设分会 51 处，有待确认者 26 处”，如此等等。“用数字说话”，不仅直观反映了红十字运动的风雨历程，而且提高了论据的可信度。

五是专题谋篇，布局合理。该书将内容分为“文化建设”“能力建设”“理论探索”“历史研究”“国际视野”五个专题，每个专题之下以论文展开论述，这样整体上以时间为纵、以专题为横，构成了一张清晰明了的网络图。这种体例应用不能谓新颖，但用于红十字会研究，特别是对红十字运动的宏观研究，极为合适。因为红十字运动兴起至今已有 150 余年，有关红十字运动的资料庞杂，散见于档案、报纸杂志、政府公文等各类史料之中，以专题归纳总结较为适宜，此亦为深入社会史研



① 王先明：《中国近代社会史理论研究再反思》，《过去的经验与未来的可能走向：中国近代史研究三十年（1979—2009）》，社会科学文献出版社 2010 年版，第 207 页。

② 霍布斯鲍姆：《从社会史到社会的历史》，《代达罗斯》（From Social History to History of Society，Daedalus）1971 年冬季号，第 26 页，转引自《史学理论丛书》编辑部：《八十年代的西方史学》，中国社会科学出版社 1990 年版，第 261 页

③ 王爱云、李荣田：《2008 年以来国外的中国当代社会史研究》2011 年第 5 期，第 118 页。

究行之有效之策。另外，学者常谓“问题意识乃治史之先导”，以专题谋篇布局，正是问题意识牵引的结果。这种布局安排使得全书结构合理，脉络清晰。

六是治史严谨，观点新颖。“史学、史识、史才、史德”是每位史学家应有之“四长”，其中“史学、史识、史才”为史学家治史能力，“史德”为治史态度。作者秉持严谨的治史态度，分析得出不少新人耳目的观点。如以往人们对南京红十字会创立时间模糊，存在三种不同说法，即1904年、1911年、1913年，作者不断搜集新资料，对纷繁芜杂的资料爬罗剔抉、钩沉索隐，经过严谨考订得出结论，“1904年、1911年、1913年是南京红十字运动史上三个重要的时间点。1904年为创始，1911年为重建，1913年为补办《申愿》手续并得到总会的正式批准”。对辛亥革命时期新建中国红十字会分会数量考订时，根据已有的资料得出明确结论，尚未能确认的26处分会暂存疑，不妄作决断。这种“辨章学术，考镜源流”的学术梳理，其价值不言而喻。

七是史料翔实，来源广泛。丰富翔实的史料是史学研究的基础和前提，也是决定学术研究根基是否稳定之关键。作为红十字运动研究领域的先行者之一，作者积累了大量有关红十字运动的资料。本书中不仅有档案资料、文献资料的广征博引，而且有口述资料及网络资源的充分利用。这就是说本书的研究建立在扎实的资料基础之上。

当然，该书也存在一些美中不足。其一，可能因该书为个人自选集之故，个别文章难免有重复之处，如“红十字运动与慈善文化”学术研讨会多次提及，倘能进行必要的精简，会显得更为紧凑。其二，历史研究部分汇集16篇文章，其中新中国成立前达13篇，新中国成立后仅3篇，有关新中国成立后中国红会运动的发展状况笔墨较少，仅一篇以《中国红十字会章程》为路径的考察，不免有种厚古薄今之感。

《红十字运动：历史与发展研究》尽管不够完美，但反映了作者从事红十字运动研究的学术历程，是作者在这一领域的阶段性研究成果，其中不乏真知灼见，这对红十字事业发展不无参考价值。

（作者单位：苏州大学社会学院）

# 珍稀史料

# 沈敦和

南茗外史著　崔龙健整理*

编者按：沈敦和是中国红十字会创始人之一，是中国红十字运动史上举足轻重的关键人物。1911 年，上海集成图书公司出版南茗外史（又名茗水外史）所编《沈敦和》一书，对其一生活动记述甚详，实为难得的珍贵史料。今辑录于此，供研究者参考。

## 目　录







* 苏州大学 2013 年度研究生卓越人才培养计划博士研究生学术新人奖子项目阶段性成果。

# 绪　论

吾尝驱车北游，览居庸、雁门之胜，道出井陉、固关之间，与其黄童、白叟相问讯，见有家家丝绣、人人尸祝者，询之则曰："沈敦和也。"归而止于上海，洋场十里中居民鳞次栉比，见有家家丝绣、人人尸祝者，询之则又曰："沈敦和也。"吁！沈敦和犹是人耳？何令人感爱若此？既而考其生平行事，观其所以动人之处，而后知沈敦和者，兵家也；外交家也；慈善家也；教育家也。且知其材之所由，成名之所由，盛实于地理上、时势上有重要之关系者也。

吾国人有恒言曰："何地无才？"此浅言也。人才之兴也，因乎地理，实因乎时势。周秦两汉之间，声明文物悉在中原，故产才以黄河流域为最盛。其后五胡猾夏，神州板荡，契丹、女真缺我金瓯，中原丧乱，民物凋敝，而名臣、硕辅、文苑、儒林彪炳史册者，乃多产于长江流域，此其信而有征者也。晚近海禁大开，强邻逼处，沿海之民痛切于剥肤，祸深于毁室，父诏其子，兄勉其弟，殚精瘁志，发愤为雄，而海滨之人才出，而浙江之宁波遂发现一沈敦和。

浙江东偏于海，宁波实为巨镇，舟山群岛环其前，而绍兴、台州诸郡左右萦带，其地饶衍，其物殷阜。自道光时，即为通商口岸，故其民稔知外人之性质，以受侮之多也，故尤富于团结之能力，糊口四方务勤远略，故风气开通而达于时变，萃种种之特色以钟于沈敦和一人之身，天之生才非偶然也。山川发灵秀，时势造英雄，沈敦和亦时代之骄儿哉！

吾奇沈敦和之才，吾尤奇沈敦和之遇。敦和之留南洋也，以刘坤一其去南洋而遣戍也，以刚毅成败之，故恩怨之分，庸耳俗目所为震惊者也。自吾观之，敦和在南洋，官不过道员，位不过总办，峨冠博带，虚与委蛇，即有补救其亦几，何故使敦和而不遇？刚毅则平流竞进，一寻常官场中人物而已，其不能有近十年之事业断然可言也。孟子曰："天降大任于斯人也，必先苦其心志，劳其筋骨，饿其体肤，空乏其身，行拂乱其所为，所以动心忍性，增益其所不能。"自古英雄事业无不成立于艰苦之中，其受磨折也愈多，其成事业也亦愈伟。刘坤一之遇敦和，诚不若刚毅之厚也，得一知己可以无恨，沈敦和有知己两人，此所以成为今日之沈敦和乎。

庚子以前，訾沈敦和者，曰营私、曰媚外，台臣讦之，相臣弹之，嚣嚣然不理于口。而揆其致此之由，则以其时朝野上下茫然于世界之大势，深闭固拒，刁为夜郎，见有通洋文、谙敌情者，贱之为细崽，诬之为汉奸，非必有恨于其人也，意气所激流为刻酷。以李鸿章之元勋重望，而甲午一役，汉奸之名见于章奏，则敦和之被谤犹其小焉者耳。庚子大创，风气一变，而后敦和之所作为乃能合乎社会之心理，投袂而前，势如破竹。此中曲折，当局者或未了然，而自吾人旁观之评论，譬犹铸鼎燃犀，秋毫不爽。故敦和之名誉，实因时势而转移者也。

敦和生平行事所深入人心者，一为燕晋之弭兵，一为中国公立医院之成立。弭兵之事，拔之水火而登之衽席者也；医院之事，知民之疾苦而因时以立制者也。鲁仲连有言："所贵乎士者，为人排患难、解纷乱而无所取。"敦和其仲连之亚欤！虽然良医之可贵也以活人；人才之可贵也以活国。世有非常之才，而仅以解纷排难小试，其端天下之人群然而誉之，是岂怀才者所乐闻乎？夫小用小效、大用大效者，人才之本色也。有人才而不用，用人而不尽其才，则宰相之过也。国之不竞欤，人之多忌欤。吾著此书而感不绝予心焉，古之论人者曰"盖棺论定"，沈敦和今健在也，行百里者半九十里，其前途若何？吾诚不敢预为论定。特论其陈迹，则才具之卓卓、声名之赫赫，今日中国五十岁以上之人物，三四品以上之职官，诚无有能与颉颃者，此非吾阿私所好也。以镜为鉴则知美恶，以人为鉴则知是非。沈敦和者，当今政治上、社会上之一鉴也，知此者可以读吾之《沈敦和》。

## 第一章　沈敦和之发迹

### ——沈敦和之家世及出身、南洋之调用、大吏之宠任、沈敦和之官阶

沈敦和，字仲礼。世业茶商，父雄始为儒，充尚书崇厚文案，随崇办理五口通商事宜数年，知办洋务非通西文不可，又以通异国文语，非引置庄狱之间不可。挈敦和家于上海，延英人至家，课英国文语，学成游美。复由美至英，肄业甘桥大学学法政，时光绪初年也。

光绪辛巳，刘坤一方督两江，值美国教士于江宁城中正街高起洋楼，与万寿宫对峙。刘以体制所关，令教士改作，教士不从。洋务局员无能发策助刘者，刘患之，思得谙外国法律之人。时中国学生在他国习法政者，敦和最著闻。或以语刘，刘乃调敦和至江宁，与教士交涉，七

日而教堂他徙。刘奇敦和才，不令赴英，留南洋差遣。

当是时，中国发捻、回苗诸匪皆平定。疆吏之有深谋者，方以外患为忧，稍稍讲求时务，优礼新学人才。敦和在南洋，初为金陵同文馆教习兼管理员，继充水雷、鱼雷学堂提调。甲申中法之役，朝命龚照瑗驻上海，办海防粮台，调敦和往助，出奇计济师台湾，以功保县主簿，是为敦和得官之始，语详下篇中。中法行成后，江南大吏注意海防，奏设沿江炮台，并用英国八百磅、十二寸口径大炮，安设吴淞口外之南石塘、狮子林等处，延英国炮台工程司营造。敦和先为邵友濂参赞，赴英议洋药税釐并征条件，至是归国，即为监造炮台委员。

光绪丁亥，直督李鸿章、江督曾国荃组织南北洋海军联队，设江南水师学堂，造就海军将才。檄敦和为提调，敦和度地江宁威凤门外，建筑校舍，规制焕然，功速而费省。延英国海军名将希尔逊为教习，已在途矣，英海军部以希之去职也，驾船追之，及新加坡获希而归，敦和引为大辱，遣律师赴英，助希讼海军部得直，英送希至江宁为教习。时校中洋教习尚有数人。敦和于洋教习礼貌甚周，而考勤察课无所假借，故水师学堂成绩大著。其后学生卒业，礼延英东方舰队海军大将至江宁考校，英将以考卷寄英评甲乙，诸生遂得英海军部毕业文凭，识者皆服和办理之善。

顷之，中日战事起，海疆戒严。刘坤一重莅两江督办江防，檄敦和安设吴淞鱼雷，防日人南犯。其后刘督师山海关，张之洞署督篆，复以敦和为南京、镇江、江阴、吴淞四路炮台提调，巡江督操。时敦和已由县主簿历保至同知江苏候补矣，事平叙江防劳，晋知府。逾年以总办江南自强军营务，特擢道员，迭次奏保，以海关道及出使大臣记名。光绪戊戌，吴淞开埠，敦和又为开埠局总办。

敦和自以学生留南洋，所遇大吏若刘若张若曾、左，皆吾国近三十年来有名人物也。而左与张尤尚意气、号难事，然皆器重敦和，以故在南洋十余年，奉檄驰驱，日不暇给，盖江南一红道台也。咸同以后，各直省候补人员少亦数千，多或盈万，其中必有三数人为督抚所倚重。此三数人者，车马盈门，案牍山积，同官侧目，号曰“红人”。红人之名词不见于史册，特时时为官场所称道，督抚或一易或数易，与红人必有绝大之关系。先笑而后号啕者，声相和，踵相接也。敦和之见重于上官，虽原因不同，而其为红人则一“祸兮福所倚，福兮祸所伏”，敦和后来之被谴，实于红人时见其端矣。

# 第二章 兵家之沈敦和

## ——自强军之缘起、自强军之军制、自强军之条教、西宾之观操、英舰之交涉

沈敦和之在南洋，被差遣者屡矣。而创练自强军一事，规模宏整，壁垒一新，尤足令人注意。昔田穰苴诛一庄贾，而世即传其兵法。敦和之创制显庸，殆亦兵家之选哉。

兵家之大要有二：曰兵谋；曰兵制。兵谋存乎其人，而兵制则因乎其时。曾文正之言曰："用兵之道，随地形、敌势而转移者也，岂有可守之法？不敝之制？中国兵制之当变。"文正已逆睹之矣。谋国浅夫狃于前胜，习故蹈常因循坐误，而甲午中日之役，遂一败而不可收拾。

敦和夙有知兵名，时方为江南四路炮台提调，忧时感事，抚髀而叹。会南洋大臣张之洞下令求言，敦和遂上条陈，略谓绿营暮气太深，腐败已达极点，不但进不能战，亦且退不能守，宜招募江皖朴实少年子弟，练新军万人，游兵溃勇一概不收。环球陆军以德国为最，宜聘德军将弁来华教练，俾成劲旅。营哨各官，悉用陆军学堂毕业生，方免绿营习气，可收克敌致果之效。其言切中时弊，张之洞大然之，为奏闻。朝旨报可，张檄敦和为提调，开练自强军。江南之有自强军，自敦和始也。

敦和之以知兵名江南也，始于甲申中法之战。其时法兵围台湾，台湾孤悬海外，刘铭传奉命为巡抚，只身渡台。其铭军旧部，及粮饷器械，均以法军围急，内外声息不通无由达。敦和佐龚照瑗在上海，用秘计租英国轮船三艘，令铭军军士效煤矿小工装束入船，粮饷器械别为一船，船悬英国旗，以重金雇英国死士驾之，灭灯火，乘黑夜渡台，往来者十数次，凡运军士七千余人、枪四万余枝、炮十二尊、银五十万两。刘抚方困守，得此乃稍苏。有船名华安者，为法军所获，船上军士以易装，故搜查不得痕迹，法人拘禁之数日，英水师提督出而干预，遂得释。又有名威物利者，亦见获于法军，敦和用英人出面，至西贡控之，得直放还。当是时，台湾危甚，然终不为法陷者，敦和与有力焉，敦和之名由是著。

敦和既任自强军提调，延德国游击来春石泰为全军统带，其营哨各官均以德国将弁为之，别设副营官、副哨官名目，选武职中壮健有志、不染习气者为副营官，选天津、广东两处武备学堂出身之学生为副哨

官。操练之权悉归洋将弁，约束惩责之权则专归华官。营哨官有缺额者，即以副营、副哨推补，部伍人数悉仿德国军制。以饷巨难骤集，乃先练步队八营，营二百五十人，分五哨；马队二营，营一百八十骑，分三哨；炮队二营，营二百人，分四哨，设随营医官、枪匠、兽医及军乐队。事甫集，而张督委道员钱德培总办营务处，敦和即辞差专任炮台提调，不数月督署亲军右营管带邓启发与德将争操场，启发刺伤德将，德兵舰直逼金陵下关，久之乃退。刘坤一时已回任两江，以德将驾驭难，奏擢敦和道员总办营务处。

敦和言于刘督曰："金陵风气未开，愚悍之民少见多怪，洋将居此易酿衅隙，莫如移军吴淞，便于教练。"刘以为然。遂移自强军屯吴淞，敦和待德国将弁礼周情至，然有违军法者，必惩处不稍贷，德弁某骄悍，无故殴辱营兵，敦和闻之，即诘责来春石泰，勒令该弁回国，洋将凛然莫敢犯。敦和禀定自强军营规：

一、此军之设，耑练洋操，名曰自强，中存意义，营哨各洋将弁延聘来宁，责成教习。该副营哨官等多系武备学生出身，及曾经历练军营者，因能晓习洋操，始蒙委任，不得以稍知门径，轻视洋员，令生怠心而堕成效，间有副营哨官精通西学，尽可于洋员教练之外，时与兵丁尽心讲授，不必概恃洋员之督课。力图自强，尤见顾名思义。一半年后，推广练兵。该副营哨官等展厥才能，自可表见，今当创始，慎勿与洋员失和，致乖名实。

一、各副营官有帮带全营之责，自宜洁己奉公，以端表率。凡副哨官、排长、兵丁人等均归约束，如有不遵调度者，副哨官则禀候查办，兵丁则立即重惩。

一、逐日操练时，该副营官率同副哨官等督队齐赴操场，会同洋员认真教练。该兵等甫经入伍，步伐多有未谙，该副营哨官等尤当不惮烦劳，随时指点，以期明白通晓。

一、该副营哨官等当与洋员和衷共济，不得各存意见，或洋员稍有不合，应念主客之谊，略予包容，如实在遇有侵陵情事，禀候本处核办。

一、副营哨官等奉委是差，务求尽职，如操练不勤、约束不严及行谊不谨者，本处访查真确，分别禀撤降调，一秉大公，各宜自励。

一、副营哨官等遇兵丁与外人滋闹，查拿到营，准用笞棍惩责，如情节较重者，即禀候本处核办，或发交地方官讯究，不得滥用非刑，违者议处。

一、副哨官等与该管副营官相助为理，除随同全营操练外，余时各将本哨兵丁严加约束，善为教导，本处凭功过为升降，该副哨官即以勤惰为荣辱，如实不堪胜任，查核情形，或予撤差，或降排长，概不瞻徇情面。

一、各营翻译逐日同赴操场，传授口令，不得误差，并与兵丁讲明华洋语言，俾易领会。平时并可与洋员讲论一切，藉以增长语言文字之学。

一、步队数营内，有奉发三班学生随同学习，原属一时权宜，但既奉发入营，即宜听从该副营官督令，随同排长逐日操练，约束一切，悉照营规，如或不遵，即行禀革，各该副营官亦不得曲为包庇，自贻伊戚。

一、排长一名带领练兵一排，帮教步伐。操时固当悉心教练，平时亦宜随时讲解，如该一排操法一切，尤著勤能，准将该排长记功几次，或记大功几次，以副哨官候升，如不堪充当排长者，降为正勇，若更有违犯情事，照例严惩。

一、排长人等如以洋将为护符，藐视华副营哨官，此等排长无论技艺如何精熟，心术已不可问，一概屏斥。

一、军中传令，以号鼓为凭，各营号手、鼓手专司其事，如有违误，按事大小分别责罚。

一、各营兵丁如有结盟拜会，妖言惑众，奸淫妇女，劫夺财物，扰害民间等事，立请大令枭示犯事地方。

一、各营兵丁每日由副营哨官点名数次，并不拘定时刻，或迟或早，兵丁不准擅离，如临点不到者，每一次罚扣饷银一天，按次加算，若屡次误点者除罚饷外，并予棍责。所罚之饷即以备赏勤谨之兵，按月榜示，造册呈报。

一、各营兵丁倘有不守条规，不遵洋将弁训练者，随时由洋将弁知照该副营哨官，酌量惩儆。其有沾染嗜好、顽钝不灵者，由洋将弁会商副营哨官，随时责革选补。

一、各营兵丁遇有疾病，均令就医官诊治，不取分文，其有捏病请假者，一经察出，交由该副营哨官惩责，概不给假外出，以防规避。

一、各副营官处预立兵丁花名号簿，每月一本。凡兵丁于操毕时，偶须出营，先禀由副哨官，饬排长禀明副营官，给发号签，始准出营，即于号簿该兵名下，登注某日某事，挂号若干时以凭查，考签上书明限何时刻回销，过限不回，按时罚扣饷银几天，每一队不准二人同时挂号，每名每月挂号不得过四次，逾次数者罚饷。

一、各营兵丁禀领号签出营，或须购备物件，务当公平交易，如有硬赊强买、恃蛮滋闹及酗酒打架等事，著插耳箭游营。

一、各营兵丁每日操练时，务听洋员教法，细心学习，如操练勤奋，猛有进功者，以罚存之饷酌赏，或著记名，最优者以排长候升，若漫不经心、毫无长进者，罚扣饷银半月，若仍不愧勉者，革除递籍。

一、各营排长、兵丁不听洋员教练，不遵副营哨官约束者，从重究办。

一、各营排长、兵丁、火夫人等，不准吸食洋烟及酗酒、赌博、口角争殴等事，有一违犯者，著插耳箭游营。

一、营中不准喧哗，以及容留本家亲戚闲杂人等，违者按名罚饷二百。

一、营门轮派二人，设立号簿，严查出入本营兵丁，非身穿号衣，手持号签，一概不准放出，如兵丁私出滋事，将看门人一并查究，如该兵不服拦阻，许即禀明副营哨官，从严究办。至外人有公事到营，亦须询明登号，始准引入。

一、各营饷项，除饭食外，排长、号鼓手每名每月七元，正兵每名每月五元，火夫连饭食共洋五元，除饭食三元外，计工洋二元，每月由支应局分上下半月两次，委员到营，会同华洋营官点名散放。

一、各营兵丁人等，因犯事斥革者，概不发给存饷，所扣饷银留作奖赏，随时呈报查考，即于委员放饷册内，该兵名下注明。

一、各营排长、号鼓手、兵丁、火父人等，饭食、肉食钱文每名每日洋一角，由官给办。副营哨官等仍不时查察是否尽钱备办，饮食是否合宜，各厨丁有侵吞情事，著罚扣饷银十天，若系肥私，严行责革。

一、各营兵丁承领洋枪，为逐日必需之要器，操演完毕，各兵应同排长各自擦洗，勿任锈涩损坏，其炮队需用炮位，应由副营哨官督饬勤擦。

一、各营马匹，各有主名，该兵等不得私乘，妄行驰骋，致滋事端，各兵务将马匹尽心喂养刷洗，倘有瘦毙，从重罚办。

一、各营排长、兵丁领过衣裤快靴，著该副营哨官传饬爱惜，逐日赴操及挂号出营，务令遵穿在身，不准便衣擅出，如或私行典卖，重责追缴，其因过革除者，著将衣裤快靴一律呈缴，由副营官收存，留给补充之人。

一、各营名册，各有互保五人，送呈在案，此五人须互相查察，勿令私逃。如逃兵并将衣裤靴子穿去，一面行文通缉，一面由副营官著令互保五人赔缴衣裤价值，一半在饷项内扣抵，本哨副哨官及队排长失于觉察，亦著分赔一半，仍即制置一套呈交副营官存给充补之人。如兵丁私逃，衣裤存下，著将互保五人，各扣三日饷银，以示薄罚。

一、排长、兵丁人等遇有过犯，分别情事大小，罚扣饷银几天，所罚之饷归该副营官收存，开明事故，榜示营门，并呈报本处查考。如有勤奋之兵操练猛进者，即于此项内酌拨奖赏，仍榜示营门，并具报备案。庶军营各知劝惩，而赏罚均归公允。一以上诸条，无甚委曲繁难之事，原期易于遵守，各营上下人等，务各一体凛遵，毋稍懈怠。

按：自强军营制为敦和所手创，华洋杂糅，故营规亦与他处不同，备录之为言兵者甄采焉。

自强军自光绪丙申六月开练，十二月成军，明年三月大阅于吴淞。敦和先用德国阵法，分全军为左右翼，以德将柏登高森及南尔都福为翼长，禀请南洋大臣加札委任。除隙地为操场，会操之日，各国领事、随员、将弁、商人来观者，几二百人。自强军步队、马队、炮队皆出队，初演走阵，次演步队第一营放枪手势，三演步队第七营战攻法，四演马队下马操矛法，五演右翼四营合操手势枪法，六演炮队两营攻战法，七演左翼四营攻战法，八演马队上马进退冲突法。每演一阵，纵横挥霍皆有节制，士马精强，衣履整洁，西人观者谓可抵泰西强国练过二年之兵，且言上年中东之役，若以此军临阵，战事结局必异昔日，而炮队、马队之精敏，西人尤叹赏不止。

敦和知自强军可用，欲遂练成劲旅，乃与统带来春石泰协谋进步。上书刘督，略言打炮靶诸法自应次第练习，而最要者为操目力、定敌人远近法，其法绘人于靶，头面眼耳口鼻悉具，譬先置立六百密达远，试令兵丁瞄望，问以所见之状，初必见靶不见绘人，或见人若干长，乃逐渐移近若干密达，每近一次，必于绘人所见渐真，人身加长若干，至头面眼耳鼻口，一一了然而后已，乃又日渐移远，则目力先已练准，虽每移稍远，而所见绘人仍为不差，递远至六百密达，而一如近时之所见，是目光引之而愈长，目力练之而愈准也。至六百密达而见人面目口鼻，则前此试练之时，譬如见人身长一尺，则知距若干远；身长八寸，则知距若干远，而又随时试设一靶，令兵测望距若干远，缘每五步合四密达，较准无讹。随另派人步量考验，渐久渐准，临敌远近，一望而知，枪炮自无虚发，此法学成，庶称劲旅。又言德国军制，设有工程队，不特河道桥梁、伐木平道、驾搭浮桥，是其专责，并可装载糇粮、清水背包及备带应用器具，实为行军不可少之需。是军营有工程队，而一军始全，如于现有步队各营中挑选兵丁百人充当，则饷稍无须另给，惟置备材料器具，约需万金，又请将自强军炮位换用新式六生的快炮，又请留来春石泰在吴淞教练盛字、合字等营将弁，并以自强军总台官萨镇冰为营务处会办。事多为刘督所许，由是自强军成绩日著，其后德亲王亨利来江南观操，惊其进步之速，深叹异之，犒赍甚厚。自强军名闻中外，然敦和始谋练精兵万人，张督奏请先练五千人，实止练二千数百人，以饷绌故未能尽如敦和议也。

是时，国兵新败，泰西诸强国交乘其敝，兴师而来，索地而去，沿海要隘皆不守。光绪戊戌冬，英德海军提督波勒、总兵柯立率战斗舰、巡洋舰、水雷艇一大队突至吴淞口，泊自强军营外，航路充塞，商轮不行，海关河泊司诘责之，英将言此系国际交涉，兵舰例得自由行动，非海关所能干预。英领事又照会上海道蔡钧，谓英兵在船久，欲登岸借自强军余地作操场，刘督闻之大惧，电商敦和，敦和言："一月前，德国兵至胶州湾登岸，胶将章高元不知抵拒，胶州遂为德据，殷鉴不远，登岸万不可允。"因令自强军持枪列队，日夜戒严，一面飞禀刘督，言："若英兵必欲登岸，我军惟有开炮拒之，此事由英寻衅，非自我开衅，今日宜决一死战。"刘督以自强军新练之师未可，轻战不许。敦和与会办萨镇冰谋曰："战则开衅而死，不战而退守，失地亦死，死一也。退而死？毋宁战而死。"军士闻之，皆慷慨奋厉，勇气百倍。刘督恐失和，令淮军统领班广盛劝敦和，敦和不可。然英兵以敦和戒备严，卒未登岸。

敦和不得战，乃与萨镇冰至英国船上见英将，问何以开衅？英将言："道光时，耆英与英国曾订密约，中国以香港让英，英以兵力所得之定海厅海岛交还中国，永为中国领土，如他国有扰定海者，英得以海军力保护，现在德据胶州湾，法据广州湾，中国海口尽失，定海亦将不保，我兵此来系为保护定海群岛之流域，乃遵约非开衅也。"敦和曰："定海为浙江属地，吴淞为江苏属地，相隔甚远，不能援道光时成案为词。"英将曰："德据胶州湾，法据广州湾，彼两国亦有成案乎？今日世界只有强权，恐吴淞亦将为强权所攫，故英国特派舰队来此守护，非有他也。"敦和归以密约事电告刘督询总署，事果有之。刘大骇，属敦和为计。

英兵坚欲登岸，屡遣队伍来尝试，自强军严拒之，不得上。敦和至英船，英将即以印度陆兵在船腿肿，须登岸运动为言，敦和告以上海英租界有赛马场，空旷可以前往运动，英将言此系商场，何可驻兵？敦和方为刘督画退兵计，闻其言，恍然悟，即电刘督，请速改吴淞为万国通商场，刘督电告总署，咨商赫德，赫赞成，总署即日入奏。奉旨允准。当夜照会各国驻京公使，德国首先承认，各国亦次第认可，时敦和在吴淞方厉兵秣马以备英人，次日英舰忽遣人至敦和处辞行，云将往威海。顷之，刘督电到，言吴淞已改通商口岸。此后中英两国均不在吴淞驻兵，委敦和总办吴淞开埠事宜，而令提督李占椿统自强军，调驻江阴。吴淞为江浙门户，方英舰来淞时，江浙人一日数惊，至此乃得安枕，敦和督饬自强军戒备之力也。自李占椿接统自强军后，而自强军宏整之绩日衰，其后英海军总兵柯立复来中国谈及往事，深服敦和与萨镇冰之忠勇，谓皆不愧英国留学生之价值云。

按：敦和此事所谓能战而后能和者也，吴淞无自强军，自强军无敦和督率，英舰之来如入无人之境耳，即有绿营兵驻守其间，亦奚足言戒备哉。惟敦和与萨镇冰效死勿去，故英舰亦知难而退。观于此，而敦和之知兵不虚矣。吾闻敦和为四路炮台提调时，刚毅适为江苏巡抚，以炮台之注重打靶也，特咨刘督言：放炮一次，需用钢弹一枚，需价银一百数十两，所费甚钜，不如改用宜兴缸沙制为炮弹，为打靶之用，费既大减，打靶即可加勤。刘督札敦和议复，敦和言：炮堂之内，其明如镜，且而螺线，炮弹旋转而出，犹恐伤螺，故于钢外裹紫铜箍以护之，今若代以缸沙，则质地既粗，且经二百磅火药一轰，沙子不待出口，先已散在堂内，伤炮堂且伤螺线，以十万金购得之大炮，惜小费而坏之，殊不值得云云。刚毅闻之大怒，见敦和即斥以甘心媚外，喜用洋货，而后来参劾之原因，亦种于此。

## 第三章　外交家之沈敦和（上）

### ——宣化之退敌、山西之退敌

二千年来之中国环海，小夷所尊为天朝者也。天朝制度有怀柔、有征讨而无外交，故吾国历史所最缺乏者，亦惟外交之人才。沈敦和者，识时务之俊杰也，知道咸丰以后之中国未可以大一统自尊。其在江南固已讲求外交之政策，且已富有外交之经验，天屯其遇人老，其才于困顿无聊之中突来一外交之机会，机会维何？则庚子拳乱是。

先是敦和为吴淞开埠局总办，英律师担文建议，以通商口岸不宜有武备，吴淞炮台当毁。苏松太道蔡钧言于江督刘坤一，坤一为咨总理衙门，如担文之议行，敦和未赞一词也。光绪己亥夏，言者忽以擅拆吴淞炮台劾敦和。朝命大学士刚毅查办，刚嫉敦和谙英国文语，且时与外宾往还，疑有汉奸行径，借端陷之。其复奏云：拆毁吴淞炮台，据以上请者蔡钧，经刘坤一咨准总署核复有案，尚非沈敦和擅毁，惟沈敦和平日与洋人往来情密，前以一官维系，尚不至狡焉思逞，若革职后任其优游上海，则必将明目张胆，挑唆洋人，横行无忌，后患不可不防，应如何笼络安置，伏候圣裁。得旨发往张家口军效力赎罪，敦和萧然，行李北出长城，斜日平沙，苍凉吊古，孰知藏器待时，风云骤变，而敦和外交之才乃大显。

敦和出塞之明年，即光绪庚子也。其年夏，直隶义和团起，以扶清灭洋为名，端王刚毅信之，矫诏奖励屠戮外人在吾国者，德公使及日本书记被戕，东西国皆大怒，兴师问罪，不数月各国联军陷都城。孝钦显皇后、德宗景皇帝仓皇西狩。九月廿一日，德将岳克率德、英、意、奥四国兵出居庸关，沿途杀掠，宣化大震。

宣化知县陈本，与卸任宣化知府李肇南稔知敦和才，告绅民曰："联军此来势不可当，非沈公来无以退敌。"亟请于口北道灵椿，灵与察哈尔都统奎顺飞函调敦和，从者皆劝敦和勿行，敦和喟然曰："两宫蒙尘，生民涂炭，此吾效命之秋也。"不介马而驰之，与联军猝遇于鸡鸣驿，民闻敦和来，夹道呼沈大人不绝，联军闻之，疑为紫荆关接仗之升某，以锋刃相向。敦和徐出名片，及与德国亲王亨利合照示，联军气稍慑。

德将塔敦朋为敦和统领江南自强军时所部营官，营务处部驷亦与敦和有旧，两人皆在军中，见敦和至，握手道故，为先容于岳克，敦和言于岳克曰："一千九百八十八年，不佞侍贵国亲王亨利游历江南，极承奖许，凡贵国士夫之旅华者，亦都与不佞交甚洽。近者拳匪肇乱，玉帛之交化为干戈，此诚意外之变，现闻各国各派全权来华议和，从此释兵修好，中外交谊当益，辑睦此间地方官吏闻贵军至，深愿以礼相待，嘱不佞致意将军，惟将军图之。"岳克徐答曰："前闻中国有延订德国将官多人训练自强军者，非公耶？"敦和曰："然。""然则君与某将亦旧交乎？"敦和曰："然。"岳克迺询敦和在此为何等人？敦和曰："某来为官绅、士庶所公举之代表，自鸡鸣驿至张家口，某实有办事之权，今贵军来，当具供应请勿扰。"

联军欲追驾，以关外舆图不合，又值天寒议未决，岳克属敦和为绘新地图，敦和曰："此间地方辽阔，绘图尚须时日，少留当报命。"时宣化练军及郑马各营皆驻宣化邻地，敦和恐各营突遇联军，战则梗和议，不战则被蹂躏，故藉绘图以滞其行，而追驾之事亦稍缓。

是月廿六日，联军进至宣化，敦和后至，见城上悬德国旗，兵士纷纷入城。敦和请岳克传令下旗，岳克不可。敦和作色曰："西国行军通例，凡系某国兵力所得之城池，即归某国管理，故城上应悬某国旗。若寻常行军过处，兵队驻扎，只能悬旗于统领行馆之前。今南关城外已为将军预备行馆，请即移旗于其前。"岳曰："北京都会及近京一带，均由各国悬旗，岂宣化能独免乎？"敦和曰："不然。自两宫西巡，百官流散，京畿已无人管理，故各国悬旗亦无人过问，今既认不佞为宣张之代表矣，则宣化一隅，不佞即有管理之权，彼此讲求睦谊，似未便指为贵国兵力所得也。"岳克不能答，乃传令下旗。次日，联军至张家口，敦和先为悬旗行馆之前，岳克亦无词。

岳克以双树村教堂前为宣化某总兵用炮队轰击，欲洗双树村以复仇，敦和亟止之，曰："拳匪已散，留村者皆良民，以炮击之，悉成灰烬，毋乃太忍乎？且文明国不宜有此等举动。"岳克以某总兵前事已甚，不能无惩罚。敦和再四磋商，乃允偿银而罢。

洋兵所至骚扰，夜入人家奸淫妇女，被扰者赴诉于敦和。洋兵闻敦和至，即不敢犯。敦和以此故，恒竟夕不寐，至是倦极就寝，忽有朱涛者亟推敦和醒，皇遽告曰："联军已拔队行矣。"敦和亟起见岳克曰："不佞闻将军言廿八赴口，何以军队已行？"岳克曰："我固未尝行也。"敦和曰："军队独行，得毋骚扰乎？请亟止之。"岳克曰："余本奉统帅瓦德西令进攻张家口，君何能阻之？"敦和曰："张家口当拳匪未至时，所有俄商及教士五十七人，均由不佞商请都统派兵保护，由草地送至恰克图，曾得其平安复电。其后拳匪抵口，虽肆焚掠，未伤外宾一人，以此言之，张家口有保全洋人生命之德，今若以兵临之，是谓以怨报德，文明国不应出此。"因出原电示岳克，岳克幡然变计，即书号令一纸授敦和曰："此第六号号令也，可持交噶喇哈姆，即将第五号号令收回。"敦和持令趋赴，遇洋兵守卡者欲击以枪，敦和出令纸示之始放行。遇意大利兵抢夺大车，敦和又示以令，意兵乃让车。比至口，以令纸与噶喇哈姆，派第一营德兵交敦和调遣。

敦和既得调遣德兵之权，遂下令军士曰："某兵守某堡，某兵护某署，某某保卫某某各铺号。"凡口上重要之区，悉置守兵，不准军士擅入，并令德弁昼夜持枪梭巡街市，严防骚扰。某国军律最宽，兵士每夜潜出扰人，敦和先手书护照多纸，凡叩门求救者，即付一纸，令持交巡街德弁，偕往驱散，所发护照，每夜不下数十纸。

联军至张家口，敦和限令驻扎边路街及深沟两处，其各坊巷及上下堡内，均不准驻兵，并以玉带桥为限。桥之北为商场，时某铺适运到金砂值数十万金，赖敦和得不被掠。敦和偶遇某钱铺门，见有联军翻译天津人某率意兵数人，在铺内抢掠，敦和即拿交万全知县看管。往见岳克，问曰："各国兵勇人等出外滋事，例当由各国自行惩办，若系中国人不亦应归中国自办乎?"岳克曰："然。"敦和遂以天津人某事告，必欲照例惩办。岳克曰："彼系我所雇，不在此例，请将某交出，由我自办。"敦和曰："某究系中国人，中国自有惩办之权，愿将军勿干预我法律。"岳克颔之。敦和出，令万全县监禁。联军初至时，文武官吏出迎或往拜，皆具衣冠翎顶。一日，某大员之红顶，为洋兵所攫，又某武员之翎枝亦被拔去，敦和叱令洋兵送还，为安置如初。

西例礼拜日出游，联军在口逢礼拜，欲往万全县各乡游猎，岳克已下令许之矣。敦和言于岳克，曰："今日军士赴乡游猎，乡民无知必致肇事，道路远隔，恐军令有所不及。"令遂止。

山西归化城有杀英国矿学士周尼思事，尸身未获，岳克欲兴师问罪。一日夜分，岳克约察哈尔都统、副都统及敦和往，幽诸别室，勒令偕赴归化，两都统仓皇无措。敦和告岳克曰："周尼思未知下落，若贵军猝往，归化人虑为所累，必将其尸深藏，或焚毁灭迹，转非所以保全周尼思之道，此事当由不佞密派侦探，必可得实。"岳克因以此事责成敦和谓："口说无凭。"要求立约签字，敦和恐进兵之后，行在震惊，慨然画诺，亦要岳克止兵不进，岳克许之。遂出，敦和等于别室，而联军归化之行亦止。

张家口之元宝山，为俄罗斯陆路通商口岸，并有各国洋商贩运毛皮土货。拳乱时，商场被毁，停止贸易。至是洋商欲照旧贩运，联军拟驻口保护，敦和虑其扰，乃商于岳克曰："余欲开办警察营，准营勇往来京张一带以卫地方，兼护洋商贩运。其营勇仍雇中国人，而仿用贵国军制，此系为保护外宾起见，务请特别看待，勿令与贵军龃龉肇事，以收实效。"岳克以为然，遂罢驻口保护之议，而京张一路往来行旅，亦恃以无恐。

岳克初欲进兵山西，敦和正告之曰："西北天气严寒，前路冰雪深厚，不利行军，昔法皇拿破仑第一，用兵墨斯科，亦以严寒深雪，士马冻死，几于片甲不回，此役情形，大致相同，愿勿轻进，致贻后悔。"

岳克意动。十月初二日，岳克班师，途中谣传董福祥军在张家口左近，复停军怀来为久驻计，并属敦和购马口外，敦和不即办。初冬时令，塞外早寒。初六日忽传岳克中寒身死，联军遂决计回京。奎都统疏闻行在，请将敦和破格录用。

孝钦显皇后览奏喜曰："不料沈敦和发往军台，原为今日之用。"特旨免军台，并留于察哈尔委用，檄充察哈尔洋务局总办，兼联警察营。

案：敦和之在宣张，无外交之职而行外交之权迹，其单骑见敌，谈笑解兵可谓折冲樽俎者矣。惟时景皇帝方奉慈圣由晋入秦，登山遥望，风鹤不惊，无前世永嘉、靖康、正统之祸，敦和之功懋焉。

联军退后甫匝月，复分兵出关赴张家口。周尼思之弟、海军少尉周恩思随行，敦和往见德将维纳根，询其二次出兵之由，维纳根曰："归化永将军郑道台，昔杀害周尼思，今日必杀将军道台，为死者复仇。"敦和曰："此案已奉严旨，饬将署归绥道郑文钦就地正法，中国官场正在遵旨拿办。倘贵军一到，归化郑文钦必乘机潜逃，转令罪魁漏网，现在周尼思尸身已由我派人在枯庙中觅得，其生前所测之图，亦未遗失。若令周尼思之弟周恩思改装易服，与我偕至归化，既可归周尼思之骸骨，且可拿办郑文钦，为死者复仇。"联军以敦和特开会议，自昏达旦，始以敦和之言为然。敦和遂与周恩思偕至归化，认殓周尼思尸，且审郑文钦拿办之真伪，而郑已闻信他往，寻为山西巡抚锡良所获，服毒自尽。周恩思验之果真，联军遂退。奎都统上其功，得旨开复原官。敦和在宣张办洋务及警察，凡四阅月，威信甚著。方拳匪之盛也，晋边教民受祸最烈，至是日寻报复，土匪溃勇勾结为乱。敦和檄地方官剿抚互用，民教乃安。有记名骁骑校图萨本者，团首也。敦和请于都统，归案审讯，就地正法。宣化廪生祝某雄于财，曾被拳匪勒输钱文，教民以为助匪也，请地方官拿办，敦和廉其情，释勿治。元宝山俄商行栈，遭拳匪焚毁，贩运茶叶又被掠，敦和为查获二万箱，所值价银五十万两，均在国家大赔款内扣还，又恐俄人乘机派兵，乃于库伦、恰克图一路安设马巡，护送俄商之往来运茶者，宣张大治。其后敦和入晋，匪首马天兰遂纠众扰边，德都司马克轰毁张家口营房，伤人畜无算，官民皆追念敦和不置。

联军以敦和故不得志于宣张，乃改道入晋。光绪二十七年正月，德提督某将万人由平山入娘子关，法提督巴耀由获鹿、井泾进攻固关，提督方友升、总兵刘光才率兵守，联军大至，方刘军不支，法兵从间道袭其后，遂入固关，踞槐树坡，晋人汹惧。敦和初奉锡良函调，继奉岑春煊奏调，遂于二月十五日兼程赴晋。

十八行次阳高县王郭二屯，故相刚毅灵柩在焉，敦和具香烛奠之，并祝曰："某以奉职无状，遭中堂严劾，圣恩宽大，罪止发遣，感激涕零！当时吴淞炮台一案非中堂奏辩，无人为某昭雪，其遇某不可谓不厚，今日中堂地下有知，当恍然于某之非汉奸矣。中堂生前最恶洋文，身后惨逢丧乱，灵柩入京恐遭开验，惟有洋文护照可免，斯厄某当手书一纸，以报中堂旧日之恩。"其后刚柩入京果免开验。

敦和抵太原，新抚岑春煊甫下车，见敦和不及语他事，即揖而言曰："足下声望远震，西京上邀眷顾，故膺此特调，愿足下深维两宫付托之重、三晋云霓之望，速赴敌营说阻强兵，以全民命。"敦和星夜遄征，不遑投宿，沿途与太原知府吴匡驱散溃勇，安抚百姓。至平定州，州官白昶已逃，中西兵勇日夜行劫，固关子药库被法人焚毁，地方受祸尤惨。敦和率警察勇四人行于积尸之上，枪林炮雨，危险万端，行近敌营，作西文书付警勇持赴德军，德军覆称此次入晋，兵队系由法国主政。敦和又致书法军，法军乃遣马队二十人来迎。

敦和入法军，法将巴耀问曰："足下此来亦有山西全省之权，可代巡抚行事否乎？"敦和曰："不佞受巡抚岑公命，总办山西全省洋务，办理洋务之权实不佞操之。将军劳师远涉，意欲何为？"巴耀曰："敝军此来，有望于足下者五，前抚毓贤残杀欧美男女至百七十七人，焚毁教堂、医院二万二千余间，屠翦教民六千余命，未筹赔恤，一也；贵国朝廷有拿办拳匪之谕，而匪首大师兄等逍遥法外，二也；各国被害至此，中国官吏竟无人出而处理，使被害之人稍慰于心，三也；纵庇拳匪各官亦未惩处，四也；晋中矿产颇多，外人往勘者辄多留难，且极危险，五也。有此五事，何能嘿尔而息？且晋人最号顽固，一切邮政、矿政尤宜及时举办，以开晋中风气，否则外人来晋，仍多危险，足下明达时务，又有晋省全权，必能将以上各事，一一筹办，以慰私愿。"敦和曰："将军所命不佞五事，不佞已受教矣。不佞所望于将军者，一、将军所约各事，必俟贵军远退，方能照办；一、岑公已将匪首大师兄、二师兄等拿办，此事当由岑公处置，要在歼厥渠魁，解散胁从；一、被害欧美男女，除天主教法人皆由不佞与将军筹议外，其余各教，不佞当与总教士李提摩太电商办理，今日可以不提；一、纵庇拳匪之官已有旨严惩，不能不钦遵办理，断不必大队亲临，以势相逼；一、教中赔款，已由岑公派员会同教士公议；一、以后外人来晋传教，及开矿等事，保护为我国应尽之义务，现拟创设巡防马队护送往来行旅，俟巡队一到，务请贵军他调，以便节节驻扎保护。”时议和全权大臣李鸿章电敦和属联军退至保定，敦和以巡队不敷分布，仅能使联军退至正定。凡敦和所言者，巴耀均一一应允，并允以后联军不再扰及晋边，遂相约赴正定签押，盖巴耀欲就近请示于统帅威龙，而敦和亦欲请示于全权大臣也。

先是法兵占据民房，安设电栈、邮政，并备汽车、大炮，为久驻计。自敦和与巴耀定约，即行撤退，敦和谕令百姓还居。

敦和既任保护行旅，及开办邮矿等事，乃设巡防队为退兵计，自正定起为第一站，获鹿为第二站，井陉为第三站，固关为第四站，平定为第五站，测石驿为第六站，寿阳为第七站。自榆次至太原省城，更设马巡，以护送外人之往来晋疆者。

敦和初见德将，竭力阻其进兵，德将曰：“敝军此来，统帅瓦德西亲往天津晓谕军士曰，今法军求助于我，我军当奋勇前驱，以示威武，无论前途如何危险，必须攻至太原，且现在晋省拳匪依旧骄横，各国教士曾开送拳匪名单，故军中知之甚审，此行必尽力搜杀，以雪冤仇。”敦和曰：“贵军大队来晋，拳匪已纷纷远窜，华官正在设法拿办，贵军若再深入，更恐匪徒远遁新疆，永无就擒之日。不佞为将军计，莫如以捕匪一事，全归华官办理，一面从速退兵以坚匪徒之信，使其不再远窜，而后可以就擒。劳师远涉，诚无益也。”寻法军约定，德兵遂退还天津。

自联军退后，英人疑敦和与法有密约，谓必授以利权，西报访事某君亦云：“军队濒行，瓦帅曾谕将士必须攻至太原，苟非沈某授以利权，焉肯半途折回?”敦和亦接西友书云：以畏兵之故，密授利权于外人，计谋之左，莫此为甚。各报皆纷纷訾议。敦和乃宣布法军所订条约，谣诼始息。其后法军以主教安怀珍言，董军将卷土重来，数欲调兵来晋，敦和又悉力调停，备尝艰险。

案：自山西约定，而燕晋兵祸息，敦和所为大似春秋之展禽、战国之苏代，然鲁与周无罪而被伐，齐楚虽大，师出无名，我有词矣。其视敦和之事，曲直不同，难易有间。当是时，神京已覆，直隶、山西皆列强之县鄙耳，而犹能持国体、保主权，毅然以争，沛然以解，民到于今受其赐能者，固不可测乎。吾闻敦和之退敌兵奇谋秘计，尚有什佰于此者，其事颇隐，世莫知其详焉。

# 第四章　外交家之沈敦和（下）

## ——耶稣教之结案、天主教之结案

联军之入晋也，以两宫西狩故，尤以晋人仇教，故方毓贤抚晋时，杀欧美男女之在晋者，几尽杀晋民之入天主教、耶稣教者，几尽焚毁晋属六十余厅州县教堂，教产亦几尽。戾气感召，遂以兴戎时无沈敦和则联军不退，即退矣而民教相争之祸亦必无穷期，故欲观沈敦和外交之才，不可不观其当时议结之教案。

初敦和在张家口，耶稣教士以拳匪鸱张，恐祸及己，请于万全县吴令为避地计，吴令就商敦和，敦和正告之曰："方今乱民揭竿，洋人受创不小，朝廷剿抚两难，势必激成大变，倘各国群起而攻，又不免有议和之一日，彼时清理教案，势将任彼要求，无从核实，莫若于今日先令教士将教堂、房屋及家具什物开具清单，会估价值，然后将房屋封锁，万一被毁，议及赔偿，可省磋磨之力。现在拳祸急于燃眉，宜令教士速挈眷属绕道口外，由西伯利亚铁路回国，稍一迟回，祸将不测。"吴令以敦和言告教士，教士从之。有公理会教士某侦探消息，去而复来，敦和促其速行，得免于难。其任张家口洋务总办时，天主教主教方济众以天长院子大沟高家营等处教堂，及教民屋宇被毁，共索偿银四万两，敦和允之，即与定约签押。地方官绅以敦和之不费磋磨也，疑有偏袒，后联军一再来口，主教亦一再加索，卒已定约在先，不能反汗。时口北道属被毁教堂尚有十余处，敦和屡请宣化当道会同教士查明实数，从速议赔，谓将来若由教中要索，费必倍蓰。当道以教中并未有人出而索赔，迁延观望，后主教果索赔百四十余万。盖敦和之意，务在保教而不扰民，以先事预防为政策。观此数事，可以见其宗旨矣。

敦和自任山西洋务局事，即定章程十八条，上之岑抚，通行各属。其最要者有三：一、拿办拳匪须分首从，其有大师兄、二师兄名目者，尽法惩治，胁从者免究；一、苦主告凶手者，量其资财，令抚养苦主家属，概不论抵；一、教堂赔款，必须委员亲到与教士会查，并访诸亲邻地保，有实据者，始准赔偿，若由教士、洋兵一面自查者，概不议赔。

初到太原，葬被害教士五十六人于城外杨家峪，高起坟茔，旁植花木，下窆之日，举行出殡礼以荣之，并令省外杀害洋人各地方仿照办理，追回天主教育婴堂女孩之没为婢者六百六十余人，德音孔昭，中外信服。天主教徒初于章程凶手不论抵一条，未肯承认，继因有追回教中妇女一事，乃各贴然就范。

案：杀教民而不论抵，于法得无稍纵，然导之者，毓贤也，细民何知睚眦必报？随风而靡，固其宜矣，且晋俗犷悍，不如是无以安反侧之心，抑无以为民教相安久长之计。天主教徒虽不满意于章程，而卒无以易之，则其切于当日之事情可知矣，是之谓以义制事。

光绪辛丑五月，敦和以岑抚命，请耶稣教总教士李提摩太赴晋议办耶稣教案。李为代邀英国浸理会教士敦崇礼、自立会教士叶守真、内地会教士何斯德、荣晃熙及英国陆军副将柏来乐等到太原，敦和徧告曰："往岁拳匪作乱，贵教中人多数被害，甚堪伤悼，但死者长已矣，即议赔偿，于彼何益？不佞奉命办理教案，欲以安死者之魂魄，慰生者之欲望，再四踌躇，计惟厚葬一举，或可稍尽寸心，不知被害各家属于意云何？倘免追求，实深感幸！"词意恳切，教士皆动容，相继首肯。敦和以面允无凭，请各教士备书内述"厚葬已足，不必追求"等语存案为据，教士从之。

耶稣教之入晋也，始于光绪三年。其时晋省奇荒，教中人捐款施赈，遂传教焉。敦和因势利导，告各教士曰："贵教前以赈饥入晋，久有博施济众之美名，此次人命被害，屋宇被毁，理应议赔议恤。特为贵教计，莫如捐不腆之钱币，以博无限之声誉，盖扰害贵教者匪也，今匪乃或死或窜，踪迹杳然，赔恤之款势必取之良民，匪徒种其因，良民收其果，人心不服也。如此不独失畴昔之美名，抑将积后日之仇怨，倘以良民赔恤之款慨然豁免，则良民必深感贵教之宽仁，名誉日高，归附日众，永无意外之虞，不亦休乎？"各教士皆韪其言，故耶稣教一切损害均得不赔。惟口外之宣道会当时无人与议，教士伍约翰至辛丑十一月始回晋，亦允如各会办法，惟被毁房产照失单赔三分之一，计银五万两，此后不复在晋传教。其余被扰者，如英国之浸礼会、圣经会、自立会、独立传道会、内地会、瑞典内地会、美国之公理会，皆一律免赔，共省赔款银五十余万两。

议既定，李提摩太请于岑抚曰："山西拳祸最烈，此次耶稣教赔款一概蠲免，恐无以儆将来，应罚银五十万两为办理学堂之用。"岑抚允其请，派知县周之骧与订合同，学堂中一切事物悉归教会经理。议甫定而朝廷即有各省创设大学堂之命，教会与地方官绅分途筹办，晋省遂有两大学堂，中西畛域判然，岑抚恐积久酿成党祸，令敦和与李提摩太熟商两校合并之策，改教会所办之学堂为西学专斋，官办之大学堂为中学专斋，统由绅士办理，以免两歧。时晋中士论多主合办，李提摩太亦深明利害，遂将合同取消，所有罚款悉数交还，晋中学务均由官绅主政，惟西学教习则归教会延聘，两大学合并之议定，而耶稣教案亦结。

毓贤任晋抚时，曾设计诱洋人至省城猪头巷空屋内尽杀之，至是各教士来问此案作何办理，敦和允将此屋改为公园，立碑刊载被害各人姓氏年月，永为纪念，教士乃无辞。

先是是年春间，联军数数往来宣大，耶稣教民遂藉兵势以恫吓百姓，百姓纷纷赂遗，以求和好。有勿与者，教民即往讹索，民教之仇又起。事为敦和所闻，即出示曰："赔款由官办理，不准民教私和，其已经私和者，令各地方官追还充公，解入藩库，即凑赔款之用。"地方官遵示追缴，集至四万余金，其有应赔之款，令教民向官具领，不许扰及平民，民皆感泣。

耶稣教被毁各物产，敦和先令地方官会同教士查明禀复，再由洋务局委员复查。凡系外国人产业已议定免赔，至教民皆中国人被毁之产业，应由中国自行筹议，外人无庸干预，且照教规不准吸食鸦片，其教民有开设土行，或家中藏有烟土，或种土收割在家者，均以不守教规论，概不议赔，故晋省耶稣教、八会教民被毁产业虽遍六十厅州县，而赔款仅二十余万两，晋民不至大累，而耶稣教士人人服敦和之持平结案。后内地会教士为立石于太原城南，颂敦和功德为海通以来所仅见云。

耶稣教案既结，天主教徒以受祸尤惨，欲望甚奢，未能同时结案。意大利索太原、大同、宁武、朔平、汾州五府被毁教堂、教产赔银四百余万两；法索潞安、泽州、平阳、蒲州四府被毁教堂、教产赔银二百三十万两；又口外闵主教所辖萨拉齐一厅，索赔银九十万两；方主教所辖归化、托克托和林格尔、宁远、丰镇、清水河六厅索赔银一百二十万两，数既不赀，磋商又未得要领。岑抚乃派知府郑景福入都，与法公使鲍渥商议，鲍使深愿和平了结，意大利萨公使亦减让太原等五府赔款，以百万两结案，其潞安等四府赔款，鲍使减为一百五万，由和约大赔款内拨助五十万，口外闵、方两主教所辖七厅赔款减为二十万，均由郑景福与鲍使定约签押。越一月鲍忽致书景福云："口外赔款二十万系专指闵主教所辖萨拉齐一厅，其方主教所辖六厅为中央蒙古，当时疑为归化将军及张家口厅属地，故未索赔。今据方主教来京，声明归化七厅所属蒙民，归化将军辖汉民归山西巡抚辖，仇教乃汉民所为，亦应由山西议赔"等语。外务部亦来文声明，鲍使又再三争辩，敦和据前约驳复，不允赔。

光绪二十八年五月，口外六厅教民知赔款无著，即径向百姓索赔，纠众二万人乘势劫夺，民不堪命，将成巨变。初议天主教赔款时，岑抚本遣敦和入都，李鸿章亦调敦和往，以事不果行。至是敦和方署冀宁道篆，闻口外事亟，不及交卸，忽促入都，与鲍使议。时鲍使将调任行有日矣，敦和与之辩曰："和约十二款中有一条云，凡各国人公私所受之害，其赔款均在四百五十兆内，今何以又索赔款？"鲍答曰："此大赔款需由庚子十二月以前开送，过此不能续报，斯时山西主教教士都被杀，无人呈报，故应赔几何及受害情形，均不得而知，况教民系中国人民，不在条约之内，应由山西自赔，且当时但知闵主教所辖一厅属于山西，而不知方主教所辖六厅亦属山西，以致遗漏，今既由方主教陈明，理应补偿，以了此案。"敦和曰："此由方主教迟报致误，既已签押，似难改变。"鲍曰："现在口外二万人，嗷嗷待哺，万一再生事端，则民教何日能安，教案何日可了？"因坚索教民赔款九十五万，教堂赔款二十五万，且以萨拉齐一厅，前议赔款二十万，恐有错误，复派其参赞端贵亲往确查。敦和屡与抗论，仍将教堂赔款二十五万归入大赔款内，会鲍使回国，教民赔款遂无定议。

法国新简驻京公使吕班熟习东方情形，夙以外交名，将到京。外人之识敦和者皆怂恿敦和宜稍迁就，及到京又怂恿吕使毋与敦和议，而与新简晋抚丁铎振议，并不欲敦和随丁抚议，丁见吕使亦辩论不稍屈，吕使曰："前鲍使仓卒订约，不免舛误，现已电奏本国朝廷，将此约作废。晋省口外七厅，除萨拉齐一厅不计外，其他归化等六厅应再赔银八十万两，否则势将决裂。"彼此抗辩，不欢而散。

时敦和已往天津议开平矿事，丁抚电调敦和来京相助。敦和至，即盛服往拜吕班，握手相见，极道倾慕，并云："公办外交，大名鼎鼎，不才亦办外多年，至今始觉从前所学之浅，窃闻诸丁公云贵公使以前使鲍公所订之约有误，奏明贵政府作废，公法中有此例乎？有之则中国大赔款至四百五十兆之多，其间恐亦有误，当奏明敝国朝廷将和约作废，交万国弭兵会公议，何如？"吕使作色曰："前日并无废约之议，丁公殆误听也。"敦和曰："我固谓无废约之理也，但约既不废，则如约而行，无劳再议矣。"吕使曰："公忠清宏亮，欧人耳大名久矣，今丁公遣公来，自当力劝各教士将赔款大减，以后遇有教案，若烦公来，便当格外迁就。"敦和曰："此案若五六十万可了则了之，再多则无能为役矣。"相持不下者数日。丁抚以口外教民太横，迁延一日，百姓多累一日，属敦和速了此案。敦和不得已乃以京平六十五万两定议，而口外主教教士从前请领抚卹各款，共银二十余万两，即于此中扣抵，且民教私和及教民讹索未经退还之款皆扣除，省民力不少。

潞安绅士当拳匪盛时，曾助以钱物，及是教中以其通匪也，屡请岑抚拿办，绅士计无所出，以诉敦和。敦和令制匾额赠教堂，颜曰“大度包容”，列绅士三十六人姓名，并为致书通款曲。各绅士衣冠奉匾额诣教堂，并奏乐以致敬。翌日，敦和往见教士曰：“昨闻各绅士衣冠到堂，彼此皆已和好，前事当可冰释矣。”主教闻之，致书敦和曰：“贵道设计甚巧，然亦足见贵道宁人息事，煞费苦心，敝教不为已甚，请即销案可也。”绅士乃得无恙。太谷县令胡德脩、大宁县令曹季凤、河津县令黄廷光均有焚毁教堂、戕害教士之案，主教开单请究奉。

旨发遣极边，公访悉太谷仇教时，适胡令调省。大宁虽有杀教士之事，而教士之道经大宁者皆赖曹令保全，可见曹令并无仇教之心。河津杀洋人时，黄令尚未到任。三人之罪均系冤抑，敦和遂会同教士致书驻京公使辩正，得免发遣。

有太谷教民毕谦和者，向充教堂执事，倚势陵人，道路以目，拳乱时全家被害，而毕独免，胡令之免发遣也，实由毕具结声明，由是气焰益张，无恶不作，人人尊为毕先生。敦和欲捕治之，闻者咸劝敦和勿撄其锋，敦和曰：“毕系中国人，我应有惩办之权。”毅然行文太谷县密拿解省，敦和亲鞫之，历数其罪，加以笞责，并访拿毕同党胡之气等到案，连枷解回太谷县，游街示众。其所讹索各脏，勒令交出充公，教民皆股慄。

敦和调京时，太原县之古城营教民将沿街店牌毁去，势甚汹汹，县令惶急无措，请命敦和。敦和出示，有“不论教不教，但论匪不匪”之言，教民大惧，愿将所毁各牌一一赔偿，事乃已。

按：中国人之仇教也，非好为仇教也，其始皆由有司之不公，教士之结怨于民也，非好为结怨也，其实皆受教民之愚弄，以护教之原因成仇教之结果，两害交乘，两盲相触，祸发而不可收拾矣。故夫持公理抑教民者，保教之良剂也，不有良医，安有良剂？观敦和自直入晋，自晋入京，所争议、所设施无一不为民实，无一不为教探其病原而药石之，彼教之受赐，其愈于吾民者千百焉，立石颂德不为过，虽馨香百世可也。

# 第五章　慈善家之沈敦和

## ——大清红十字会、华洋义振会、时疫医院、中国公立医院、中国防疫医院、济良分所

自郑罕、宋乐输粟贷民，见称于仲尼、钟离、聂阳，哀鳏寡、矜狐独见问于威，后而慈善家始著闻于世。二千年来，大吉之家、缙绅之族好行其德者，代不乏人，顾其范围所及，不过一乡一邑一人一物之间，操术易而被泽寡，虽曰慈善，不足以言事业也。环海交通，万事恢广，有伟人出，好善之量优于天下，则本其政治、思想、外交手段并力，以兼营之，而其人之慈善事业遂开亘古未有之局，此今日之沈敦和，所以见重于中外乎。

敦和之入都也，督臣王文韶、枢臣瞿鸿禨调敦和充路矿提调，兼总开平煤矿、建平金矿事。始为矿局总办者，侍郎张翼也，内容紊乱，外患乘之。敦和接任数月，即以目疾辞归，寻充沪宁铁路总办，改充通商银行董事。未几，俄日旅顺战事作，日本以炮击俄船坞，死船坞华工二百余人，俄人死者止六名。其后俄日日夕鏖战，自旅顺蔓延东省，战地华人死伤枕藉，闻者恻然，而无策以救济之。

敦和言于众曰："战地华人遭池鱼之殃，呼救而罔应者无他，以吾国无红十字会故也。红十字会之设，始于瑞士，遍于环球，独吾国向不入会，以不入会之国而欲设红十字会，外人必不承认，不承认则不能入战地以救民事亟矣。宜设一万国红十字会，牵合日俄两国及局外中立各国共同组织，以收战地救护之权。"众称善。敦和复商之英教士李提摩太、英按察使威金生、英商安德生及英、法、德、美、俄、日各领事，皆以为然。遂借租界工部局开特别会议，公推敦和与施则敬、任锡汾、任凤苞、英人威金生、裴式楷、安德生、麦尼而李提摩太、法人勃鲁那、德人宝隆、美人葛累为中西办事总董，当场募中西捐款五万两，而商约大臣吕海寰、盛宣怀、电政大臣吴重熹适奉电旨颁内帑十万两为经费，内外官绅输捐者愈众。

光绪甲辰二月，上海万国红十字会成立，借丝业会馆为办事处。敦和与中西各董先后驰电营口、烟台、沟帮子、新民屯、辽阳、沈阳、开原、铁岭、安暑河、吉林、海参崴等地中西官绅各设分会，由上海购运药物，前往分别救护，其无关战事人民救护出险，及会员乘坐中国火车、轮船、往来电报均经议明，作为路局、轮局、电局捐助，概免给费，并由李提摩

太电致东三省，凡耶稣教会所设医院悉悬红十字会旗，医战地华人之受伤者。派直隶候补府史善诒等，会同营口西董魏伯诗德等办理东三省协赈事宜，银钱粟米不绝于道。敦和与中西各董刊布简章八条，为各分会办事暂行规则，其最要者为第五、第六两条，节录如下：

第五条：本会最重救护战地因战事被难、无关战事之人民，其救护之法有数端。

甲、水路现已阻塞，由难民自行设法出险至烟台，分会查察近则给资，听其自回原籍，远则给以轮船免票。

乙、陆路分会均依傍火车站设立，蒙北洋大臣核准，火车免票，发交会员领存应用，与北洋救济公所，事同一律。察难民之实系贫苦、一无所有者方给免票，递转至卢汉铁路，照给半票，招商局轮船照给免票，其再转至沪者，验明免票。于换给免票之外，量其归途远近，加给川费，自洋二元起，递至数元不等，以足敷到家尚略有余为度，其候船宿食之费，仍由本会核实给付。

丙、轮船火车免票或半票，设已用竣，未及续领，或领而未到，而适有多数难民急待运送者，则有营口初办时之法，先与站局约明，于每人衣襟、手心钤一印记，编数十人为一起，会员亲自护送至车船停处，帮同船车办事人验明，俾即启行，其中如有贫苦不堪者，每人加给洋一、二元，按日按人详细登簿，以便征信。

丁、同是被难，而其人向来体面，或携带家眷，尚有行李，但无现钱，或不愿侵占难民免票地步，欲自留体面者，则有沟帮子初办时之法，计其车费若干，其人写立借据，由本会如数代给，一面将借据寄交其所指地方索回借款，或寄交上海总会，听候酌办，总使其出险而免受窘。

戊、体面人不用免票外，尚有官商知战国禁令，不敢出险者，则有新民屯之办法，由其人自将眷属行李分为数起，商明本会，附入难民之列，仍不用免票，由本会一体保护出险，惟不列入难民册报中。

己、以上救护出险各办法，无论何国人均一体相待，营口曾救护德人，随时知照天津接护，烟台曾救护俄人、韩人，资遣回国。各分会须加意照办，毋得稍有歧视。

第六条：救护出险办法业已略备，尚有土著系恋世业，或已濒于危，又知他出仍无可为生者，该分会目击心伤，岂能忍置？本会预筹办法数端。

甲、地方被兵，即多失业，衣食何资，饥寒可悯。中国最重振荒，现已由总董会议，广设筹款之法，款集办赈，应随地制宜，总期不出险之无关战事人民不绝生机。

乙、大兵之后，必有凶年，并多疫疠，又非医院之医伤药品所能疗治，现先购运暑药，交各分会散给，随时再讲求避疫方药购运济用。

丙、战地炮火纷飞，未易过问，战地外及附近处，或有不愿出险，不能出险之人民，既与战事无关，凡有中国地方官之处，均已由大吏拨款，饬交设法赈抚，本会谊应协助，已切嘱各分会中西会员因地制宜，带同翻译，与战国将领恳切情商，以期有济。

光绪丙午春，俄日已媾和，红十字会救济事竣，各地分会皆裁撤，协赈事亦于是年七月截止。综计两年中战地人民被救者十三万一千一百七十七人，被赈者二十二万五千一百三十八人。瑞士红十字会闻敦和之创是举也，遂函驻英使臣张德彝，请中国入会。敦和与各总董亦以是请命政府，朝旨报可。命德彝前往瑞士补画会约，故中国之入红十字会，敦和导之也。其后万国红十字会遂改为大清红十字会，并设医学堂，以养成医院人材，规模燦备，敦和慈善之名由是振。

其年夏，江北积雨，淮水高涨，溃决两岸，漂没民居数万，溺毙无算。水遂汇入洪泽湖，湖以运河为尾闾，而运河入江之瓜洲口狭窄不能速泄，于是水势倒灌，全地遂成泽国。河水本涨与堤岸相平，且有地低于河身二丈之处，久雨堤崩，一泻千丈，万顷农田，沉于釜底。凡江北灾区面积达四万方里，饥民载道，流离转徙，江南大吏筹款施振，犹苦不济。敦和乃与英商李德立谋倡办华洋义振会，推李德立为干事部长，而自与李佳白为书记员，董理会事。

李德立以灾区较广，欲与各教士亲往调查，以便放振。江督端方恐外人深入灾地，饥民铤走肇衅，商请李德立将捐款交地方绅士代为散给，李不允，以书抵江督曰："外洋捐款各户皆信由中国内地各西教士经振是款，故慷慨乐输，倘余等董事承认江督意旨，款归各地华绅振给，则必大违各捐户之心，既教士不预振务，则余侪亦不能复向外洋募捐，如谓扰乱之际，虑有莠民滋事，可令教士等但在本境办振，勿深入荒僻之区，俾华官得以保护，华绅应造饥民册，列灾户人口，经教士调查核实，给发月票，一切办法，可与中国政府相辅而行，使余等不失信于外洋各捐户，敢请俯允"云云。江督仍游移，敦和知江督意在慎重外人生命，防患未然，为婉商于李德立，李乃言如教士在办振所遇有意外，不关国际交涉，彼此疑虑各释然，裨益振务不小。

上海华洋义振会既开办，敦和与中西董事四出募捐，义声远振，施银助粮络绎于道，美总统罗斯福亦宣告国民，令尽救灾恤邻之谊，集款至五十万金元，其余中西捐款数亦不赀，共得百六十万元。是年值敦和五十初度，亲友致送寿礼千余元，并自备筵资百元悉以助振。明年春，敦和复与英商伊德就上海张氏味莼园设万国赛珍会，中外士女列肆售物，所得之资即充振款，四日之中凡得七万余元。

是役也，会设于上海，而于镇江储积银米，分解灾区。敦和与中西议董商定放赈方法四则：

一、工赈

以工代赈，本会曾屡告于政府，须大兴工程，如筑铁路、修道路、濬河道、筑堤堰等工赈有数善焉。一可容多数贫民工作，以获资存活，不致束手待毙；二工程既毕，必与地方大有裨益；三浚河筑堤可永免水灾之害。目下宿迁已开办工振，他处亦当仿办。

二、低价粜粮

灾民赤贫如洗，而官振但有铜元，本会乃决议购运麦粉，以低价粜给灾民，麦粉每包五十斤，减价售银一两二钱三分，仅占成本三分之二，每包复区作小包，包约数斤，令灾民持票购粉。

三、振给

至灾民之极贫，而患病不能工作者，既未获得振钱，赤手空拳何能得食，其地方分会董事查悉确实极贫，则给以钱米。

四、散给籽粮

本会购备澳洲麦种五百石，运至灾区，散给田农以明年籽粮。

是项办法经中西董事及地方官绅通过实行。捐款既多，推行尤力。自丙午讫丁未，计浚河几六百里，筑路几四百里，造桥三十余座，统计受振之民一百二十一万余人。越三年，为宣统庚戌，皖属颍州、凤阳等府十余州县霖雨为灾，大水骤至，皖民昏垫。同于丙申，皖抚朱家宝请于朝，派敦和与美国博士福开森董理华洋义振会事，办法一如丙申，而江北淮徐海各属同时告灾，复以振皖之法振之。中西人士及海外华侨皆高敦和之义，捐资助振，凡得一百四十余万元，所全活一百三万余人。凶年之后，继以大疫，敦和为组织医队，携带中西药品前往救治。江淮之间，三五年中，两被奇荒，公私扫地，而居民尚有孑遗者，敦和联合西人筹办义振之力也。然敦和未尝自伐，每与人言义振成绩，必首推李德立，次及福开森，谓非两君提倡之功不及此，以故西人咸乐为赞助云。

敦和之以慈善名也，始于红十字会，继以华洋义振，而今则以医院。其办医院也，仿自光绪戊申之秋，时上海时疫大行，患之者或朝发而夕死，俗称之为瘪螺痧。西人恐其传染也，特设医院治华人之患瘪螺痧者，华人不愿往，敦和稔知西医柯师发明盐水注射机器，灌治时疫，可以起死回生，又以病人不愿入外国医院，虑为西人藉口，乃就上海租界自设时疫医院两处，倡捐五百元，募款八千余元，为开办经费，延中西义务医生六人诊治之，愈五百余人。其明年，以住院人多，推广病舍而成绩亦愈著，计戊申、己酉、庚戌三年中医活殆六千余人。有海关巡船长西人卡尔生，亦被救治，时疫医院之名震中外，是为中国自立医院之导源。

庚戌十月，上海鼠疫作，租界工部局饬医按户检验，居民苦之，适有以疫死者六人，讹言大起，群情汹汹，几成巨变。然工部局仍坚持防疫之议不少让，官绅虽甚患之，无如何也。甬人苏保笙、粤人陈炳谦以自立医院之谋告敦和，敦和偕绅商就商工部局，反复辩难，历五小时，工部局许之。猝然问曰："凡办医院，必须有资望、有学问之人，中国人谁能如此者?"在座绅商以敦和应，工部局素闻时疫医院名，稔知敦和能，乃曰："如沈君者可以承认。但检疫不可间断，中国医院之成，请以四日为限。"闻者皆有难色。敦和出，大会士民，登台演说力言，治安不可扰，主权不可损，医院成立不可缓，慷慨激昂，继以挥涕会场，千余人无不感动者，粤人张子标让宝山县境之补萝园为院舍，议值四万，子标仅收三万三千，余七千及园中什物悉输医院。十月二十二日，中国公立医院成，适当工部局四日之限。

时值上海银市恐慌，绅商自救不赡，然闻敦和之风，莫不解囊相助，苏松太道刘燕翼亦请款万两为之倡，医院经费沛然。敦和总理院事，派遣华人之习西医者四人、女医一人，照工部局指定地段，分途按户检查，计居民二千四百余家，十日查竣。开封路有李陈氏者，病势剧，状类疫，舁入医院，由西医亨司德针取血点考验，知系伤寒，证明非疫，敦和为延华医施方药，三日而愈。于是公立医院信用昭著，人心大安，医生查验，遂无阻力，西人亦刊报称善。

宣统辛亥正月，工部局示谕，规定租界防疫永久办法五条，略言凡华人患疫，其查验隔避诊治各事概归华人医院办理，又种痘、治霍乱等症，及关于人身一切亦归华人自行办理。其见重于西人如此，租界华人始有自立之资格矣。医院信用既著，华人患病者，鼠疫、非鼠疫皆来求治，补萝园不能容，乃与大清红十字会合设分医院于天津路，病者称便。

自公立医院开办，上海鼠疫遂熄，而盛行于东三省。中西官商惧疫之由北而南也，开会筹议，咸请敦和推广防范，而法总领事更请于该租界内另设医院，以免向隅。敦和力任其难，为请苏松太道刘燕翼通禀督抚，奏拨经费，电旨报可。于是敦和续购公立医院毗近隙地十亩许，增建养病舍、沐浴室、殡殓所、化验疫质所及水池、水塔、电灯之属，规制益宏。而法租界内则赁定福开森路之汪氏余村园鸠工改葺，尅日成立，是谓“中国防疫医院”。一应经费悉由官给，不动公立医院丝毫捐款。法人对于租界主权最为注重，虽极细故，均弗许通融。至是敦和宣言该院办法一如公立医院成议，法公董局竟欣然乐从，其见重外人如此。会海宁路天保里翁姓家偶见疫鼠，不数日其二女即相继染疫毙，辗转迁避，寓居法界嘉善旅馆，翁妻郑氏疫势复剧，腋核坟起，热踰百度，已渐濒危险，当为该院查悉，令之入院，悉心调治，卒获大痊，未致滋蔓。以故福建、广东、台湾、香港等埠鼠疫时作时止，惟上海终得保为无疫口岸，西人皆推服敦和，而上海居民尤感激敦和不置。

案：医院之成立，虽为慈善事业，实含有外交之性质。当工部局检疫时，沪上讹言，一日数惊，强者与外人相持，弱者挈家逃避，纷纷扰扰，如大敌之当前，追兵之在后也。时无敦和，则医院必不成，医院不成则此事遂无结束，歌舞之地变为寂寞之滨，可计日可待也。敦和一奋袂而措沪上于泰山之安，不特国人望公如岁，即西人亦未尝不心悦而诚服焉，此为敦和平生第一快事。

敦和好善之诚，根于天性，故生平所营慈善事业甚多，以上所述皆与政治、外交有关系者。方办华洋义振时，上海有妓女赛桂芬，受鸨母酷虐，足不能行，乘车至西门觅济良所不得，痛哭道旁，巡防局送至县署，县令讯知其伤足之由，当堂在足心取出铁钉，长二寸余，已血锈矣。席子佩、汪汉溪以告敦和，敦和恻然曰：“此亦苍生忍坐视乎？”集资在四马路另设济良分所，群推敦和为华董，凡妓女受鸨凌虐者，即可就近投入留养。又商请会审公廨，禁十四岁以下女子之为妓者，虐妓之风颇息，其余力所及，尤卓卓如此，则其他可知矣。

## 第六章　教育家之沈敦和

### ——天足会之接办、女学堂之成立、女学堂之成绩、沭阳女学堂之建议

教育之兴，其必自家庭始乎！古者男子八岁入小学，出就外傅，八岁以前未必以天年为游戏，有家庭教育在也。童子跬步不离母，则家庭教育之责即在母，是故女学者教育之源也。诗三百篇多妇人之作，汉唐之际，女子文采常散见于史，乘其时女学犹可言也。宋元以降，学说多

歧，流风遂煽，重以刖足之刑创巨痛，深精力弱而智识短，识字读书十不获一，家庭之间尠闻母教，教育之源从此涸矣，故欲言教育必兴女学，欲兴女学必禁缠足，其相维相系之故。今日缙绅先生类能言之，而导此说以先路，开东南之风气者，则沈敦和之功不在禹下也。

先是英儒李立德之夫人久寓中国，欲除妇女缠足之害，曾编诗歌以劝诫之，号曰“上海天足会”，凡内地有教堂之处，皆附设此会，四出劝导。其时中国风气未开，又其事为教会所起，发行之十余年，罕有应者。光绪甲辰，李夫人将回国，敦和时以办红十字会著慈善名，李夫人以后事属敦和。会孝钦显皇后颁诏天下，申缠足之禁，上海绅商学界特开大会，公推敦和为天足会会长，是为中国天足会之始。

敦和既任会长，手定章程三十余条，令会员子女互通婚姻，以除社会之障蔽，并令会中天足女子佩戴徽章，以别于婢媪之装束。时时开会演说，刊布谕旨及诗歌小说，委曲譬劝，无微不至，报章流传，闻风兴起。于是福建之福州、厦门、汕头、浙江之杭州、金华、台州诸暨兰溪、桐乡、江苏之苏州、镇江、扬州、清江、华亭、张堰、山东之威海等地方次第设天足分会，会员题名，各以千计，行之期年，成效大著。

敦和谋于众曰：“中国女子以持门户、保子孙为义务者也，今放足而不读书、不习艺，散步游行，日荒于嬉，是徙焕发起精神，而未增长其智识，仍无以全女子之资格也，是非兴女学不可。”有以经费支绌为虑者，敦和曰：“是诚在我。”乃在上海设女学堂，即名曰“天足会女学堂”，属其夫人章兰总理校事，定章程二十余条，其大要有六：

一、宗旨

授以妇女切要之学业，保其天赋之能力，兼德育、智育、体育三者而并教之，使具自治之资格，以为自立之基础，俾能主持家政、教育子女为完全无缺之女子。

一、进学

凡学生入校，必须妥觅保人，填写本校印就保单，年岁、籍贯、父母、夫家、姓名、住址、职业以及承受委托放假休息时来领之人姓名，均于单上一一注明，如该生戚族，非所指定来领之人，只可来校探访，不得将该生领出，以严防范。其有品行亏缺、志气昏惰、屡戒不悛者，由校长随时斥退。

一、学级

本校凡设四科，曰正科、曰预科、曰艺科、曰师范科。正科以曾读书粗通文义者入之，三年卒业；预科以未读书或读而未明者入之，二年卒业，升入正科；艺科以愿专习工艺者入之，一年卒业；师范科以文理通达程度相当者入之，一年卒业。

一、学龄

正科、预科以年在十四岁以上、二十四岁以下为合格，艺科不限年岁，师范科以年在二十岁以上为合格。

一、科目

正科、预科科目十二：修身、国文、外国文语、算学、历史、地理、物理、女红、家政、图画、乐歌、体操；艺科科目十：手编、抽丝、花边、盘扣、绕绒、裁缝、造花、机缝、机器织布、手绣；师范科科目十二：修身、国文、经学、历史、地理、家政、学校管理法、女红、图画、物理、乐歌、体操。

一、游学

本校卒业学生，如有志游学外洋，无论东西均可领给护照，并为代觅肄业相宜之学堂，随时函请外洋天足会会员妥为照料。

章程之外，并有宿舍详章十四条、课堂详章十条、请假详章六条、寄宿简约十七条，虑藻周密，礼禁未然。初定额住学堂生一百名、通学生四十名，其后逐渐推广，校舍不能容。光绪乙巳、丙午之间，天足会女学堂之声闻天下。时艺科学生先后卒业者，已三十九人，皆分往各地传授工艺，或归里以不缠足倡导乡曲。比及三年，正科、艺科卒业者又三十人。明年春，校中添设幼稚园及医学专科。

天足会女学堂之初办也，经费无所出，敦和时时募款，不足则罄私囊以济之，敦和家不中资，如是者四年，凡输八千金，而夫人章氏又殁，敦和方锐意经营慈善事业，及办理通商银行、华安保险公司等事，不复能兼顾女学堂，学堂款奇绌，而管理又难其人，遂即停办。然自敦和任天足会长，提倡女学，内地风气为之一变，比其停办，女学堂已遍天下矣。

当敦和规办女学时，沭阳有徐氏妇胡仿兰，以好读书、不缠足为翁姑所憎，勒令自尽。敦和闻而大愤，上书江督谓："匹妇之死其事小，进化之阻其事大，请给额旌表胡氏，并罚其翁徐嘉懋，重金就沭阳创办女学堂，以竟胡氏生前之志。"江督韪之如议行，沭阳遂有女学堂，敦和之勤女学如此。

案：沭阳胡氏之狱，查振委员宋康复首白其冤，而江苏教育总会与江北旅沪学界继之，敦和以天足会长仗义执言，尤为名正言顺。时沭阳某令治斯狱颇袒徐嘉懋，敦和再禀揭其奸，而江督遂札县定案，故士论皆归美于敦和。敦和自在南洋，即为同文馆教习，水雷、鱼雷学堂、水师学堂提调。在山西创办晋省大学堂，比解组归沪，又为华童公学校董，设红十字会医学堂。其于学务，可谓阅历深而成效著矣，然握教育之枢纽，启世界之光明，则当以天足会女学堂为最钜。吾尝闻章夫人论办天足会女学之难，谓国人程度不高，少见多怪，儇薄好事之徒推波助澜，或造作不根之谈，以快其私怨，生机一线几被摧夷云云。以此见非常之原黎民所惧，而益叹敦和之心精力果为不可及也。

## 结 论

综观以上各节，则沈敦和之为当今伟人，确然无可疑者，为将来吾国历史上之伟人亦确然无可疑者。盖推其用兵之道足以振国威，扩其外交之能足以光坛坫，大其慈善之量足以保小民，充其教育之源足以谋进化。使敦和而得位乘时，其设施必有可观者然，且位不进禄，不及手无斧柯，奈龟山何？此天下之人为敦和惜者也。

虽然今日中国之朝局犹弈棋耳，敦和之前途若何？吾诚不敢预为论定，顾吾所望于敦和者，不在厚禄，不在高官，而专在于实业，何则中国之民穷财尽至今日而极矣，言乎重农而农则流离载道，言乎重商而商则亏倒相闻，信义不相维，骨肉不相保。吁嗟！吾民此岂尚是人世乎？揆厥原因，则兵战之赔款、商战之岁输，有以致之。调查近年海关贸易册，洋货进口总在四万一千万两以上，而土货出口不过三万三千两左右，出入相衡，每岁不敷常在八千两上下，益以岁出赔款五千数百万两，则漏卮之数在一万三千万两上矣。金钱输出如此，其多累岁穷年，母财安得不竭？此所以演成近来市面之大恐慌也，夫赔款无可如何者也，商战可以挽回者也，挽回维何？改良土货以谋出口之进步而已。故今日之中国练兵、兴学不足以救亡，言邦交、言吏治不足以救亡，救亡之道惟在实业。时有伟人忍令其坐以待毙乎？故吾所望于沈敦和者，不在彼而在此。

征之吾国之历史，一治一乱之故，未有不与生计相为表里者也。其乱也必由于生齿日烦，地不加辟，一人之衣食分而贻之，两人则两人皆不给矣，更分而贻之三人、五人，则饥寒随之矣。弱者转沟壑，强者为盗贼，积盗贼之多数以成帝王之羽翼，原野餍肉、川谷流血、杀人如麻，户口稀少，然后可以拨乱而返治，聚五人、十人之衣食以供一二人之饱煖，民乃恋恋于太平之乐而不敢为非，故夫暴君、奸相自戕其身而已，害不足以及国也。顾天命畏民碞者，君臣相戒之词，而非其事实也。治乱之源是在生计，当今之患即在人多，然以吾国土地之广、物产之饶，及今而安排之，犹足以为善国。孔子曰：“君子信而后劳其民。”敦和之见信于社会久矣，实业之兴非敦和之望而谁望乎？

夫敦和固非无意于实业者，其在北洋则有金矿、煤矿之阅历，其办沪宁铁路则有上海、无锡五百里之成绩，其在上海则经办中国通商银行，创设华安水火人寿保险两公司、华纶机织绸缎公司，固明明为实业界有关系之人物。吾犹记宣统庚戌之冬，钱市风潮大起，敦和曾著一论，推母财涸竭之由，为推广土货之计，其言曰：“欧美各国取精用宏，其需吾土货多多益善，诚使吾国朝野一心提倡实业，于种植、畜牧各大问题一一殚精竭虑，研究改良，力谋进步，则不但漏卮可塞，而富强无难立致。”东三省荒地累累，弥望肥沃，本为天然利薮，近年各直省水旱为灾，饥民载道，奚止亿兆，苟能设法量移，畀之开垦，定必事半功倍，而禁烟之后，向种罂粟之地，尤当赶令改种土货，庶几土货之出产日益蕃，外货之销路日益滞，于是因势利导，一力推行，必使出口之数超过于进口之数，以暗为挹注，则中国母财自然潜滋暗长，本固者枝荣，源远者流长，而谓金融机关犹有今日之恐慌，吾不信也。吾又记敦和招待美国实业团时，曾与美团画振兴商务之策：一曰设立中美货品陈列所，二曰互派中美商务调查员，三曰设立中美联合银行，四曰设立中美交通轮船公司，并抵书上海商务总会，力陈联美之不可缓，其言至为痛切。以此观之，则敦和如炬之眼光，迥非寻常实业家所能几及。孟子曰：“虽有智慧，不如乘势；虽有镃基，不如待时。”今日中国之时势，厝火于积薪之下耳，岂尚有可待者耶？三年小变，五年大变，江河日下，来日大难，苟有镃基，苟有智慧，但当急取直追，以求所谓当务之急而已。改良政治不易言，改良社会亦岂空言所能至耶？吾于敦和之行事，敬之信之，祝以香花，奉以神明。吾著此书，吾不敢为溢美之词，而直名之为兵家、为外交家、为慈善家、为教育家，吾尤濡笔以待敦和之为实业家。

宣统三年四月出版
沈敦和一册（定价大洋四角）
著作者：茗水外史
校阅者：味秋簃
印刷者：集成图书公司
发行者：各大书坊

# 他山之石

# 民间救助组织的现状及其发展路径

## ——以苏州市为例

郭　蕾

中共十七大报告明确指出，“发挥社会组织在扩大群众参与、反映群众诉求方面的积极作用，增强社会自治功能”，充分反映出民间社会组织适应我国社会发展的需要。据杨团主编“中国慈善蓝皮书”——《中国慈善发展报告（2013 版）》统计，截至 2012 年年底，全国共有 49.2 万个社会组织，比 2011 年的 46.2 万个增长了 6.5%，是自 2009 年以来社会组织总量增长最快的一年。其中，社会团体 26.8 万个，比 2011 年增长了 5%；民办非企业单位 22.1 万个，比 2011 年增长了 8.3%；基金会 2961 个，比 2011 年增长了 13.3%。这些社会组织，在包括社会救助在内的许多领域发挥作用。社会救助作为一项重要的社会职能和政府职能，是维持社会稳定的重要保障，在构建和谐社会中发挥着积极作用。民间救助组织作为载体将慈善救助事业发展到一个新的阶段。但民间救助组织发展状况如何、存在什么问题，值得探究。本文以苏州为例，选取较有代表性的几个以社区为基托的民间救助组织进行调研。

## 一、基本现状

本文从社区的组织形式和存在方式角度，将社区分为现实社区和虚拟社区两种，并在此基础上对社区内的民间救助组织进行分析探讨。

### （一）现实社区组织模式的民间救助组织

在苏州市沧浪区民政局备案登记的民间救助组织共有 19 个，发展情况都不一样，组织的大小等也不尽相同。并且，在“1+2+1”① 组织管理体制的带动指导和进一步促进推动下，各组织都初具规模且具一定的影响力。19 个组织依据发起人的不同，大概可以分为三类：社区基层领导发起、企事业单位发起和个人自主发起。其中社区基层领导发起的占了总数相当大的比例，是最为常见也最为重要的一种组织形式。大部分组织都是因某个人或某件事为缘由成立的，并且以人民群众的切实利益为追求目标。这其中，以下几个救助组织较有特色。

1. “阳光晴”俱乐部

“阳光晴”俱乐部位于莫邪路里河新村，由居委会丁主任于 2003 年建立，参加者多为身患癌症或者尿毒症的病人，其中不乏已经患病十年以上的老人。它的特色在于，从精神上对俱乐部成员进行帮助，即帮助患病者调整心态。患病之人最大的一种恐惧就是每天出门看到与自己完全不一样的富有生命力和活力的人，同样的两个生命，但一个正蓬勃地成长另一个却一点点枯萎，对比后的恐惧难以想象。“阳光晴”俱乐部为成员提供了一个走出去的机会，走出阴影和恐惧，走到温暖的集体中去。这里大家都一样是病人，有着共同的感受，正像一位病人说的那样“我们都是家人”。除此以外，俱乐部还会经常联系一些专家到这里给大家做讲座，专家很多都是免费、义务上门为大家服务。

2. “夕阳红互助组”

“夕阳红互助组”位于南环三社区，组织规模较小。由于此社区建立较早，空巢老人较多，老年人生活成为很大的问题。缘于此，社区居委会的工作人员就联络部分退休的党员，由他们牵头，在 2005 年 1 月正式成立了“夕阳红互助组”，几年过去，互助小组个数从最初的 10 个发展到现在的 60 多个。

“夕阳红互助组”是以楼道为单位，每一单元有需要的就成立一个互助组，并选举一个组长，每月定期召开组长会议，开展形式多样的活动，诸如座谈、游玩之类。大家还共同制定了《爱心互助组公约》，并联合署名以此来规范组织的运行，鞭策各成员积极参与。从这个角度来看，组织结构可以说比较规范。

3. “江祖国爱心社”

“江祖国爱心社”于 2006 年 3 月成立，位于友联第二社区。虽然发



① 所谓“1+2+1”，即苏州市自 2013 年年初实行的社区管理体制改革，具体为社区实行党委领导下（1）的社区居委会和社区工作站（2）以及社区幸福联盟（1）的新型组织管理体制。

展时间不长，但反响及取得的成果是巨大的。江祖国是已去世的友联社区原党总支书记，生前就兢兢业业为群众做事。江祖国去世后，被新华网喻为“社区里的守望者”，并将他的事迹搬上了荧幕，“平安中国平安的家”把他的精神传颂到全国各地。为了把江祖国的精神继续发扬下去，社区工作人员发起，社区群众积极响应，以他的名义成立了爱心社。爱心社自己做了“爱心卡”，上面写了志愿随时无偿为大家服务的人名和企业单位名，有理发的、有修鞋的、有疏通下水管道的等等。爱心社有自己的志愿者队伍，并且由于自身的影响力比较大，获得了一些企业的资助，踏踏实实、全心全意地为困难群众提供贴心帮助。

### （二）虚拟社区组织模式的民间救助组织

网络作为一种新兴媒体，使组织“虚拟社区”轻而易举。这些虚拟社区由于自身具有的覆盖范围广、信息传播快、参与人员多等优势，活动范围极为广泛，涉及社会生活的方方面面，包括各类公益性事业。

在苏州就有不少这样的组织，如苏州公益网、苏州义工联盟和苏州义工网等，其中苏州公益网的规模最大最典型。社区成员一般以志愿者身份，利用自己的空余时间从事公益活动，为有需要的社会成员提供服务。以苏州公益网为例：苏州公益网（以下简称公益网）成立于2004年10月，是由网友自发成立的旨在从事社会公益性活动的网络团体，并且是永久性非营利公益网络团体。它由一批“愤青”组建，大多刚走上工作岗位，社会中的种种问题让他们感慨万千，并对一些弱势群体的遭遇深感不平。

公益网的组织结构较为严密：义工代表大会是公益网的最高权力机构，主要是对重大事项进行民主决策；理事会是执行机构，执行最高机构的决定及理事的任免等工作，下辖理事、候补理事、顾问、理事会秘书等。公益网部门设置比较完善，由多个部门组成，分工明确、各司其职，工作效率较高。

这种网络社区组织形式的救助组织，一定程度上满足了一些人参加公益事业的诉求，为社会救助做出了贡献。

## 二、存在的问题

目前苏州市的民间救助组织大都以社区为依托，开展的活动贴近社会，能及时捕捉弱势群体需求，对吸引更多成员加入具有一定的吸引力，有助于扩大组织的影响力和行动的效度。然而，这些民间救助组织同时又面临许多困境，存在不少问题，主要体现在以下几个方面。

1. 多数不具备登记条件

《社会团体登记管理条例》规定，社团必须具备法人条件，要有3万元以上的活动资金、单独固定的办公场所、专职人员、50个以上的会员等条件。然而我们所了解到的组织基本没有符合条件的，都过于松散、随意。另外，民间救助组织登记管理的配套政策不健全。

2. 受助对象范围窄

就我们所掌握的资料来看，救助对象多为老年人，并初具一定规模，但在其他社会弱势群体方面的救助力度稍有不足。导致这一结果一方面是由于老年人在社会困难群体中的特殊性。老年人受到体力、脑力等各方面的限制，以及子女不在身边的客观条件，注定在生活方面面临众多问题。另一方面是由于老年人口的绝对数和占社会人口总数的相对数越来越大，理应受到更多的关注。

3. 专业化不足

大多数组织的工作人员是社区居委会的工作者或普通群众，从未参加过专业的培训。虚拟社区中，组织者和社区成员大都是利用业余时间、以兼职方式参与社会救助的，因而时间、精力等明显不足，这就势必会影响组织活动的开展。

4. 资金来源单一

多数组织除了接受社会捐助外，没有其他资金来源。但组织知名度不断提高，参与人员不断增多，完全以社会群体自愿捐助为资金来源，根本不能够满足更多人、更多活动的需要。使得组织即使有创意有想法也没有能力扩大救助范围，这直接导致组织活动的开展具有极大的局限性，一直处于断断续续的状态，使民间救助组织缺乏长久发展的保障。

## 三、发展路径

针对民间救助组织存在的问题，笔者认为扩大民间救助组织的影响力，使其更好地为救助事业发挥作用，应从以下几个方面着手。

1. 政策法规的扶助指导

首先，对于民间救助组织的登记条件给予足够的发展空间，政府要从主管型向服务指导型转变，打破像《社会团体登记管理条例》等类似法规政策的限制。

其次，为民间救助组织的成立发展提供更多的优惠措施。比如为组织的暂余资金创建一个便利的保值、增值通道，给予税收优惠以及用地优惠等。

2. 社会媒体的广泛宣传

首先，通过对民间救助组织开展活动的宣传、对民间救助组织本身所能发挥的功能作用的报道、对突出的救助事例的跟踪报道，使公众对民间救助组织有较为深刻的了解，在全社会形成良好的慈善救助氛围，以拓宽资金来源渠道，深化救助力度。

其次，对其困境的相应报道可获得社会各界的支持，也使其他民间救助组织避免类似问题，引以为鉴。

3. 社会公众的大力支持

民间救助组织产生成长于社会，其运行当然离不开社会各界的支持，因此必须从根本上提高社会的慈善救助意识，调动公民的积极性，增强公民的社会责任感和主人翁意识，以期充分发挥个人、企业、社会团体等各方的力量，形成民间救助组织开展救助和发展的坚强后盾。

苏州民间救助组织在总体上是对政府救助弱势者以公共产品的有力补充，扩大了救助对象的范围，贴近群众、更能满足群众所需，救助方式灵活多样，更富有人性化，适应未来社会发展，具有很大的发展空间。但是，苏州民间救助组织是在政策不完善、氛围不浓厚的环境中萌发的，主要还是依附于政府，缺乏自身独立性。相信在政府的正确引导、有效管理和大力支持下，在社会各方的积极响应以及个人救助意识的增强下，民间救助组织将会进一步发展，在更广阔的空间承担起社会的责任和义务。

（作者单位：苏州大学社会学院）

# 社会工作在流浪儿童救助中的介入

吴 琼

随着社会变迁和现代化进程的推进，流浪儿童问题日渐凸显，严重影响了社会公平的实现与和谐社会的构建。据保守估计，全球流浪儿童的总数至少在1000万以上，他们是儿童中的特殊群体，数量不容小觑。在我国，来自民政部门的数据显示，2010年全国共救助流浪乞讨未成年人14.6万人次。不管是政府层面还是社会民间组织层面，对流浪儿童救助均存在一定的局限性，而社会工作恰好是其有效的补充。

## 一、当前流浪救助存在的问题

当前，我国的流浪儿童问题引起政府机构、民间组织、社会团体的广泛关注，政府和民间组织采取措施对流浪儿童进行救助，在取得成绩的同时依然存在一些问题。

### （一）政府救助系统不健全

目前，我国流浪儿童的救助工作主要是由政府承担，民政部门主要负责救助和保护流浪儿童的工作，其他像公安、司法、卫生等部门只是协助救助。政府职能机构大包大揽似的管理方式难以满足新形势下流浪儿童的救助需要。数据显示，自2004年至2009年年底，全国共救助流浪未成年人81.5万人次，每年只有15万名流浪儿童得到救助，救助中心现有的条件也较简陋，保障能力和保障水平很低，流浪儿童必需的衣、食、医疗、安置等均无专项经费，工作难度很大①。可见，单凭政府的力量，无法满足大规模、全方位的流浪儿童的救助服务需求。

① 佚名：《流浪儿童多被不法分子控制，生存现状堪忧》，http：//www. China. com/news/ gong. yl/ 。

其次，《城市生活无着的流浪乞讨人员救助管理办法》的出台，在一定程度上对流浪儿童救助保护工作起到推动的作用，但是缺少相对独立的流浪儿童救助管理办法①。到目前为止我国还没有形成环环相扣、缜密完善的未成年人保护法律体系，因此，有关流浪儿童的预防、救助和安置工作缺少一个坚实的法律和制度平台，很多机构还是把流浪儿童与成年人救助统一管理，这样不利于对流浪儿童开展个性化、专业化救助以及权力的维护，也不利于流浪儿童更好地回归社会。

再次，救助主体单一，救助方式程序化。大多数流浪儿童是由公安、民政部门介入送到救助站，救助站提供基本的食宿，查询流浪儿童家庭地址，最后通知其家人接回或者护送回家。在这一过程中，救助站是主要也是唯一的救助主体，而救助保护中心的工作人员人手不足，除了照看流浪儿童基本的生活外，根本没有多余的人手来对儿童进行辅导教育，帮助其回归正常的社会生活。与之前的收容遣送虽然存在理念上的差异，但根本模式没有改变，即在对收容的儿童进行差异救助之后还是会护送回家。

### （二）社会民间组织体系不完善

随着我国经济社会转型，民间组织成为一股新的力量，它具有独立性、公益性和灵活性的特点，在公共事务中成为政府救助的补充。像耳熟能详的中国红十字会、像李连杰的壹基金等慈善机构都逐渐参与到流浪儿童救助之中，但民间组织同样存在诸多问题。

首先，民间组织的公众信任度不高，比如前段时间炒作的沸沸扬扬的“郭美美事件”，瞬间引发了公众对红十字会的质疑，掀起了对红十字会的信任危机。可以确切地说，公信力是红十字会工作的生命线，失去民众和社会各界的支持与理解，红十字会在慈善救助道路上很可能走下坡路。

其次，民间组织不够规范，管理混乱。以中国红十字会为例，红十字会组织实行科层制，从中央到县，一共有四个级别。但各级红会的人力调配和经费保障都和总会没有关系，这就造成红会管理机制的失序和混乱。当需要为流浪儿童募集捐款时，商业系统红十字会才会站出来，





① 刘日飞：《社会工作在流浪儿童救助中的介入及意义》，《中共广东省委党校学报》2011 第 1 期。

但其日常的具体业务、财政收入等红会总会都毫不知情[1]。另外，由于信息的不透明，捐款人在红会官网的查询系统上往往只能查到善款是否到账，而对捐款的流向和使用情况无从知晓。所以一旦出现问题，大家都手足无措，没人能真正负责。

另外，民间组织提供的救助效率偏低，可支配资金有限。大多数民间儿童救助组织的资金主要来源于社会各界的捐赠，故资金的运转存在不稳定性和不可靠性，资金的保值增值也存在一定问题，并且缺乏专业人员指导，难以满足流浪儿童的特殊需求，这些都会大大限制民间流浪儿童救助组织的援助能力。

### （三）缺乏专业的社工理念和人才队伍

新时期流浪儿童的救助管理是本着“以人为本”的宗旨，但是工作人员缺乏专业的理念，其意念形态还停留在收容遣送层面，疏于了解流浪儿童离家的真正原因，没有全面了解其家庭状况以及他们的心理需求。多数救助站寻求的只是表面问题的解决，没有尊重儿童的个别差异，缺乏社工专业方面的心理疏导和帮助，使得流浪儿童在心理和情感上无法得到真正的满足，很容易造成他们再次流浪，继续颠沛流浪在城市中：困了睡地铁站，饿了翻垃圾箱捡拾剩饭剩菜，甚至又回到小偷小摸、被人歧视、轻视的日子[2]。显然，这样的救助效果会非常不理想。一些城市救助站虽考虑到孩子的多方面需求，建立了多媒体教室、电脑室、阅览室、健身房等，但这些资源设施利用率不高，孩子活动的时间也有限，救助理想和现实救护情况存在差异，也就不能达到理想的救助效果。

社会各界呼吁流浪儿童救助必须走政府主导、公民广泛参与的道路，专家建议每个城市建立一个由民政部门、妇联、红十字会以及相关慈善机构组成的流浪儿童救助中心，国家应建立专门的公益基金和公益组织，同时与爱心人士合作，解决好流浪儿童从救助到教育乃至收养等一系列问题。笔者赞同积极引入“社会工作”救助机制，与政府和民间组织形成一个救助网络，为流浪儿童提供人性化和专业化的服务。

① 焦子宇等：《慈善机构如何利用危机重塑公信力》，载《新闻爱好者》2013年第6期。

② 佚名：《“蒲公英”亟待更多呵护，流浪儿童竟有两成反复流浪》，http：//news.longhoo.net。

## 二、社会工作者在流浪儿童救助中的具体介入

在流浪儿童的救助过程中，社会工作者必须从个体需求出发，遵循助人自助的价值理念，综合运用社会工作专业知识和方法帮助流浪儿童摆脱困境。

### （一）流浪前的介入

古语说，“上医治未病，中医治欲病，下医治已病”。一个好的医生应该能防患于未然，同样一个优秀的社会工作者也是如此，社会工作者应该尽可能预防儿童流浪，降低他们流浪的可能性。首先，呼吁政府对贫困家庭给予经济上的补助、政策上的优惠，帮助这些贫困家庭摆脱困境；完善关于流浪儿童救助的法律法规，进一步强化救助保护机制；打击不法分子拐卖流浪儿童、利用流浪儿童犯罪的行为，为流浪儿童营造一个安全、稳定、健康的社会环境。

其次，呼吁政府加强与民间组织以及慈善团体合作。2010 年，国家彩票公益金注资中国红十字基金会的公益慈善项目，在业内引起不小的轰动。这一举措不仅是民间慈善组织为贫困家庭推出的一个专项救助项目，更是政府购买社会组织服务的全新尝试①。民间慈善组织的服务相对于政府部门更加专业化和人性化，人道救助工作贴近救助宗旨和社会诉求，从实际操作层面看，基金会直接与贫困家庭接触，对他们的情况有充分了解，也有较为成熟的资助评审体系，一定程度上提高了救助效率。社会工作者应该呼吁政府和民间组织合作，这不仅能推动政府职能的转变，而且也有利于增强民众的慈善意识，弘扬志愿精神，促使全民都去关注弱势群体。

再次，社会工作者除了借助政府和民间组织的力量外，更要身体力行、积极介入。在流浪儿童群体中有相当一部分是由于家庭原因而出走的，我们要意识到家庭环境对儿童成长的重要性，社会工作可以采取个案、小组工作等方法介入这些家庭，以此来缓和家庭矛盾，改善家庭关系。比如，有的孩子因为家长的管理方式问题、父母离异原因而有可能选择离家出走时，社会工作者可以采取个案方法来疏导孩子，还可以开





① 于佳莉：《中国红十字基金会小天使基金获 5000 万彩票公益金——政府购买民间服务的先河》，《公益时报》2010 年 4 月 24 日。

展亲子小组来促进父母和子女的沟通。另一方面，社会工作者要帮助父母强化家庭对孩子的责任，提升家庭的抚育功能。

### （二）流浪中的介入

社会工作在流浪中介入就是针对那些已经流浪在街头的孩子开展的救助工作。社会工作者利用外展路径，联合民间组织，大力开展街头巡回救助，在第一时间帮助流落街头的流浪儿童，对他们施以足够的人本关怀。具体方法是搜寻流浪儿童常去的场所，利用“滚雪球”的办法接近这个弱势群体，运用沟通、交流技巧打开流浪儿童的心扉，坚持积极、平等、尊重、真诚、宽容和理解的原则开展工作，了解他们的想法和需要；利用儿童受同龄人影响的心理，由已经接受救助的流浪儿童向仍在街头流浪的孩子介绍救助站的生活、宣传救助服务的内容、告诉其流浪的危害；社会工作者和志愿者尊重流浪儿童的意愿，有针对性地引导教育，绝不强制流浪儿童接受救助；社会工作者还要积极做好宣传，通过网络、新闻、报纸等途径，让更多的人关注街头流浪儿童。

### （三）收容后的介入

对于已经进入救助机构的流浪儿童，社会工作者更应该从孩子自身的问题出发，结合现实需求，帮助他们从边缘化的生存状态中摆脱出来，重新回归社会、融入社会。

社会工作者应该对流浪儿童的家庭、学校以及受过的伤害进行走访调查，观察流浪儿童的行为，分析行为偏差的原因，针对不同的原因采取不同的救助方案介入救助流浪儿童本身[①]。比如，对失去亲人、父母离异等特殊情况的流浪儿童进行个案辅导，强化他们生理和心理的健康引导，帮助他们提高自我认识的能力，培养正确的人生观、世界观。通过小组工作法组织集体活动，使得流浪儿童在良好的氛围中获得归属感，借助集体环境给他们回归社会注入希望。再比如，运用社区工作法，联合社区建立流浪儿童救助机构，开展关爱流浪儿童的活动，更多地关注流浪儿童心理层面的需求，建立“家庭—社区—社会”全新的救助模式，动员全社会给予流浪儿童温情关怀，帮助其回归校园和同辈群体之中。

面对大规模、全方位的流浪儿童救助，单靠社工的努力是不够的，



① 王思斌：《社会工作综合能力》，中国社会出版社2010年版。

社会工作者应该积极寻求外部社会资源的援助，联合政府、民间组织、慈善机构，扩充人力、物力以及财力。民间组织可以利用掌握的社会资源为流浪儿童寻找家人或移送儿童福利院、儿童村等社会福利组织收养。2008 年成立的“宝贝回家志愿协会”是国内第一家免费帮助被拐、走失、被遗弃者寻找亲人，同时也救助流浪、乞讨等儿童，让他们回归正常生活的民间组织。宝贝回家志愿者“用照片串起流浪宝贝回家路”的方式，给全国各地苦寻自己孩子的父母带去曙光。

与其他慈善团体相比，红十字会具有更广泛的国际性、更广泛的群众性，拥有专门的法律规范，这些特点使得红十字会所提供的服务以救助为重点，服务行为更具有自愿性，更有利于传播慈善文化和奉献精神①。所以近些年来，我国不少城市都与红十字会合作救助流浪儿童，建立全天候流浪儿童救助点、固定救助亭、类家庭以及救助小学，初步建立中心救助、流动救助和社区救助一体的救助体系②；红十字会还联合其他民间组织通过多渠道筹集资金，集合社会力量的支持来筹建儿童福利院，这也是对流浪儿童安置方式的一个很好补充。

## 三、简短结语

社会工作介入流浪儿童救助，秉持“以人为本”的人本主义精神，运用专业的工作方法、巧妙的实务技巧，修复流浪儿童心理与情感的创伤，矫正他们现存的行为偏差，弥补政府以及民间组织工作的不足。在参与流浪儿童救助工作机制中，社会工作者扮演了倾听者、引导者、服务者等角色，充分调动流浪儿童的主观能动性，实现助人自助的宗旨。当然，流浪儿童社会救助是一项长期而艰巨的任务，它需要广大社会工作者的积极介入，也需要家庭、民间组织、政府以及社会各界的共同关注和努力，形成系统性的流浪儿童救助管理网络，以提升流浪儿童救助的效果。

（作者单位：苏州大学社会学院）



① 张立明：《关于“公民社会”的几点思考》，载《〈红十字运动研究〉2010 年卷》。

② 刘继同等：《“郑州模式”的制度创新、基本经验与未来发展方向》，载《青少年犯罪问题》2007 年第 3 期。

# 杂文随笔

# 致敬先贤　传承事业

## ——写在国家红会创制150周年之际

孙硕鹏

2013年10月26日，是红十字国际大会决定成立国家红会并将红十字作为一个保护性标志150周年纪念日。150年前的日内瓦，参加红十字国际大会的人们为该不该设立国家红会争吵不休；150年后，已经有187个国家成立了本国的红十字会或红新月会，一个遍布全球的人道主义工作网络日益坚强而紧密。

国家红会是国际红十字运动的三大组成部分之一，笔者认为，其也是红十字运动中最鲜活、最亲和、最多姿的那一部分。因为没有运动的本土化，没有一个强大的国家和强大的国家红会，运动的根系就会枯竭。国家红会是以国家为载体出现的，但是一个国家红会的成长和壮大，归根到底是要维系在人的身上的。150年来，正是无数先贤装点着各个国家红十字运动璀璨的星空。

穿越150年的历史，不禁感悟中国红十字运动破土的艰辛和命运的多舛，也分外感念那些中国红十字运动的先贤们。

第一位值得我们铭记的先贤自然是沈敦和。从照片上看，被称作“中国红十字运动之父”的沈敦和，看起来像一位老人，其实只活了55岁。他兼剑桥留学生、甲午清军炮台提调、国际法专家、洋务大臣为一身，的确饱经沧桑、厚重而沉稳。其实，1904年，他发起成立万国红十字会上海支会时，刚刚39岁，正是意气风发的年龄，自己的国家却满目疮痍。

1904年的中国东北日俄战区，“由于死者遍野，田鼠开始食人，以人肉为食的田鼠比猫还大。而野狗因为常吃人肉，已经快近似于狼，连孤身行走的人都敢袭击”。东北是满洲的发祥地，号称天朝大国的清廷却任由列强在先祖之地横行杀戮，自己则悲催地宣称“中立”。他们想把“东北的皇族”接出来都不可能，又安能保护国民？当国家和政府已经“失灵”的时候，我们终于看到了红十字人道主义保护机制的不可或缺。

我们致敬沈敦和，首先是他的爱国恤民情怀，一个以苍生为己任的民族主义者，才有可能苦苦地寻求拯救受难同胞之道；我们致敬沈敦和，还要尊崇他的国际视野和现代精神，如果没有深厚的国际法功底，没有对红十字运动的认知，也不可能找到国家和政府都无能为力的救赎门径；我们致敬沈敦和，更要钦佩他的社会动员和实践探索能力，因为，蓝图再美好、再动人，如果没有人去身体力行、左右斡旋、艰难推动，只能是一场虚幻。经过沈敦和们的艰辛努力，沉重腐朽的清廷大门，终于向红十字开启——红十字运动最终成为继洋务运动以后，清政府自觉推动的一场现代性运动。

“千章乔木俯清川，高阁登临雨后天。”沈敦和留下的行书中堂今天仍然字字千金，他提示我们：“民族性、现代性和实践性”永远是一个红十字人的精神品质。

中国红十字会在诞生后的45年中，一直伴随着硝烟炮火，仿佛预示着它的命运多舛。当时空进入到那场攸关民族存亡的抗日战争，红十字运动浴火前行，先贤们不仅要付出心智还有生命。他们的形象已固化为红十字人的丰碑，永远供我们拜祭。

首先映入我们眼帘的是一组群像，屹立在1937年8月的上海罗店——被称为淞沪会战“血肉磨坊”的惨烈战场。那天，出现在我们面前的是一面“中国红十字会上海分会第一救护队”的旗帜，37岁的苏克己作为副队长率领队员穿梭在炮火中救护伤员。

苏克己是一位医生，战前为中国红十字会罗店医院院长。他毕业于著名的南洋医科大学，为人忠厚，医术精湛，一心一意想履行一位红十字人救死扶伤的职责，却不曾想死在人道法践踏者的屠刀下。8月23日，日军进犯罗店，红十字救护队房屋也被炸毁，刚刚救治完伤员的苏克己和队友被俘，受尽凌辱。面对公然践踏人道法的侵略者，手无寸铁的苏克己据理力争，最后愤然拿起救护包猛击日军，最终被碎尸6段，队员谢惠贤（女）、刘中武、陈秀芳（女）同时遭残杀。“罗店四烈士”殉难后，中国红十字会上海分会迅即将苏克己等殉难惨况公布于世，并向国际红十字会上诉，揭露日军无视国际公法，残害红十字会医务人员的暴行。宋美龄女士特作英语广播，昭告世界，全球为之震惊。

苏克己长眠罗店已经76年了，我们向他致敬，不仅仅在于他的献身，更在于他是为理想和尊严而献身。我们知道红十字人的天职是拯救生命，其实，红十字人还有一个神圣的职责——捍卫红十字和人道法的尊严，哪怕要忍受屈辱甚至付出生命。

苏克己和他的队员作为国际人道法的守护神和殉道者，将永远被镌刻在中国红十字运动的青史殿堂。

在那场悲壮的红十字抗日救护历史中，我们还要记住一对父子——娄云鹤、娄家骧。但是非常遗憾，我们至今没有找到他们的照片，甚至在百度中也搜不出他们的名字。但是，这不能成为不致敬他们的理由。

时空转换到1937年9月6日的河北正定，这个古老的燕赵名城正经历一场惨烈的攻与守的战斗。史载："正定红十字分会会长娄云鹤亲率红十字救护担架队抢救伤员，竟身中七刃倒在城头。"更显悲壮的是，这支救护队中还有他的儿子——娄家骧，时任红十字救护队队长，同时随父罹难。父子均为红十字人，又同时殉难，这在世界红十字运动史上也是感天动地的诗篇。而我们却找不到他们的照片……

76年后，我们致敬娄云鹤父子，是因为红十字运动在中国从来都是代际传承、生生不息。

150年后，我们致敬先贤，是因为今天的中国红十字运动，比以往任何时期都更加需要一种精神、一种力量，将先贤们苦苦求索、以身殉道的事业传承下去。

（作者系中国红十字基金会常务副理事长兼秘书长）

# 一个红十字老兵的“生日”感怀

郝如一

2013 年 10 月 31 日，是《中华人民共和国红十字会法》颁布实施 20 周年纪念日，也是我的 61 岁生日。一个红十字老兵的生日居然和“红会法”同月同日，看来命中注定我和红十字会有难舍难解之缘。

2012 年的 10 月 31 日，我从无比热爱、全心投入、为之奋斗 22 年的红十字会工作岗位告退。虽然是“过了气”的“红十字人”，但是还可以做点“发挥余热”的事吧？做点什么事呢？既然和“红会法”同一天生日，我想还是把我工作时记录下的宣传贯彻“红会法”19 年的点滴文字精选汇编一下，出本个人文集吧。

这对我并不难，我在“红会法”颁布实施 19 年来，先后公开发表过三四百万字相关文稿，挑选相对好点的作品修编一下，大约有 37 万字。

此举意义有三。

第一，鉴于我是在退休后的两个多月里突击出了这本书，正好用来自贺 60 大寿。如此“庆生”别有特色，意味深长。

第二，把“红会法”颁布实施 19 年来我所总结、整理、思考、撰写的作品集萃出版，留给在全国各地熟悉、认识或不熟悉、不认识的同道中人阅读，亦可发挥参考借鉴、抛砖引玉的作用，期望产生些许推动红会事业发展的“正能量”。毕竟，全国红会里像我这么资深的地方“老红会”还不多。

第三，为我国红十字运动研究“添砖加瓦”。红十字会人道主义工作不缺实践，但缺理论——这是我长期的感受。借此机会，寄语地方基层同道中人：让我们行动起来，大家都来做“学习型”红会干部，做善于总结人道工作实践、善于创新人道工作经验、善于思考人道工作理念、善于撰写人道工作论文的“专家型”“学者型”的“红十字人”。唯如此，我国红十字事业才会后劲十足地加速发展、持续发展、科学发展。切莫片面认为研究红会理论仅仅是高层和高校的事。基层红十字干部恰恰大有可为，因为我们有丰富的实践和素材。当然，与高校合作不失为捷径。

我的《红十字文化传播：实务与理论》的出版，要特别感谢彭珮云老会长的青睐。彭会长德高望重，但因年事已高，近年已不太握笔，却欣然为我出书亲笔题词，夸奖我热爱红十字事业，20 余载“如一”日，工作勤奋、笔耕不辍，并对我在退休之际集萃出书供同道人参考的做法表示祝贺。江苏省红十字会吴瑞林会长也亲笔为本人拙著作序，称赞“该书所涉甚广，既有工作探讨，又有新闻纪实；既有感悟，又有理念；既见事，又见人……因而，本书既可供同行交流阅览，更可为后来者捧读研习”。多年来，两位领导对红十字运动研究的高度重视，对苏州红会以及我本人的肯定，让我终生难忘，是我勤奋工作、笔耕不辍的巨大动力！

从职业生涯来看，我已全然告退，但我对红十字事业的深厚感情却让我欲罢不忍、欲罢不能。从 38 岁成为一名红会干部起，我的余生就永远属于红会了。退休一年来，我一边帮江苏省红会编志，一边应总会或部分兄弟省市区红会的培训班邀请前去讲课。我给大家讲人道法、讲国际红十字运动、讲红十字文化传播及其中国化。我觉得，自己身上之所以余热不断，恰恰得益于既往职业生涯的丰富积淀，得益于我对红十字运动的深入思考。

据悉，“红会法”正在修订之中，我这个同“生日”者更期盼新“红会法”早日出台，期盼它的实施具有更高的法律权威、具有更准的语言表达、具有更强的可操作性。新“红会法”颁布后，我将更加不遗余力地做好传播、宣讲工作，结合实际工作和案例分析，做好工作实务和理论的研究。

有支老歌叫《革命人永远是年轻》，我要说，咱红会人更是永远年轻。作为一个红十字老兵，余热就该为崇高的红十字事业而燃烧。

（作者系苏州市红十字会原专职副会长）

# 从捐献遭拒谈“三民”主义与“三情”投入

郝如一

日前，正当全国的红会人为赵白鸽当选红十字会与红新月会国际联合会副主席、中国红十字会同时获得联合会两项奖励而备感荣耀的时候，却接连发生两起针对红会的舆论危机事件，不仅让两个涉事城市的红会陷入被动，其引发的负面舆论还波及全国红会系统。

其实事情的经过都不复杂，说白了就是当两位爱心人士分别向当地红会表达捐献遗体和捐献骨髓意愿时，遭遇说“不”：一个对重病卧床的捐献遗体报名者说，无法上门服务；一个对捐献骨髓报名者说，今年已无指标，明年3月请早。结果，一前一后发生的两件向红会献爱心遭拒的事情，也一先一后被曝光于网络，进而引发各路媒体关注和报道。于是，网民们又激动起来，有人甚至“紧密联系”当年郭美美引发的网络事件，不问青红皂白又把红会臭骂一通。所幸当事红会应对危机还算得力，认错道歉、沟通解释、改进服务，较快地平息了舆论风波，没有导致持续发酵。

这两件事情在红会内部也引起广泛讨论，对涉事红会有报以同情的、有表示遗憾的、有批评叹息的、有支招相助的，也有人指称可能会是诋毁红会的又一场“舆论围剿”，甚至有人以“阴谋论”的心态揣度这是捐献者为博取社会同情获得公众捐款而策划的一场悲情炒作。

然而，在我这个“老红会”看来，第一，我们与其埋怨社会不理解，不如加强沟通宣传，让社会多了解；我们与其抱怨他人在诋毁，不如自省工作失误，让自己莫抵触。第二，如果这事又是谣言，那我们当须迎头痛击；如果这事有些夸大，那我们应据实加以澄清；如果这事基本属实，那我们应真诚认错道歉。第三，化解舆论危机后，我们应该进行认真深刻的反思——看问题出在哪个环节，产生的根源是什么，如何从思想意识到规章制度上切实加以改进。

现在的真实情况是：基本属实，已经道歉。关于改进，愚之浅见如下：两件事情的出错都在整个服务链条的第一环节，即接听报名电话的窗口环节上，拒绝了爱心人士的捐赠意向。究其根源，还是缺乏服务意识，而且表现得有些冷漠生硬。这种表现在当下中国服务行业固然比比皆是，但发生在红会这样的机构，社会往往更不能原谅，我们内部也更不能容忍。因为我们是一个处于社会道德制高点上的人道主义团体，社会对我们必然“高看一眼”。何况我们还没有走出两年前“郭美美事件”的阴影，任何闪失引起风吹草动都可能让我们陷入舆论危机。所以我们在提供服务时不仅要态度和气、优质高效，还要带上三分“小心翼翼”。

以笔者长期供职于红会的体会，红十字人道主义救助团体也具有很强的服务业的社会属性。尤其是在“三救”“三献”等核心业务上，我们的服务对象决定了我们必须强化服务意识，奉行“三民”主义。所谓“三民”，就是灾（难）民、贫（病）民、爱心市民。既然我们服务的是这三种特定对象，就决定了我们必须充分尊重他们的人格，哪怕他/她身无分文、穷困潦倒，若是他/她来红会求助，给让个座、倒杯茶，嘘个寒、问个暖都是起码的人格待遇。至于能解决其多少问题，那当然要根据相关规定与可能去运作，即使不能满足其全部需求，也要报以同情、加以解释、取得理解。万不可简单，更不能粗暴。否则，搞不好就会闹出负面的舆论风波。凡是前来红会或电话表达捐款、捐物、捐血、捐髓、捐遗体、捐器官意向的爱心市民，都应受到热情接待，尽可能帮助他们圆了献爱心的好梦。假设我们以人手不足无法提供上门服务为由，要求重病在床的遗体捐献报名者必须亲自前来红会办理手续，那我们遭受社会质疑与诟病的程度，绝对不比银行以执行制度为由，要求重病在床的老人必须亲自前来取钱好到哪去，或许更招“骂”，因为捐遗毕竟是一种高尚的爱心举动。总之，我们对待“三民”，不可歧视求助者，不可怠慢捐献者；既不能笑贫，也不能仇富。这就是红会奉行“三民”主义的真正含义。

强化服务意识，要紧密结合当前的群众路线教育实践活动，以切实转变工作作风为抓手。首先应该重视对全体红会人的爱岗敬业教育，进行国际人道法和红十字运动基本知识培训，使红会人懂得红会是咋回事、啥历史、干些啥、咋干好，解决“为什么”和“怎么样”干红会的问题。其次是职业道德教育常态化，懂得尊重服务对象，解决“门难进脸难看”和态度“生、冷、硬”的问题。再次是建立健全各项服务工作的规章制度和服务流程，严格实施、违者必究，对说“不”要零容忍。

四是针对红会工作专业性强的特点，对红会公职人员和相关志愿者加强专业化训练，解决服务质量的问题。五是充分运用现代信息技术手段提供高效便捷服务，解决服务效率的问题。

大凡20世纪八九十年代的“老红会”都有一个共同体会：做好红会工作必须“三情”投入。那就是：投身于伟大崇高的红十字人道主义事业要充满激情；从事红十字会工作要高涨热情；对待服务对象应不分城乡、贫富、身份、地位、性别、种族等等，都要体现感情。可以说，“三情”投入越多越深，是我们服务意识越强的生动写照。一个“三情”淡漠的红会人却自称具有很强的服务意识，那绝对无法想象。

就在本文行将收笔时，读到《中国红十字报》的报道说，华建敏会长在浙江调研视察红会工作时，高屋建瓴又语重心长地寄语浙江暨全国红会同仁：“要怀有强烈的改革创新意识和扎根基层、服务群众的意识，坚定道路自信，努力把红会办成动员社会爱心资源和志愿服务的平台，推动红十字事业健康发展。”华会长还赞扬浙江红会系统：“有一支好的队伍，红会工作者和志愿者精神状态好，尽管工作辛苦、待遇清苦，有时还遭遇误解而常常‘心苦’，但大家依然有热情、有激情，不屈不挠、无怨无悔。”学习体会华会长的这段讲话，笔者觉得：各地红会只有在自身建设中切实增强改革创新、扎根基层和服务群众的意识，才能在打造核心业务的过程中也把自己打造成高规格、全天候的服务型NGO，成为不辱人道使命、具有国际视野、为弱势群体提供优质服务且公信力强大的专业性服务团体。

（作者系苏州市红十字会原专职副会长）

# 安全关乎人道

郝如一

发生在青岛的中石化东黄输油管道泄漏爆炸事故已经过去10多天了。2013年12月2日得到最新消息：事故导致62人死亡，136人受伤。如此惨烈的伤亡、惨重的损失、惨痛的教训，令人震惊、扼腕、痛心。

国务院调查组已将其定性为一起十分严重的责任事故，留下反思多多。国家安监总局局长连发15个问题，个个都值得深刻反思。在笔者看来，这15个问题，从原油泄漏到引起爆炸，从不设警戒到没搞疏散，从管理到技术，从企业到政府，从两年前就发现严重隐患到最终酿成灾难，都有一个无论如何都无法回避的关键问题，那就是：视人的生命健康为儿戏。

联想到近一二十年来我国安全生产纪录每况愈下、重特大伤亡事故不断发生的现状，人们不禁要问：为什么安全监管失灵、安全事故频发？从矿难死人到火灾丧命，从大巴撞车到火车出轨，从桥梁垮塌到楼宇坍塌，从气体中毒到爆炸死伤……事故造成灾难的新闻时不时刺伤人们脆弱的神经。笔者以为，忽视安全生产、导致事故频发的具体原因虽然不尽相同，但主观意识上却大同小异——说到底，是缺乏人道主义理念，不懂得珍爱生命。

"以人为本"，这四个字大家耳熟能详，它既是一句口号更是一种理念。党的十八大精神更是进一步明确指出：为人民服务是党的根本宗旨，以人为本、执政为民，任何时候都要把人民利益放在第一位。据我看来，对"以人为本"无论怎么解读，其底线就是以人的生命健康为本，以奉行人道主义为本。如果人的生命和健康丢失了，什么样的"以人为本"都是无源之水、无本之木的"空对空"。所以，"以人为本"不仅仅是口号，恰恰在于"保护人的生命和健康"是红十字国际人道主义宗旨的基本要义。我们对"任何时候都要把人民利益放在第一位"的解读，就是把生命健康放在人民利益这个"第一位"的首位。否则，人民利益的其他东西也就失去意义了。无怪乎世界卫生组织要提出“健康是人类第一财富”的科学理念。

回过头来，我们再来反思青岛的输油管道爆炸事故，以及先前我国发生的大大小小、林林总总的安全生产责任事故。对事发企业和地方政府而言，纵使你以主观、客观原因去解脱，用这条那条理由去分析，如果你没有把员工和百姓的生命健康放到最最重要的位置上去重视去对待，或者说思想上没有认真顾及人民生命安危，那是一定推卸不了责任的。以青岛事故为例，据报道，中石化在两年前就发现这条埋设了27年的管道锈蚀斑斑，明知后患严重，却是按兵不动，结果大难降临，祸患无穷。如果中石化领导层真的具有“以人为本”的高度自觉，具有珍爱生命、敬畏生命的人道主义精神，切切实实把员工和管道周边百姓的生命安危和健康放在第一位，那就应该及早采取果断措施，报废有隐患的管道，开辟远离人口稠密地区的新管道，哪怕造成暂时的经济损失也在所不惜。遗憾的是，中石化在经济效益和生命健康之间以侥幸心态选择了前者，抛弃了后者。再往前说，当发现输油管道与市政管网存在重叠交叉之初，就该和地方政府协商制定一个对生命安全有保障的管道发展规划，以避免发生灾难性事故。但这怕是更要花好多钱，于是，在金钱与生命的博弈中，生命显得那么无足轻重，不被敬畏。这是一个中国最赚钱的央企的所作所为吗？正因为他们不懂“保护人的生命和健康”是人道主义宗旨，不懂“以人为本”的根本意义是践行人道主义，不懂作为一个负责任的大型央企是不应该只顾赚钱而不顾生命的。这“三个不懂”的可怕后果，就是迟早发生的惨烈灾难，就是后悔不及的惨痛教训。

在这方面，发达国家的理念和举措或许对我们有所启迪。早在10多年前，美国就专门颁布有关改进管道安全的法律和配套的管道健康标准，除对油气管道检测提出强制性要求外（比如所有管道必须每7年检测一次，以准确掌握管道的腐蚀、微小裂纹等情况），还建立管道安全促进组织，在全美开展管道安全教育，确保防患于未然。20年前，笔者在工作中还遇到过这样的真事一桩：某外企施工中，一台机器突然侧翻，一中方员工奋不顾身上前扶护，不慎受伤。治疗之余，他不仅没有等来意料之中的表扬，反而是挨了一顿批评——不懂得珍爱自己的生命。外方老板的观点是：机器坏了可修理可重买，人的生命断送了，非钱所能购得。后来听说，这家外企常以此事此理教育员工重视安全、珍惜生命。

笔者长期从事红十字会工作，深感外企对人道主义的认识和行动都比较到位。就说员工岗前培训吧，他们规定必须学会自救互救技能，凡取得红十字会颁发的急救合格证者，方可上岗作业。为此，红会每年都要为外企训练一批又一批员工。相比之下，咱的国有或民营企业却逊色得多。你上门为他搞急救培训还不以为然，真有点“不见棺材不掉泪”的味道。当然，例外也是有的。忽一日某国企要红会为其员工培训急救技能，说是有一笔外贸生意，外方除要求中方货好，还要求中国员工会急救，否则宁愿放弃合作，绝不赚可能“带血”的钱。这家国企大呼不可思议：生意与急救何干？只要我的货物符合“老外”标准，我的员工会不会急救与“老外”何干？可“老外”不这么看。他们眼里生命比什么都重要，甚至是他国与己合作的企业的员工生命健康。在“老外”眼里，安全生产绝非说说而已。

青岛事故发生后两天，习近平总书记专程前往青岛看望事故伤员时强调说，各地区各部门、各类企业都要坚持安全生产高标准、严要求。要抓紧建立健全安全生产责任体系，党政一把手必须亲力亲为、亲自动手抓。他还要求中央企业在安全生产上带好头做表率。窃以为，在认真贯彻习近平总书记上述指示的过程中，要是我们的各级政府官员、企业的投资人和管理者都能补上人道主义教育这一课（建议将人道主义课程列入党政干部教育和全民普及知识范畴，政府责成安监部门与各级红会合作，指定由红会承担培训任务。国家红会先在央企开展培训，让他们“带好头做表率”），真正懂得崇尚人道主义，从尊重、珍爱、敬畏、保护人的生命出发，真正把百姓和员工的“命”放在自己的“心”上，何愁安全措施不能落实、安全生产搞不好？否则，要是依然事故频频、伤亡连连，无异于草菅人命，习近平总书记的指示何以得到贯彻落实？我就不相信，人道理念淡漠、人道主义缺失的领导能真正“以人为本、执政为民”，能视安全责任重于泰山。对那些视百姓生命为草芥者，就该让其丢官、坐牢，甚至偿命。如此以儆效尤，方得警钟长鸣。

当然，我们每个公民也要懂得爱护珍惜自己的生命，不要冒险去做可能危害生命健康的事，学会保护自己、学会自救互救。切记：世界上只有生命健康是最宝贵的。

（作者系苏州市红十字会原专职副会长）